中央编译局文库出版工作领导小组(编委会)

主　任：贾高建
副主任：魏海生　陈和平　柴方国　季正聚
委　员：崔友平　沈红文　杨雪冬　冯　雷　陈家刚
　　　　赖海榕　郗卫东　张文成　葛海彦

中央编译局文库出版工作领导小组办公室

主　任：薛晓源
成　员：徐向梅　苗永姝

中央编译出版社文库编辑中心编辑小组

葛海彦　贾宇琰　苗永姝　杜永明
李媛媛　盛菊艳　薛迎春　董　妍

马克思主义经典著作研究读本
主　编　杨金海　李惠斌

列宁《国家与革命》研究读本

胡　兵

《马克思主义经典著作研究读本》顾问委员会

贾高建　俞可平　柴方国　庄福龄　陈先达　赵家祥　詹汝琮
李洙泗　张钟朴　冯文光　安启念　韩庆祥　李小兵　张曙光

《马克思主义经典著作研究读本》编委会

主　编　杨金海　李惠斌
副主编　薛晓源　林进平
编　委　(按姓氏拼音排序)
　　　　曹典顺　冯　章　韩立新　江　洋　姜海波
　　　　李百玲　吕梁山　苗永姝　聂锦芳　闫月梅
　　　　杨学功　姚　颖　张　盾　张云飞　郑　锦

总　序

呈献给读者的这套"马克思主义经典著作研究读本"丛书，旨在立足于21世纪中国和世界发展的现实，对马克思、恩格斯、列宁重要著作以及有关专题思想重新进行较为深入的研究和解读，供广大读者特别是致力于深入研究马克思主义经典作家原著的读者阅读使用。计划出版40种，三年内陆续完成编写和出版工作。

马克思主义经典著作是学习和研究马克思主义理论的基础文本，历来为人们所重视。在我国学术史上，曾编写和出版过不少关于经典著作的读本，包括各种注释性读本和导读性读本，对学习和研究马克思主义理论发挥过重要作用。然而，随着时代的发展，这些读本也越来越显出历史局限性。比如，以往对经典著作的解读视角较旧，对马克思主义理解不够全面；解读的经典著作范围较小，视野有限；解读所依据的文献不足，深度不够等。进入新世纪以来，特别是自2004年中央实施马克思主义理论研究和建设工程以来，马克思主义经典著作的教学、研究以及普及工作不断加强，这就迫切要求对经典著作重新进行解读。

同时，这些年我国学界有关经典著作的翻译和研究成果不断推出，为更好地解读经典著作提供了可能。改革开放以来，特别是进入新世纪以来，随着我国社会主义现代化建设以及人类文明的深入推进，我们对马克思主义的理解以及对经典著作的研究不断深化，解读视角发生重大转变，对马克思主义的理解更加全面。例如，以往由于受革命实践的影响，我们较多地从社会主义"革命"视角去解读，而较少从社会主义"建设"视角去解读，因此，较多地注重研究其中的阶级斗争、无产阶级革命和无产阶级专政等理论，而较少研究社会和谐发展、人的全面发展等思想。革命胜利后，仍然沿袭了这种解读模式。这就造成了对马克思主义理解的片面性。实际上，马克思主义经典著作中有丰富的新社会建设思想，恰恰是这些长期被忽视的思想对我们今天的社会主义建设实践来说更有意义。近些年来，我国学者自觉地从"建设"视角研究经典著作基本观点，取得了一系列可喜成就。又如，过去对经典著作的解读主要限于对若干重要经典著作的解读，如对《共产党宣言》等五六部名著有较为详细的解读，对其他著作的解读不多。即使有收文较多的导读性读本，但常常由于篇幅所限，也只能对这些著作进行简要介绍，不可能对每一部著作展开研究。近些年来，这种情况在逐步发生变化。研究经典著作的专题成果越来越多。再如，近年来新的经典著作编译成果和相关研究成果不断推出，大大拓宽了人们对经典著作基本观点的理解。加之这些年我国学界一大批优秀的中青年学者成长起来，他们的外语水平较高，知识储备较多，研究方法较新等，对经典著作的研究和理解也更有新意。这些都为更好地解读经典著作提供了新的时代条件。

为了继承前人研究的成果，弥补以往研究的不足，总结这些年我国学界编译、研究经典著作的成果和经验，比较全面系统地解读和阐释经典著作的基本观点，中央编译局专门成立了"马克思主义经典著作及其重大理论问题研究"课题组，并对该项研究提供了基金资助。课题组不仅在局内组织力量进行研究，而且向社会公开招标，争取到社会力量的支持，一批有造诣的中青年专家参与到课题研究中来。经过课题组同仁两年多努力，已经形成一批研究成果，并将继续补充、完善并陆续推出。这套"马克思主义经典著作研究读本"丛书就是这些成果的集中体现。

本丛书力求体现如下特点，这也是丛书编著工作所力求遵循的原则：第一，体现全面性和系统性。本丛书不仅对经典作家的名著进行解读，也对其他重要著作进行解读，还要对经典作家的一些重要思想，如马克思的人类学思想、列宁的新经济政策理论等，进行专题梳理和解读。不仅从"革命"视角，而且从"建设"视角，全面、系统地梳理经典作家的思想观点。力求使这套丛书成为收文最全面、解读最系统、最能够反映经典作家著作全貌的学术成果。第二，突出文献性和考证性。每一研究读本的写作，力求充分反映国内外有关研究成果，特别是要充分反映我国新时期在经典著作翻译和研究方面所发现的新文献、取得的新成果。在此基础上，要对经典著作形成的历史背景、国内外传播、原著重要思想观点及其流变，以及后人对这些观点的理解等，进行考证研究。如果说过去的解读主要是"注"的话，那么，这套读本则要进一步体现"疏"的特点。通过这种"注疏"性考据研究，不仅使读者知其然，也知其所以然。这样，也能够为学界进一步研究提供尽可能丰富的文献资料。第三，力求权威性和准确性。一方面，研究读本所依据的经典著作文本力求具有权威性和准确性。主要依据中央编译局所编译的最新译本，如《马克思恩格斯全集》第二版、《马克思恩格斯文集》、《列宁全集》第二版、《列宁专题文集》等。对还没有新译文的文本，可以采用旧译文。同时，适当参照外文版本，进行比较研究。另一方面，所依据的其他文献资料，也力求具有权威性和准确性。要选择国内外在该研究领域最具权威性的专家学者的最具代表性的观点和最有影响力的文章。

基于上述考虑，本丛书采取大致统一的研究和写作框架。除导论外，各个读本均有五个部分组成。一是历史考证部分，其中包括写作背景、国内外主要版本和传播考证等；二是研究状况部分，包括对国内外已有的研究情况进行梳理；三是当代解读部分，包括对经典著作的内容简介，对已有研究观点的疏正，对重要理论观点及其当代意义的阐述；四是原著选编部分，根据经典著作的不同情况，或采取全选的形式，或采取节选的形式，均采用中央编译局的最新译本，个别读本同时选编原著的旧文本，以方便比较研读；五是附录部分，包括3到5篇关于本著作的国内外有一定权威性的研究文章，以及进一步研究需要参考和阅读的文献资料。

需要说明的是，对于经典著作的研究，往往会有仁者见仁、智者见智的情况。所以，尽管我们在组织编写工作中努力体现上述原则，但这些读本的观点不一定都具有代表性，更不可能与每一位读者的观点完全一致。加之作者研究角度不同,水平各异,每一读本的结构、篇章、内容、观点都不尽相同,其权威性程度也不尽一致。其中很可能有疏漏和错误之处,谨请读者批评指正。

该丛书在编写和出版过程中,得到了各个方面的大力支持。中央编译局对此项工作高度重视,始终给予鼎力支持。国家出版基金将该丛书列入2012年资助项目。中央编译出版社为该丛书申报国家出版基金项目并最终立项,以及为丛书出版做了大量工作。本丛书中收入的译著和文章的译者、作者和出版者同意我们使用相关的著作版权。该项目顾问委员会的专家对丛书的编写工作给予热情指导,编委会成员和课题组同仁为丛书的编写付出了辛勤劳动。在此一并致以衷心的谢意!

《马克思经典著作研究读本》

编辑委员会

2013年6月16日

目 录

导 论 ··· 1

第一部分 历史考证 ·· 17

第一章 《国家与革命》的写作背景 ·· 19
  一 历史背景 ·· 20
  二 理论背景 ·· 24

第二章 《国家与革命》的主要版本和传播情况 ····························· 31
  一 新中国成立前的版本和传播情况 ·· 31
  二 新中国成立后的版本和传播情况 ·· 35

第二部分 研究状况 ·· 41

第三章 《国家与革命》的国外研究状况 ······································ 43
  一 持赞扬或肯定观点的研究 ··· 43
  二 持质疑或否定观点的研究 ··· 55

第四章 《国家与革命》的国内研究状况 ······································ 75
  一 新中国成立前的研究 ··· 76
  二 新中国成立后的研究 ··· 81

第三部分　当代解读 ····· 103

第五章　《国家与革命》的结构和主要内容 ····· 105
一　阶级社会和国家（第一章） ····· 107
二　国家与革命（第二、三、四章） ····· 117
三　国家消亡的经济基础（第五章） ····· 159
四　马克思主义被机会主义者庸俗化（第六章） ····· 174

第六章　《国家与革命》写作的准备材料研究 ····· 185
一　《未完成的〈关于国家的作用问题〉一文的材料》 ····· 185
二　《马克思主义论国家》 ····· 188
三　《〈国家与革命〉一书的提纲和纲要》 ····· 210

第七章　《国家与革命》的重要理论观点和时代解读 ····· 220
一　论国家 ····· 220
二　论革命 ····· 269
三　论无产阶级专政与民主 ····· 288

第四部分　经典著作选编 ····· 317
列　宁　国家与革命 ····· 319

第五部分　附　录 ····· 413
附录Ⅰ　研究文献精选 ····· 415
一　李光灿：《学习列宁的国家学说——介绍列宁著〈国家与革命〉一书》 ····· 415
二　〔法〕雅克·泰克西埃：《〈国家与革命〉的列宁主义历程》（节选） ····· 431
三　〔法〕亨利·列菲弗尔：《列宁与列宁主义》（节选） ····· 454

附录Ⅱ 《国家与革命》中提到的文献目录 …………………… 476
　一 《国家与革命》中提到的文献 …………………………… 476
　二 《未完成的〈关于国家的作用问题〉一文的材料》中
　　　提到的文献 ……………………………………………… 479
　三 《马克思主义论国家》中提到的文献 ………………… 479
　四 《〈国家与革命〉一书的提纲和纲要》中提到的
　　　文献 ……………………………………………………… 483
附录Ⅲ 延伸阅读书目和参考文献 ………………………………… 484

导　论

《国家与革命》的副标题是"马克思主义关于国家的学说与无产阶级在革命中的任务",它是列宁最重要的政治学著作之一,写于1917年8—9月,1918年出版。当时的第二国际机会主义者否认用暴力革命来消灭资产阶级国家,主张用改良方法和平过渡到社会主义,从而使资产阶级国家自行消亡,这就等于取消了无产阶级革命与无产阶级专政的合法性。列宁认为,资产阶级国家是不会也不可能自行消亡的,必须用无产阶级革命来消灭它,用无产阶级国家来取代它。在书中,列宁恢复和发展了马克思主义关于国家与革命的学说,总结了巴黎公社的经验教训,捍卫了马克思主义的革命灵魂和革命精神,提升了无产阶级进行革命的信心和勇气,彰显了马克思主义者的革命本色,对后世产生了重大而深远的影响。

《国家与革命》也是一部未完成的著作。从《〈国家与革命〉一书的提纲和纲要》一文中可以知道,列宁当时已经列出了第七章和"结束语"的提纲,但最终只写了前六章的内容。列宁很重视和强调第七章未写出的内容,其中包括对"苏维埃"的阐释[1]和对"向社会主义过渡的具体过渡形式"的探讨[2],用列宁的话说就是:"用1917年俄国革命的经验把无产阶级革命的任务具体化?这是必要的!"[3] 十月革命之后,

---

[1] 《列宁全集》第31卷,北京:人民出版社1985年版,第224、230页。
[2] 同上书,第250页。
[3] 同上。

列宁在"做出'革命的经验'"①的同时"论述'革命的经验'"②的一系列重要文本③，都可以作为《国家与革命》的"续篇"。

另外，被称为"蓝皮笔记"的《马克思主义论国家》一文，可以作为《国家与革命》的"前身"，该笔记是列宁在1916年秋天和1917年初研究马克思和恩格斯的国家学说时撰写的，笔记中的许多重要思想和文献资料都被列宁收录进了"国家与革命"中，但是还有一些重要思想及其表述形式并没有被收录进去，所以，该笔记有着相对独立的重要学术研究价值。例如，列宁在该笔记中把无产阶级的革命任务表述为：打碎国家机器，"在下面即在地方上用最完全的自治，而在上面用武装的无产阶级的<u>直接</u>政权即无产阶级专政来代替"④，即"无产阶级专政 + 取消地方自治机关中由国家任命的官吏"⑤。这种表述形式生动形象地说明了列宁无产阶级国家革命理论的基本内容。

"国家"是《国家与革命》中的一个核心概念。无产阶级在通过革命夺取政权，并推动资本主义时代向社会主义时代过渡的历史进程中，必将长期面对"国家"这个庞然大物。列宁从"国家异化（寄生、祸害、废物）"论和"国家统治（压迫、镇压、剥削、暴力）"论两个视角，捍卫和发展了马克思主义的国家理论。在书中，列宁完全认同恩格斯关于国家是一种从社会中产生出来的、日益与社会相异化的力量的观点，认为国家、国家政权、武装队伍（监狱、常备军和警察）、官吏（官僚与官僚制）都是凌驾于社会之上并且日益同社会相异化的寄生机体（寄生赘瘤、寄生物）、祸害和废物，因此，必须克服异化，消灭寄

---

① 《列宁选集》第3卷，北京：人民出版社2012年版，第221页。
② 同上。
③ 例如：《论"左派"幼稚性和小资产阶级性》《无产阶级革命和叛徒考茨基》《共产主义运动中的"左派"幼稚病》《论粮食税》《新经济政策和政治教育委员会的任务》《关于司法人民委员部在新经济政策条件下的任务》《论"双重"领导和法制》《给代表大会的信》《关于赋予国家计划委员会以立法职能》《日记摘录》《论合作社》《论我国革命》《我们怎样改组工农检查院》和《宁肯少些，但要好些》等。
④ 《列宁全集》第31卷，北京：人民出版社1985年版，第147页。
⑤ 同上书，第150页。

生物，使国家"真正成为整个社会的代表"①。其中，"异化"一词在书中共出现过5次，而且，列宁在《〈国家与革命〉一书的提纲和纲要》一文中还把"异化"②一词单列出来加以强调，体现了对"异化"概念的重视。列宁认为，正是由于社会中存在着不可调和的阶级矛盾，才形成了与社会日益相异化的力量——国家，而"体现这种'异化'的"③就是国家政权机构。国家作为阶级矛盾不可调和的产物和表现，是统治阶级进行统治、压迫、剥削、镇压、专政和强制的工具，必须通过暴力革命的方式，用无产阶级国家代替资产阶级国家，用无产阶级专政代替资产阶级专政。当然，"国家政权问题一直是社会革命改造的根本问题，但是不能因此把国家政权简单理解为阶级统治的工具，也不能单纯从阶级斗争的角度来解释国家结构的变化"④。

"民主共和国"是现代国家的主要形式。列宁认同恩格斯关于民主共和国是"国家的最高形式"⑤的观点，并在书中进一步区分了两种具有不同类型和性质的民主共和国："资产阶级议会制共和国"⑥与"公社类型的民主共和国或工兵代表苏维埃共和国"⑦。在此基础上，列宁表明了自己对民主共和国的态度，即：必须破坏、打碎、颠覆、消灭前者，建立后者。不过，需要指出的是，列宁关于"民主共和国"的认知与恩格斯存在着一个细微而重要的差异。恩格斯在《答可尊敬的卓万尼·博维奥》一文中说得更加明确："马克思和我在四十年间反复不断地说过，在我们看来，民主共和国是唯一的这样的政治形式，在这种政治形式下，工人阶级和资产阶级之间的斗争能够先具有普遍的性质，然后以无产阶级的决定性胜利告终。"⑧恩格斯认为："如果说有什么是毋

---

① 《列宁选集》第3卷，北京：人民出版社2012年版，第123页。
② 《列宁全集》第31卷，北京：人民出版社1985年版，第223页。
③ 《列宁选集》第3卷，北京：人民出版社2012年版，第115页。
④ 西达·斯考切波：《国家与社会革命——对法国、俄国和中国的比较分析》，何俊志、王学东译，上海：上海人民出版社2013年版，第342页。
⑤ 《马克思恩格斯文集》第4卷，北京：人民出版社2009年版，第192页。
⑥ 《列宁选集》第3卷，北京：人民出版社2012年版，第219页。
⑦ 同上。
⑧ 《马克思恩格斯全集》第22卷，北京：人民出版社1965年版，第327页。

庸置疑的，那就是，我们的党和工人阶级只有在民主共和国这种形式下，才能取得统治。民主共和国甚至是无产阶级专政的特殊形式，法国大革命已经证明了这一点。"① 其中，"只有"一词强调了形式上的唯一性。列宁在《国家与革命》中引用恩格斯的原话时指出，"民主共和国是走向无产阶级专政的捷径"②，"我们赞成民主共和国，因为这是在资本主义制度下对无产阶级最有利的国家形式"③。列宁使用的词是"捷径"和"最有利"，而恩格斯的原话里的词是"只有"和"唯一"，这个细微而重要的差异不容忽视。

第二国际机会主义者坚持认为，民主共和国是工人阶级取得政治统治的唯一形式，他们"完全赞同为争取'国家政权内部力量对比的变动'而斗争，为'取得议会多数和争取一个主宰政府的全权议会'而斗争"④，否认列宁的"两个必然"的结论，即阶级斗争在民主共和国内必然会扩大化、明朗化和尖锐化，被压迫群众的根本利益必然要通过无产阶级专政来实现⑤。在列宁看来，第二国际机会主义者之所以"背弃革命"⑥，甚至成了"社会主义的叛徒"⑦，就是因为他们只相信和依赖"资产阶级议会制共和国"这种民主共和国的形式，否认另一种民主共和国的形式，即"公社类型的民主共和国或工兵代表苏维埃共和国"。列宁批评他们盲目崇拜国家、迷信官僚制度、取消打碎旧国家机

---

① 《马克思恩格斯文集》第4卷，北京：人民出版社2009年版，第415页。
② 《列宁选集》第3卷，北京：人民出版社2012年版，第173页。
③ 同上书，第126页。
④ 同上书，第219页。
⑤ 关于列宁的"两个必然"的原话是："恩格斯在这里特别明确地重申了贯穿在马克思的一切著作中的基本思想，这就是：民主共和国是走向无产阶级专政的捷径。因为这样的共和国虽然丝毫没有消除资本的统治，因而也丝毫没有消除对群众的压迫和阶级斗争，但是，它必然会使这个斗争扩大、展开、明朗化和尖锐化，以致一旦出现满足被压迫群众的根本利益的可能性，这种可能性就必然通过而且只有通过无产阶级专政即无产阶级对这些群众的领导得到实现。对于整个第二国际来说，这也是马克思主义中'被忘记的言论'，而孟什维克党在俄国1917年革命头半年的历史则把这种忘却揭示得再清楚不过了。"见《列宁选集》第3卷，北京：人民出版社2012年版，第173—174页。
⑥ 《列宁选集》第3卷，北京：人民出版社2012年版，第218页。
⑦ 同上书，第219页。

器的革命任务，他提醒人们注意，取消议会制的历史任务已经摆在了人们面前，取代议会制共和国的新国家形式已经历史地诞生，这就是已经不再是原来意义上的国家——巴黎公社。废除资产阶级国家官僚军事机器，"用巴黎公社类型的无产阶级机构代替议会式的机构和官吏"①，"用工作机构代替议会式的机构"②，实行地方自治，建设无产阶级专政的民主共和国。不过在当时，很少有人能够看到并且相信列宁提出的俄国苏维埃"和公社是同一**类型**"③，是在"继续着公社的事业"④ 这一理论观点。

在《国家与革命》中，列宁对以下几个重要的理论问题和实践问题，都给出了明确回答：

一是关于国家如何消灭（是通过革命方式，还是自行消亡）的问题。

列宁指出，消灭国家是人类社会发展的必然趋势，一般说来，消灭国家的方式有两种，即暴力革命的方式和自行消亡的方式。国家类型不同，消灭国家的方式也不一样，其中，资产阶级国家必须通过暴力革命加以消灭，而无产阶级国家只能通过自行消亡的方式加以消灭。列宁认为，议会制（议会权力）与官僚制（行政权）之间存在着密不可分的关系，其中，"官僚制的**实质**"⑤ 就在于把公职人员"变为官僚"，"变为脱离群众、凌驾于群众之上、享有特权的人物"⑥，而"在社会主义下，公职人员将不再是'官僚'或'官吏'"⑦，那种认为"官吏在社会主义下也还会存在"⑧ 的观点（如考茨基）是错误的。资产阶级议会制是与官僚制结合在一起的民主制，具有反人民的性质；无产阶级民主

---

① 《列宁全集》第31卷，北京：人民出版社1985年版，第209页。
② 同上书，第212—213页。
③ 同上书，第230页。
④ 《列宁选集》第3卷，北京：人民出版社2012年版，第160页。
⑤ 同上书，第216页。
⑥ 同上。
⑦ 同上。
⑧ 同上。

制度是采取措施消灭和根除官僚制的民主制，具有人民的性质。"资产阶级议会制是把民主（**不是人民享受的**）同官僚制（**反人民的**）结合在一起，而无产阶级民主制度则立即采取措施来根除官僚制，它能够把这些措施实行到底，直到官僚制完全消灭，人民的民主完全实现"①。"我们**在资本主义下**，在**资产阶级统治**下是非有官吏不可的"②，取消这种"普通的民主制度，即与官僚制相结合的议会制"③，代之以彻底根除官僚制而实行巴黎公社式的、完全地方自治的"原始的民主制度"④，就是无产阶级民主制度。只要官僚制还没有彻底根除，社会主义就不可能真正实现，就仍然需要不断巩固和完善无产阶级民主制度。革命的真正目的，就是要超出资产阶级议会制共和国的框子，"去**推翻资产阶级，破坏资产阶级的议会制**，建立公社类型的民主共和国或工兵代表苏维埃共和国，建立无产阶级的革命专政"⑤。巴黎公社的"基本的主要的教训"⑥ 就是马克思所说的"**工人阶级不能简单地掌握现成的国家机器，并运用它来达到自己的目的**"⑦。列宁写《国家与革命》的目的之一，就是希望唤醒人们对巴黎公社的革命记忆，汲取巴黎公社的经验教训，从而"**更多地**运用**国家**即武装起来并组织成为统治阶级的无产阶级这个**革命政权**"⑧，进而"**达到自己的目的**"⑨。无产阶级要"使任何国家**完全消亡**"⑩，就必须要具有巴黎公社战士那种"敢于舍身的勇气"⑪，"破坏全部旧的国家机器"⑫，"扩大民主制度和根绝官僚制"⑬。也就是

---

① 《列宁选集》第3卷，北京：人民出版社2012年版，第211页。
② 同上书，第216页。
③ 同上书，第217页。
④ 同上书，第217页。
⑤ 同上书，第219页。
⑥ 同上书，第142页。
⑦ 《马克思恩格斯文集》第2卷，北京：人民出版社2009年版，第6页。
⑧ 《列宁选集》第3卷，北京：人民出版社2012年版，第167页。
⑨ 《马克思恩格斯文集》第2卷，北京：人民出版社2009年版，第6页。
⑩ 《列宁选集》第3卷，北京：人民出版社2012年版，第218页。
⑪ 同上。
⑫ 同上。
⑬ 同上。

说，只有扩大民主制，彻底根绝官僚制，才能最终消灭国家。

二是关于无产阶级如何夺取政权（是通过暴力革命，还是通过合法斗争）的问题。

列宁指出："马克思和恩格斯关于暴力革命不可避免的学说是针对资产阶级国家说的。资产阶级国家由无产阶级国家（无产阶级专政）代替，**不能**通过'自行消亡'，根据一般规律，只能通过暴力革命。"① 列宁十分肯定地指出："无产阶级国家代替资产阶级国家，非通过暴力革命不可。"② 关于无产阶级夺取政权的道路问题，即走暴力革命的非和平道路，还是走合法斗争的和平道路的问题，人们常会提起恩格斯的《卡·马克思〈1848年至1850年的法兰西阶级斗争〉一书导言》（写于1895年）。在"蓝皮笔记"即《马克思主义论国家》中，列宁曾经12次提到过这一重要文献。不过，泰克西埃等人提出质疑：为什么列宁没有在"国家与革命"中提到恩格斯的这一重要文献呢？泰克西埃认为列宁"隐匿'导言'"③，"以便能坚持始终拥护暴力革命的恩格斯的论点"④。其实，根据《〈国家与革命〉一书的提纲和纲要》的第三个提纲，我们可以了解到，列宁曾经计划把第六章分为四节的内容，并在第四节"革命的'**准备**'"⑤中阐释"恩格斯论和平道路（1895年的导言）"⑥的思想。但是后来，他把第四节的内容即"恩格斯论革命的'准备'"⑦划入了第七章的最后一节即第九节。再后来，他还没有来得及写出第七章的内容，就出版了《国家与革命》，所以书中没有提及该《导言》。可见，列宁没有"隐匿'导言'"，也没有对它"保持沉

---

① 《列宁选集》第3卷，北京：人民出版社2012年版，第127页。
② 同上书，第128页。
③ 雅克·泰克西埃：《马克思恩格斯论革命与民主》，姜志辉译，北京：社会科学文献出版社2012年版，第224页。
④ 同上书，第243页。
⑤ 《列宁全集》第31卷，北京：人民出版社1985年版，第229页。
⑥ 同上书，第230页。
⑦ 同上书，第231页。

默"①，仅仅是因为列宁在当时已经没有时间去写出《国家与革命》第七章的内容罢了。不过，由该《导言》所引爆的关于"暴力革命道路 vs 合法斗争道路"之争，也是《国家与革命》所讨论的一个焦点。实际上，列宁所反对和批判的，并不是走合法斗争的和平道路，而是那种放弃革命权利、放弃暴力革命、"只走和平道路、只走合法道路的幻想"②。

恩格斯在该《导言》中明确坚持了两点论，既肯定了德国社会民主党当时利用议会走和平道路的现实合理性，又强调了未来进行决战、走非和平道路的不可避免性。不过，伯恩施坦认为，"是合法道路还是革命道路更为有效，关键完全在于措施的性质，在于这些措施与不同的人民阶级和人民习惯的关系"，"在这里大体可以说，革命的道路（始终是在革命暴力的意义上说的）就排除少数特权者在社会进步的道路上设置的障碍来说，工作完成得较快；它的长处在于消极方面"；"根据宪法的立法在这一方面通常是工作得较慢的。它所遵循的通常是妥协的道路，不是废除既得权利，而是赎买既得权利。但是当广大群众的偏见，当他们的狭隘眼界成为社会进步的障碍时，它就比革命强了，而当问题在于创造有持久生命力的经济制度时，它就表现出更大的优越性，换句话说，就是积极的社会政策工作的优越性"；"在立法中，智力在平静时期驾驭感情，在革命中则是感情驾驭智力。但是如果说感情经常是有缺点的指挥者，那么智力就是迟钝的发动机。革命失之于过急的地方，日常立法失之于拖拉。立法作为**有计划的**暴力起作用，革命则作为**自然发生的**暴力起作用"③。考茨基虽然一开始反对伯恩施坦，但他后来也没有走出利用议会民主的框架，否定暴力革命，反对俄国工农苏维埃。十月革命胜利后，这场争论进一步引发了各国社会民主党的分化和分裂，其中，左派纷纷建立各国的共产党。1919年成立的第三国际，

---

① 雅克·泰克西埃：《马克思恩格斯论革命与民主》，姜志辉译，北京：社会科学文献出版社2012年版，第243页。
② 《列宁全集》第31卷，北京：人民出版社1985年版，第146页。
③ 殷叙彝编：《伯恩施坦读本》，北京：中央编译出版社2008年版，第352页。

正式名称为共产国际。第三国际及其所属各国共产党奉行暴力革命、武装斗争的非和平路线。第二国际于 1922 年又恢复活动，正式名称为社会主义工人国际，其所属各国社会党、社会民主党推崇合法斗争、议会斗争的和平路线。应该说，这种分化和分裂既是一种历史的遗憾，也是一种历史的幸运，现实中的真理和谬误总是历史的、相对的、具体的、有条件的。而在列宁看来，错误本身也是革命的一部分，是革命行动不可避免的，伟大的革命者同样也会犯错误，只有那些逃避革命和放弃革命的行为，才是不可饶恕的错误，"俄国工人阶级一定能用他们充满错误的革命行动来争得自由，推动欧洲前进。让那些在革命方面没有行动的庸人以没有错误而自夸吧"①。

三是关于无产阶级专政何时消亡的问题。

列宁认为，实行无产阶级专政是革命转变时期的一项暂时性、过渡性手段。无产阶级专政有四个方面的任务：第一，"利用国家反对资产阶级"；第二，"反击资产阶级的复辟尝试"；第三，"革命战争"；第四，"实行和维护民主"②。只有完成了这四个任务，无产阶级专政才会"自行消亡"。列宁在书中还提出了关于无产阶级专政的"两个必要"论：（1）无产阶级专政对推翻了资产阶级的无产阶级是必要的；（2）无产阶级专政对资本主义和共产主义之间的整个历史时期都是必要的。列宁的"两个必要"论与马克思在 1952 年 3 月 5 日给魏德迈的信中提出的"两点"论（即"阶级斗争必然导致**无产阶级专政**；这个专政不过是达到**消灭一切阶级**和进入**无阶级社会**的过渡"③ 这两点论述）是一一对应的关系，前者是对后者的阐释。

马克思在《哥达纲领批判》中指出："在资本主义社会和共产主义社会之间，有一个从前者变为后者的革命转变时期。同这个时期相适应

---

① 《列宁选集》第 1 卷，北京：人民出版社 2012 年版，第 728 页。
② 《列宁全集》第 31 卷，北京：人民出版社 1985 年版，第 127 页。
③ 《马克思恩格斯文集》第 10 卷，北京：人民出版社 2009 年版，第 106 页；另见《马克思恩格斯选集》第 4 卷，北京：人民出版社 2012 年版，第 425—426 页。

的也有一个政治上的过渡时期，这个时期的国家只能是**无产阶级的革命专政**。"① 其中，"无产阶级的革命专政"一词强调了无产阶级专政在革命转变时期（即政治上的过渡时期）的革命性作用。共产主义社会可以分为两个阶段，即"共产主义社会第一阶段"和"共产主义社会高级阶段"②，而所谓的革命转变时期应该是在资本主义社会和"共产主义社会第一阶段"即社会主义社会之间。一旦进入到了社会主义社会（包括社会主义初级阶段），"无产阶级的革命专政"就不再需要了。但是，从现实情况来看，在我国社会主义初级阶段，我们依然需要"无产阶级的革命专政"。理由很简单，此社会主义社会非彼社会主义社会。首先，列宁所说的社会主义社会是从理论上、从全世界范围内、从人类社会整体推进的角度来说的，而我们所处的社会主义初级阶段是从一国建设社会主义、社会主义国家与资本主义国家共生并存的角度来说的。其次，列宁所说的社会主义社会是在无产阶级革命任务都已完成③之后建立起来的，所以，它不再需要"无产阶级的革命专政"，而我们所处的社会主义初级阶段并没有完成无产阶级的全部革命任务，当前只是初步完成了"在上面"的革命任务——实行了无产阶级专政（人民民主专政），还没有完成"在下面"的革命任务——实行最完全的地方自治，取消地方自治机关中由国家任命的官吏。现在就断言不再需要无产阶级专政了，那我们靠什么来完成"在下面"的革命任务，靠什么来实行最完全的地方自治，靠什么来取消地方自治机关中由国家任命的官吏？如果认为"在下面"的这个革命任务不需要"在上面"的无产阶级专政就可以完成，那就把这两个革命任务简单割裂开了，也就背离和否定了列宁对无产阶级革命任务的总规定。

---

① 《马克思恩格斯文集》第3卷，北京：人民出版社2009年版，第445页；另见《马克思恩格斯选集》第3卷，北京：人民出版社2012年版，第373页。

② 同上书，第435页。

③ 无产阶级的革命任务是：打碎国家机器，"摧毁这个机器，在下面即在地方上用最完全的自治，而在上面用武装的无产阶级的**直接**政权即无产阶级专政来代替"（《列宁全集》第31卷，北京：人民出版社1985年版，第147页），即"无产阶级专政＋取消地方自治机关中由国家任命的官吏"（《列宁全集》第31卷，北京：人民出版社1985年版，第150页）。

无产阶级专政本身具有水和火的两种属性：一种是"火性"，即不断革命的暴力性，它作为不断摧毁奴役人民的资本和国家机器、防止其死灰复燃的暴力工具而起作用；另一种是"水性"，即民主法治的改良性，它作为有序实现地方完全自治和人民当家做主、防止社会公仆异化为社会主人的改良工具而起作用。如果只强调其暴力性，过度追求狂风暴雨、摧枯拉朽式的不断革命运动，而忽视其改良性，忽视和风细雨、滴水穿石式的民主法制建设，就会违背马克思的"两点论"和列宁的"两个必要"论，只能是重蹈"文化大革命"的覆辙。

四是如何通过普选实行地方完全自治的问题。

列宁认为，资产阶级民主转化为无产阶级民主是"量转化为质"[①]的过程，普选制就是这种质变的真正起点。作为阶级统治的一种工具，普选、普选权和普选制既可以选出"人民的假代表"[②]，为资产阶级民主服务，也可以选出人民的真代表，为无产阶级民主服务。同样的道理，本来可以取代议会、真正代表人民的苏维埃，也会被人利用而变成议会式的清谈馆。马克思在《法兰西内战》中指出，"公社是由巴黎各区通过普选选出的市政委员组成的"[③]；"事实上，公社体制是把农村的生产者置于他们所在地区中心城市的精神指导之下，使他们在中心城市有工人作为他们利益的天然代表者。公社的存在本身自然而然会带来地方自治，但这种地方自治已经不是用来牵制现在已被取代的国家政权的东西了"[④]；"如果用等级授职制去代替普选制，那是最违背公社精神不过的"[⑤]。马克思在这里所说的"公社精神"，其内容就是通过普选制实行地方完全自治。恩格斯也坚持地方完全自治的观点，"在恩格斯看来，集中制丝毫不排斥这样一种广泛的地方自治，这种自治在各个市镇和省自愿坚持国家统一的同时，绝对能够消除任何官僚制度和任何来自上面

---

① 《列宁选集》第3卷，北京：人民出版社2012年版，第147页。
② 《马克思恩格斯文集》第3卷，北京：人民出版社2009年版，第156页。
③ 同上书，第154页。
④ 同上书，第157页。
⑤ 同上。

的'发号施令'"①。只有在彻底消除官僚制度的基础上,把集中制与完全的地方自治有机地统一起来,才能实现真正的"民主集中制的共和国"②。

列宁坦言,"关于地方自治","无论过去和现在,我们党的宣传鼓动工作都没有充分注意"③。关于这个"非常重要的、原则性的、纲领性的问题"④,即取消"由上面任命官吏的权利"⑤,而由居民通过普选实行地方完全自治的问题,在今天看来,依然属于"我们党的宣传鼓动工作都没有充分注意"的一个问题,一个需要在理论上认真加以研究,并在实际工作中认真加以落实的问题。列宁在"蓝皮笔记"即《马克思主义论国家》中也强调地方完全自治,他说,"理论上值得特别**注意**的是把无产阶级专政同最完全的地方自治结合起来"⑥,在国家问题上,"无产阶级革命的任务是:'**打碎**'这个机器,即摧毁这个机器,在下面即在地方上用最完全的自治,而在上面用武装的无产阶级的**直接**政权即无产阶级专政来代替"⑦。也就是说,无产阶级的国家革命任务,实际上是由两个互为条件、同等重要的分任务构成:一个是"在上面"的革命任务,即夺取国家政权,实行无产阶级专政;另一个是"在下面"的革命任务,即根除官僚制,实行地方完全自治。无产阶级要想建立一个"民主集中制的共和国"⑧,就必须同时执行"在上面"和"在下面"这两个国家革命任务,同时实行无产阶级专政和地方完全自治。如果只实行无产阶级专政,而不实行地方完全自治,或者只实行地方完全自治,而不实行无产阶级专政,都非真正意义上的无产阶级专政和地方完全自治,都不可能真正取得无产阶级国家革命的胜利。

---

① 《列宁选集》第3卷,北京:人民出版社2012年版,第176页。
② 同上书,第175页。
③ 同上书,第177页。
④ 《列宁全集》第30卷,北京:人民出版社1985年版,第180—181页。
⑤ 同上书,第182页。
⑥ 《列宁全集》第31卷,北京:人民出版社1985年版,第146页。
⑦ 同上书,第147页。
⑧ 《列宁选集》第3卷,北京:人民出版社2012年版,第175页。

另外，在写作过程中，列宁十分注意对辩证法的运用，正如杜娜叶夫斯卡娅所说，"从《哲学笔记》开始，一直到列宁逝世，他的著作中没有一本不是充满着辩证法。从《帝国主义论》到《国际的分裂》，从《论民族问题》到《国家与革命》，从著名的《关于工会问题的论战》到他的《遗嘱》，这一点构成了他所有著作中的偏激和低沉的基调"。①如果说"《帝国主义论》是对立面统一的辩证法在经济学上的说明"②，那么，《国家与革命》就是"对立面统一的辩证法"在政治学上的说明；"正如他在写作《帝国主义论》时曾'体验'了《逻辑学》一样，现在，他又为他的国家和他的时代**再创作了**马克思的《法兰西内战》，这就是《国家与革命》。他以马克思的下述概念为基础：'中央集权的国家政权，以及遍布各地机关——常备军、警察、官僚、僧侣和法官'等等，'是按照系统的和等级的分工原则建立的'。列宁现在看到，他的时代的要求是**粉碎官僚主义**。国家的消亡没有其他途径。即使是工人的国家，如果不把组织成为统治阶级的工人变成结束一切阶级统治的基础，也不会消亡。这一点成了他的理论与实践的关键。这是以真正的黑格尔—马克思方式对思想的重新组织"。③

人们在阅读《国家与革命》时，可能会犯布哈林式的"错误"。所谓布哈林式的"错误"，就是列宁在《论"左派"幼稚性和小资产阶级性》（1918年5月5日）一文中点评布哈林关于《国家与革命》的书评时所指出的，"布哈林注意到了并着重指出了：应该'打碎'、'炸毁'旧的国家机构，应该'扼杀'资产阶级等等。狂热的小资产者也会愿意这么干的。而从1917年10月到1918年2月，我们的革命大体上**已经**做到了这一点"，"可是我的小册子里还讲到了最革命的小资产者都不会愿意做的、觉悟的无产者愿意做而我们革命**还没有**做到的事情。关

---

① 杜娜叶夫斯卡娅：《马克思主义与自由》，傅小平译，沈阳：辽宁教育出版社1998年版，第160页。
② 同上书，第158页。
③ 杜娜叶夫斯卡娅：《马克思主义与自由》，傅小平译，沈阳：辽宁教育出版社1998年版，第179页。

于这个任务,明天的任务,布哈林却保持沉默"①,这就是"在共产主义的高级阶段到来以前,社会主义者要求社会和国家对劳动量和消费量实行极严格的监督";"计算和监督,——这就是把共产主义社会第一阶段调整好,使它能正常地运转所必需的主要条件"②,"布哈林**没有**着重指出**这一点**"③。这里,列宁提醒人们在阅读《国家与革命》时,不要像布哈林一样只看到书中对"昨天的任务"——夺取政权、打碎旧国家机器的任务——的强调,更要看到书中对"明天的任务"——经济建设的任务——的强调,把"我们革命**还没有**做到的事情"④继续做下去,因为经济建设乃是无产阶级革命的重要任务。虽然列宁当时认为打碎旧国家机器的任务已经基本完成,但是他后来也承认,"昨天的任务"实际上只完成了一半,即只是夺取了政权,而没有立即去打碎和改造旧国家机器。列宁在《论合作社》(1923年1月)一文中说:"我们面前摆着两个划时代的主要任务。第一个任务就是改造我们原封不动地从旧时代接收过来的简直毫无用处的国家机关;这种机关,我们在五年来的斗争中还来不及也不可能来得及认真加以改造。"⑤ 可见,布哈林在评论《国家与革命》时强调打碎旧国家机器的"错误"在当时是对的,十月革命只是完成了夺取国家政权的任务,并没有完成打碎旧国家机器的任务。无产阶级革命最艰巨的任务和最难解决的问题,还不是如何夺取国家政权的问题,而是如何打碎旧国家机器、扩大民主和发展经济的问题。我们应该带着这些问题"回到列宁"⑥,沿着"列宁的思路"⑦ 来重新阅读和研究《国家与革命》。

---

① 《列宁选集》第3卷,北京:人民出版社2012年版,第538页。
② 同上书,第539页。
③ 同上书,第540页。
④ 同上书,第538页。
⑤ 《列宁选集》第4卷,北京:人民出版社2012年版,第773页。
⑥ 张一兵:《回到列宁——关于"哲学笔记"的一种后文本学解读》,南京:江苏人民出版社2008年版,"作者的话"。
⑦ 邓小平说:"可能列宁的思路比较好,搞了个新经济政策。"参见《邓小平文选》第3卷,北京:人民出版社1993年版,第139页。

近年来，关于《国家与革命》一书的核心内容，即国家革命和无产阶级专政的问题，又成了国内外学术界所关注的一个理论热点。可以预见，由此展开的学术争鸣将会持续进行下去，希望本研究读本对此有所补益。

第一部分 历史考证

第一章 《国家与革命》的写作背景

列宁写作《国家与革命》的时间是1917年8—9月，这是一个帝国主义战争与无产阶级革命并存的时代。第一次世界大战的爆发加速了国家垄断资本主义的形成，而在日益高涨的国际无产阶级革命运动中，马克思主义者与第二国际机会主义者之间意见分歧日益严重，伟大的俄国十月革命一触即发……这些重大的经济活动、政治实践和理论斗争都迫切需要人们在国家问题上作出自己的回答和选择，国家问题成了那个时代的焦点，正如列宁在《国家与革命》的《第一版序言》开篇所言："国家问题，现在无论在理论方面或者在政治实践方面，都具有特别重大的意义。"[1]

一部国际共产主义运动史，就是马克思主义与形形色色的机会主义进行斗争的历史。恩格斯在谈到法国党内分裂时，曾尖锐地指出，"无产阶级的发展，无论在什么地方总是在内部斗争中实现的"[2]。和马克思、恩格斯一样，列宁"一生中对冒牌社会主义者所作的斗争比对其他任何人所作的斗争都多（因为我们把资产阶级只当做一个阶级来看待，几乎从来没有去和资产者个人交锋）"[3]。可以说，列宁是"为革命而生"[4] 的，也是"为斗争而生"的，这是历史辩证法在列宁的政治实践

---

[1] 《列宁选集》第3卷，北京：人民出版社2012年版，第109页。
[2] 《马克思恩格斯选集》第4卷，北京：人民出版社2012年版，第554页。
[3] 同上。
[4] 卢卡奇晚年论及列宁时，称列宁是"为革命而生"的。参见格奥尔格·卢卡奇：《访谈：列宁的性格》，蒋其煌译，载《今日马克思主义》（*Marxism Today*）第15卷第9期，1971年9月。

生命中的生动体现。为了坚持"运动的无产阶级的阶级性"[①]，捍卫马克思主义的国家学说，在"国家"这个核心问题上作出马克思主义的回答，与当时机会主义思潮作斗争，同时，向无产阶级和劳动群众说明，在即将到来的革命中应当做些什么，列宁撰写了《国家与革命》这部光辉著作。我们要理解这一经典文献的学术价值和历史意义，就需要了解和把握该书写作的历史背景和理论背景。

一　历史背景

马克思和恩格斯曾在《共产党宣言》中指出，资产阶级时代有着不同于过去一切时代的特征，就是"生产的不断变革，一切社会状况不停的动荡，永远的不安定和变动"[②]。究其原因很简单，即"资产阶级除非对生产工具，从而对生产关系，从而对全部社会关系不断地进行革命，否则就不能生存下去"[③]。资产阶级要在生产社会化和生产资料私有制这一固有的矛盾中继续生存下去，就只能不断变革生产，对生产工具、生产关系和"全部社会关系不断地进行革命"。在19世纪末20世纪初，资本主义在不停的动荡中进入到了其最高历史发展阶段——帝国主义时代。作为寄生的、腐朽的、过渡的、垂死的垄断资本时代，帝国主义时代定格为列宁写作《国家与革命》的宏观历史背景。

列宁在《帝国主义是资本主义的最高阶段》中指出，垄断资本主义作为帝国主义的经济实质，它是资本主义发展的最高阶段，是自由竞争发展的必然产物，是资本主义社会经济结构向更高级结构过渡的阶段。其中，垄断既是生产集中发展的必然产物，又是资本主义发展到最高阶段和自我扬弃的内在推动力。在这里，列宁继承和坚持了马克思的辩证法，从当时复杂的经济关系中抽象出垄断作为其理论的出发点。"辩证法在对现存事物的肯定的理解中同时包含对现存事物的否定的理

---

① 《马克思恩格斯选集》第4卷，北京：人民出版社2012年版，第554页。
② 《马克思恩格斯选集》第1卷，北京：人民出版社2012年版，第403页。
③ 同上。

解，即对现存事物的必然灭亡的理解"①。而辩证法之所以可能，就是因为经济范畴所揭示的经济关系存在内在的矛盾不断地自我否定、自我扬弃。"马克思的辩证法要求对每一特殊的历史情况进行具体的分析"②，通过具体考察资本主义垄断形成和发展的过程，列宁给帝国主义下了一个科学的定义："帝国主义是发展到垄断组织和金融资本的统治已经确立、资本输出具有突出意义、国际托拉斯开始瓜分世界、一些最大的资本主义国家已把世界全部领土瓜分完毕这一阶段的资本主义。"③ 列宁还剖析了考茨基关于帝国主义的定义，批判了他把帝国主义的政治和经济割裂开来的错误以及他所提出的"超帝国主义"理论。列宁认为，帝国主义最深厚的经济基础是垄断，在垄断条件下竞争不仅不会消失，反而会更加激烈和残酷。资本主义在帝国主义阶段表现出特有的寄生性和腐朽，这种寄生性和腐朽并没有阻止资本主义的发展，但是其发展变得更加不平衡了。帝国主义的发展存在着两种趋势：或者是迅速发展，或者是停滞衰败。列宁通过对帝国主义经济特征和历史地位的分析，揭示了资本主义经济和政治在帝国主义时代发展不平衡的规律，得出了"帝国主义是无产阶级社会革命的前夜"④ 的重要结论。

1914年第一次世界大战的爆发，使各国经济遭受了严重破坏，人民陷入水深火热之中，战时欧洲许多国家空前加重的压迫和剥削迫使无产阶级和劳动群众奋起斗争，这就在客观上造成了革命的形势，无产阶级社会革命的条件正日趋成熟。关于社会革命的前提问题，马克思曾明确指出："彻底的社会革命是同经济发展的一定历史条件联系着的；这些条件是社会革命的前提。"⑤ 而且，"彻底的革命只能是彻底需要的革命"⑥。在资本主义的最高阶段上，社会生产力迅速发展，垄断经济具有了高度集中的形式，即国家垄断资本主义，这就为无产阶级实行彻底

---

① 《资本论》第1卷，北京：人民出版社2004年版，第22页。
② 《列宁选集》第2卷，北京：人民出版社2012年版，第700页。
③ 同上书，第651页。
④ 同上书，第582页。
⑤ 《马克思恩格斯选集》第3卷，北京：人民出版社2012年版，第338页。
⑥ 《马克思恩格斯选集》第1卷，北京：人民出版社2012年版，第11页。

的社会革命,即实现彻底需要的革命,推动资本主义经济向社会主义经济过渡,创造了历史条件和物质前提。同时,不断加深和激化的资本主义固有的各种矛盾,也需要通过国际无产阶级的革命,才能得到根本解决。列宁说:"旷日持久的战争造成的空前惨祸和灾难,使群众生活痛苦不堪,使他们更加愤慨。国际无产阶级革命正在显著地发展。这个革命对国家的态度问题,已经具有实践的意义了。"① 换句话说,"在战争造成的全世界的经济破坏的基础上,世界革命危机日益发展,这个危机不管会经过多么长久而艰苦的周折,最后必将以无产阶级革命和这一革命的胜利而告终"②,而无产阶级革命和这一革命的胜利,必然会把革命的根本问题,即国家政权问题提到日程上来。

沙皇俄国是当时帝国主义各种矛盾的集合点,也是帝国主义链条中的一个薄弱环节。1917年2月,在布尔什维克党的领导下,俄国无产阶级和革命群众利用帝国主义战争所造成的革命形势,发动武装起义,推翻了沙皇政府,取得了俄国第二次资本主义民主革命的胜利。这就是俄国历史上的"二月革命"。列宁领导的布尔什维克党提出"全部政权归苏维埃"的口号,积极争取群众,实现向社会主义革命的转变。但是,社会革命党和孟什维克却对资产阶级临时政府采取了妥协投降的政策,"当国家的意义和作用问题正好显得极为重要,即作为立刻行动而且是大规模行动的问题在实践上提出来的时候,全体社会革命党人和孟什维克一下子就完全滚到'国家''调和'阶级这种小资产阶级理论方面去了"③。资产阶级在当时苏维埃中占统治地位的社会革命党人和孟什维克的支持下成立了临时政府。临时政府对外继续推行帝国主义战争政策。他们遵照英法帝国主义者的意旨,驱使前线士兵实行进攻。他们的如意算盘是:如果获胜了,就可以把全部政权据为己有,排除苏维埃,消灭布尔什维克;如果失败了,就归罪于布尔什维克,说他们动摇军心、瓦解军队。结果,前线的进攻以惨败而告终。

---

① 《列宁选集》第3卷,北京:人民出版社2012年版,第109页。
② 《列宁选集》第2卷,北京:人民出版社2012年版,第579页。
③ 《列宁选集》第3卷,北京:人民出版社2012年版,第109页。

战败的消息传来，彼得格勒的工人和陆海军士兵被激怒了，从7月3日开始，举行了游行示威活动。4日，列宁向游行的水兵发表了演说，要求群众沉着、坚定和警惕。示威群众派代表要求苏维埃中央执行委员会夺取政权，遭到社会革命党、孟什维克首领的拒绝。军事当局派军队镇压了和平游行的示威群众，死56人，伤650人。莫斯科、下诺夫哥罗德等城市也爆发了反政府的游行示威。在孟什维克和社会革命党所把持的中央执行委员会积极支持下，临时政府对革命人民进行了镇压。6日，临时政府下令逮捕列宁。22日，报纸登载消息说，将以叛国和组织武装暴动的罪名审讯列宁。7月5日以后，列宁被迫转入地下。列宁说："我们所以说7月4日是一个转折点，正是因为在这以后客观形势起了急剧的转变。政权动摇不定的状态结束了。政权在决定性的地方已经转到反革命手中。"① 政权在"七月事变"以后完全落入资产阶级临时政府手中，苏维埃成了它的附属品，布尔什维克则被扣上了"力图占领城市""侵犯苏维埃的权力"等罪名，革命已经不可能走和平发展的道路，走非和平发展的道路，即武装起义的任务，已经提上了日程。在7—8月间，布尔什维克党秘密召开了党的六大，确定了武装夺取政权的社会主义革命方针。这是列宁写作《国家与革命》一书的具体历史背景。

为了使无产阶级革命"在最近的将来"取得胜利，用马克思主义关于无产阶级革命和无产阶级专政的理论积极武装革命群众，就成了一项当时最迫切的政治任务和历史使命。列宁指出："无产阶级社会主义革命对国家的态度问题不仅具有政治实践的意义，而且具有最迫切的意义，这个问题是要向群众说明，为了使自己从资本的枷锁下解放出来，他们在最近的将来应当做些什么。"② 当我们研读《国家与革命》的时候，不要忘记：列宁和马克思一样，始终坚定地走在"向现实本身去寻

---

① 《列宁选集》第3卷，北京：人民出版社2012年版，第88页。
② 同上书，第110页。

求思想和观念"① 的道路上。

二 理论背景

无产阶级在通过革命夺取政权，推动资本主义时代向社会主义时代过渡的历史进程中，必将长期面对"国家"这个庞然大物。列宁指出，对待国家的态度问题，在当时是一个被资产阶级和小资产阶级思想家，以及形形色色的社会主义者和无政府主义者搅得最乱的问题，尤其是第二国际的机会主义领袖伯恩施坦、考茨基等人，他们抹杀了马克思"学说的革命方面，革命灵魂"②，故意歪曲和篡改马克思主义的国家学说，在整个社会主义运动中造成了严重的负面影响。"反对帝国主义的斗争，如果不同反对机会主义的斗争密切联系起来，就是空话和谎言"。③ 因此，在国家问题上与机会主义作斗争，恢复和捍卫马克思主义的国家学说，成为当时列宁最迫切的理论斗争任务。

列宁在《国家与革命》的《第一版序言》中指出："在几十年较为和平的发展中积聚起来的机会主义成分，造成了在世界各个正式的社会党内占统治地位的社会沙文主义流派。这个流派（在俄国有普列汉诺夫、波特列索夫、布列什柯夫斯卡娅、鲁巴诺维奇以及以稍加掩饰的形式出现的策列铁里先生、切尔诺夫先生之流；在德国有谢德曼、列金、大卫等；在法国和比利时有列诺得尔、盖得、王德威尔得；在英国有海德门和费边派，等等）是口头上的社会主义、实际上的沙文主义，其特点就在于这些'社会主义领袖'不仅对于'自己'民族的资产阶级的

---

① 1837年11月，马克思在写给父亲的信中说："我从理想主义——顺便提一下，我曾拿它同康德和费希特的理想主义作比较，并从中吸取营养——转而向现实本身去寻求观念。如果说，神先前是超脱尘世的，那么现在它们已经成为尘世的中心。"（《马克思恩格斯全集》第47卷，北京：人民出版社2004年版，第12—13页），另见《马克思恩格斯全集》第40卷（北京：人民出版社1982年版，第14—15页）中的译文："我从理想主义——我曾拿它同康德和费希特的理想主义相比较，并从中汲取营养——转而向现实本身去寻求思想。如果说神先前是超脱尘世的，那么现在他们已成为尘世的中心。"
② 《列宁选集》第3卷，北京：人民出版社2012年版，第112页。
③ 《列宁选集》第2卷，北京：人民出版社2012年版，第686页。

利益，而且正是对于'自己'国家的利益，采取卑躬屈膝的迎合态度，因为大多数所谓大国早就在剥削和奴役很多弱小民族。而帝国主义战争正是为了瓜分和重新瓜分这种赃物而进行的战争。如果不同'国家'问题上的机会主义偏见作斗争，使劳动群众摆脱资产阶级影响、特别是摆脱帝国主义资产阶级影响的斗争就无法进行。"[1]

所谓"在几十年较为和平的发展中积聚起来的机会主义成分"，是指在1871年巴黎公社失败以后的三十多年，资本主义进入到一个相对和平的发展阶段，在工人运动中所积聚起来的改良主义思潮。该思潮认为，由于目前资产阶级采取了一些改良政策，在资本主义法律框架内改善了工人的工作条件，给予了一定的民主权利，工人阶级就可以不经过阶级斗争、不通过无产阶级革命方式，只需要通过合法斗争、经过改良主义的道路，即"议会道路"，就能够进入社会主义。恩格斯在创立第二国际时，就曾经领导各国工人阶级政党的领袖与改良主义思潮和无政府主义思潮作斗争。第二国际的历史使命是组织国际工人阶级，积极准备无产阶级革命，正如恩格斯在1882年2月10日致约翰·菲力浦·贝克尔的信中说指出的，国际"再也不会是一个宣传的团体，而只能是一个行动的团体了"[2]。在恩格斯去世以后，以伯恩施坦为代表的修正主义思潮在第二国际中蔓延开来，严重影响了工人运动的发展。

伯恩施坦1850年1月6日出生于柏林的一个火车司机家庭。1866年中学肄业任银行职员。1872年加入德国社会民主工党。1878年德国颁布《反对社会民主党进行普遍危害活动法》后不久，流亡瑞士苏黎世，任《社会科学年鉴》编辑。1879年发表《德国社会主义运动的回顾》一文，表现出右倾机会主义倾向，受到马克思和恩格斯的严厉批评。从1881年初起，担任德国社会民主党中央秘密机关报《社会民主党人报》主编，为宣传马克思主义做了不少有益的工作，赢得"正统马克思主义理论家"的称号。1888年5月，因受瑞士政府迫害，随该

---

[1] 《列宁选集》第3卷，北京：人民出版社2012年版，第110页。
[2] 《马克思恩格斯文集》第10卷，北京：人民出版社2009年版，第478页。

报编辑部从苏黎世迁往伦敦。此间定期出席费边社集会，受到改良主义影响。原党中央机关报《前进报》于1891年在柏林复刊，伯恩施坦任该报驻伦敦记者和党的理论刊物《新时代》固定撰稿人，发表了一些好文章。1893年7月底恩格斯立遗嘱时，把全部手稿和书信遗赠伯恩施坦和倍倍尔，并把伯恩施坦作为遗嘱执行人之一。然而，在1895年恩格斯去世后，伯恩施坦在《新时代》杂志上以"社会主义问题"为总标题发表了一组文章（后整理汇编成《社会主义的前提和社会民主党的任务》一书，于1899年出版），提出"运动就是一切，最终目的算不了什么"的修正主义公式，对马克思主义进行了全面、系统的修正与篡改。他认为"阶级合作"是社会进步的动力，资本主义能够民主、自由、和平地"长入社会主义"，并且，用"伦理社会主义"来代替科学社会主义。罗莎·卢森堡最先把伯恩斯坦反马克思主义的理论概括为"修正主义"。

伯恩施坦认为，现代资本主义的发展已经建立起现代信用制度，创造了完善的邮政、电报、客运、货运等交通通信工具，商业统计和情报机构不断改进，工业家组织不断扩展，这些都是资本主义制度的新机能，而这些新机能的出现能够使资本主义克服自身的危机，并逐步生长出越来越多的社会主义因素。伯恩施坦由此得出结论：资本主义将不再发生危机，马克思有关资本主义崩溃的预言和无产阶级革命的原则都不再适用了，无产阶级可以通过工会和社会改良的方式实现社会主义。这些观点实际上否定了无产阶级革命是实现社会主义的先决条件。

伯恩施坦的观点发表后，第二国际内部出现了分化，其中，反对伯恩施坦修正主义观点的人组成了左派；赞成伯恩施坦观点的人组成了右派；在革命与战争、资本主义与社会主义等一系列观点上左右摇摆、进行调和的人组成了中派。第一次世界大战爆发后，第二国际中的右派和中派都倒向了资产阶级，成为了社会沙文主义者。

列宁是第二国际的左派，他始终坚持批判伯恩施坦修正主义的立场。在第一次世界大战爆发后，列宁通过分析帝国主义战争的根源、战争和革命的性质，指出了第二国际的右派和中派在帝国主义战争和无产阶级革命上的机会主义观点的危害性。他在这里所列出的俄国的、德国的、法国的和比利时的、英国的代表人物，都是第二国际的右派或中派的代表人物，其中，普列汉诺夫和盖得曾经参加过批判伯恩施坦的斗争，但是因为他们在政治上立场不坚定，在理论上带有机械论倾向，不懂得列宁所指出的"马克思主义中有决定意义的东西，即马克思主义的革命辩证法"①，最终倒向了社会沙文主义。至于其他人，本来就是各国社会民主党的右翼领袖，倒向社会沙文主义是自然的事。

列宁把社会沙文主义称为"口头上的社会主义、实际上的沙文主义"。所谓沙文主义，最初得名于18世纪末19世纪初法国士兵沙文狂热地拥护拿破仑一世的侵略扩张政策。沙文主义声称本民族的利益高于一切，主张用暴力去征服、奴役其他民族，是典型的资产阶级侵略性的民族主义思想。所谓社会沙文主义，就是打着社会主义的旗帜，以保家卫国、维护祖国利益的名义，支持本国资产阶级政府发动或参与瓜分世界的战争，剥削和奴役许多弱小民族。列宁在《第二国际的破产》一文中说："所谓社会沙文主义，我们是指肯定在当前这场帝国主义战争中保卫祖国的思想，为社会党人在这场战争中同'自己'国家的资产阶级和政府实行联合作辩护，拒绝宣传和支持无产阶级反对'自己'国家的资产阶级的革命行动，等等。十分明显，社会沙文主义的基本思想政治内容同机会主义的基本原则是完全一致的。它们属于**同一种**思潮。社会沙文主义是机会主义在1914—1915年的战争环境中的产物。机会主义的主要内容就是阶级合作的思想。战争使这种思想发展到了顶点，并且把在促成这种思想的一般的因素和起因中又加进了一系列特殊的因素和起因，用特殊的威胁和暴力迫使普通的分散的群众同资产阶级实行合作。这种情况自然使拥护机会主义的人增多，这种情况也充分说明为什么许多昨天的激进派倒向这个阵营。"② "机会主义就是为着极少数工人的暂时利益而牺牲群众的根本利益，换句话说，就是一部分工人

---

① 《列宁选集》第4卷，北京：人民出版社2012年版，第775页。
② 《列宁选集》第2卷，北京：人民出版社2012年版，第489页。

同资产阶级联合起来反对无产阶级群众。战争使这种联合具有特别突出和强制的性质。机会主义是在数十年的过程中,由资本主义发展的这样一个时代的各种特点产生的,在这个时代,享有特权的工人阶层的比较安定和文明的生活,使这些工人'资产阶级化了',使他们从本国资本的利润中分得一点油水,使他们感受不到破产的贫困的大众的灾难、痛苦和革命情绪。帝国主义战争就是这种情况的直接继续和顶点,因为这是为维护大国民族的**特权**、重新瓜分殖民地和加强对其他民族的统治而进行的战争。保住和巩固自己的即小市民'上层'或工人阶级贵族(和官僚)的特权地位,这就是小资产阶级机会主义的希望和与此相适应的策略在战争时期的自然的继续,这就是当代社会帝国主义的经济基础。……战争改变了数十年来所形成的机会主义的面貌,把它提到了一个更高的发展阶段,使它的流派数量更多,种类更加五花八门,使它的信徒的队伍扩大了,用许多新的诡计丰富了他们的论据,可以说是使许多新的支流和小溪同机会主义的主流汇合起来,但主流并没有消失,而是相反。"① 因此,列宁认为:"社会沙文主义就是熟透了的机会主义,以致这个资产阶级脓疮已经不可能再**像从前那样**留在社会党的内部了。"② 而且,"第二国际时代(1889—1914年)社会党人分为机会主义派和革命派的旧的划分,大体上是**与现在分为沙文主义者和国际主义者的新的划分相一致**的。"③

列宁认为,机会主义的国家理论是社会沙文主义的理论基础,社会沙文主义则是机会主义的国家理论在战争环境中的表现形式。机会主义的国家理论讲的是资产阶级民族运动中的民族国家问题,而不是帝国主义时代的垄断国家问题。虽然民族国家和垄断国家同属于资产阶级国家,但是由于时代不同,这两类国家的性质和特点不同,其中,民族国家是从反对封建专制制度中产生出来的,体现了资产阶级通过民族运动和革命斗争获得政治解放的国家理念;垄断国家则是从确立资产阶级专

---

① 《列宁选集》第2卷,北京:人民出版社2012年版,第489—491页。
② 同上书,第491页。
③ 同上。

政制度中产生出来的,体现了资产阶级通过帝国主义战争巩固自己的阶级专政,掠夺和压迫弱小民族的国家理念。机会主义国家理论的错误之处就在于对这两种不同性质的资产阶级国家不加区分,混为一谈,从而在一系列问题上背离了无产阶级的立场。因此,在帝国主义战争问题上,社会沙文主义宣扬保卫祖国,就是在维护本国资产阶级政府的利益,反对本国无产阶级和被压迫民族的利益;在社会主义问题上,社会沙文主义背离马克思的无产阶级专政理论,不是把社会主义建立在世界无产阶级革命和民族解放运动的基础上,而是把社会主义建立在资产阶级改良的基础上,彻底沦为了小资产阶级的社会主义,或资产阶级自由派的社会主义。因此,列宁指出:"在这种情况下,在马克思主义的种种歪曲空前流行的时候,我们的任务首先就是要**恢复**真正的马克思的国家学说。"① 这是列宁写作《国家与革命》的理论背景。

总之,《国家与革命》一书在当时满足了"两个需要":一是现实政治斗争的需要,即国际无产阶级革命的需要。1914 年爆发的第一次世界大战争引起了国际无产阶级革命,随着革命高潮的到来,必然把"怎样对待资本主义国家机器,如何建立无产阶级国家"等这些革命和建设的根本问题,即国家政权问题提到日程上来;二是现实理论斗争的需要,即反对第二国际机会主义的需要。由于在国际共产主义运动中,第二国际机会主义者在无产阶级革命最重要的问题上背离马克思主义,因而在围绕"国家与革命"这一根本问题上,必然会展开激烈的斗争。

为了恢复和捍卫马克思主义的国家学说,肃清机会主义的影响,从思想上武装无产阶级和广大劳动群众,解决时代的核心问题——国家问题,用马克思主义国家学说指导当时的革命斗争和政治实践,列宁于 1916 年秋天和 1917 年初,在苏黎世精心研究马克思和恩格斯的国家学说,并把研读的文献材料集成了一本名为《马克思主义论国家》的、封面是蓝色的笔记,又称为"蓝皮笔记"。1917 年 4 月,列宁从瑞士回到俄国后,开始忙于革命活动,暂时停止了对国家问题的研读,但他并

---

① 《列宁选集》第 3 卷,北京:人民出版社 2012 年版,第 112—113 页。

没有遗忘这一计划。6月，他还拟了一份研究马克思主义对国家态度问题的书单。1917年"七月事变"后，列宁匿居在俄国和芬兰边界的拉兹利夫湖畔的草棚里，着手开始写作《国家与革命》一书。为此，他请人送来了他的"蓝皮笔记"，以及《反杜林论》《哲学的贫困》和《共产党宣言》（德文版和俄文版）等马克思和恩格斯的著作。8月上旬，列宁到了芬兰的赫尔辛福斯，继续从事写作。按照原定的计划，全书共有七章的内容。列宁写完了前六章的内容，并拟订了第七章的详细提纲和"结束语"的提纲。列宁曾经写信告诉出版者，如果第七章完稿太晚，或者分量过大，那就把前六章作为第一分册单独出版。所以，《国家与革命》一书最初就是作为第一分册出版的。为了应付临时政府的检查，列宁在该书手稿的第一页上署了一个从未用过的笔名：弗·弗·伊万诺夫斯基。但该书到1918年才得以出版，也就没有使用这个笔名，而是用了大家都知道的笔名：弗·伊林（尼·列宁）。列宁在1919年该书再版的时候，在第二章中加入了"1852年马克思对问题的提法"一节的内容。

第二章 《国家与革命》的主要版本和传播情况

"十月革命一声炮响,给我们送来了马克思列宁主义"①。上海《民国日报》于1917年11月10日报道了十月革命胜利的消息,并提到了列宁的几项主张。1918年3月以后,《东方》杂志、《劳动》月刊、《晨报》副刊等介绍了列宁的生平事迹和思想理论。中国的先进分子在俄国十月革命的胜利中看到了救亡图存的希望,他们积极撰写文章,介绍俄国十月革命的经验,宣传无产阶级革命与无产阶级专政,其中,李大钊的《法俄革命之比较观》《庶民的胜利》《新纪元》等文章代表了当时中国的先进分子对马克思列宁主义的思想认识,开始把马克思列宁主义作为自己信仰的真理去研究。"五四"运动以后,包括《国家与革命》在内的马列原著开始陆续在中国翻译、出版和传播,并一直持续到今天。

一 新中国成立前的版本和传播情况

列宁在1917年写的《俄国的政党和无产阶级的任务》一文,刊载于1919年9月北京《解放与改造》杂志的第1卷第1期,是在我国报刊上发表的第一篇列宁文章,当时译为《鲍尔雪维克之所要求与排斥》,李宁(列宁)著,由金侣琴根据该文的英文版本转译。

1921年5月7日,上海《共产党》杂志第1卷第4期(第30至35页)登载了列宁《国家与革命》第一章第一节和第二节的译文,为

---

① 《毛泽东选集》第4卷,北京:人民出版社1991年版,第1471页。

P.生（即沈雁冰）所译①，第一章的标题是"阶级的社会与国家"，其中，第一节的标题是"国家者阶级冲突不可调和的结果"，第二节的标题是"军人囚犯等等的特别团体"，共约3900字左右。沈雁冰（茅盾）在《我走过的道路》一书中谦逊而诚恳地说："我翻译了列宁的《国家与革命》第一章，这是从英译的《国家与革命》转译的。我只译了第一章，便感到，对于马克思主义经典著作没有读过多少的我，当时要翻译并译好《国家与革命》，是很困难的。于是，也就知难而退，没有继续翻译下去。"② 根据日本学者石川祯浩的考证，沈雁冰使用的英译本《国家与革命》出自美国的社会主义期刊《阶级斗争》（*The Class Struggle*，1919年2月号）③。如果比较一下沈雁冰的译文与现在的译本，即《列宁全集》第2版第31卷中的译本，两者在一些关键词的翻译上存在差异，例如：沈雁冰将"阶级矛盾"翻译为"阶级冲突"、"资产阶级"翻译为"中产阶级"、"小资产阶级"翻译为"下级中等阶级"、"被剥削阶级"翻译为"被利用阶级"、"压迫"翻译为"压制"、"斗争"翻译为"争斗"、"对立面"翻译为"相冲突的部分"、"社会沙文主义者"翻译为"社会爱国者"、"德意志民族"翻译为"民族的德国人"、"不可调和的阶级"翻译为"实在是和解不来的斗争阶级"、"特殊的武装队伍，监狱"翻译为"军人囚犯"等等④，这些词汇和这种翻译方式在一定程度上影响了人们对马列主义的接受。不过，由于当时马列主义的文献比较匮乏，翻译条件也很恶劣，因此该译本对马列主义的国家学说在中国的传播还是起到了十分重要的推动作用。

1921年7月，中国共产党成立后在上海创建了人民出版社，并很快公布了出版计划，确定出版《列宁全书》，包括《国家与革命》等14种列宁著作。但由于环境险恶和资金短缺，该计划并没有完全实现。

---

① 参见《共产党月刊》1—6册影印件。
② 茅盾：《我走过的道路》上册，北京：人民文学出版社1981年版，第154页。
③ 石川祯浩：《中国共产党成立史》，袁广泉译，北京：中国社会科学出版社2006年版，第46页。
④ 参见何建华、高华梓：《沈雁冰和〈国家与革命〉的首次汉译》，载《马克思主义研究》2015年第9期，第41页。

1921年12月，人民出版社出版了李立翻译的《苏维埃政权的当前任务》（原书名为《劳农会之建设》）和沈泽民翻译的《论无产阶级在这次革命中的任务》（原书名为《讨论进行计划书》），这两部著作是在我国最早出版发行的列宁著作中译本。

1923年10月25日，上海《民国日报》副刊《觉悟》发表了李春蕃（柯柏年）翻译的《国家与革命》第五章译文，译名为《共产主义与社会底进化》。1924年1月21日列宁逝世，"国民追悼列宁大会"在北京召开，会后编印了《列宁纪念册》，该纪念册转载了这篇译文。

1924年11月26—30日，上海《民国日报》副刊《觉悟》发表了张太雷翻译的《国家与革命》部分译文，文章译名为"马克思政治学"。

1925年12月起，上海《民国日报》副刊《觉悟》七次连载了张荣福翻译的《国家与革命》部分译文。

1927年1月5日起，汕头《岭东民国日报》副刊《革命》（周恩来题名）连载了李春蕃（柯柏年）翻译的《国家与革命》全译文，这是《国家与革命》在我国的第一个中文全译的文本。

1927年，上海浦江书店出版了江一之翻译的《国家与革命》（原书名《国家论》）全译本，这是在我国出版的第一个《国家与革命》中文全译单行本。

1929年7月，上海华兴书局以上海中外研究学会的名义出版了李春蕃（柯柏年）翻译的《国家与革命》全译本，该译本于1930年1月由原出版社重印。另外，中国出版社、无产阶级书店、广州人民出版社、汉口新生书店、北方人民出版社等也都重印了该版本。

1932年，莫斯科苏联外国工人出版社出版了中文版《列宁选集》第12卷，其中，《国家与革命》被全文收入该卷第1—163页。该卷于1937年7月、1938年1月由延安解放社重印出版。当时，解放社计划出版二十卷《列宁选集》，实际共出版了十六卷，其中，翻译出版了《列宁选集》第1、2、4、5、6、11、16、17、18卷；重印出版了《列宁选集》（莫斯科苏联外国工人出版社出版的中文版）第3、7、8、9、

10、12、13 卷。这是我国最早出版的多卷本列宁著作集。

1932 年 5 月，中共苏区中央局宣传部翻译出版了《国家与革命》中译本。

1938 年 3 月，莫师古翻译的《国家与革命》中译本出版，该书出版社不详。书中内容包括：《国家与革命》《无产阶级革命与叛徒考茨基》《论"民主"和专政》《共产国际第一次世界大会上关于资产阶级民主和无产阶级专政的提纲与报告》《论专政问题的历史》5 种著作，共 500 页。根据王仿子先生在《出版生涯七十年》一书中的说法，当时有"用中国出版社名义出版、署名莫师古翻译的（在上海翻印的莫斯科外文出版社中文版。莫师古是莫斯科的谐音）《国家与革命》"①。据此推知，该书所载的《国家与革命》可能出自 1932 年莫斯科苏联外国工人出版社出版的中文版《列宁选集》第 12 卷中的《国家与革命》译文。

1938 年 5 月 5 日是马克思诞辰 120 周年的纪念日。这一天，党中央在延安正式创建了自己的第一个马列学院。学院中有专门负责编译、校对马列经典的工作部门，这是我党历史上第一个专门编译马列著作的机构。不久，我党又创办了中央出版发行部，对全党的出版和发行工作进行统一领导和组织。当时这个翻译出版发行马列著作的中共中央出版发行部，被冠名为"解放社"。

1939 年，延安解放社出版《马克斯（思）恩格斯与马克思主义》一书（许之桢编，柯柏年、吴黎平等译），收录了《国家与革命》第五章第二节的中译文。1948 年 10 月，该书由东北书店作为初版出版，其中，《国家与革命》第五章第二节收录于该书第 234—239 页，题为"马克思论从资本主义到共产主义的过渡"。

1943 年 8 月，延安解放社出版了博古翻译的《国家与革命》中译文。1946 年 11 月，该译本由太岳新华书店出版，1949 年 4 月再版。华北新华书店、山东新华书店、东北书店、太行群众书店等也于 1946 年

---

① 王仿子：《出版生涯七十年》，上海：上海百家出版社 2010 年版，第 63 页。

和 1947 年重印该版本。1948 年 12 月，冀鲁豫新华书店作为"干部学习丛书"之一印行该版本。

1947 年，莫斯科外国文书籍出版局出版了苍木（陈浩昌）译校的《国家与革命》中译本，1948 年由东北书店重印。1949 年，华东新华书店等各地新华书店都重印过这个译本。

1947 年，上海世文书店出版了马思果译校的《国家与革命》（原书名为"关于国家和阶级专政"）。

1947 年和 1948 年，莫斯科外国文书籍出版局出版了由唯真和苍木译校的两卷本《列宁文选》中译本，其中，《国家与革命》被全文收入第 2 卷第 173—284 页。该文选于 1949 年由解放社重印，1949 年 7 月由太岳新华书店重印，1949 年 7 月由上海平凡书局重印了第 1 卷。1953 年，该文选由人民出版社重排出版，其中，《国家与革命》被全文收入第 2 卷第 162—269 页。1957 年，人民出版社重印了该版本的《列宁文选》。

1949 年 2 月，党中央决定重新编审出版一套"干部必读"书目（又名"干部学习丛书"），包括《国家与革命》等 12 种马列著作。这套丛书于 1949 年 6 月开始出版，1950 年 6 月全部出齐，一年内印数就达到三百万册。其中，1949 年 8 月由解放社翻印了莫斯科外国文书籍出版局 1947 年的中文版（苍木译校）单行本，作为北京初版出版《国家与革命》，全书共计 9.1 万字，同年 11 月和 12 月先后印行第 2 版和第 3 版，1951 年由人民出版社作为第 4 版出版（精装，0.87 元）。

二　新中国成立后的版本和传播情况

1949 年，解放社出版了列宁与斯大林的合集本，书名为"帝国主义是资本主义的最高阶段·国家与革命·共产主义运动中的'左派'幼稚病·论列宁主义基础"。

1952 年，外文出版社成立，该社用英、法、德、西、俄五种文字出版了《国家与革命》。

1953年，民族出版社成立，该社用蒙、藏、维吾尔、哈萨克、朝鲜五种民族文字翻译出版了《国家与革命》。

1953年，盲文出版社成立，该社出版了盲文版《国家与革命》。

1953年，中共中央马克思恩格斯列宁斯大林著作编译局成立，该局根据苏共中央马列研究院编辑的俄文第4版《列宁全集》，开始翻译中文第1版《列宁全集》。人民出版社从1955年开始出版第1卷，到1959年共出版了38卷①，总计1500万字。其中，1958年5月出版了《列宁全集》第25卷，《国家与革命》被全文收入该卷第371—478页。

1953年6月，人民出版社出版了《国家与革命》（苍木译校）单行本（第5版第5次印刷，平装，0.58元）。

1955年6月，人民出版社出版了《列宁论马克思恩格斯及马克思主义》（唯真译校），1964年2月，该版本又出版了16开大字本的，共九册（4.20元），其中，摘录了《国家与革命》第二章第三节和第五章的内容（第7分册第407—433页）。

1956年8月，上海人民出版社出版了《国家与革命》单行本。

1959年8月，甘肃人民出版社出版了《国家与革命》（摘录），作为高等学校社会主义课程教材。

1959年9月，人民出版社出版了《国家与革命》单行本（第6版第6次印刷），该译本根据《列宁全集》中文第1版第25卷第371—478页排印，共计8.2万字。

1960年，人民出版社出版了四卷本中文第1版《列宁选集》，该选集是由中央编译局根据中文第1版《列宁全集》选编的，共收录列宁文献205篇，共计257.6万字。其中，《国家与革命》被全文收录于1960年4月出版的《列宁选集》第3卷第163—271页，1965年10月为第2版第2次印刷。

---

① 当时俄文版第39卷尚未出版，1963年翻译出版了最后一卷，即第39卷《关于帝国主义的笔记》。

1960年，法律出版社出版了尼柯尔斯卡娅主编的三卷本《列宁论国家与法》，译文摘自人民出版社出版的中文第1版《列宁全集》，其中，《国家与革命》被全文收录于第1卷第436—544页。

1962年10月，人民出版社出版了《国家与革命》单行本（第6版第11次印刷，平装，0.33元）。

1963年5月，人民出版社出版了《国家与革命》单行本（第6版第12次印刷），本译文采自《列宁全集》中文第1版第25卷。该书是中央宣传部选定的30种"干部选读马恩列斯著作"（简称"三十本书"）之一。

1964年5月，为了方便老干部阅读，人民出版社出版了16开大字本《国家与革命》（平装分两册，1.30元）。

1964年9月，人民出版社出版了《国家与革命》（第7版），全书共计8.2万字，排印时中央编译局对译文进行了修订，该版本后来多次印刷，例如：1967年3月第15次印刷（平装，0.33元），1975年6月第22次印刷（平装，0.27元）。

1965年12月，人民出版社出版了12开直排大字本《国家与革命》（线装分两册，6.80元）。

1970年，毛泽东号召大家"认真看书学习，弄通马克思主义"，重点学习《国家与革命》等6种马列著作。1970年12月，人民出版社再次出版了16开大字本《国家与革命》（平装分两册，0.85元）。

1971年，周恩来总理做出重新编译出版《列宁选集》的指示。1972年10月，经过中央编译局新校重编，人民出版社出版了四卷本中文第2版《列宁选集》。该选集共收录列宁文献187篇，共计238万字。其中，《国家与革命》被全文收录于《列宁选集》第3卷第171—276页。该卷有纸精装（至1977年8月为第2版第7次印刷，2.05元）、平装（1.55元）、字典纸精装（2.40元）三种版本。另外，字典纸平装于1975年6月出版（1.85元）；32开平装普及本于1975年9月出版，1976年3月为第2版第2次印刷（分上下两册，1.40元）①。

1972年，中国人民解放军战士出版社翻印了人民出版社出版的《国家与革命》。

1977年，商务印书馆出版了上海外国语学院西俄语系俄语教师注释的《国家与革命》。

1982年，中共中央委员会决定由中央编译局编译中文第2版《列宁全集》。人民出版社从1984年开始出版，到1990年全部出齐，总计六十卷。中文第2版比中文第1版增加了三分之一以上的新文献，成为当时世界上规模最大的一套《列宁全集》。中文第2版内容全面，资料丰富，译文质量较高，既增加了我国早期列宁著作译本的封面书影，又在编辑体例、注释资料等方面体现出了中国特色。其中，《国家与革命》被全文收录于《列宁全集》第31卷（人民出版社，1985年版）的第1—116页。另外，在第31卷的《附录》中，还收载了被称为"蓝皮笔记"的《马克思主义论国家（1917年1—2月）》一文，以及列宁在1916年夏天至1917年9月所写的相关材料，包括《未完成的〈关于国家的作用问题〉一文的材料》（写于1916年夏天至冬天）和《〈国家与革命〉一书的提纲和纲要（1917年7—9月）》，这些文献没有被收进中文第1版《列宁全集》。其中，1958年苏联出版了《马克思主义论国家》单行本，1964年人民出版社出版了中译本《马克思主义论国家》（宋书声等翻译），以后多次重印，但书中的一些重要观点和材料，因为当时没有被列宁引入《国家与革命》，所以没有引起学术界的关注和重视。

1992年3月，人民出版社出版了《国家与革命》（第2版第1次印刷，平装，1.65元），本译文根据《列宁全集》中文第2版第31卷第1—116页排印，共计11.7万字，至此，《国家与革命》已经有18种中

---

① 参见人民出版社马列著作编辑室编写的《马克思恩格斯列宁斯大林著作中文本书目、版本、简介（1950—1983）》，北京：人民出版社1985年版，第105—106页。

译本，成为中译本最多的列宁著作①。

1995 年，人民出版社出版了四卷本中文第 3 版《列宁选集》，共收入列宁文献 195 篇，共计 232 万字。与第 2 版选集相比，第 3 版选集增加了 32 篇列宁对马克思主义方法论的著述，以及关于如何建设社会主义的理论和实践的文献（另有 1 篇文章增加了 1 章），增加 27.5 万字；同时删去了 24 篇文献（另对 3 篇文章作了部分删节），删去 35.5 万字。所收录的列宁著作全部采用中文第 2 版《列宁全集》的新译文，其中，《国家与革命》被全文收录于《列宁选集》第 3 卷第 109—221 页。

2001 年 4 月，人民出版社出版了作为中央编译局编译的"马克思列宁主义文库"之一的《国家与革命》（第 3 版第 1 次印刷，平装，8 元），全书共计 11.7 万字。

2004 年，按照党中央在《关于进一步繁荣发展哲学社会科学的意见》中做出"关于组织实施马克思主义理论研究和建设工程的决定"的指示和要求，中央编译局根据中文第 2 版《列宁全集》和中文第 3 版《列宁选集》，开始编辑十卷本《马克思恩格斯文集》和五卷本《列宁专题文集》，至 2009 年全部编辑完成，并由人民出版社出版。其中，《国家与革命》被全文收录于《列宁专题文集·论马克思主义》第 174—291 页，《国家与革命》第五章的内容被收录于《列宁专题文集·论社会主义》第 23—42 页。

2012 年，人民出版社出版了四卷本中文第 3 版修订版《列宁选集》，共计 339 万字。该版本在保持整体结构和各卷篇目不变的基础上，根据十卷本《马克思恩格斯文集》的最新译文和五卷本《列宁专题文集》的编辑和研究成果，对中文第 3 版进行了修订和完善。其中，《国家与革命》被全文收录于《列宁选集》第 3 卷第 109—221 页。

2014 年，人民出版社出版了中文第 2 版增订版《列宁全集》第 1—7 卷，该版本到 2017 年之前全部出齐，仍是 60 卷。第 2 版增订版主要

---

① 参见王东、陈有进、贾向云：《马列著作在中国出版简史》，广州：广东人民出版社 1996 年版，第 122—123 页。

完成两项工作：一是增补新文献，将《列宁全集补遗》第 1 卷和第 2 卷中比较重要的文献按发表时间顺序分别收录第 2 版增订版的相应卷次中，已确定收录文献共 44 篇，总计约 20 万字；二是根据最新编译成果，修订全集各卷的正文和资料。预计《国家与革命》仍会被全文收录于《列宁全集》第 31 卷。

另外，建国之后还陆续出版了一些专门介绍《国家与革命》的著作以及学习参考资料，对于传播、学习和研究该书的思想，也起到了推动作用。

第二部分 研究状况

第三章 《国家与革命》的国外研究状况

无产阶级专政是马克思主义国家学说的精髓,列宁1917年写成的《国家与革命》一书,其目的之一就是对无产阶级专政思想与实践的强调和阐释,可以说,围绕着《国家与革命》一书及其核心内容的研究、评价和争论,从该书刚出版的时候就开始了。例如,考茨基1918年写成的《无产阶级专政》,其目的之一则是对无产阶级专政思想与实践的批判和否定,该书不仅对十月革命后建立起来的新政权进行了责难和否定,而且还预言了其失败的结局。面对考茨基的这种批判和否定,列宁在1918年10—11月写的《无产阶级革命和叛徒考茨基》一文中再次对考茨基进行了彻底批判,捍卫了马克思主义国家观和无产阶级专政理论。下面,我们根据研究者所持有的不同观点(持赞扬或肯定的观点;持质疑或否定的观点),来分别介绍国外学界对《国家与革命》一书的研究状况。

一 持赞扬或肯定观点的研究

据列宁《论"左派"幼稚性和小资产阶级性》(1918年5月5日)一文中的记载,1918年《国家与革命》一书刚一出版,布哈林就"在《共产主义者》杂志第1期"① 上发表了一篇"称赞"②《国家与革命》的书评。列宁虽然承认"布哈林这样的人的评论对我来说很有价值"③,

---

① 《列宁选集》第3卷,北京:人民出版社2012年版,第538页。
② 同上。
③ 同上。

但是并不满意这篇书评，因为这篇书评"注意到了并着重指出了无产阶级革命家和小资产阶级革命家在国家问题上可能有的共同看法"，即"应该'打碎'、'炸毁'旧的国家机构，应该'扼杀'资产阶级等等"，只强调了《国家与革命》一书中所提出的"昨天的任务"①——无产阶级通过暴力革命夺取政权，而对于书中所提出的"明天的任务"②——社会和国家对劳动量和消费量实行极严格的监督，"布哈林却保持沉默"③。

《国家与革命》一书的出版对研究马克思的国家理论起到了十分重要的推动作用。张效敏④是比较早地关注和研究马克思国家理论的美籍华人学者，他在其博士论文《马克思的国家理论》（1930年）中就谈到了这一点，他说："在列宁1917年出版其《国家与革命》之前，马克思的国家理论几乎被完全忽视了，不但经济学如此，而且政治科学和社会学亦如此"⑤；"因为列宁在1917年出版了《国家与革命》，所以一些经济学家（尤其是德国经济学家）开始关注马克思的国家理论。因此在20世纪20年代出现了经济学家写的两本书，它们都较为详细地讨论了这一理论，尽管不很准确。它们是T. S. 尼克尔森的《马克思主义的复活》（The Revival of Marxian, E. P. Dutton & Co., New York, 1920）和威廉·毛特内尔《布尔什维主义》（Der Bolschevismus, Stuggart, 1920）。在同一年，E. 德拉翰编辑出版了马克思恩格斯关于无产阶级专政的论著，题目是《卡尔·马克思和弗里德里希·恩格斯论无产阶级专政》（Karl Marx und Friedrich Engels über die Diktatur des Proletariats, Berlin）。在1922年，马克斯·毕尔在《劳动月刊》（The Labour Monthly,

---

① 《列宁选集》第3卷，北京：人民出版社2012年版，第538页。
② 同上。
③ 同上。
④ 谢尔曼·张（Sherman Chang），华裔美国人，原名张效敏，字慎庵（庵，也写作厂），生于1896年，湖南长沙人，新民学会成员，毛泽东青年时代的朋友，曾任《民治日报》主笔，后到美国留学，在宾夕法尼亚大学学习政治理论，著有《马克思的国家理论》一书。
⑤ 张效敏：《马克思的国家理论》，田毅松译，唐绍杰校，上海：上海三联书店2013年版，第4页。

London）发表了一系列题为'专政研究'（An Inquiry into Dictatorship）的论文，其中第三篇讨论了马克思的无产阶级专政理论。在1923年，汉斯·凯尔森出版了他的《社会主义与国家》（Soziallismus und Staat, Leipzig，1923）一书，其中包括修正主义者的理论和马克思主义者的理论"①。

张效敏在研究马克思的国家理论时指出，"这一即将要论述的理论曾经并且仍然会被学术界所忽视；除了列宁的《国家与革命》（State and Revolution），还没有哪本专著对它进行过清晰准确的阐述。甚至列宁的这本小册子也不仅仅是从一个利益无涉这样的立场出发对这一理论进行阐述，它更是一个信徒式的阐释"②。他参照《国家与革命》中的主要思想，结合自己对马克思主义的理解与认知，把马克思主义与修正主义在国家问题上的差异概括为以下几点：（1）"在马克思主义那里，国家，甚至无产阶级的国家（社会主义国家），也被认为是一个阶级统治另一个阶级的工具；但在修正主义那里，国家要么被认为是'为所有阶级需要进行吁求'并'为了所有相关人的利益'而有所作为的特殊机构，要么被认为是从阶级统治的机构转变成了代表整个社会利益的管理机构，也就是说，变成了一个代表整个社会共同体利益的无阶级的机构"③；（2）"在马克思主义看来，为了实现社会主义，必须采取通过摧毁资产阶级的国家机器来废除国家这一举措，所有的改良措施（包括普选制）在资本主义条件下都被认为是仅仅动摇或削弱资本主义。在修正主义看来，社会主义能够而且应该通过局部的政治和经济改革——通过普选制、议会活动和其他在资本主义允许范围内的措施等等——的方式来实现"④；（3）"马克思主义支持在工人代表委员会（公社或苏维埃）这种金字塔形的政治形式中采取无产阶级专政；而修正主义则支持代议

---

① 张效敏：《马克思的国家理论》，田毅松译，唐绍杰校，上海：上海三联书店2013年版，第5页。
② 同上书，"作者前言"第1—2页。
③ 同上书，"作者前言"第11—12页。
④ 同上书，"作者前言"第12页。

制政府形式的民主，即代议制政府是从当前议会制政府形式中完善过来的，还剔除了它们的缺点，引进了一些可欲的优点"①；(4)"马克思的社会主义只有使用革命和暴力手段才能实现，这就包括摧毁资产阶级国家机器、建立无产阶级专政等内容；而修正主义的社会主义仅仅体现了一种渐进式改革，拒绝革命（非法武力和暴力推翻意义上的革命），其本身采取的是合法的途径。在这种意义上，马克思主义是革命的社会主义，而修正主义只不过是渐进的社会主义"②；(5)"尽管马克思的理论以资本主义的普遍发展或生产力的成熟作为创立社会主义的前提条件，但是它并不强调社会主义革命需要什么特殊条件，在马克思看来，偶然性可能只会促进或延缓社会主义革命；也就是说，不管在什么时间什么地点发生社会主义革命，马克思最起码会像他对待巴黎公社一样为它辩护、为它喝彩，而不是去谴责它。相反，修正主义者的理论总是坚称，除了资本主义普遍发展之外，还需要特定的前提条件，比如高度发展的且人数众多的无产阶级、一个民主国家、多数人拥有很强的管理能力或信仰社会主义等等，只有在这些条件成熟之际，才会发生社会'转变'或'重组'。如果社会主义革命在条件不成熟的情况下爆发，那么修正主义者就像对待俄国十月革命一样去谴责它。这种差异是不同方法的逻辑结果：革命和渐进；因为革命可以成为'历史的火车头'，尽管对渐进的社会主义者而言这并不必然意味着消极被动，但是，通过渐进方式达到的社会主义必须等到各种条件都要成熟"③；(6)"在马克思的理论框架中，社会主义国家作为无产阶级国家，仍然是一个阶级国家，其政府只不过是一种无产阶级专政，根本不存在无阶级的国家，因为根据定义，无阶级的国家就是没有国家。在修正主义的理论框架中，社会主义国家就是一种无阶级的国家，是一种民主形式，是一种'民主共和国'、一种'劳工国家'、一种'工业国'或者说是一种'自由国家'，

---

① 张效敏：《马克思的国家理论》，田毅松译，唐绍杰校，上海：上海三联书店2013年版，"作者前言"第12页。
② 同上书，"作者前言"第13—14页。
③ 同上书，"作者前言"第14页。

因为不存在诸如无产阶级国家之类的事物"①;(7)"马克思主义指出,人类最终会发展到最后阶段,这时无产阶级国家将会'消亡',而且会实现下面这一原则:'各尽所能、按需分配'。修正主义在民主阶段就停滞不前了,也就是说,把国家当成了管理公共利益的机构。因此,在马克思主义那里,社会主义存在两个阶段:低级阶段和高级阶段,前者是无产阶级专政下的社会化大生产,后者就像我们刚才提到的那样,只是一种没有国家的共产主义社会;而在修正主义那里,社会主义只有一个阶段,即民主制下的社会化大生产。在马克思主义那里,可能因为考虑到一些阶级斗争源自于社会化大生产,所以如果没有无产阶级专政,社会主义(在生产资料社会所有这个意义上)几乎是不可能的;实行彻底民主制的无阶级国家是在无产阶级专政下最终消灭资产阶级发展的结果,当它实行之时,也就是消亡之日。在修正主义那里,没有民主制度的社会主义(也是在生产资料社会所有这个意义上)是难以想象的,它可能依据的假设是资产阶级会自愿地服从无产阶级的意志,会自愿放弃他们的所有权;在这个阶段之外不存在更高的可以假设的发展阶段"②;(8)"马克思主义是国际主义的;它声称'工人没有国家',没有祖国;它把工人阶级运动看做是一种世界运动——它把无产阶级革命看做是一个世界问题。修正主义是民族主义的;它声称工人'拥有自己的祖国';它把工人阶级运动看做是一种民族运动——它把'社会革命'视为民族问题"③。

张效敏总结道:"在马克思主义看来,除非摧毁被描述成'资产阶级'的现存社会条件,否则就不可能解决建立社会主义的问题,因此现存体制下的任何事情(包括国家在内)都是资产阶级的,都必须在社会主义到来之前予以摧毁。修正主义则认为,为了实现从资本主义向社会主义的逐渐过渡,在现存条件下,每个机会都是去加以改善的机会,

---

① 张效敏:《马克思的国家理论》,田毅松译,唐绍杰校,上海:上海三联书店2013年版,"作者前言"第14—15页。
② 同上书,"作者前言"第15—16页。
③ 同上书,"作者前言"第16页。

因此只有当今社会中的坏事物才应该移除掉，而那些包括民主在内的优点应该被保留和拓展。"①

在马克思列宁主义理论阵营中，《国家与革命》一书的地位是举足轻重的，阿里夏诺夫在《论列宁著〈国家与革命〉》（1952年）一书中指出，"列宁著《国家与革命》一书是马克思主义关于国家的一部最辉煌的科学著作。同时，它是在一九一七年十月革命前夕的具体条件下，为建立无产阶级国家而斗争的实际纲领；它是优越无比的战斗行动的指南"、"列宁著《国家与革命》一书，不论在革命无产阶级思想武器的军火库里，或马列主义理论的宝库里，都占有极重要的地位。这本书虽然份量不多（列宁说是小册子）而且由于时间不允许没有写完，但是，无产阶级关于国家的学说，却在科学总结的基础上树立起来了。一个取之不尽的思想泉源，也极明显而深刻地蕴藏在列宁这一伟大的天才著作中了"②，而且，"列宁著的这部《国家与革命》天才的著作，给了我们一切必须的东西，去揭露现时一切资本主义国家（包括那些用'民主'来自我吹嘘的国家在内）的反动本质"③。他认为，"理论与实践的统一——马列主义最重要的特征——在这本著作中特别突出地显示出来了。根据历史上一切阶级斗争的经验，尤其是俄罗斯工人阶级斗争的丰富经验，列宁订出了具有科学基础的具体纲领，在无产阶级的革命中，摧毁剥削阶级的国家，即资本家与地主的国家；同时第一次在人类历史上建立新型的国家，即苏维埃式的社会主义国家"④，而且，"打碎资本主义军事与官僚的国家机器，是向社会主义前进不可缺少的前提。只要资本主义存在一天，马列主义关于打碎资产阶级国家机器的理论，

---

① 张效敏：《马克思的国家理论》，田毅松译，唐绍杰校，上海：上海三联书店2013年版，"作者前言"第17页。
② 阿里夏诺夫：《论列宁著〈国家与革命〉》，明河译，北京：五十年代出版社1952年版，第3页。
③ 同上书，第18页。
④ 同上书，第3—4页。

在现在以及将来都是完全正确的"①。

阿里夏诺夫认为,列宁不仅恢复和捍卫了马克思主义关于国家与无产阶级专政的学说,反对了机会主义者的曲解、败坏和庸俗化,而且提出了许多关于无产阶级专政的新问题,发展了马克思主义关于无产阶级国家的学说。为此,他引用了斯大林的经典论述,来说明列宁在这方面的新贡献:"(一)他发现了苏维埃政权是无产阶级专政最好的国家形式,为此而利用了巴黎公社和俄国革命的经验";"(二)他从无产阶级的同盟者问题着眼来阐明了无产阶级专政的公式,认定无产阶级专政是领导者的无产阶级与被领导者的非无产阶级(农民等等)被剥削群众间的特殊形式的阶级联盟";"(三)他特别着重指明无产阶级专政是阶级社会内最高类型的民主制,是代表多数人(被剥削者)利益的无产阶级民主制形式,而与代表少数人(剥削者)利益的资本主义民主制相反。"②

阿里夏诺夫认为,列宁在后来的革命和建设实践中,在三个方面"继续不断地发挥了与丰富了关于无产阶级专政的马克思学说,一直到他逝世的时候"③。一是关于苏维埃:"列宁以惊人的历史和理论分析能力,与天才的革命战略和策略家的意志,从不同的角度,在不同的计划中的各个方面,发挥了他关于苏维埃的学说,即关于新型的国家——无产阶级专政的国家具体形式的学说"④;"列宁在发现苏维埃是无产阶级专政及其取得胜利的形式一点上,显出了天才的智慧。他在理论上证实了,苏维埃式的国家组织,是工人阶级实行对剥削者的统治,团结所有的劳动人民,争取共产主义胜利底政治形式。这样一来,马克思主义关于社会主义国家的学说,就向前迈进了一大步"⑤。二是关于工农联盟:"列宁对于马克思主义关于国家学说的第二个重要贡献,就是把无产阶级专政认为是在工人阶级领导下的工人阶级与农民底联盟。列宁早在一

---

① 阿里夏诺夫:《论列宁著〈国家与革命〉》,明河译,北京:五十年代出版社 1952 年版,第 19 页。
② 同上书,第 21—22 页。
③ 同上书,第 22 页。
④ 同上书,第 25 页。
⑤ 同上书,第 27 页。

八九四年就提出无产阶级领导下的工农革命联盟底理论，为马克思主义重要的理论之一；而且在以后一系列的著作（包括《国家与革命》一书在内）中，作了充分的发挥"①。另外，"关于革命马克思主义无产阶级政党——为建立与巩固工人阶级专政而斗争的组织者——的问题，在列宁主义中占有头等重要的地位"②，"列宁在《国家与革命》一书中，再一次强调了党底马克思主义教育，对于取得社会主义胜利的必要性"③，而"过去的三十多年，光辉地证明了列宁的这些话，富有无限的真理性与强烈的生命力"④。三是关于无产阶级民主制："在列宁著《国家与革命》一书中，详尽而深刻地发挥了无产阶级民主制是民主制新的、最高的形式，是社会主义民主制底学说。在今天，发展了的社会主义民主制，已经在斯大林宪法中明确写下来了；因此，列宁早已在《国家与革命》一书中广泛地阐明了的无产阶级民主制底问题，更特别显得真实了"⑤，而且，"斯大林宪法在新的更高的民主基础上，把列宁在《国家与革命》一书中所确定下来的原则性的设计具体化了"⑥，所以，阿里夏诺夫认为，"在列宁底伟大战友及其事业的继承者斯大林同志底著作中，列宁关于苏维埃是社会主义国家底形式，关于无产阶级专政是工人阶级领导下的工农联盟，以及关于苏维埃民主制是最高形式底民主制的卓越思想，处处都有了更高的发展。至于斯大林同志在这方面所作的新贡献，需要单独来特别说明了"⑦。

阿里夏诺夫解读了列宁关于走向共产主义的过渡时期以及共产主义时期的国家观，阐明了列宁所著《国家与革命》一书在当时所具有的国际意义。他指出，"资本主义的时代已告终结，条条道路通向劳动群

---

① 阿里夏诺夫：《论列宁著〈国家与革命〉》，明河译，北京：五十年代出版社1952年版，第27—28页。
② 同上书，第29页。
③ 同上书，第30页。
④ 同上书，第31页。
⑤ 同上书，第31—32页。
⑥ 同上书，第36页。
⑦ 同上书，第36页。

众底政权，最后必然通向共产主义"、"在这种情况下，群众对国家问题的正确了解，及对资本主义国家采取革命的态度，与以前一样具有着重大的意义"①；"在世界上每一个角落，越来越多的人们相信马克思列宁主义关于国家的一般学说，以及关于从资本主义过渡到共产主义时期的国家之学说是颠扑不破的真理，尤其相信这个学说，正在使人类从一切剥削与压迫的形式下解放出来。因此，这个学说鼓舞、动员与组织的力量正在日益增长着"②；"自从列宁写了《国家与革命》一书以后，无时无刻不在提供新而又新的证明，证明列宁在这部天才著作中所发挥的论点是完全正确的，证明列宁这部天才著作中所指出的斗争道路是唯一的正确道路，而且它正引导着劳动人民向他们正义事业的胜利前进"③。这一观点也代表了当时社会主义国家的官方与学界的主流观点。

巴里巴尔在《论无产阶级专政》一书中，也论及了列宁在《国家与革命》一书中的无产阶级专政思想。他在阅读《国家与革命》一书之后得出了这样的结论：没有人和没有任何东西，甚至包括共产党的大会（影射法共二十二大），可以废除无产阶级专政。因为无产阶级专政不是一个建立政党或者制度的政策或者策略，相反，无产阶级专政是历史的现实。更准确地说，这个现实根植于资本主义本身，其包括在资本主义向共产主义过渡的全部过程之中。用巴里巴尔的话说，这是"历史发展趋势的现实"，这个历史发展趋势是在资本主义内部开始的，它是同资本主义的斗争。无产阶级专政并不是某一种向共产主义过渡的可能性，是在特定的历史条件下任由我们来选择的方案之一。对于无产阶级专政，必须要拒绝其他方案，尤其是资产阶级"民主"的道路，拒绝西方发达国家的政治和工业的道路。它不是方案之一，因此，它不能被放弃。巴里巴尔提出这个结论是针对法共二十二大决定放弃无产阶级专政的目标，用尊重"民主"的方式来取而代之而提出的。我们应当将

---

① 阿里夏诺夫：《论列宁著〈国家与革命〉》，明河译，北京：五十年代出版社1952年版，第47—48页。
② 同上书，第51—52页。
③ 同上书，第52页。

之看成是法共内部的一次讨论，因为巴里巴尔将法国放弃无产阶级专政的做法看成是按照资产阶级的意识形态的方向去行进。①

杜娜叶夫斯卡娅则看重列宁作为一个辩证法大师在撰写文章时对辩证法的熟练运用。她在《马克思主义与自由》一书中指出，"从《哲学笔记》开始，一直到列宁逝世，他的著作中没有一本不是充满着辩证法。从《帝国主义论》到《国际的分裂》，从《论民族问题》到《国家与革命》，从著名的《关于工会问题的论战》到他的《遗嘱》，这一点构成了他所有著作中的偏激和低沉的基调"②。正如"《帝国主义论》是对立面统一的辩证法在经济学上的说明"③一样，《国家与革命》就是对立面统一的辩证法在政治学上的说明；"正如他在写作《帝国主义论》时曾'体验'了《逻辑学》一样，现在，他又为他的国家和他的时代**再创作了**马克思的《法兰西内战》，这就是《国家与革命》。他以马克思的下述概念为基础：'中央集权的国家政权，以及遍布各地机关——常备军、警察、官僚、僧侣和法官'等等，'是按照系统的和等级的分工原则建立的'。列宁现在看到，他的时代的要求是**粉碎官僚主义**。国家的消亡没有其他途径。即使是工人的国家，如果不把组织成为统治阶级的工人变成结束一切阶级统治的基础，也不会消亡。这一点成了他的理论与实践的关键。这是以真正的黑格尔—马克思方式对思想的重新组织"④。

杜娜叶夫斯卡娅认为，"在这本书中，列宁与考茨基的观点进行论战。他不仅是在反对工人事业的叛徒考茨基，**而且是反对作为标准马克思主义理论家的**考茨基。列宁指出，即使是在他最'革命'的著作《社会革命》和《夺取政权之路》中，考茨基也推演出'企业如果没有

---

① Etienne Balibar, *On the Dictatorship of the Proletariant*, by Fran & ccedilois Maspero, 1976. 参见李惠斌：《马克思〈法兰西内战〉研究读本》，北京：中央编译出版社2013年版，第56页。

② 杜娜叶夫斯卡娅：《马克思主义与自由》，傅小平译，沈阳：辽宁教育出版社1998年版，第160页。

③ 同上书，第158页。

④ 同上书，第179页。

官僚组织就寸步难行'的观点，甚至说'如果没有党内和工联内的官僚'马克思主义者也寸步难行"①。"列宁现在说，'在资本家还没有被剥夺以前，**即使**是无产阶级的官吏，也会在同样的程度上官僚主义化，这是官僚制度的**本质**'。在列宁看来，在资本主义制度下，民主已被雇佣奴隶制弄得残缺不全。'正是因为如此，也仅仅是因为如此，我们说这是官僚主义的本质。'达到真正民主的唯一途径是无产阶级民主，是压制官僚主义，把一切权力交给工人"②，"因此，重要的是从一开始就要建立'**全体**人民的统治和主宰，以便使**全体**人民都变成"官吏"'。公社式政府的本质是'人民**大众**将崛起而成为**独立**的参政者，不仅是参与投票和选举，**而且要参与日常事务的管理**'"③，"人民群众中的'每一个人'，必须管理生产和国家。这是一个理想，它必定变成现实"④，而"那些自称马克思主义者的人，被自己的狭隘眼界所限，得出结论说，列宁的《国家与革命》不过是马克思的《法兰西内战》的翻版。他们不可能懂得，在俄国革命的背景下，翻版《法兰西内战》就是一种创造行动。它意味着清算第二国际理论家对马克思关于取代资产阶级国家的思想的歪曲，这种歪曲不是词句上的歪曲，而是对工人阶级的运动与志向的歪曲。与第二国际理论家相反，列宁把自己的理论重点放在全体人民上，即全体人民中的'每一个人'管理自己的生活。'**没有警察，没有军队，没有官吏**，每一个工人，每一个士兵，每一个被剥削者，全体人民中的每一个人'"⑤。

杜娜叶夫斯卡娅指出："这就是列宁对未来的展望，也是他在实践上追求的目标。对列宁来说，人民群众不是达到某种目的（即社会主义）的手段。他们的自我活动本身就是社会主义。所有这一切都使自我运动的观念更为突出，成为辩证法的内在核心。这也使辩证法与折衷主义的

---

① 杜娜叶夫斯卡娅：《马克思主义与自由》，傅小平译，沈阳：辽宁教育出版社1998年版，第179页。
② 同上书，第179—180页。
③ 同上书，第180页。
④ 同上。
⑤ 同上。

对立更加鲜明。因为，革命的核心哲学概念不是对过去革命的'研究'，而是对正在到来的俄国革命的准备。当列宁写到关于俄国的那一节时，十月革命爆发了。他在《国家与革命》的手稿中写道：'这样被打断，只能令人感到高兴。'而且，在领导第一次无产阶级革命取得胜利之后，列宁在1918年1月24日苏维埃代表大会上的讲话中指出：'我们在实行工人监督制的时候已经知道，要工人监督制普及到整个俄国，还需经过不少的时间，但我们当时想表明，我们只承认一条道路——从下面来进行改造的道路，以便工人自己从下面来创立经济条件的新基础。创立这样的新基础，需要不少的时间。'"① 当然，杜娜叶夫斯卡娅也承认，仍然"有很多人反对列宁，有人说，列宁仅仅在理论上是'民主派'，仅仅在理论上倡导'工人自下而上的管理'，而《国家与革命》一写完，就被束之高阁，统治实践使他变成了一个'独裁者'"②。

　　普兰查斯很推崇《国家与革命》一书，认为列宁在恩格斯之后对国家理论的发展起到了巨大的推动作用。米利班德也认为，《国家与革命》是列宁最重要的作品，是立足于《共产党宣言》基础上的对国家概念进行深入描述和解释的著作，无论是从书的内在品质上看，还是从它的外在影响力看，它都称得上是马克思主义思想史上的"罕见之作"③。不过，他同时指出，列宁在《国家与革命》中提供了两种相互对立的国家模式：一种是有镇压功能和军事官僚机构的"旧国家"，即资产阶级国家；一种是无产阶级专政的"过渡性"国家，这种国家几乎不再是国家了。十月革命后，这两种对立的国家模式使《国家与革命》一书出现了多重意义："从列宁所设想的在革命后要出现一个强大权力的意义上看，是一致的。但从《国家与革命》所设想的这种权力的行使不是通过通常理解的国家而是'武装'工人的国家的意义上看，

---

① 杜娜叶夫斯卡娅：《马克思主义与自由》，傅小平译，沈阳：辽宁教育出版社1998年版，第180—181页。
② 同上书，第189页。
③ 参看史丹利·阿若诺威兹、彼得·布拉提斯：《逝去的范式——反思国家理论》，李中译，长春：吉林人民出版社2011年版，第46—47页。

则是不一致的。"① 关于这一点,列菲弗尔也认为,"1917 年,列宁常思考一个宏伟的计划:摧毁现存的国家,建立一个正在消亡的国家。其结果是:恰恰相反,出现一个更加强有力的国家。更有甚者,国家的加强和世界化进入了一个主要阶段"②。当然,在这类评判中既有肯定的成分,也有否定的成分。

在《布莱克维尔政治制度百科全书》的"列宁主义(Leninism)"词条中,编者也评价了列宁的《国家与革命》一书:"在 1917 年布尔什维克革命前不久写成的《国家与革命》(The State and revolution)一书中,列宁认为可以由工人和农民对国家施行直接统治,并认为**国家**最终将在一个无阶级的共产主义社会中'消亡'。由于这些制度被认为是直接民主制原则的典范,因此列宁在《四月提纲》(April theses,1917年)一书中号召'一切权力归苏维埃'。列宁主义成了一种新型政治秩序的基石,有时候人们也把这种政治秩序归为一种由'部分人治理'、而真正的权力则掌握在政党自己所选拔的精英人物手中的秩序。"③

总之,对列宁的《国家与革命》一书持赞扬或肯定观点的国外研究专家有一个共同点,就是他们都把马克思主义的阶级分析方法放在了一个重要位置,毕竟"马克思主义是同'阶级分析'非常紧密地联系在一起的"④。

二 持质疑或否定观点的研究

叶卫平在《评西方"列宁学"的国家与革命研究》一文中指出,列宁的国家与革命学说在西方"列宁学"的全部研究中占有较大比重,

---

① Ralph Miliband R, *Lenin's The State and Revolution*, in Jeremy Jennings(ed.), *Socialism, Critical Concepts in Political Science*, Vol. 2, Abingdon: Routledge, 2003, p.216.
② 亨利·列菲弗尔:《论国家——从黑格尔到斯大林和毛泽东》,李青宜等译,重庆:重庆出版社 1988 年版,第 206 页。
③ 韦农·波格丹诺主编(英文版)、邓正来主编(中文版):《布莱克维尔政治制度百科全书》,北京:中国政法大学出版社 2011 年版,第 357 页。
④ 密利本德:《资本主义国家民主制》,博铨等译,北京:商务印书馆 1988 年版,第 19 页。

"几乎没有一本关于列宁思想或列宁生平活动的代表著作不涉及这个问题,也几乎没有一本代表著作不通过研究这一理论来指责或者歪曲列宁"①。

西方"列宁学"家认为,列宁的国家学说有一个从"无政府主义群众自治论"嬗变为"杰出人物统治论"的过程,即从1917年主张"无政府主义的群众自治",到1918年缩小为无产阶级专政,再到1921年缩小为共产党"一党专政",最后到列宁晚年缩小为"杰出人物的统治"②。不少西方"列宁学"家把列宁的《国家与革命》一书简单看作是"无政府主义群众自治"的纲领,例如,罗伯特·佩恩说:"在《国家与革命》中,列宁争辩说社会主义的无产阶级的任务不只是要征服国家,而是要把国家及其基础一起毁灭。"③ 尼娜·塔玛金认为,《国家与革命》是"一部精确地反映了二月革命以来的俄国革命进程的无政府主义小册子。在俄国日益无政府主义化、开始由自发成立的委员会来领导军队、农村和工厂时,列宁却要求他的读者毁灭国家"④。莱塞克·科拉科夫斯基认为,在《国家与革命》一书中,"列宁的乌托邦从总体看是按照马克思的思想提出来的,但是同列宁自己的早期著作相比(更不要说同他的较晚时的著作相比了)却表现出一种明显的不同,即它丝毫没有提及党"⑤。这位当过波兰华沙大学哲学史教授、流亡英国后曾被聘为牛津大学万灵学院高级研究员的科拉科夫斯基明显疏于读书,因为《国家与革命》是一本关于"无产阶级政党组织工人阶级进行革命

---

① 叶卫平:《评西方"列宁学"的国家与革命研究》,载《社会主义研究》1991年第2期,第43页。
② 同上书,第43页。
③ 罗伯特·佩恩:《列宁的生与死》,美国纽约西蒙、舒斯特出版社1964年版,第350页。转引自叶卫平:《评西方"列宁学"的国家与革命研究》,载《社会主义研究》1991年第2期,第43页。
④ 尼娜·塔玛金:《列宁活着!——苏联的列宁迷信》,美国哈佛大学出版社1983年版,第50页。转引自叶卫平:《评西方"列宁学"的国家与革命研究》,载《社会主义研究》1991年第2期,第43页。
⑤ 叶卫平:《评西方"列宁学"的国家与革命研究》,载《社会主义研究》1991年第2期,第43页。

准备这一任务所持的态度"①的书，"党"在《国家与革命》一书中共出现了177次，其中，"社会民主党"一词49次，"政党"一词19次（其中，"无产阶级政党"一词4次），"共产党"一词22次。列宁在书中说得很清楚："马克思主义教育工人的党，也就是教育无产阶级的先锋队，使它能够夺取政权并**引导全体人民**走向社会主义，指导并组织新制度，成为所有被剥削劳动者在不要资产阶级并反对资产阶级而建设自己社会生活的事业中的导师、领导者和领袖。反之，现在占统治地位的机会主义却把工人的党教育成为一群脱离群众而代表工资优厚的工人的人物，只图在资本主义制度下'苟且偷安'，为了一碗红豆汤而出卖自己的长子权，也就是放弃那领导人民反对资产阶级的革命领袖作用。"②列宁不但强调了党的"导师、领导者和领袖"作用，而且否定了第二国际机会主义关于放弃党的领袖作用的观点和做法。罗伯特·V.丹尼尔斯也看到了这一点，但他却轻描淡写地说，由于列宁早在二月革命前就受到了布哈林等人的影响，因此"在《国家与革命》一书中，政党只有一次作为革命过程中的一个要素而提及"③。这样就轻而易举地抹杀了书中关于列宁对党的组织领导作用的强调。

尼尔·哈丁认为，十月革命后的头六个月，是列宁实际运用《国家与革命》中的"无政府主义群众自治"思想的阶段，因为列宁在这段时间里不但很少提到共产党的指导作用，而且"几乎没有提及无产阶级专政"、"他偶尔提及无产阶级专政时也只是把它等同于巴黎公社的模式"④。实际上，列宁在十月革命后的头六个月中多次提及并强调了无产阶级专政，所以这种说法也是不符合事实的。

---

① 《列宁选集》第3卷，北京：人民出版社2012年版，第116页。
② 同上。
③ 罗伯特·V.丹尼尔斯：《革命的良心——苏联党内反对派》，北京：北京出版社1985年版，第86页。转引自叶卫平：《评西方"列宁学"的国家与革命研究》，载《社会主义研究》1991年第2期，第44页。
④ 尼尔·哈丁：《列宁的政治思想》，英国伦敦麦克米兰出版社1981年版第2卷，第201页。转引自叶卫平：《评西方"列宁学"的国家与革命研究》，载《社会主义研究》1991年第2期，第44页。

尼尔·哈丁在《列宁主义》一书中认为，"《国家与革命》(pp.397-496)①贴切地解释了马克思和恩格斯论述国家的著作以及其追随者所作的扭曲。军事帝国主义和垄断资本主义时代使得重新采用激进措施来打碎资产阶级的国家机器、建立没有常备军、警察和官僚机构的公社式的国家形式变得更加必要。管理、生产和分配将变得十分简单以至于一切人都可以'参与国家管理'（p.477）。这不再是遥远的纯粹理论性方案，这一点在列宁同时期的理论陈述、流行的小册子和演讲中也清晰可见，例如在《大难临头，出路何在？》（pp.327-369）中，这是列宁在十月革命前夕所写的篇幅最长并且最详尽的纲领"②。

尼尔·哈丁指出，马克思在《法兰西内战》一书中提出的"激进的理论化主张"③对列宁的影响是巨大的，"在1916年晚期到1918年早期这段时间里，列宁在国家问题上成为这些激进的理论化主张的狂热信奉者"、"在列宁看来，国家与社会构成了辩证的两个方面：统一体的双方处于不断地斗争之中"④，"列宁轻率地把国家仅仅看作是压迫机器而不予理睬变成了某种信条，以至于在随后共产主义的整个发展过程中，政治学的重要问题一直被排除在讨论的范围之外。国家是当代世界邪恶的守护神——对内、对外的剥削、分裂和军国主义的组织者，这种简单的观点导致所有关于改善国家公共机构和程序、保证官员尽到责任、将国家行为与政策接受司法审查的讨论都成为是多余的。在现代共产主义随后的历史中，对于如指导选举的具体程序、媒体的使用、当选代表的豁免权等等如此至关重要的政治问题也同样闭口不谈。任何讨论个人的公民和政治权利的意义同样遭到禁止，它们不仅不能够被公开地用来反对行政当局，而且也不能得到独立法官或宪政法庭的进一步明确和保护。列宁以及随后的列宁主义者对这些问题的一贯反应是，这些问

---

① 该页码指的是，莫斯科1960—1970年版的45卷俄文第4版《列宁全集》第25卷中的《国家与革命》一文的页码，下同。
② 尼尔·哈丁：《列宁主义》，张传平译，南京：南京大学出版社2014年版，第346页。
③ 同上书，第165页。
④ 同上。

题与剥削和压迫时代声名狼藉的政治有关联,这个时代现在已经一去不复返了"①。"传统的政治语言,以及政治制度和程序据以进行讨论和争论的概念体系,都已经受到列宁的诋毁和拒绝。西方传统政治的词汇和语法突然地被废除,并且没有提出任何东西来取而代之……在苏联整个历史过程中,随之而来的政治话语的贫乏对其民众产生了严重的实际后果,最终也对其自身的稳定产生了严重的实际后果。列宁自己在这些问题上的责任是清楚的,也是不可推卸的"②。尼尔·哈丁是当代西方"列宁学"的一位重要人物,其《列宁主义》一书更倾向于用一种否定的视角来看待列宁及其思想。

埃德蒙·威尔逊在《到芬兰车站:历史写作及行动研究》一书中谈到自己对列宁《国家与革命》一书的看法时说:"列宁脑中通常列为第一要务要考虑的,还是以百姓为第一优先。"③"他很少想到社会主义的终极目标以及该不该以独裁方式去主导社会发展的问题,直到1916年二月,他感受到革命行动已经迫在眉睫时,他觉得他必须在这件事情上面整理出一些头绪,赶紧转向马克思和恩格斯的思想体系求助,他在马克思的《哥达纲领批判》中,寻求证据来解释工资不平等及政府之退化等现象,此即《国家与革命》一书之形成,但此书除了在阐述马克思和恩格斯的乌托邦主义倾向之外,实在乏善可陈。他想象'要正确而顺利推动共产主义第一阶段的工作,其中不可缺乏的官僚过程,如簿记分类和控制方法等,早已由资本主义简化完成,现在的工作是监视、记录及核发收据等,任何人只要能读能写或懂一些简单数学公式,即可配合此项工作'。换句话说,这项工作将由'大多数的公民一起来担任','他们可以借此好好控制资本家,这些资本家此时当然已经成为雇员,同时也可借此控制一些有知识的乡绅地主,他们此时仍未改掉资本家的某些恶习'。其实这些问题他大可等到最后时刻才来讨论,他不

---

① 尼尔·哈丁:《列宁主义》,张传平译,南京:南京大学出版社2014年版,第167页。
② 同上书,第168页。
③ 埃德蒙·威尔逊:《到芬兰车站:历史写作及行动研究》,刘森尧译,桂林:广西师范大学出版社2014年版,第391页。

必急着在这种时刻去写这本书,去讨论这一类问题。这本书写于1917年的夏天,他躲在芬兰,写了一半碰上十月革命因而中断下来,直到他掌权之后才继续写完出版,他说:'体验革命实在是比谈论革命更为愉快,也更为有用些。'"①"然而,列宁终究无法完成一种社会哲学去好好策划未来的一切,但这倒也不是由于他缺乏想象。他对历史的想象如今已经转化为实际的政治工作,他必须忙于处理当下的事务,而列宁对当下事务的处理方式,可以说是当代的人所能想到的,最具想象力的极致发挥——物尽其用,人尽其力。"②

西达·斯考切波在其撰写的、被誉为"革命起源研究的里程碑式著作"③ 的《国家与社会革命》一书中指出,既然列宁和布尔什维克"要夺取国家政权,并且不得不继续斗争以维持和加强对政权的控制,这一逻辑就要求他们重建行政和军事组织,并在党内加强集权化的纪律。1917年夏天,列宁在《国家与革命》一书中描绘了无产阶级专政的图景,在这种政权下,常备军队和官僚机构全部被废除,全体人民通过工作轮换和选举随时可以撤换的代表来实行直接统治。但是,在1918年布尔什维克所面临的俄国的条件之下,列宁的理想是无法实现的,顶多是未来的乌托邦。随着社会经济危机的加深以及军队的彻底解体,共产党人在管理国家中处于比原先的政权更加糟糕的境地……为了对付他们面对的巨大困难,布尔什维克迅速诉诸实施有组织的强制——运用赤裸裸的国家权力这一最后的手段"④。十月革命之后,布尔什维克迅速组建了"一个政治警察组织——契卡(Cheka)"⑤,创建了"一支专业化的、纪律严明的、中央集权化的红军"⑥,还有"迅速恢复的国家机

---

① 埃德蒙·威尔逊:《到芬兰车站:历史写作及行动研究》,刘森尧译,桂林:广西师范大学出版社2014年版,第391—392页。
② 同上书,第392页。
③ 西达·斯考切波:《国家与社会革命——对法国、俄国和中国的比较分析》,何俊志、王学东译,上海:上海人民出版社2013年版,译者序Ⅰ。
④ 同上书,第262—263页。
⑤ 同上书,第263页。
⑥ 同上书,第265页。

器"即"官僚化的、共产党监督之下的民政机构"①等等。斯考切波认为,布尔什维克的这些措施由于"颠覆了他们为了推翻临时政府而一度鼓励的革命——民主措施,回复到职业化、官僚化的军事组织的原则上去"②,而且"国家对整个经济的控制越来越集中并且延伸到每个层面"③,结果使其最终丧失和背离了自己的阶级基础,"套用查连德(Gerard Chaliand)精辟的话说:'"无产阶级革命"胜利了,但是工人阶级本身却实际上解体了。'④"⑤

斯考切波在该书的"结论"部分中说:"本书的分析研究主要揭示了列宁关于国家与革命理论的正确与不足。国家政权问题一直是社会革命改造的根本问题,但是不能因此把国家政权简单理解为阶级统治的工具,也不能单纯从阶级斗争的角度来解释国家结构的变化。就法国、俄国以及中国而言,阶级斗争——特别是农民阶级与地主阶级之间的斗争——在数次的革命浪潮中起到了决定性的作用。但是,先前革命形势的出现,与革命斗争之后所建立的新政权的性质,都根本上取决于国家的组织结构以及某种程度国内相关阶级和政治力量的自主与动力关系,甚至还取决于其相对的国际地位。""只有上述国家的行政机构与军事组织先行瓦解,社会革命才会发生。"⑥"三场革命都产生了更加强大的国家——更加集权、更加官僚化、更加独立自主。"⑦"与列宁相比,马克斯·韦伯对于革命后果的理解更胜一筹(更富有指导意义)。在韦伯看来,革命的功用归根结底就是加强官僚统治,特别地,如果革命促成

---

① 西达·斯考切波:《国家与社会革命——对法国、俄国和中国的比较分析》,何俊志、王学东译,上海:上海人民出版社2013年版,第266页。
② 同上书,第265页。
③ 同上书,第266页。
④ Gerard Chaliand, *Revolution in the Third World: Myths and Prospects*, trans. Diana Johnstone, New York: Viking Press, 1977, p.150.
⑤ 西达·斯考切波:《国家与社会革命——对法国、俄国和中国的比较分析》,何俊志、王学东译,上海:上海人民出版社2013年版,第267页。
⑥ 同上书,第342页。
⑦ 同上书,第343页。

了国家对经济领域的完全控制,国家的官僚化就属于必然的事情。"①但是,中国似乎是个例外,"虽然与革命前的政权相比,新中国的共产党政权更加集权、更加官僚化,但仍然为地方上的计划与动议提供了相当大的自主空间。所以,这些现象表明,与韦伯看法不一致的是,反对资本主义的、国家强化型的革命并不总是导致更加充分的、西方式的官僚化统治模式"②。也就是说,"中国的国家得到加强,与此同时,地方性的集体民主也得到加强。那些认为世界历史的发展属于官僚式理性化发展的理论视角,根本无法完全理解中国革命的后果"③。最后,斯考切波慎重地提出了自己对未来革命的推断,她说:"我想做一点推断:如果一场社会革命试图改造一个发达的工业国家,我猜测,那将是一场与历史上重大的社会革命迥然不同的革命,而且会发生在完全不同的国际条件之下。因为,如果不同时摧毁社会,想要瓦解现代国家的行政与强制能力是几乎不可能的。所以,一场现代革命就不会是急风暴雨式的,而是经由一系列'没有改革者的改革'逐渐导致的变革,这种变革是以群众为基础的政治运动推动的从经济、政党、军队到文官系统等各个主要制度的逐步民主化的结果。在任意一个既定的发达工业国家实现真正的民主化,都需要在所有的发达国家几乎同时开展民主化运动,而且每一项民主化运动都必须首先要求以达成裁军协议与实现国际和平为关键目标而持续进步。为了剥夺权威主义国家行政机构维持自己生存理由,必须要弱化先前曾引发和塑造社会革命的军事竞争。"④ "总之,伟大的社会革命的原因和后果不可能在未来发达工业社会的民主社会主义革命中简单再现。但是,历史也给予我们一些关于未来的启示:它表明,如同过去一样,在未来的革命中,国家领域依然是中心命题。正如纽曼曾经指出的:'对于政治权力的斗争,即为争夺强制性机构的控制

---

① 西达·斯考切波:《国家与社会革命——对法国、俄国和中国的比较分析》,何俊志、王学东译,上海:上海人民出版社 2013 年版,第 344 页。
② 同上书,第 344 页。
③ 同上书,第 345 页。
④ 同上书,第 350 页。

权,如警察、法院、军队、官僚机构以及外交政策等等,是历史发展的动力。'① 只有彻底地理解这一点,人们才更可能有效地实现马克思关于社会主义社会的理想:社会是'一个联合体,在这个联合体中,每个人的自由发展是一切人自由发展的条件',并且,社会中的国家已经'从统治社会的工具转变为完全服从社会的机关'。"②

A.J.坡兰在《列宁和政治学的终结》一书中认为,苏维埃国家在1917年之后,在其所有阶段都打上了《国家与革命》一书的烙印,该书就是这段历史创造中的积极动因和一贯组成部分。列宁在该书中确实重复了马克思的观点,但是,他并没有把官僚政治看作是现代性所不可避免的伴随物,这是他的失误。列宁在十月革命后并没有弄懂官僚政治产生的原因,也没有能够把握官僚政治和劳动分工及其所掩盖的物质利益意义。列宁反官僚政治的情感值得称赞,但他所倡导的一些做法,例如随时撤换代表、简化管理职能、付给代表平均工人工资等,只会导致一种片面的、没有权力分配的国家形式,并不能真正解决问题。坡兰认为,列宁把国家的行政和立法的职能并入"工作机关",只会加剧官僚主义化,导致责任性的丧失,而韦伯的方法才是解决官僚政治问题的唯一途径。为了保证政府官员能够依法行事,法律条文必须普遍存在。政治机构完全透明化,在现代世界中只是幻想,但可以通过"不断地警示和改革工作程序与机构以纠正权力的滥用"③。

尤莱斯·唐森则在《列宁的〈国家与革命〉:一本无辜的读物》一文中,对坡兰的上述观点进行了反驳。唐森指出,坡兰的《列宁和政治学的终结》一书是在韦伯学说影响下写成的,坡兰的批评既是针对列宁的,也是针对马克思的。唐森认为,对列宁应该进行"批评性的保护",而《国家与革命》是列宁在十月革命前夕仓促写成的。虽然当时

---

① Franz Neumann, *The Democratic and Authoritarian State*, Herbert Marcuse (ed.), New York: The Free Press of Glencoe, 1957, p.264.
② 西达·斯考切波:《国家与社会革命——对法国、俄国和中国的比较分析》,何俊志、王学东译,上海:上海人民出版社2013年版,第350—451页。
③ 参看李晓光:《英国学者唐森评坡兰对列宁〈国家与革命〉的批评》,载《国外理论动态》2000年第4期,第8页。

的苏维埃民主有变成现实的可能性,但是很明显,它需要加以完善和改进。而且,列宁在《国家与革命》中所强调的简化国家功能,以及付给国家官员以平均工人工资等措施,或许在根除官僚政治问题上是无效的,但这些措施仍然不失为是反对官僚政治的一种立法回应①。可见,在唐森的评论中,肯定的成分更多一些。

诺曼·莱文在《列宁国家思想来源的探询》一文中指出,"在马克思主义中存在着恩格斯的阶级—国家与马克思的社会—国家的相互冲突的政治理论"②,而恩格斯的阶级—国家观对列宁写作《国家与革命》一书起到了绝对性的影响。列宁生前没有接触到马克思的《巴黎手稿》《对黑格尔国家哲学的批判》,以及《政治经济学批判大纲》等这些关于阐述社会—国家的重要文本。③ 诺曼·莱文认为,由于列宁与马克思的这些文本失之交臂,"他所熟悉的、当时现有的大部分马克思恩格斯著作集都是将国家看作阶级范式的反思物。在这个概念下,社会不仅被还原为阶级,国家也被还原为阶级。而且,如果阶级等同于人类的统治,那么,消灭阶级将不仅同时消灭国家,而且还废除了政治需要或任何形式的社会统治需要"④,恩格斯的著作由于倡导一种国家阶级还原论,他的"《家庭、私有制和国家的起源》加强了列宁的这个信念,即认为国家等同于阶级统治。当列宁需要经典来证明其立场,即认为阶级等同于国家时,他会经常提及恩格斯的这本重要著作"⑤。诺曼·莱文在罗列出列宁写作《国家与革命》和"蓝色笔记"时所引用的马克思

---

① 参看李晓光:《英国学者唐森评坡兰对列宁〈国家与革命〉的批评》,载《国外理论动态》2000年第4期,第9—10页。
② 诺曼·莱文:《列宁国家思想来源的探询》,贺翠香译,载《现代哲学》2012年第2期,第11—12页。
③ 达·梁赞诺夫:《马克思恩格斯全集》第1卷,法兰克福:马克思恩格斯档案馆,1927年,参见诺曼·莱文:《列宁国家思想来源的探询》,原载《苏联思想研究》第30卷,1985年,第95—107页,雷代尔出版公司(D. Reidel Publishing Company);贺翠香译,载《现代哲学》2012年第2期,第9—14、53页。
④ 诺曼·莱文:《列宁国家思想来源的探询》,贺翠香译,载《现代哲学》2012年第2期,第11页。
⑤ 同上书,第11页。

和恩格斯的著作后，意味深长地说："如果我们知道马克思作品中缺失了关于作为社会反思物的国家主题，清楚其作品中大量的是关于阶级反思物的国家内容时，那么很清楚在1917年呈现给列宁的马克思主义理论遗产主要集中在阶级与国家的综合上。"①

诺曼·莱文认为，列宁关于国家的概念来源于《反杜林论》，后者是《国家与革命》最为重要的学术力量，正是在《反杜林论》的影响下，列宁将共产主义逐渐等同于无政府主义。"乌托邦传统在《国家与革命》中继续传递，这本著作的遥远先驱是经恩格斯传承给列宁的傅立叶和圣西门"②，所以，"列宁成为这种把国家看作是阶级还原反思物的牺牲品"③，他在《国家与革命》中重复着圣西门的概念，认为行政管理将取代政治管理，公共功能将失去其政治特性，未来的共产主义社会将不再需要政治，但是"列宁没有意识到，甚至在阶级和国家消亡之后，政治存在的需要还依然存在。这就是马克思的传统。马克思想用生产和需要的民主取代权利的民主。马克思想要一种民主的和大众控制的政治、统治形式，这种统治形式区别于建立在生产方式和分配上的少数所有者阶级和国家。当列宁不理解马克思主义的政治和统治观念时，他就失去了建构一种马克思主义国家政治理论的必要智力工具。当苏联提出要在1920年后在俄国实现工业化和国家垄断资本主义时，列宁的思想中没有任何一个社会主义社会的政治概念，向他显示出他在俄国所建构的帝国主义国家的极权本质"④。

诺曼·莱文在《列宁〈国家与革命〉再讨论》一文中再次指出，列宁没能看到马克思的早期著作，忽视了国家与市民社会的区别，忽略了马克思的社会管理理论。马克思以政治经济学取代黑格尔哲学的伦理因素，创立了自己的社会管理理论。他认为必须铲除作为资产阶级统治

---

① 诺曼·莱文：《列宁国家思想来源的探询》，贺翠香译，载《现代哲学》2012年第2期，第11页。
② 同上，第14页。
③ 同上。
④ 同上，第53页。

工具的国家，但同时又必须保留并改造市民社会，以之作为新的社会有机体、社会立法以及管理的源泉。列宁在《国家与革命》中受到恩格斯的影响，想象一种无差别地对待不同人的严格的机械化社会编制形式，以代替市民社会，充当社会立法和管理的源泉①。

诺曼·莱文认为，青年马克思（1843—1845年）主要是在"（1）1843年的《黑格尔法哲学批判》；（2）1843年的《论犹太人问题》；（3）1844年的《评一个普鲁士人的〈普鲁士国王和社会改革〉》；（4）1844年的《詹姆斯·穆勒〈政治经济学原理〉一书摘要》；（5）1844年的《1844年经济学哲学手稿》；（6）1845年的《神圣家族》"②这六篇作品中，讨论了市民社会与国家之间的差别。在马克思看来，"无产阶级革命会消除国家和阶级，市民社会则将保存下来。市民社会由社会有机体、工厂、学校、商务企业、城市、公社、农场等组织所组成。对这些组织都必须加以管理以促进其相互协作、发挥作用。治理即是立法实践，它为社会共同体的运作奠定基础。立法实践将会作为这些市民社会组织的自我表达，或者说它们会变得民主。摆脱了国家与阶级统治的市民社会组织将能够对管理规则的制定进行直接的投票。市民社会和民主对于马克思来说是同义的，因为当国家和阶级都消失了之后，全体民众将会通过社会组织参与到决策之中"③。但是，"列宁并没有创立出一种与马克思等量齐观的政治理论。列宁的失败源于两个理论黑洞：他没有对国家与市民社会的区别投入足够的关注，而且他对马克思的治理原则视而不见"④。

诺曼·莱文认为，"列宁的这两个理论黑洞部分地归因于他青年时期所受的教育和他的职业理想。青年列宁希望成为一名律师，因此他把大学时光主要地投入到对法律的学习中去。在参加俄国社会民主党的活动以前，他对德国哲学毫不了解。成熟的列宁在开始阅读马克思或者黑

---

① 诺曼·莱文：《列宁〈国家与革命〉再讨论》，林浩超译，吴昕炜校，载《武汉大学学报（人文科学版）》2013年第6期，第87页。
② 同上，第88页。
③ 同上，第91页。
④ 同上，第92页。

格尔时，他并没有接受过任何哲学方面的学术指导"、"更要紧的是一些至关重要的马克思手稿并没有在列宁生前出版。在马克思的早期著作中，马克思对市民社会与国家的区别以及他对治理理论的讨论集中在七个主要的资源中：（1）1843 年的《黑格尔法哲学批判》；（2）1843 年的《论犹太人问题》；（3）1844 年的《评一个普鲁士人的〈普鲁士国王和社会改革〉》；（4）1844 年的《詹姆斯·穆勒〈政治经济学原理〉一书摘要》；（5）1844 年的《1844 年经济学哲学手稿》；（6）1843 年的《〈黑格尔法哲学批判〉导言》；（7）1845 年的《神圣家族》"。不幸的是，在"以上列出的著作中，列宁仅仅知道其中的三个：《论犹太人问题》《〈黑格尔法哲学批判〉导言》和《神圣家族》。剩下的四本著作并没有在列宁生前出版"[1]，"列宁不可能看到的四本马克思著作……正好组成马克思市民社会—国家/治理理论的核心。无法看到这四本著作，这使得列宁无法洞察马克思的政治理论。这些著作缺失，外加列宁对《论犹太人问题》《神圣家族》和《〈黑格尔法哲学批判〉导言》中论述的社会—国家/治理理论的肤浅接触，都导致了列宁理论上的缺陷。这一缺陷使得列宁不能理解马克思的政治哲学。联系到《黑格尔法哲学批判》来考察时，这一问题显得尤为突出。因为马克思正是在这一著作中首次提出消灭国家，并且宣布市民社会必须取代国家"[2]。于是，诺曼·莱文得出结论说："列宁在马克思政治理论方面的这一黑洞使他难以提出一个能够承接马克思思想的政治理论。当马克思与黑格尔分道扬镳时，列宁在政治理论问题上也与马克思分道扬镳了。"[3]

在这里，诺曼·莱文犯了一个错误。列宁是知道马克思《评一个普鲁士人的〈普鲁士国王和社会改革〉》（1844 年）这篇文章的，因为在《对尼·伊·布哈林〈帝国主义强盗国家〉一文的评注》（1916 年）一文中，列宁摘抄了布哈林文章中所引用的马克思这篇文章中的一段

---

[1] 诺曼·莱文：《列宁〈国家与革命〉再讨论》，林浩超译，吴昕炜校，载《武汉大学学报（人文科学版）》2013 年第 6 期，第 92 页。

[2] 同上，第 93 页。

[3] 同上。

话，即"国家的观念是以阶级统治的概念为前提的。没有阶级的国家就像没有阶级的资本主义或者像干的水一样不可思议。**卡尔·马克思**把这一点表述如下。他写道：'连激进的和革命的政治活动家也不是在国家的实质中去寻找祸害的根源，而是在某种国家形式中去寻找；他们要用别种国家形式来代替这种国家形式。'（见《评……》。《遗著》第 2 卷第 50 页）"①这里的"《评……》"指的正是马克思的《评一个普鲁士人的〈普鲁士国王和社会改革〉》。而且，列宁在《〈关于国家的作用问题〉一文提纲》（写于 1916 年 11 月 18 日 [12 月 1 日] 以后，该提纲被列宁夹在了《马克思主义论国家》这本笔记中）②中也专门做了一行标注，即"马克思在 1844 年（《遗著》第 2 卷第 50 页，倒数第 2 段末尾）"③，准备在撰写《关于国家的作用问题》一文时重点加以引证。马克思的"这篇文章列宁引自弗·梅林出版的《卡·马克思、弗·恩格斯和斐·拉萨尔遗著选》第 2 卷：《卡·马克思和弗·恩格斯文选（1844 年 7 月—1847 年 11 月）》1902 年斯图加特版"④。可见，列宁实际上知道四本马克思的著作，而不是诺曼·莱文所说的三本。

诺曼·莱文在《列宁〈国家与革命〉再讨论》一文中，继续指责列宁说，"在关于公社的问题上，列宁违背了马克思。列宁在他 1917 年关于政治思想的代表作——《国家与革命》中，的确泛泛地讨论到马克思的《法兰西内战》和巴黎公社。然而，马克思把公社视为无产阶级革命的顶点，列宁却仅仅把公社视为无产阶级革命的一个阶段。马克思把公社视为无产阶级革命的结果，列宁却把公社视为一个尽管富有深远意义、但将会被超越的进步阶段。对于列宁来说，共产主义的最高阶段是会超越公社的"、"马克思与列宁的根本性差异在这里展开了：马克思重视市民社会对自身的治理，而列宁则把共产主义看作是一种处于所有治理阶段以后的状态，看作是一个消除了市民社会立法以后的、只

---

① 《列宁全集》第 31 卷，北京：人民出版社 1985 年版，第 121 页。
② 同上书，第 127 页。
③ 同上书，第 128 页。
④ 同上书，第 260—261 页。

剩下核算和管理规则的社会状态"①。

在诺曼·莱文看来,"马克思与列宁在关于资产阶级民主与社会主义这些阶段的看法是基本一致的,但马克思与列宁在关于共产主义最高阶段的政治哲学上的差异却最为明显和关键"②。由于"没有阅读到青年马克思在市民社会和国家之间做出区分的大部分著作,这一理论黑洞阻碍着列宁,使他难以跟上马克思政治哲学主线的步伐。这一空缺造成了马克思与列宁在政治理论上的分裂"③。于是,"马克思思想的缺失迫使列宁转向恩格斯以寻求他的政治理论。马克思与列宁之间的裂缝导致了列宁关于共产主义最高阶段的理论空白。正是恩格斯填补了这一空白,列宁也同时选择了恩格斯"④,而"列宁对恩格斯的选择肢解了马克思与列宁之间关于共产主义最高阶段理论的联系。列宁的《国家与革命》与其说是马克思与列宁思想的综合体,不如更准确地说是恩格斯与列宁思想的综合体。在关于共产主义的政治理论问题上,马克思既与恩格斯相反,也与列宁相反。真正的联结点存在于列宁对恩格斯的追随之中。与马克思的分离意味着恩格斯与列宁二人齐肩并立,而恩格斯与列宁正是斯大林主义的灵魂"⑤。在这里,诺曼·莱文把马克思的思想与恩格斯和列宁的思想分离开来,并且对立了起来。

泰克西埃认为,《国家与革命》"是一部在许多方面都很重要的著作。在布尔什维克党和列宁主义的历史上,这是一个决定性阶段"⑥,"这篇文章的重要性首先是它包含能为列宁的党指出如何面对与国家有关的革命任务的理论"⑦,但是,列宁在该书中有意忽略了马克思和恩格斯关于某些国家有和平过渡可能性的思想。马克思和恩格斯的政治思

---

① 诺曼·莱文:《列宁〈国家与革命〉再讨论》,林浩超译,吴昕炜校,载《武汉大学学报(人文科学版)》2013年第6期,第93页。
② 同上,第94页。
③ 同上。
④ 同上。
⑤ 同上。
⑥ 雅克·泰克西埃:《马克思恩格斯论革命与民主》,姜志辉译,北京:社会科学文献出版社2012年版,第193页。
⑦ 同上。

想既有革命的思想，也有民主的思想，但第一位的思想还是革命的思想。泰克西埃在《马克思恩格斯论革命与民主》一书的第四部分"马克思恩格斯政治思想的隐藏面·《国家与革命》的列宁主义历程"中，用了整整六章的篇幅，对《国家与革命》第一章的四节内容逐一进行了批判性研究①。另外，泰克西埃认为，列宁在《国家与革命》第一章中，大段引用恩格斯的《家庭、私有制和国家的起源》和《反杜林论》的做法是一种教条主义的表现，"把仅仅是学说的一个局部方面的东西当做学说的一个绝对原则，或者把一段时间里坚持的，但随后被抛弃的一种立场当做马克思和恩格斯的一个不变论点"②。泰克西埃认为，"列宁重建的马克思主义'理论体系'简化和歪曲了马克思和恩格斯的实际思想及其发展"③。

关于列宁在《国家与革命》一书中没有引用恩格斯于1895年所写的《卡·马克思〈1848年至1850年的法兰西阶级斗争〉一书导言》的问题，泰克西埃在《马克思恩格斯论革命与民主》中猜测是列宁"隐匿'导言'"④。他认为，在这篇著名的《导言》中有"恩格斯思想的隐藏面"、"但它没有被列宁分析过，列宁决定不在像《国家与革命》那样重要的一本书中谈论这篇文章。我们要问为什么"⑤，而列宁甚至在《国家与革命》一书中"要让恩格斯早一年，即在1894年去世"、"以便能坚持始终拥护暴力革命的恩格斯的论点"⑥。

泰克西埃的这种猜测也是错误的。列宁虽然在《国家与革命》一书中并没有提到恩格斯的这篇著名的《导言》，但在"蓝皮笔记"即《马克思主义论国家》中曾经12次提到了这篇《导言》。在《马克思主

---

① 参见何火萍：《批判与反思：雅克·泰克西埃视域中的〈国家与革命〉》，载《当代世界与社会主义》2014年第3期，第35—37页。
② 雅克·泰克西埃：《马克思恩格斯论革命与民主》，姜志辉译，北京：社会科学文献出版社2012年版，第195页。
③ 同上书，第197页。
④ 同上书，第224页。
⑤ 同上书，第192页。
⑥ 同上书，第243页。

义论国家》中，列宁指责伯恩施坦竟然把"1895年恩格斯的导言""解释成放弃革命！！！"①这是放弃革命权利、放弃暴力革命、"**只走和平道路、只走合法道路的幻想**"②。列宁还摘录了恩格斯给考茨基的信（写于1895年4月1日）和给拉法格的信（写于1895年4月3日）中对歪曲恩格斯观点的做法的批评，并斥责伯恩施坦与考茨基是"骗子和无赖！！"③是"他们自己伪造了遗嘱"④。该"政治遗嘱"⑤指的就是这篇著名的《导言》。列宁在《〈国家与革命〉一书的提纲和纲要》中的第3个提纲中，曾经计划把第六章分为四节的内容，并在第4节"革命的'**准备**'"⑥中阐释"恩格斯论和平道路（1895年的导言）"⑦的思想。后来，他又把第4节的内容即"恩格斯论革命的'准备'"⑧划入了第七章的最后一节（第9节）。最终，《国家与革命》一书的第六章只有三节的内容，而第七章的内容并没有写，因此，恩格斯这篇著名的《导言》也就没有出现在《国家与革命》一书中。可见，列宁并没有隐匿恩格斯的这篇《导言》，也没有"对使他感到不安的诸如恩格斯的《法兰西内战》'导言'（1895年）的文章保持沉默"⑨，只是因为他没有时间去写《国家与革命》一书的第七章罢了。可见，泰克西埃关于列宁"隐匿'导言'"⑩的猜测明显与事实不符。

不破哲三认为，《国家与革命》是列宁最重要的一部著作，该书虽然对马克思和恩格斯关于国家与革命的理论进行了总结，阐明了国家的本质，但也包含着一些不能为科学社会主义的国家与革命理论提供普遍

---

① 《列宁全集》第31卷，北京：人民出版社1985年版，第133页。
② 同上书，第146页。
③ 同上。
④ 同上。
⑤ 同上。
⑥ 同上书，第229页。
⑦ 同上书，第230页。
⑧ 同上书，第231页。
⑨ 雅克·泰克西埃：《马克思恩格斯论革命与民主》，姜志辉译，北京：社会科学文献出版社2012年版，第243页。
⑩ 同上书，第224页。

价值的东西，与马克思和恩格斯的相关思想也存在着两个矛盾：在对"工人阶级不能简单地掌握现成的国家机器，并运用它来达到自己的目的"① 这句话的解读上存在着矛盾；在对待"民主共和制"的态度上存在着矛盾。另外，列宁对马克思和恩格斯关于"打碎旧的国家机器"和是否废除"民主共和制"等思想也存在着比较严重的误读。马克思和恩格斯"打碎旧的国家机器"原意是指"改造旧的国家机器"，但列宁却认为是全部"破坏""粉碎"等意思，并把马克思恩格斯对"民主共和国"的肯定曲解为废除"民主共和国"；把"取消议会"看作是未来社会主义国家的鲜明特点。不破哲三在《历史地解读〈国家与革命〉》② 一书中指出，"列宁试图从'暴力革命不可避免'和'摧毁国家机器'这些观点出发来阐释马恩国家与革命问题的理论，这从理论和现实上说都是站不住脚的。如当暴力革命在现实上不可避免时，马恩就号召工人阶级和人民群众要尽最大努力运用暴力手段进行革命。但他们并不由此认为暴力手段不可避免，他们也没有宣称'暴力革命是通向社会主义革命胜利的惟一道路'；而当和平条件出现时，他们就希望工人阶级用和平手段取得革命胜利"③。

不破哲三认为，列宁当时还来不及大量阅读马克思和恩格斯的相关书信，就根据俄国的具体实际得出了被后来人们认为具有普遍指导意义的结论。其中，恩格斯有两封书信很重要，即给菲力浦·范派顿的信（1883年4月18日）和给爱德华·伯恩施坦的信（1884年1月1日），列宁当时并没有看到这两封信。

恩格斯在第一封信中说："马克思和我从1845年起就持有这样的观点，即未来无产阶级革命的最终结果**之一**，将是被称为**国家**的政治组织逐步解体直到最后消灭。这个组织的主要目的，从来就是依靠武装力量

---

① 《马克思恩格斯文集》第3卷，北京：人民出版社2009年版，第151页。
② 不破哲三：『国家と革命』を歴史的にょむ（Lenin´'State and Revolution'：A Critical Approach），ジャパンプシスサービス2001年11月5日发行。
③ 曹天禄、殷向阳：《不破哲三：列宁对马克思恩格斯国家观的误读》，载《社会主义研究》2006年第5期，第25页。

保证富有的少数人对劳动者多数的经济压迫。随着富有的少数人的消失，武装的压迫力量或国家权力的必要性也将消失。同时我们始终认为，为了达到未来社会革命的这一目的以及其他更重要得多的目的，工人阶级应当首先掌握有组织的国家政权并依靠这个政权镇压资本家阶级的反抗和按新的方式组织社会。"①可是，"无政府主义者把事情颠倒过来了。他们宣称，无产阶级革命应当从废除国家这种政治组织**开始**。但是，无产阶级在取得胜利后遇到的唯一现成的组织正是国家。这个国家或许需要作一些改变，才能完成自己的新职能。但是在这种时刻破坏它，就是破坏胜利了的无产阶级能用来行使自己刚刚夺取的政权、镇压自己的资本家敌人和实行社会经济革命的唯一机构"②。在这里，恩格斯把他的改变国家职能的观点与无政府主义者废除国家的观点作了对比，强调要对"现成的"国家机器进行调整和改造。

恩格斯在第二封信中对这一问题阐述得更为明确，即"胜利了的无产阶级在能够利用旧的官僚的、行政集中的国家机构来达到自己的目的之前，必须把它加以改造"③。不破哲三认为，"在这两封信中，恩格斯给马克思的观点作了一个精辟的解释：'首先改造旧的官僚的行政集中的国家机构'。由此，'工人阶级不能简单的掌握现成的国家机器，并运用它来达到自己的目的'，是指旧的国家机器不能简单地用作'现成的'，而是只有在作了必要的'改良'或适当的'改造'后才能用于工人阶级的目的"④。也就是说，"现成的国家机器"不能被"简单的掌握"，而是应该被"改良"和"改造"。由此可见，对"工人阶级不能简单地掌握现成的国家机器，并运用它来达到自己的目的"这句话的正确理解，应该是"为了使胜利了的工人阶级能够把这种国家机器用作自己的目的，必须改造旧的国家机器；同时，改变旧的国家机器有多种手

---

① 《马克思恩格斯选集》第4卷，北京：人民出版社2012年版，第558—559页。
② 同上书，第559页。
③ 《马克思恩格斯全集》第36卷，北京：人民出版社1974年版，第81页。
④ 曹天禄、殷向阳：《不破哲三：列宁对马克思恩格斯国家观的误读》，载《社会主义研究》2006年第5期，第23页。

段和方式,这取决于各国革命所处的环境,旧的国家机器可能需要被打破和摧毁,也可能通过和平的和合法的途径重新改造"①。

综上所述,不论是持赞扬或肯定的观点,还是持质疑或否定的观点,一百年以来,列宁《国家与革命》一书中的重要理论和主张始终是国外学界关注和讨论的话题。

---

① 曹天禄、殷向阳:《不破哲三:列宁对马克思恩格斯国家观的误读》,载《社会主义研究》2006年第5期,第23页。

第四章 《国家与革命》的国内研究状况

列宁《国家与革命》一书的文本刚刚传入中国,就深深地影响了一大批人,特别是信仰马克思主义的共产党人。1920年11月7日,在俄国十月革命三周年之际,李达主编的中国第一个共产主义刊物①《共产党》月刊正式创刊②。1921年1月21日毛泽东在给法国勤工俭学的蔡和森的信中说,"上海出的《共产党》,你处谅可得到,颇不愧'旗帜鲜明'"③。就在这一年的5月7日,《共产党》第4期(第30至35页)登载了沈雁冰翻译的列宁《国家与革命》第一章第一节和二节的译文,是《国家与革命》一书最早的中译文,毛泽东和蔡和森在当时都可以看到这篇译文。1924年5月,上海民智书局出版了蔡和森在上海任教时编写的《社会进化史》讲义,该书是中国人以马克思主义唯物史观写成的第一部社会发展史,它以摩尔根的《古代社会》和恩格斯的《家庭、私有制和国家的起源》为蓝本,同时也参考了列宁的《国家与革命》一书④。对《国家与革命》的国内研究状况的考察,可以分新中国成立前的研究和新中国成立后的研究两个阶段。

---

① 方汉奇、李矗主编:《中国新闻学之最》,北京:新华出版社2005年版,第198页。
② 《共产党》月刊共编辑出版7期,现存1—6期。该刊物主要宣传了马列主义的基本原理和国际共产主义运动,批判了无政府主义、第二国际修正主义和基尔特社会主义,并尝试运用马克思主义基本原理来解决中国革命的实际问题。
③ 《毛泽东书信选集》,北京:人民出版社1983年版,第15页。
④ 参看周朝民:《略论蔡和森的〈社会进化史〉》,载《上海师范大学学报(哲学社会科学版)》1985年第3期,第86—88页。

一 新中国成立前的研究

毛泽东当年曾说，"哪个主义能救中国我就研究哪个主义"①。当时的中国，各种新主义和新思潮汹涌而至，可谓泥沙俱下、鱼龙混杂。俄国十月革命胜利后，无政府主义者公开反对马克思主义和布尔什维克，攻击无产阶级专政，并在五四时期得以盛行，其势头"甚至超过了马克思、列宁的科学社会主义和基尔特社会主义，在这三家社会主义中可以说是独占鳌头"②。陈独秀等早期马克思主义者以《共产党》月刊作为重要的舆论阵地，除了在1921年第4期登载沈雁冰翻译的列宁《国家与革命》节译文以外，还陆续刊登了李达、周佛海和施存统的一些研究、总结、宣传和捍卫无产阶级专政理论与马克思主义国家学说的理论性和论战性的文章，对无政府主义、改良主义和修正主义进行了批判和反击。例如，陈独秀以俄国革命为例，指出了无产阶级革命和无产阶级专政在中国实施的必要性和紧迫性，他说，"要想把我们的同胞从奴隶境遇中完全救出，非由生产劳动者全体结合起来，用革命的手段打倒本国外国一切资本阶级，跟着俄国的共产党一同试验新的生产方法不可"③。陈独秀还把自己发表的、批判张东荪的基尔特社会主义的文章，与李汉俊、李达、施存统和许新凯等人的批判文章辑录在起来，取名《社会主义讨论集》，由新青年社1922年出版。虽然这些早期马克思主义者囿于马克思列宁主义研究的起步阶段和中国无产阶级革命实践的初始阶段，"对马克思主义理论本身，可以说只有粗浅的知识，而缺乏深入完整的理解"（王来棣语）④，但是，他们对马克思列宁主义的研究，

---

① 韶山毛泽东纪念馆编著：《毛泽东生活档案》上卷，北京：中央党史出版社1999年版，第89页。
② 徐善广、柳剑平：《中国无政府主义史》上卷，武汉：湖北人民出版社1989年版，序言第2页。
③ 陈独秀：《短言》，载《共产党》（第1号）1920年11月，第1页。
④ 朱成甲编：《中共党史研究论文选》，长沙：湖南人民出版社1983年版，第223—224页。

特别是对无产阶级专政理论和马克思列宁主义国家观的研究,还是做出了具有开拓性的历史贡献。

从20世纪20年代到70年代末,中国一直处在革命和阶级斗争时期,当时的人们主要是从革命和阶级斗争的视角来宣传、解读和研究《国家与革命》,形成了第一种研读模式,即"国家—革命—专政"的研读模式。这种研读模式从20世纪20年代开始,一直延续到新中国成立之后,并在"文化大革命"时期达到高潮,至今也依然是一种常规的研读模式。改革开放之后,人们开始从建设和民主法治的视角来宣传、解读和研究《国家与革命》,形成了第二种研读模式,即"国家—建设—民主"的研读模式。如果说,在第一种研读模式"国家—革命—专政"中,阶级斗争和无产阶级专政是研读的重点,国家是统治阶级镇压被统治阶级的暴力工具,那么,在第二种研读模式"国家—建设—民主"中,依法治国和社会主义民主建设则是研读的重点,国家作为人民通过法律进行社会管理的民主机关,是保证人民当家做主的工具。这两种研读《国家与革命》的模式先后在中国出现,有其历史的必然性,它们之间不是相互矛盾的,而是互相补充、彼此呼应的关系,体现了现代中国社会科学理论研究视角的多样性。

以革命和阶级斗争的视角来宣传、解读和研究《国家与革命》的典范,当属毛泽东。毛泽东最早谈到列宁的《国家与革命》一书是在1926年5月至9月,当时毛泽东在第六届农民运动讲习所讲授中国农民问题,他说:

> 列宁同志曾著《国家与革命》一书,把国家说得很清楚的。国家于革命后,一切制度都要改变的。巴黎公社所组织的政府,其失败原因之一,即不改变旧制度。以为重新建设一切的中国现在的国民政府,若夺了政权,必定改革一切的,重新建设的。国家是一个阶级拿了压迫别一个阶级的工具。我们的革命民众,若将政权夺在手中时,对反革命者要用专制的手段,不客气的压迫反革命者,使他革命化,若不能革命化了,或赐以残暴的手段,正所以巩固革

命政府也。①

当时虽然还没有《国家与革命》一书的全译本②，但是从这段引文中可以看出，毛泽东当时通过阅读该书的节译本，或从他人的书评中，已经知道了该书的主体思想，形成了自己对该书主体思想的初步理解和认识，并开始运用书中的理论来分析和说明当时中国面临的革命问题。在这段引文中，毛泽东阐释了两个革命任务：

一是发动革命，夺取国家政权，"改革一切"旧的国家制度，建立革命政府。

二是"用专制的手段"或者"残暴的手段"，压迫反革命者，巩固革命政府。

如果把从20世纪20年代到70年代末的中国革命和阶级斗争的年代划分为建国之前和建国之后两个阶段的话，那么在建国之前，中国革命和阶级斗争的主要形式是革命战争，目的是夺取国家政权，建立革命政府；在建国之后，中国革命和阶级斗争的主要形式是人民民主专政，目的是捍卫人民政权，巩固人民政府。这两个阶段的历史任务，正是毛泽东当年点评《国家与革命》时所阐释的两个革命任务。

毛泽东在这里强调，国家在革命之后需要改变一切的旧制度，建立新的制度，虽然他没有像列宁那样用"打碎"一词来强调对旧国家机器的破坏和废除，但是他还是用"革命政府"一词，以及"巴黎公社所组织的政府"等革命词汇，明确指出了新的国家机构应该具有的革命性和人民性。后来，毛泽东就直接用"人民政府"这一称谓，替代了"革命政府"一词，例如，毛泽东于1948年9月《在中共中央政治局会议上的报告和结论》中指出："我们是人民民主专政，各级政府都要

---

① 陈晋主编：《毛泽东读书笔记解析》上册，广州：广东人民出版社1996年版，第260页。

② 从1927年1月5日起，汕头《岭东民国日报》副刊《革命》（周恩来题名）连载了李春蕃（柯柏年）翻译的《国家与革命》全译文，这是我国第一个中文全译文本；同年，上海浦江书店出版了江一之翻译的《国家论》（即《国家与革命》）全译本，这是我国第一个中文全译单行本。见本书第二章。

加上'人民'二字,各种政权机关都要加上'人民'二字,如法院叫人民法院,军队叫人民解放军,以示和蒋介石政权不同。我们有广大的统一战线,我们政权的任务是打倒帝国主义、封建主义和官僚资本主义,要打倒它们,就要打倒它们的国家,建立人民民主专政的国家。"①"关于建立民主集中制的各级人民代表会议制度问题,我们政权的制度是采取议会制呢,还是采取民主集中制?过去我们叫苏维埃代表大会制度,苏维埃就是代表会议,我们又叫'苏维埃',又叫'代表大会','苏维埃代表大会'就成了'代表大会代表大会'。这是死搬外国名词。现在我们就用'人民代表会议'这一名词。我们采用民主集中制,而不采用资产阶级议会制。"② 在这里,毛泽东对"人民"这一社会概念和政治符号运用得很熟练,也很到位。毛泽东在1949年6月30日发表的《论人民民主专政》一文中又对"人民"概念进行了界定,他说:"人民是什么?在中国,在现阶段,是工人阶级,农民阶级,城市小资产阶级和民族资产阶级。"③"对人民内部的民主方面和对反动派的专政方面,互相结合起来,就是人民民主专政"、"或曰人民民主独裁"④。

毛泽东认为,由于"帝国主义还存在,国内反动派还存在,国内阶级还存在"⑤,而人民与反对派之间的阶级矛盾是不可调和的,因此,"我们现在的任务是要强化人民的国家机器,这主要地是指人民的军队、人民的警察和人民的法庭,借以巩固国防和保护人民利益。以此作为条件,使中国有可能在工人阶级和共产党的领导之下稳步地由农业国进到工业国,由新民主主义社会进到社会主义社会和共产主义社会,消灭阶级和实现大同。军队、警察、法庭等项国家机器,是阶级压迫阶级的工具。对于敌对的阶级,它是压迫的工具,它是暴力,并不是什么'仁慈'的东西"⑥。

---

① 《毛泽东文集》第5卷,北京:人民出版社1996年版,第135—136页。
② 同上书,第136页。
③ 《毛泽东选集》第4卷,北京:人民出版社1991年版,第1475页。
④ 同上书,第1475—1476页。
⑤ 同上书,第1475页。
⑥ 同上书,第1476页。

关于国家消亡的问题，毛泽东指出，"人到老年就要死亡，党也是这样。阶级消灭了，作为阶级斗争的工具的一切东西，政党和国家机器，将因其丧失作用，没有需要，逐步地衰亡下去，完结自己的历史使命，而走到更高级的人类社会。我们和资产阶级政党相反。他们怕说阶级的消灭，国家权力的消灭和党的消灭。我们则公开声明，恰是为着促使这些东西的消灭而创设条件，而努力奋斗。共产党的领导和人民专政的国家权力，就是这样的条件。不承认这一条真理，就不是共产主义者。没有读过马克思列宁主义的刚才进党的青年同志们，也许还不懂得这一条真理。他们必须懂得这一条真理，才有正确的宇宙观。他们必须懂得，消灭阶级，消灭国家权力，消灭党，全人类都要走这一条路的，问题只是时间和条件。全世界共产主义者比资产阶级高明，他们懂得事物的生存和发展的规律，他们懂得辩证法，他们看得远些。资产阶级所以不欢迎这一条真理，是因为他们不愿意被人们推翻。被推翻，例如眼前国民党反动派被我们所推翻，过去日本帝国主义被我们和各国人民所推翻，对于被推翻者来说，这是痛苦的，不堪设想的。对于工人阶级、劳动人民和共产党，则不是什么被推翻的问题，而是努力工作，创设条件，使阶级、国家权力和政党很自然地归于消灭，使人类进到大同境域"①。

在艰苦的革命生涯中，毛泽东曾多次研读、批阅《国家与革命》一书，目前保留下来的一本《国家与革命》的封面上，就有他亲笔书写的"毛泽东 一九四六年"字样，他还在该书扉页上注明："1946年4月22日在延安起读。"② 毛泽东这次读得非常认真和仔细，他在第一章中的"几乎每句话的旁边都划着杠杠，讲暴力革命的地方划的杠杠特别引人注目。例如，革命才能消灭资产阶级国家这一句，关于暴力革命的观点是'马克思恩格斯全部学说的基础'这一段，杠杠划得最粗，圈圈划得最多，'革命'、'消灭'、'全部学说的基础'这些词和词组的

---

① 《毛泽东选集》第4卷，北京：人民出版社1991年版，第1468—1469页。
② 王东、陈有进、贾向云：《马列著作在中国出版简史》，广州：广东人民出版社1996年版，第63页。

旁边划了两条粗杠"①。

从抗日战争到解放战争时期,毛泽东多次要求全党学习马列主义著作,提高马克思主义理论水平,例如,在1942年全党整风期间,毛泽东在西北局高干会议上要求党的高级干部要读几十本马列主义的书;在1949年党的七届二中全会上,毛泽东开列了包括《国家与革命》在内的12种马列主义著作的书单,并在这12本书的目录前加了"干部必读"4个字,印发给七届二中全会的全体同志。新中国成立以后,毛泽东更加偏爱列宁的著作,而《国家与革命》又是他读得最多的著作之一。列宁在《国家与革命》一书中阐释的无产阶级革命策略、马克思主义国家观、无产阶级专政理论,以及共产主义社会等内容,对毛泽东的影响是很深远的。有学者认为,对毛泽东一生影响最大的两本马列著作是《共产党宣言》和《国家与革命》②,《共产党宣言》中的革命观和《国家与革命》中的国家观既是影响毛泽东建立起马克思主义信仰的最基本观点,也是形成毛泽东指导中国革命的理论的最基本内容。

二 新中国成立后的研究

新中国成立后,《国家与革命》一书多次出版发行,是人们学习和研究马克思列宁主义最主要的经典文献之一,许多单位和个人撰写了注释和解读《国家与革命》的著作,特别是在改革开放之前的时期,是《国家与革命》一书在中国传播、阅读和研究的热潮时期。在这个时期出版的关于《国家与革命》一书的著作和学习参考资料,内容方面主要是关于国家问题、无产阶级革命问题和无产阶级专政问题的,对于其他问题,例如无产阶级民主问题,也主要是作为无产阶级革命问题中的一个子问题来研究的。这个时期国内出版的相关研究著作和学习参考资

---

① 龚育之、逄先知、石仲泉:《毛泽东的读书生活》,北京:生活·读书·新知三联书店2009年版,第24页。

② 参见叶福林:《对毛泽东影响最大的两本马列著作》,《毛泽东思想永放光芒——纪念毛泽东诞辰110周年论文集》,2003年12月。

料举例如下：

  1953 年 11 月，中国青年出版社出版了吴恩裕编写的《"国家与革命"注释》。

  1956 年 11 月，人民出版社出版了李光灿编写的《介绍列宁的"国家与革命"》。

  1964 年，北京市委党校编写并出版了《列宁著〈国家与革命〉简释》（初稿）。

  1972 年 10 月，人民出版社出版了中央党校编写小组编写的《〈国家与革命〉提要和注释》。

  1973 年，北京大学国际政治系编写并出版了《〈国家与革命〉学习参考材料》（初稿）。

  1973 年，中共河北省委党校编写并出版了《〈国家与革命〉学习参考资料》和《〈国家与革命〉注释》。

  1973 年，西安交通大学马列主义教研室翻印了《〈国家与革命〉学习参考资料》。

  1973 年，抚顺市革命委员会毛泽东思想学习班编写并出版了《〈国家与革命〉辅导材料》。

  1973 年，泸州市革命委员会政工组宣传组编写并出版了《〈国家与革命〉辅导材料》。

  1973 年，哈尔滨市图书馆编写并出版了《〈国家与革命〉学习参考材料》。

  1973 年，山西大学图书馆出版了山西大学宣教组编写的《学习〈国家与革命〉参考资料》。

  1974 年，辽宁人民出版社出版了《〈国家与革命〉浅说》编写组编写的《〈国家与革命〉浅说》。

  1975 年 6 月，人民出版社出版了海军无产阶级专政理论学习班和北京大学哲学系教育革命实践队共同编写的《学习〈国家与革命〉第五章》。

1975年9月,内蒙古人民出版社出版了内蒙古大学马列主义教研室国际共产主义运动史教研组编写的《〈国家与革命〉中的历史事件和人物简介》。

1975年,天津师范学院马列主义教研室编写并出版了《〈国家与革命〉简释》。

1975年,武汉大学政治部政治理论教研室编写并出版了《〈国家与革命〉辅导材料》。

1975年,辽宁人民出版社出版了旅大市革命委员会宣传组编写的《为巩固无产阶级专政而斗争——学习〈国家与革命〉》。

1975年,天津人民出版社出版了天津第四棉纺织厂工人理论小组和南开大学哲学系七三级工农兵学员共同编写的《〈国家与革命〉浅说》。

1975年,三三〇工程局工人理论小组和武汉大学政治经济系七二级工农兵学员共同编写并出版了《〈国家与革命〉解说》。

1975年,人民出版社出版了《〈国家与革命〉学习参考纲要》编写小组编写的《〈国家与革命〉学习参考纲要》。

1975年,四川人民出版社出版了中共四川省委读书班编写的《〈国家与革命〉简介和注解》(试用本)。

1976年,黑龙江人民出版社出版了黑龙江大学哲学系和国营佳木斯造纸厂《〈国家与革命〉初释》编写组编写的《〈国家与革命〉初释》。

1976年,吉林造纸厂工人理论组和吉林师范大学政治教育系共同编写并出版了《学习〈国家与革命〉参考材料》。

1976年,天津人民出版社出版了天津师范学院政史系编写的《〈国家与革命〉学习札记》。

1976年,上海人民出版社出版了《〈国家与革命〉浅说》编写组编写的《〈国家与革命〉浅说》。

1977年,中央党校科学社会主义教研室资料组编写并出版了《〈国家与革命〉注释》。

1978年，中央党校科学社会主义教研室编写并出版了《学习〈国家与革命〉参考资料》。

1978年，广西师范学院政治系编写并出版了《〈国家与革命〉学习辅导材料》。

不过，在1980年之后，国内关于《国家与革命》的介绍性著作或研究著作，依笔者所查，只有以下三种：

1980年4月，江苏人民出版社出版的、严宪宣编写的《〈国家与革命〉内容简介》。

2001年，中国少年儿童出版社出版的、金海玉编著的《列宁与〈国家与革命〉》。

2013年6月，人民出版社出版的、何萍的研究专著《在社会主义入口处——重读列宁〈国家与革命〉》。

由此可见，绝大部分关于《国家与革命》的研究著作或介绍性图书是出版于改革开放之前。另外，1955年至2015年收录进"中国知网"并在篇名中提到列宁《国家与革命》一书的中国学者的研究文献共计60篇①，其中，著名法学家、教育家李光灿先生在《法学研究》

---

① [1] 李光灿：《学习列宁的国家学说——介绍列宁著〈国家与革命〉一书》，载《法学研究》1955年第2期。[2] 平林：《读列宁的〈国家与革命〉》，载《读书月报》1957年第10期。[3]《〈国家与革命〉学习提纲》，载《读书月报》1957年第10期。[4] 武经犟：《关于社会主义社会的过渡性质问题——学习列宁的〈国家与革命〉一书的笔记之一》，载《武汉大学人文科学学报》1960年第4期。[5] 黄安淼：《〈国家与革命〉——无产阶级革命的锐利思想武器》，载《前线》1963年第7期。[6] 郑治学：《列宁著〈国家与革命〉简介》，载《文史哲》1964年第2期。[7] 贾英凡：《从资本主义到共产主义的整个过渡时期始终需要无产阶级专政——学习〈国家与革命〉的笔记》，载《前线》1964年第15期。[8] 裴家勤：《列宁〈国家与革命〉一书的写作提纲》，载《教学与研究》1964年第3期。[9] 包玉琴：《攻击无产阶级专政就是要复辟资本主义——学习〈国家与革命〉的体会》，载《中央民族学院学报》1974年第1期。[10] 哲军：《必须加强无产阶级对资产阶级的专政——读〈国家与革命〉》，载《历史研究》1975年第1期。[11] 叶冬生：《进军号——读〈国家与革命〉有感》，载《广西师范大学学报（哲学社会科学版）》1975年第6期。[12] 青海民族学院政教系76（1）班理论小组：《阶级斗争必然导致无产阶级专政——学习〈国家与革命〉的一点体会》，载《青海民族学院学报》1975年第1期。[13] 工青：《要在无产阶级专政下限制资

第二部分 研究状况

（续前注）

阶级法权——学习〈国家与革命〉第五章一点体会》，载《中央民族学院学报》1975年第2期。[14] 郑志：《〈国家与革命〉第五章简介》，载《文史哲》1975年第2期。[15]《必须加强无产阶级对资产阶级的专政——学习〈国家与革命〉的一点体会》，载《江苏师院学报》1975年第1期。[16] 丁恒、李传才：《谈无产阶级专政的必要性——学习〈国家与革命〉的一点体会》，载《江苏师院学报》1975年第1期。[17] 萧畔：《党的干部要永远做"社会公仆"——学习〈国家与革命〉的一点体会》，载《辽宁大学学报（哲学社会科学版）》1975年第2期。[18]《〈国家与革命〉第五章浅介》，载《南京师大学报（社会科学版）》1975年第1期。[19] 孙秉敏：《学习〈国家与革命〉彻底批判投降派》，载《破与立》1975年第5期。[20] 张金明：《批判投降主义路线的锐利武器——学习〈国家与革命〉的一点体会》，载《徐州师范学院学报》1975年第1期。[21] 郑克：《加强对资产阶级的全面专政——读〈国家与革命〉》，载《吉林师范大学学报》1975年第2期。[22]《列宁〈国家与革命〉、〈无产阶级革命和叛徒考茨基〉、〈共产主义运动中的"左派"幼稚病〉成书的历史背景和内容简介》，载《西北师范大学学报（社会科学版）》1975年第4期。[23]《〈国家与革命〉两段译文的重要修改》，载《出版工作》1978年第7期。[24] 张慕良：《社会主义阶段阶级消灭国家衰亡问题——读〈国家与革命〉》，载《教学与研究》1979年第2期。[25] 邹积贵：《〈国家与革命〉若干问题试解》，载《湘潭大学学报（哲学社会科学版）》1980年第3期。[26] 王洛林：《关于国家所有制和国家的经济职能——学习〈国家与革命〉第五章笔记》，载《中国经济问题》1984年第3期。[27] 赵生杰：《无产阶级专政的光辉文献——学习〈国家与革命〉第三章的体会》，载《商洛师专学报》1988年第00期。[28] 叶卫平：《评西方"列宁学"的国家与革命研究》，载《社会主义研究》1991年第2期。[29] 胡敦伟：《〈国家与革命〉译文商榷》，载《东北师范大学学报》1991年第6期。[30] 苏学范：《列宁的〈国家与革命〉——研究议会的经典著作》，载《人大研究》1992年第2期。[31] 陈哲：《坚持人民民主专政不动摇——重温列宁〈国家与革命〉》，载《咸宁师专学报》1992年第4期。[32] 周良佐：《试论〈国家与革命〉的逻辑结构》，载《郧阳师专学报》1992年第4期。[33] 黄亮宜：《现阶段国家的必要职能之一：保卫"资产阶级权利"——重读〈国家与革命〉有感》，载《马克思主义与现实》1993年第2期。[34] 陈方怡：《毛泽东与〈国家与革命〉》，载《上海党史研究》1997年第6期。[35] 文勇、黄思开：《社会主义民主高于资本主义民主——学习列宁〈国家与革命〉一书的体会》，载《广西师范大学学报（哲学社会科学版）》1998年第3期。[36] 李晓光：《英国学者唐森评坡兰对列宁〈国家与革命〉的批评》，载《国外理论动态》2000年第4期。[37] 许玲英：《列宁〈国家与革命〉对毛泽东国家政权理论的影响》，载《毛泽东思想研究》2002年第1期。[38] 王天锋：《缔造社会主义国家的巨著——〈国家与革命〉》，载《现代语文》2005年第2期。[39] 张丽明：《中国腐

(续前注)

败根源初探——读列宁〈国家与革命〉的启示》，载《党的建设》2006年第3期。[40] 胡为雄：《〈国家与革命〉的现代解读》，载《新视野》2006年第6期。[41] 吴雄丞：《马克思主义国家学说的经典之作——列宁著〈国家与革命〉研读笔记》，载《高校理论战线》2006年第7期。[42] 吴雄丞：《〈国家与革命〉：对马克思主义国家学说的系统阐发——〈读点马列原著讲座〉之十八》，载《中华魂》2006年第3期。[43] 吴雄丞：《第十六讲〈国家与革命〉：对马克思主义国家学说的系统阐发》，见《认真读点马列原著20讲》2006年版，第14页。[44] 张慕良：《〈国家与革命〉一书的书名应当怎样译》，载《学习时报》2006年5月8日第003版。[45] 赵家祥：《解析"未来共产主义社会的国家制度"——重学〈哥达纲领批判〉和〈国家与革命〉》，载《理论视野》2009年第2期。[46] 周玉：《逻辑和历史的统一：〈国家与革命〉的时代特色——兼论〈国家与革命〉的逻辑力量》，载《西南大学学报（社会科学版）》2009年第4期。[47] 杨沛沛：《从〈国家与革命〉看我国现阶段的分配制度》，载《经营管理者》2009年第21期。[48] 和风：《缔造社会主义国家的巨著——〈国家与革命〉》。载《党员干部之友》2011年第3期。[49] 高中华：《系统阐述马克思主义国家学说的杰作——学习列宁〈国家与革命〉》，载《党建研究》2012年第9期。[50] 田欣：《〈国家与革命〉写作思想研读》，载《改革与开放》2013年4期。[51] 何萍：《近30年来中国人眼中的〈国家与革命〉》，载《北大马克思主义研究》2013年版。[52] 何火萍：《批判与反思：雅克·泰克西埃视域中的〈国家与革命〉》，载《当代世界与社会主义》2014年第3期。[53] 肖灵：《列宁关于社会主义国家的建设理论——列宁〈国家与革命〉研读笔记》，载《法制与社会》2014年第17期。[54] 陈绍义：《无产阶级国家理论的经典之作——〈国家与革命〉》，载《奋斗》2014年第8期。[55] 倪红燕：《列宁对马克思主义国家与革命学说的系统阐述》，载《政工学刊》2014年第11期。[56] 殷豆豆：《浅谈高校腐败现象成因及对策——读列宁〈国家与革命〉的启示》，载《现代企业教育》2015年第2期。[57] 李洋、屈思渊：《从对〈国家与革命〉的理解谈社会主义制度信仰》，载《传承》2015年第5期。[58] 何建华、高华梓：《沈雁冰和〈国家与革命〉的首次汉译——基于早期马列主义传播特点的分析》，载《马克思主义研究》2015年第9期。[59] 刘玥：《〈国家与革命〉的历史地位及现实指导意义》，载《传承》2015年第10期。[60] 陈长凤：《论列宁〈国家与革命〉体现的新型民主思想》，载《赤峰学院学报（汉文哲学社会科学版）》2015年第11期。

(当时叫《政法研究》)①1955年第2期上发表的《学习列宁的国家学说——介绍列宁著〈国家与革命〉一书》一文,是一篇较早的、具有革命时代特征的代表性文章,对《国家与革命》一书的介绍很通俗、全面,也很准确。李光灿在文中指出,"列宁的国家学说,是马克思列宁主义中极其重要的部分"、"列宁的《国家与革命》,与马克思和恩格斯合著的《共产党宣言》、马克思的《哥达纲领批判》、恩格斯的《家庭、私有制和国家的起源》,同是马克思主义国家学说的卓越的经典著作,是我们学习和研究马克思列宁主义关于国家基本问题理论的指南"②。李光灿认为,该书对于俄国革命和世界革命在实际政治上的指导无产阶级革命斗争,具有非常重大的意义,"在理论上的意义同样是特别重大的"③,它"不仅恢复了马克思和恩格斯关于国家学说被机会主义者作了曲解和庸俗化的部分,而且在关于无产阶级专政的国家形式问题上,还有无产阶级专政是工人阶级领导下的工农联盟问题上,关于无产阶级民主制是阶级社会内最高类型的民主制问题上,给马克思主义国家学说作了新的天才地发展。列宁的国家学说是马克思主义发展中的新阶段"④。在该书中,"列宁从原则上把国家分成意义不同的两大类:无产阶级国家和一切剥削阶级国家。这两类国家的根本不同点就是:无产阶级国家是绝对多数劳动者镇压少数剥削者的工具,是消灭剥削和阶级、建设社会主义和共产主义的工具;一切剥削阶级国家是少数剥削者镇压绝大多数劳动者的工具,是保存和巩固这种或那种剥削制度的工具。列宁教导说:对待资产阶级的国家,必须用强力革命来消灭,用无产阶级革命来消灭,而不能'自行消亡';对待无产阶级的国家,必然是'自行消亡',而不能用强力来消灭。照列宁的说法,这就是马克思

---

① 《法学研究》由中国社会科学院主管、中国社会科学院法学研究所主办,《法学研究》编辑部编辑,《法学研究》杂志社出版,1979年复刊。前身是中国政法学会1953年创刊、1957年停办的《政法研究》。

② 李光灿:《学习列宁的国家学说——介绍列宁著〈国家与革命〉一书》,载《法学研究》1955年第2期,第1页。

③ 同上。

④ 同上。

和恩格斯全部学说的基础。恰恰在这个根本问题上,无政府主义者否认无产阶级需要国家,而把无产阶级国家和资产阶级国家的原则区别混淆不清,于是他们的主张是:通通用强力来消灭。第二国际机会主义者否认用强力革命来消灭资产阶级的国家,而有意识地把无产阶级国家和资产阶级国家的原则区别混淆不清,于是他们的主张是:对待资产阶级国家是使它自行消亡,使它和平转让给无产阶级,从而就取消了无产阶级革命与专政,取消了无产阶级国家"。①

在对待国家机器的态度问题上,李光灿指出,"作为保障生产资料的私人占有这一内部条件的外部条件——国家机器,是同剥削制度基本相适应的,因此,资产阶级需要基本上保存封建国家机器,不过只是在旧的基础上加以改良和完善,以适应资本主义的统治而已。无产阶级对资产阶级国家机器的态度则完全相反,他们的任务是破坏、打碎这个镇压劳动人民的国家机器,即采取革命的态度。因为在消灭一切剥削制、消灭阶级这一根本问题上是不同的(而一切剥削者统治阶级都要保存和巩固剥削制),因此,作为保障生产资料的私人占有这一内部条件的外部条件——国家机器,是同消灭剥削制建设社会主义和共产主义社会的无产阶级的总要求根本相反的。因此,无产阶级必须从根本上破坏资产阶级国家机器,重新建立不是为剥削阶级服务而是镇压和消灭剥削阶级的新的无产阶级国家机器,以适应无产阶级的统治,达到它走向消灭阶级、实现共产主义的目的。这就是无产阶级革命为什么必须破坏资产阶级国家机器的根本道理"。②

李光灿认为,"在粉碎各种机会主义的胜利斗争中,列宁最明确最坚定地肯定了无产阶级在革命中不能简单夺取'现成的国家机器',而必须打碎它。并且根据这一唯一正确的马克思主义原理,指导了俄国十月社会主义革命走向胜利";"马克思列宁主义关于革命必须破坏资产阶级的国家机器的这一真理是放之四海而皆准的革命的科学,它被中国

---

① 李光灿:《学习列宁的国家学说——介绍列宁著〈国家与革命〉一书》,载《法学研究》1955年第2期,第2—3页。
② 同上,第3页。

共产党运用在二十世纪的二十—五十年代的半封建半殖民地社会的中国环境中来,是在另一种新的条件下证实了它的绝对正确性"①。

关于无产阶级专政,李光灿指出,"无产阶级专政的学说是马克思列宁主义中的主要点"②,"列宁在《国家与革命》一书中,根据了马克思和恩格斯关于无产阶级专政的基本思想,具体阐明了无产阶级专政的必要和实质,用新的革命经验发展和丰富了这个原理"、"这些重要的创造性地发展,主要表现在:第一,进一步阐发了关于无产阶级专政的性质……就是无产阶级革命的工具、无产阶级对资产阶级的统治和在无产阶级领导下的工农联盟,就是'不与任何人分掌而直接凭借群众武装力量的政权'。第二,阐发了关于无产阶级先锋队即无产阶级政党是无产阶级专政的领导力量的思想。无产阶级专政无产阶级的国家必须要有党的领导,这是《国家与革命》一书中的基本思想之一……争取无产阶级专政的斗争是同党的领导分不开的。第三,阐明了关于无产阶级专政的基本任务。这些基本任务就是:(一)镇压已被推翻的剥削者的反抗,并巩固自己的胜利;(二)在无产阶级领导下与农民、小资产阶级和半无产阶级建立联盟,并且巩固无产阶级同这些群众的联盟,吸收这些群众来参加社会主义建设事业,保证无产阶级对这些群众实行国家领导;(三)利用无产阶级政权来组织社会主义制度……事实证明,列宁的这些创造性地发展了的关于无产阶级专政的理论,对于俄国十月社会主义革命的胜利和世界革命的开展,都有伟大的指导意义和作用"。③

关于无产阶级的国家形式问题,李光灿认为,这"是马克思列宁主义关于无产阶级革命与无产阶级专政学说最后要回答的问题,也是具体解决无产阶级专政究竟采用什么国家形式来实现由资本主义到共产主义过渡的历史任务的问题。因而它是马克思列宁主义整个学说中的重要组成部分。列宁在《国家与革命》中指出了,从资本主义到共产主义的

---

① 李光灿:《学习列宁的国家学说——介绍列宁著〈国家与革命〉一书》,载《法学研究》1955年第2期,第3页。

② 同上。

③ 同上,第4页。

过渡时期中将建立无产阶级专政的苏维埃形式和其他各种不同的国家形式问题,就使得马克思主义关于国家与无产阶级专政的学说得到了划时代的发展"①。"在俄国1905年、1917年2月两次革命和建立起苏维埃政权的时期,列宁在帝国主义与无产阶级革命时代的新的历史情况下,以天才的智慧发现了苏维埃是无产阶级国家的新形式,他根据了俄国两次革命的新经验系统地研究了'巴黎公社',将1917年的苏维埃和1905年的苏维埃及巴黎公社之间建立了历史的联系,并从中发现了无产阶级专政。苏维埃是在新的历史情况下产生的比巴黎公社更高的更完备的一种无产阶级的国家形式。在此问题上列宁不仅粉碎了第二国际机会主义对马克思国家学说的曲解,而且否定了以前的马克思主义者所保持的旧原理,肯定了无产阶级最好的国家形式不是国会制的民主共和国,而是工农代表苏维埃共和国,形成了马克思列宁主义关于无产阶级国家形式的系统的、完整的理论。列宁关于苏维埃共和国是从资本主义到共产主义的过渡时期最适宜的国家形式的发现,是对马克思主义国家学说的极宝贵的贡献。自从苏维埃政权出现时起,资产阶级民主国会制度的旧时代就完结了;全世界历史的新篇章——无产阶级专政的新时代就开始了"②。总之,"无产阶级国家形式问题的理论,是列宁的国家学说的极重要和极富有创造性的一部分"③。

最后,李光灿认为,"根据列宁的国家学说,就能将无产阶级革命与社会主义和共产主义的建设事业引向正确的道路。按照列宁的国家学说建设起来的苏维埃国家,是建成社会主义和共产主义的强大工具;它给了世界各国的无产阶级政党在进行革命和建设事业上以活的榜样、作了他们的典范。列宁的国家学说,是建成社会主义和共产主义的重要保证,是世界革命和中国革命的行动指南"④。"列宁在《国家与革命》一

---

① 李光灿:《学习列宁的国家学说——介绍列宁著〈国家与革命〉一书》,载《法学研究》1955年第2期,第5页。
② 同上,第5—6页。
③ 同上,第6页。
④ 同上。

书中，光辉地创造和发展了马克思主义关于国家的学说，特别是光辉地创造和发展了无产阶级国家形式的学说，这是对马克思主义关于无产阶级革命与无产阶级专政理论的第二个重大的创造性地发展"①。李光灿认为，列宁的第一个"重大的创造性地发展"、"是在1915年8月所写的《论欧洲联邦口号》一文和1916年秋所写的《无产阶级革命的军事纲领》一文中提出社会主义革命可能首先在少数或单独一个国家内获得胜利的理论"②。

在《国家与革命》一书中，列宁提出了一个重要的理论观点，即从资本主义到共产主义的整个过渡时期始终需要无产阶级专政。1964年，贾英凡在《从资本主义到共产主义的整个过渡时期始终需要无产阶级专政——学习〈国家与革命〉的笔记》一文中对列宁的这个重要观点进行了剖析。贾英凡说："一般革命的根本问题，是国家政权问题；无产阶级革命的根本问题，是无产阶级专政问题。关于无产阶级专政的革命理论，乃是马克思主义国家学说中的最主要的部分，是全部马克思主义的精髓和灵魂，从而也就成为一切机会主义者在攻击马克思主义时所选择的主要目标。因此，在《国家与革命》一书中，列宁把研究和阐述的中心，把同机会主义者论战的主要精力，自然地放在无产阶级专政的问题上。"③ "马克思主义者同机会主义者在无产阶级专政问题上争论的焦点是：在推翻了剥削阶级的统治以后，在过渡时期中，无产阶级专政是否必要？两者从不同的立场和观点出发，得出了完全相反的结论。"④ 接着，贾英凡从三个方面进行了分析：首先，"承认不承认过渡时期中无产阶级专政的必要性，是同承认不承认过渡时期中阶级斗争的

---

① 李光灿：《学习列宁的国家学说——介绍列宁著〈国家与革命〉一书》，载《法学研究》1955年第2期，第7页。
② 同上，第6页。
③ 贾英凡：《从资本主义到共产主义的整个过渡时期始终需要无产阶级专政——学习〈国家与革命〉的笔记》，载《前线》1964年第15期，第5页。
④ 同上。

必然性密切相关的"①；其次，"从资本主义到共产主义的过渡时期之所以始终需要无产阶级专政，需要国家政权，需要集中的权力组织，不仅是为了镇压剥削者的反抗，消灭剥削阶级，而且也是为了'领导广大民众即农民、小资产阶级和半无产阶级来"组织"社会主义经济'"②；再次，"从资本主义到共产主义的整个过渡时期中，无产阶级专政之所以必要，还由于这个时期存在着'资产阶级的法权'"③。因此，无产阶级专政所肩负着重大的历史任务，要求它在从资本主义过渡到共产主义的整个历史时期必须始终存在，这些任务包括如何解决所有制和意识形态的问题，如何对经济和人进行改造的问题，如何处理敌我之间以及人民内部的矛盾问题等。

20 世纪 80 年代以来，围绕中国改革开放中提出的经济发展和民主制度建设等问题，国内学者逐渐淡出了对列宁革命思想的研究，转而研究列宁的社会主义建设思想。20 世纪 90 年代中期以来，国内学者对《国家与革命》的研究主要体现在一些列宁思想的专题性研究著作中④。在这些著作中，学者们把列宁的政治思想与经济思想、革命思想与社会主义建设思想结合起来进行探讨和研究，阐发了列宁的国家和革命理论在社会主义建设领域中的意义、价值和作用。例如，吕世伦教授在其主编的《列宁法律思想史》一书中指出，列宁的《国家与革命》一书

---

① 贾英凡：《从资本主义到共产主义的整个过渡时期始终需要无产阶级专政——学习〈国家与革命〉的笔记》，载《前线》1964 年第 15 期，第 5 页。
② 同上，第 6 页。
③ 同上。
④ 如吕世伦主编的《列宁法律思想史》、龚廷泰的《列宁法律思想研究》、王建国的《列宁司法思想研究》、王进芬的《列宁共产党执政思想研究》、杨会春的《列宁经济思想新探》、邢广程主编的《列宁对社会主义的探索》、宋才发的《列宁社会主义建设思想研究》、俞良早的《列宁主义研究》《列宁后期思想探要》《邓小平理论与列宁后期思想》《东方视域中的列宁学说》、徐博涵的《一份珍贵的理论遗产——列宁晚期思想研究》、郭华甫的《列宁苏维埃政权建设与当代中国》、彭大成的《从列宁到邓小平的伟大探索》、胡瑾的《从列宁到邓小平》、马绍孟等主编的《列宁哲学的理论和实践》、张翼星、贺翠香、陈岸瑛合著的《读懂列宁》、韦定广的《后革命时代的文化主题——列宁文化思想研究》、季正矩的《列宁传》等。

"包涵着第一个社会主义国家的政权建设和法制建设的新经验"①，对于我国社会主义民主法治建设具有重要的指导意义。这些论述把无产阶级革命放在了社会主义民主法制建设的框架中，把依法治国和社会主义民主建设作为研读的重点，逐渐形成了《国家与革命》一书的第二种研读模式（国家—建设—民主）。正如何萍在《近30年来中国人眼中的〈国家与革命〉》一文中指出，"近30年来，《国家与革命》在中国经历了一个由热而冷，再由冷而思的过程。这一过程以20世纪90年代中期为界，分为两个阶段：从20世纪80年代到90年代中期为第一个阶段，这是《国家与革命》在中国由热而冷的阶段；自20世纪90年代中期开始到现在为第二个阶段，这是《国家与革命》在中国由冷而思的阶段"，"这两个阶段的形成和特点是由两个原因造成的：一个原因是中国学者研究中国改革的问题发生了变化，即从革命问题到社会主义经济建设问题，再到政治和意识形态问题的变化；另一个原因是中国学者解读《国家与革命》的哲学观念发生了变化，即从革命—国家解读模式到国家—法治解读模式，再到革命—国家—法治的总体性解读模式的观念变化"②。

1980年，邹积贵在《〈国家与革命〉若干问题试解》一文中对列宁在《国家与革命》一书中提出的一系列新概念，如"半国家""非政治国家"，以及"没有资产阶级的资产阶级国家"等进行了解读，并就"如何正确理解暴力革命是无产阶级革命的一般规律？""无产阶级专政应该采取什么样的政体？怎样理解恩格斯在《爱尔福特纲领草案批判》中的一段话？"等问题进行了明确回答，这篇理论文章具有较高的学术价值。

关于"半国家"，邹积贵说："半国家，即无产阶级专政国家，是从资本主义社会到社会主义社会过渡时期的国家。半国家，是列宁在引

---

① 吕世伦主编，李用兵、巩献田副主编：《列宁法律思想史》，北京：法律出版社2000年版，第54页。
② 何萍：《近30年来中国人眼中的〈国家与革命〉》，载《北大马克思主义研究》，2013年总第3辑，第125页。

述和发挥恩格斯关于国家'自行消亡'思想时明确提出来的一个科学论断。列宁在批判第二国际修正主义时指出，无产阶级应该通过革命摧毁资产阶级官僚军事国家机器，用'公社'，用新的'半国家'代替它（《马克思主义论国家》第2页）。他还说：在无产阶级革命以后，'自行消亡的是无产阶级的国家或半国家。'（第7页。凡只注明页码的引文，均引自《国家与革命》）列宁关于'半国家'的论断，深刻地揭示了无产阶级专政国家的本质特征、发展趋向和消亡规律，意义极其深远。""要理解列宁关于半国家的科学论断，首先要正确理解国家即本来意义上的国家的涵义。简言之，国家是阶级矛盾不可调和的产物和表现，它拥有特殊的武装队伍，监狱等等，是经济上占统治地位的阶级镇压和剥削被压迫阶级的工具。这种国家，便是本来意义上的国家，为了同'半国家'对称，我们可以把它称为'整国家'。""在资本主义下是本来意义上的国家，即一个阶级镇压另一个阶级、少数人镇压多数人的特殊机器。因此，必须经过无产阶级的革命斗争，摧毁资产阶级的国家机器，用无产阶级专政取代资产阶级专政。因为在由资本主义向社会主义过渡的时候镇压还是必需的，实行镇压的特殊机器即国家还是必需的。这便是无产阶级专政国家同旧国家相似的地方，根据这种相似，我们可以把前者和后者都称为国家。""但是，无产阶级专政国家同一切剥削阶级国家根本不同，第一，它是劳动者多数对剥削者少数实行镇压的'特殊力量'，是新型民主和新型专政的国家，所以它已经不是本来意义上的国家，而是'消灭了作为国家的国家'；第二，它是由资本主义向社会主义革命转变时期的国家，是由阶级社会向无阶级社会发展时期的国家，是从国家到非国家的过渡即过渡性质的国家；第三，它是逐渐消亡的国家，'即组织得能立刻开始消亡而且不能不消亡的国家'（第22页），因为它是劳动者多数亲自镇压压迫过自己的人，所以实行镇压的'特殊力量'也就逐渐不需要了，它也就在这个意义上开始'自行消亡'。正是根据这些不同点，列宁把'自行消亡'的无产阶级专政国家称之为'半国家'。"①

关于"非政治国家",邹积贵说:"'非政治国家',即马克思在《哥达纲领批判》中提出的'未来共产主义社会的国家制度',或列宁所说的'没有资产阶级的资产阶级国家'(第88页),也就是国家消亡过程中处于社会主义社会阶段的国家。这种国家的主要职能,不再是对阶级的强力统治,而是迫使人们遵守一定的法权规范并为社会劳动。所以它不再是政治国家,而变成了非政治国家;不仅不可能具有本来意义上的政治国家的属性,而且也不具有无产阶级政治国家的属性。""无产阶级政治国家和社会主义社会的非政治国家,是国家'自行消亡'过程中的两个不同发展阶段上的性质不同的国家。前者是由阶级社会向无阶级社会过渡时期的国家,是随着阶级的消灭而消亡的;后者是消灭了阶级的共产主义社会第一阶段的国家,是国家的残余,它消亡的基础是共产主义的高度发展,是生产力的蓬勃发展以及与生产力这种发展相适应的思想、文化的巨大进步。'到那时候,从共产主义社会的第一阶段过渡到它的高级阶段的大门就会敞开,国家也就会完全消亡了。'"②

1993年,黄亮宜在《现阶段国家的必要职能之一:保卫"资产阶级权利"——重读〈国家与革命〉有感》一文中指出,"列宁在《国家与革命》一书中提出了一个重要观点:在社会主义阶段还需要有国家,还要用它来保卫在消费品分配方面存在的资产阶级权利(旧译'资产阶级法权')。他在为撰写本书而作准备的《马克思主义论国家》这一读书笔记(以下简称'笔记')中讲到上述问题时,曾着重指出:'注意这一点!!'(《列宁全集》第2版第31卷第164页,以下本卷引文只注明页码。)对我国理论界来说,有关资产阶级权利的问题,长期以来是一个颇为敏感、众说不一的问题。十年动乱期间,曾经在限制资产阶级权利的口号下,对它口诛笔伐。十一届三中全会以来的一段时间内,大概由于资产阶级权利姓'资'的缘故,一些同志对它忌而不谈,乃

---

① 邹积贵:《〈国家与革命〉若干问题试解》,载《湘潭大学学报(哲学社会科学版)》1980年第3期,第71页。

② 同上,第74页。

至望而生畏。列宁关于社会主义国家还要保卫事实上存在的资产阶级权利的论断，更是很少被人提及。笔者近来重读了《国家与革命》一书，深深感到列宁的上述论断虽然是在70多年前作出的，但其重要意义却并未因为时光的磨洗而稍减，至今仍可为我们探析社会主义国家职能问题提供某种理论支撑。从当前改革、开放和经济建设的实际需要出发，认真领会列宁的上述论断，并根据我国的国情加以阐发，将有助于扩拓和深化对现阶段国家职能的认识，丰富建设有中国特色社会主义的理论"①。

2006年，胡为雄在《〈国家与革命〉的现代解读》一文中指出，列宁既是一个暴力论者，又是一个非暴力论者。无论是在理论上，还是"在实践上，革命家列宁并未把暴力革命作为最佳或惟一的选择，盼望革命的和平发展，同时也是他的一大心愿"②。"作为革命家的列宁具有博爱心怀：若能达到革命目的，在采用流血与不流血的手段之间，他首选的是后者"③。而且，"列宁在强调国家的暴力作用的同时，也强调了国家政权职能的分化，强调了国家的经济职能"④。因此，"在终极意义上说，革命家列宁是个反暴力论者"⑤。"放眼未来，共产主义社会的到来可能仍然需要革命。这种革命或不再伴有暴力或暴力成分很少，但它毕竟是一场伴随经济基础变革的和平式政治革命。这正是《国家与革命》的现代意义所在"⑥。

2009年，赵家祥在《解析"未来共产主义社会的国家制度"——重学〈哥达纲领批判〉和〈国家与革命〉》一文中指出，在《哥达纲领批判》中，马克思把无产阶级夺取政权以后的社会发展划分了三个阶段：一是社会主义社会的过渡时期，即从资本主义社会到共产主义社会

---

① 黄亮宜：《现阶段国家的必要职能之一：保卫"资产阶级权利"——重读〈国家与革命〉有感》，载《马克思主义与现实》1993年第2期，第70—71页。
② 胡为雄：《〈国家与革命〉的现代解读》，载《新视野》2006年第6期，第8页。
③ 同上，第9页。
④ 同上。
⑤ 同上。
⑥ 同上，第10页。

的低级阶段；二是社会主义社会，即共产主义社会的低级阶段；三是共产主义社会的高级阶段。这三个阶段的国家制度分别是：无产阶级革命专政；未来共产主义社会的国家制度；国家的完全消亡。但是，"在相当长的一段时间内，我国学术理论界相当多的人把马克思所说的'未来共产主义社会的国家制度'理解为'无产阶级的革命专政'。这种理解不符合马克思的原意"①，产生这种误解的原因是人们对过渡时期作了错误的理解。赵家祥认为，马克思所说的过渡时期，既不是所谓把社会主义社会也包括在过渡时期之中的"大过渡"②，也不是所谓根据我国的具体情况提出来的、从1949年中华人民共和国成立到1956年社会主义改造基本完成这一段时间的"小过渡"③，而是从无产阶级夺取政权到进入马克思、恩格斯设想的发达的社会主义社会这段时间的"中过渡"④。"列宁不愧为马克思主义的继承者和发展者，他对马克思主义国家观的理解可以说是精辟入微、准确无误。在马克思主义发展史上，列宁是唯一正确理解了马克思在《哥达纲领批判》中所讲的'未来共产主义社会的国家制度'所处的发展阶段及其与'无产阶级的革命专政'之间的关系的革命家兼理论家"⑤。

也有学者认为，列宁的无产阶级专政和国家理论是对马克思和恩格斯关于无产阶级专政和国家理论的修改。例如，李惠斌在《走出苏联模式之后的中国道路——"中国模式"的文本学建构》一文中指出，列宁在《国家与革命》中把马克思和恩格斯关于无产阶级专政和国家理论作了两个重大修改："一是把无产阶级专政等同于无产阶级国家；二是把国家的存在时间无限期地推后"⑥，结果，作为废物和祸害的国家

---

① 赵家祥：《解析"未来共产主义社会的国家制度"——重学〈哥达纲领批判〉和〈国家与革命〉》，载《理论新视野》2009年第2期，第10页。
② 同上。
③ 同上，第11页。
④ 同上。
⑤ 同上。
⑥ 李惠斌：《走出苏联模式之后的中国道路——"中国模式"的文本学建构》，载《北京行政学院学报》2011年第3期，第50页。

"又重新被列宁捡了回来,作为无产阶级镇压资产阶级的工具"①,而"'无产阶级的革命专政'的期限就被推迟到了共产主义的高级阶段",也就是"把国家的消亡时间推迟到了共产主义的高级阶段"②。

李惠斌说:"当列宁考虑他们所从事的无产阶级革命的目标时,他首先想到的是研究国家问题。但是,面对这个问题,他在马克思和恩格斯那里却遇到了难题。因为马克思和恩格斯并不主张有什么无产阶级国家。"③"国家是阶级镇压的机器,是一个祸害,而无产阶级专政不是。不仅如此,无产阶级获胜后要'同公社一样','尽量立刻除去这个祸害的最坏方面',直到新的一代'把这国家废物全部抛掉'。在这里,无产阶级专政是公社的原则,它的内容是尽量立刻除去国家这个祸害的最坏方面,以致把这国家废物全部抛掉。""实际上,马克思和恩格斯在这里都谈到了一个现代国家的转型问题,不过他们用的是国家消亡的概念,而不是国家转型这个现代概念。国家从传统的阶级镇压的工具转变为服务型政府,即恩格斯讲的从对人的统治转向对物的管理和对生产过程的领导为基本内容的国家转型理论。"④但是,"列宁在《国家与革命》一文中对于马克思和恩格斯的无产阶级专政和国家理论进行了两个重大修改:一是把无产阶级专政等同于无产阶级国家;二是把国家的存在时间无限期地推后。"⑤"马克思在《哥达纲领批判》中提到了一个重要的概念,即'无产阶级的革命专政'。马克思写道:'在资本主义社会和共产主义社会之间,有一个从前者变为后者的革命转变时期。同这个时期相适应的也有一个政治上的过渡时期,这个时期的国家只能是无产阶级的革命专政。'列宁引用了这句话,并且充分地利用了和发挥了

---

① 李惠斌:《走出苏联模式之后的中国道路——"中国模式"的文本学建构》,载《北京行政学院学报》2011年第3期,第50页。
② 同上。
③ 同上,第49页。
④ 同上,第50页。
⑤ 同上。

这句话的意义。他在紧接下来的论述中直接地和明确地把马克思这里作为国家来表述的'无产阶级的革命专政'转换成了作为巴黎公社原则的'无产阶级专政'。他写道:'无产阶级专政,即被压迫者先锋队组织成为统治阶级来镇压压迫者,不能只是仅仅扩大民主。除了把民主制度大规模地扩大,使它第一次成为穷人的、人民的而不是富人的民主制度之外,无产阶级专政还要对压迫者、剥削者、资本家采取一系列剥夺自由的措施。为了使人类从雇佣奴隶制下面解放出来,我们必须镇压这些人,必须用强力粉碎他们的反抗,——显然,凡是实行镇压和使用暴力的地方,也就没有自由,没有民主。'①"从这段引文我们可以看到,列宁在这里显然是把无产阶级专政同无产阶级国家做了等同。恩格斯关于国家的定义在这里用在了无产阶级专政的范畴上面。我们如果把上面引用的恩格斯的话与这句话对照看,就会发现,恩格斯上面讲的'国家废物'和'祸害'又重新被列宁捡了回来,作为无产阶级镇压资产阶级的工具。"②"不仅如此,列宁还把国家的消亡时间推迟到了共产主义的高级阶段。列宁写道:'要使国家消亡,必须有完全的共产主义。''国家完全消亡的经济基础就是共产主义的高级阶段,那时脑力劳动与体力劳动已经消失,因而现代社会不平等的最重要的根源之一也就消失,而这个根源光靠把生产资料转为公有财产,光靠剥夺资本家,是决不能立即消除的'。这样,马克思讲的从资本主义社会向社会主义社会过渡时期的'无产阶级的革命专政'的期限就被推迟到了共产主义的高级阶段。或者换句话说,马克思和恩格斯讲的'国家消亡'的时间实际上是被无限期地推迟了。"③

李惠斌认为,"我们知道,马克思在《哥达纲领批判》一文中讲了

---

① 李惠斌:《走出苏联模式之后的中国道路——"中国模式"的文本学建构》,载《北京行政学院学报》2011年第3期,第50页。
② 同上。
③ 同上。

社会主义或共产主义①的分期问题，指出社会主义可以分为两个阶段，即社会主义的初级阶段（或第一阶段）和社会主义的高级阶段，与社会主义初级阶段相对应的是等量劳动获得等量报酬的按劳分配原则，而与社会主义高级阶段相对应的则是'各尽所能，按需分配'。与此同时，马克思还提出了一个过渡时期理论，即认为'在资本主义社会和社会主义社会之间，有一个从前者变为后者的革命转变时期。同这个时期相适应的也有一个政治上的过渡时期，这个时期的国家只能是无产阶级的革命专政'。这就是说，马克思在这里是讲了三个阶段，即（一）资本主义社会向社会主义社会的过渡阶段；（二）社会主义社会的初级阶段；（三）社会主义社会的高级阶段。马克思讲的'无产阶级的革命专政'是指在过渡阶段的革命措施，而列宁则把这个革命措施进一步推延到了整个初级阶段。今天，由于我们明显地意识到了社会主义初级阶段的阶级结构变化情况和初级阶段的长期性，所以列宁这个修改的不准确性已经完全被历史所证明。中国在社会主义改造和向社会主义过渡完成之后，曾经依然坚持无产阶级对于资产阶级的斗争和镇压的政策，以致出现了这样的情况，当我们在现实中已经找不到可镇压的资产阶级之后竟然转向思想领域中寻找资产阶级，后来则进一步提出'无产阶级专政下继续革命'的思想和策略。"②"这种不正确地修改也成了中国建国以来基本的立法依据。1954年9月20日第一届全国人民代表大会第一次

---

① "社会主义"和"共产主义"在马克思恩格斯的写作中一般而言是两个通用的词汇。两人早期选择使用"共产主义"这个概念来表述他们的理论和为之奋斗的理想社会。例如《共产党宣言》而不是写成《社会主义者宣言》，并且在其中用了很大的篇幅对于各种社会主义思想进行了批判。但是，自从1864年成立国际工人协会以后，"共产主义"这个概念便更多地被"社会主义"一词所取代。恩格斯在1894年2月13日致卡尔·考茨基的信中说："'共产主义'一词我认为当前不宜普遍使用，最好留到必须更确切地表达时才用它。即使到那时也需要加以注释，因为实际上它已经三十年不曾使用了。"从1864年到1894年，时间正好过了30年。虽然马克思的《哥达纲领批判》写于1875年，其中使用的是共产主义，而不是社会主义。但是这篇著作其间并没有发表，不会影响恩格斯说这个话的逻辑一致性。恩格斯1880年发表了《社会主义从空想到科学的发展》，这就更确立了他们用"社会主义"表述取代"共产主义"表述的语用习惯。——作者原注

② 李惠斌：《走出苏联模式之后的中国道路——"中国模式"的文本学建构》，载《北京行政学院学报》2011年第3期，第51页。

会议通过的《中华人民共和国宪法》总纲第一条规定'中华人民共和国是工人阶级领导的、以工农联盟为基础的人民民主国家'。可是 1975 年 1 月 17 日第四届全国人民代表大会第一次会议通过的《中华人民共和国宪法》总纲第一条规定则修改为：'中华人民共和国是工人阶级领导的以工农联盟为基础的无产阶级专政的社会主义国家。'同时强调要坚持'无产阶级专政下的继续革命'和'继续开展阶级斗争'，强调'无产阶级必须在上层建筑其中包括各个文化领域对资产阶级实行全面专政'（1978 年取消了这些内容）。这些上升为法律思想的国家理论显然是继承了列宁修改马克思之后的思想。其对中国社会主义事业的破坏作用显而易见。1982 年 12 月 4 日第五届全国人民代表大会第五次会议通过的《中华人民共和国宪法》总纲第一条规定对此作了一定的修订，修订为：'中华人民共和国是工人阶级领导的、以工农联盟为基础的人民民主专政的社会主义国家。'但是，彭真在 1982 年 11 月 26 日第五届全国人民代表大会第五次会议上所作的《关于中华人民共和国宪法修改草案的报告》中指出：'我国的人民民主专政实质上就是无产阶级专政。'在这里，不论是人民民主专政还是无产阶级专政，都是上升为国体的基本内容。这里依然坚持的是传统的国家形式，依然是恩格斯讲的和要求立刻除去和抛掉的'国家废物'，即依然没有体现出国家转型的基本思想。"改革开放已经进行了三十多年，我们需要重新思考马克思恩格斯在国家转型意义上提出的'无产阶级专政'的概念，放弃以阶级镇压和'对人的管理'为主要内容的传统国家理论，并在这个基础上对我国的立法思想和立法理念进行全面的研究和清理。在这个问题上，回到马克思依然是我们今天研究这个问题的新的出发点。"①

革命和无产阶级专政的问题，近年来再次成了国内学术界讨论的一个热门话题，人们又开始重读和研究列宁《国家与革命》一书，"回到列宁"的声音又一次在人们耳畔响起。

---

① 李惠斌：《走出苏联模式之后的中国道路——"中国模式"的文本学建构》，载《北京行政学院学报》2011 年第 3 期，第 51 页。

第三部分　当代解读

第五章 《国家与革命》的结构和主要内容

《国家与革命》一书的副标题是"马克思主义关于国家的学说与无产阶级在革命中的任务"。列宁在安排全书结构和各章节的内容时，遵循了国家这一客观事物本身的发展历史，也遵循了马克思和恩格斯研究国家的认识过程，并自觉把客观历史的发展和主观认识的发展统一起来，让人们对科学社会主义创始人的国家观有了一个完整的理解。全书包括两版序言、六章正文和第一版跋，目录如下：

第一版序言

第二版序言

第一章 阶级社会和国家

第二章 国家与革命。1848—1851年的经验

第三章 国家与革命。1871年巴黎公社的经验。马克思的分析

第四章 续前。恩格斯的补充说明

第五章 国家消亡的经济基础

第六章 马克思主义被机会主义者庸俗化

第一版跋

在第一版序言（1917年8月）中，列宁说明了写作这本书的历史背景和目的，我们在本书前面的章节中已经作了介绍。在第二版序言（1918年12月17日于莫斯科）中，列宁说："本版，即第2版，几乎没有变动，仅在第2章中增加了第3节。"[1] 在《国家与革命》的第一

---

[1] 《列宁选集》第3卷，北京：人民出版社2012年版，第111页。

版跋（1917年11月30日于彼得格勒）中，列宁解释了第七章没有完成的原因：

> 这本小册子是在1917年8、9月间写成的。我当时已经拟定了下一章即第7章《1905年和1917年俄国革命的经验》的提纲。但这一章除了题目以外，我连一行字也没有来得及写，因为1917年十月革命前夜的政治危机"妨碍"了我。对于这种"妨碍"，只有高兴。但是本书第2册（《1905年和1917年俄国革命的经验》）看来只好长时间拖下去了；做出"革命的经验"是会比论述"革命的经验"更愉快、更有益的。①

列宁当时拟定了第七章"1905年和1917年俄国革命的经验"的详细提纲和"结束语"的提纲，但最终都没有完成。我们从《〈国家与革命〉一书的提纲和纲要》（1917年7—9月）中发现，列宁很重视第七章的内容，包括对"苏维埃"②的阐释和对"向社会主义过渡的具体过渡形式"③的探讨，用列宁的话说就是："用1917年俄国革命的经验把无产阶级革命的任务具体化？这是必要的！"④不过，这个"具体化"的任务历史地落实在了列宁领导的俄国十月革命这一伟大政治实践中。十月革命之后，列宁在"做出'革命的经验'"的同时进一步"论述'革命的经验'"的一系列重要文本，例如《论"左派"幼稚性和小资产阶级性》《无产阶级革命和叛徒考茨基》《共产主义运动中的"左派"幼稚病》，以及《论粮食税》《新经济政策和政治教育委员会的任务》《关于司法人民委员部在新经济政策条件下的任务》《论"双重"领导和法制》《给代表大会的信》《关于赋予国家计划委员会以立法职能》《日记摘录》《论合作社》《论我国革命》《我们怎样改组工农检查院》

---

① 《列宁选集》第3卷，北京：人民出版社2012年版，第221页。
② 《列宁全集》第31卷，北京：人民出版社1985年版，第224、230页。
③ 同上书，第250页。
④ 同上书，第232页。

《宁肯少些，但要好些》等，都可以看作是《国家与革命》的续篇。

列宁的"蓝色笔记"即《马克思主义论国家》，作为《国家与革命》一书的"前身"，其中的一些很有意义、很有价值的观点和内容没有被收入到《国家与革命》中，也就是说，《国家与革命》一书没有包括当时列宁对马克思主义国家学说的全部阐释，还有一部分重要阐释保留（或遗留）在"蓝色笔记"中。关于"蓝色笔记"中的这部分重要内容，我们将在下一章中进行介绍。

《国家与革命》一书分为六章的内容。第一章阐述了马克思主义国家观，包括国家的起源、本质、职能作用，以及国家消亡与暴力革命的关系等；第二章论述了无产阶级专政及其组织形式；第三章论述了马克思所总结的巴黎公社经验，以及无产阶级的国家机构和民主；第四章阐发了恩格斯的国家观；第五章论述了国家消亡的经济基础；第六章全面揭露了机会主义者把马克思主义庸俗化的行径。其中，第一章阐发了该书的主要观点，后面的几章是对这些观点的进一步展开和理论应用。

下面，我们分四个部分来介绍一下各章的具体内容，这四个部分是：一、阶级社会和国家（第一章）；二、国家与革命（第二、三、四章）；三、国家消亡的经济基础（第五章）；四、马克思主义被机会主义者庸俗化（第六章）。

一 阶级社会和国家（第一章）

第一章"阶级社会和国家"共分四节的内容：

1. 国家是阶级矛盾不可调和的产物
2. 特殊的武装队伍，监狱等等
3. 国家是剥削被压迫阶级的工具
4. 国家"自行消亡"和暴力革命

列宁在这一章中，通过摘录和引证恩格斯的《家庭、私有制和国家的起源》① 和《反杜林论》②，阐述了马克思主义关于国家的起源、本质、特征、作用和消亡等基本原理，阐明了马克思主义者对待国家的态度，批判了机会主义对马克思主义国家观的歪曲，划清了两种根本对立的国家观。其中，前三节从国家的起源、特征、作用等方面揭示了国家的阶级实质，第四节阐明了无产阶级对待国家的态度，论述了暴力革命和国家消亡的关系。下面介绍第一章各节的内容。

（一）在第一节"国家是阶级矛盾不可调和的产物"中，列宁根据恩格斯关于国家起源问题的论述，揭示了国家的阶级实质，批判了资产阶级和机会主义的国家观。该节共分九个自然段：

在第一和第二自然段中，列宁强调了马克思学说的革命性和完整性，指出那些"忘记、抹杀和歪曲这个学说的革命方面，革命灵魂"、"阉割革命学说的**内容**，磨去它的革命锋芒，把它庸俗化"③ 的做法和行为，是马克思学说必然的历史遭遇。面对种种歪曲，"**恢复**真正的马克思的国家学说"④ 是马克思主义者的首要任务。

在第三至第五自然段中，列宁提出了"国家是阶级矛盾**不可调和**的产物和表现"⑤ 这一命题，该命题摘自恩格斯的《家庭、私有制和国家的起源》一文，恩格斯说："国家是社会在一定发展阶段上的产物；国家是承认：这个社会陷入了不可解决的自我矛盾，分裂为不可调和的对立面而又无力摆脱这些对立面。而为了使这些对立面，这些经济利益互相冲突的阶级，不致在无谓的斗争中把自己和社会消灭，就需要有一种表面上凌驾于社会之上的力量，这种力量应当缓和冲突，把冲突保持在

---

① 列宁认为，恩格斯的《家庭、私有制和国家的起源》"是现代社会主义的基本著作之一，其中的每一句话都是可以相信的，每一句话都不是凭空说的，二是根据大量的史料和政治材料写成的"（见《列宁全集》第37卷，北京：人民出版社1986年版，第62页）。
② 列宁认为，恩格斯的《反杜林论》"分析了哲学、自然科学和社会科学中最重大的问题"（见《列宁全集》第2卷，北京：人民出版社1984年版，第9页），它同《共产党宣言》一样，是"每个觉悟工人必读的书籍"（见《列宁全集》第23卷，北京：人民出版社1990年版，第42页）。
③ 《列宁选集》第3卷，北京：人民出版社2012年版，第112页。
④ 同上书，第113页。
⑤ 同上书，第114页。

'秩序'的范围以内；这种从社会中产生但又自居于社会之上并且日益同社会相异化的力量，就是国家。"① 在这里，列宁明显注意到了恩格斯的"异化"概念，并在第一章中就使用了5次"异化"概念。

在第六至第九自然段中，列宁批判了资产阶级和机会主义对马克思主义国家观的歪曲。资产阶级特别是小资产阶级的国家观是主张"调和"论的，他们认为"阶级调和是可能的"②，"把国家说成是阶级调和的机关"③，这就是"他们对国家的态度"④；以"考茨基主义"为代表的机会主义的国家观虽然"不否认阶级矛盾不可调和"⑤，但是却"忽视或抹杀"了"暴力革命"和"消灭统治阶级所建立的、体现这种'异化'的国家政权机构"⑥。列宁指出，这种对马克思主义国家学说的"'忘记'和歪曲"⑦乃是对马克思主义本身的背叛。列宁在该节中提出了马克思主义国家观的两个"最重要的和根本的"⑧观点：一是国家与社会相异化；二是阶级矛盾不可调和。

（二）在第二节"特殊的武装队伍，监狱等等"中，列宁根据恩格斯在《家庭、私有制和国家的起源》一文中对"公共权力"的分析，指出国家力量是指拥有监狱和强制设施的特殊的武装队伍，而常备军和警察则是国家政权的主要强力工具，揭示了国家力量即"公共权力"随着阶级对立的尖锐化而日益加强的事实。

该节共分十六个自然段：

在第一至第八自然段中，列宁给出了一个简单公式：国家主要力量＝"拥有监狱等等的特殊的武装队伍"⑨。这个"特殊的武装队伍"是一种"特殊的公共权力"、"这种公共权力已不再直接就是自己组织

---

① 《马克思恩格斯文集》第4卷，北京：人民出版社2009年版，第189页。
② 《列宁选集》第3卷，北京：人民出版社2012年版，第114页。
③ 同上。
④ 同上。
⑤ 同上书，第115页。
⑥ 同上。
⑦ 同上。
⑧ 同上书，第114页。
⑨ 同上书，第116页。

为武装力量的居民了"①，而是一种"居于社会之上并且同社会相异化的武装队伍（警察、常备军）"②。列宁用"异化"概念揭示了特殊的武装队伍与"居民的自动的武装组织"③的对立关系。在他看来，这种对立关系实际上是国家与社会对立关系的具体化，换句话说，异化的武装队伍就是国家异化的具体化。

用"事实"说话，列宁批判了"科学的""很能迷惑一般人"④的说法，即需要武装队伍"是因为社会生活复杂化、职能分化等等"⑤，强调了"社会分裂为不可调和地敌对的阶级这个主要的基本的事实"⑥。在列宁眼中，是否承认"这个主要的基本的事实"是探讨一切国家问题的基础和前提条件。

在第九至第十一自然段中，列宁再次强调，"文明社会已分裂为敌对的而且是不可调和地敌对的阶级"⑦这一事实是导致特殊的武装队伍与"居民的自动的武装组织"相对立、相斗争的原因。"每次大革命在破坏国家机构的时候，我们都看到赤裸裸的阶级斗争"⑧，这种"赤裸裸的阶级斗争"就是统治阶级与被统治阶级之间的"武装斗争"⑨。在这里，列宁使用了"文明社会"这一概念来称谓创造了国家这一异化物的人类阶级社会。"文明社会"这个概念在恩格斯的《家庭、私有制和国家的起源》一文中⑩出现时，是与"文明时代"⑪、"文明时期"⑫、

---

① 《马克思恩格斯文集》第 4 卷，北京：人民出版社 2009 年版，第 190 页。
② 《列宁选集》第 3 卷，北京：人民出版社 2012 年版，第 116 页。
③ 同上书，第 115 页。
④ 同上书，第 116 页。
⑤ 同上。
⑥ 同上。
⑦ 同上书，第 117 页。
⑧ 同上。
⑨ 同上。
⑩ 《马克思恩格斯文集》第 4 卷，北京：人民出版社 2009 年版，第 178 页。
⑪ 同上书，第 177 页。
⑫ 同上书，第 185 页。

"文明民族"① 和 "文明国家"② 等概念相呼应的，也与马克思在《〈政治经济学批判〉序言》一文中所使用的 "人类社会的史前时期"③ 这一表述相呼应。实际上，对人类文明的批判和扬弃，正是马克思主义者始终坚持的立场和态度。

在第十二至第十六自然段中，列宁指出，特殊的武装队伍随着阶级矛盾的激化而不断加强。作为 "特殊的公共权力"④， "贪婪的国家政权对社会一切力量的'吞食'快要酿成大灾大难了"⑤。在这里，列宁既揭示了国家政权的特殊性（即国家政权是一种异化的公共权力），也阐释了国家政权的贪婪性，而国家政权的贪婪性乃是由其异化的特殊性所决定的。列宁在这里启发我们进一步思考国家政权与资本的关系问题：国家政权是资本的外驱动，而资本是国家政权的内驱动，二者因为异化所具有的贪婪性，会自然而然地媾合成为一个个加强版的 "公共力量"，进而 "争相霸占"⑥， "大有吞食整个社会甚至吞食国家之势"⑦。在这里，列宁批判了社会沙文主义在帝国主义战争中卑躬屈膝地 "维护'自己'资产阶级利益"⑧ 的行为。

（三）在第三节 "国家是剥削被压迫阶级的工具" 中，列宁从政治与经济的关系上进一步揭示国家的阶级本质，指出国家是经济上占统治地位的阶级用来剥削被压迫阶级的工具，批判了机会主义者宣扬资产阶级民主，掩盖资产阶级国家实质的谬论。该节共分十五个自然段：

在第一至第三自然段中，列宁首先对第二节中提到的 "国家政权" 概念进行了定义，即国家政权是 "特殊的、凌驾于社会之上的公共权力"⑨，然后摘录了恩格斯关于国家官吏的论述，即官吏 "作为同社会

---

① 《马克思恩格斯文集》第4卷，北京：人民出版社2009年版，第182页。
② 同上书，第191页。
③ 《马克思恩格斯选集》第2卷，北京：人民出版社2012年版，第3页。
④ 《列宁选集》第3卷，北京：人民出版社2012年版，第115页。
⑤ 同上书，第118页。
⑥ 同上书，第118页。
⑦ 《马克思恩格斯文集》第4卷，北京：人民出版社2009年版，第190页。
⑧ 《列宁选集》第3卷，北京：人民出版社2012年版，第118页。
⑨ 同上。

相异化的力量的代表"、"掌握着公共权力和征税权,他们就作为社会机关而凌驾于社会之上"①,进而凭借"特殊的法律""享有了特殊神圣和不可侵犯的地位"②。

在第四、第五自然段中,列宁摘录了恩格斯关于国家作用的论述,从政治与经济的关系上进一步揭示了国家的阶级本质:国家是统治阶级镇压和剥削被压迫阶级的经济工具和政治工具。这里,列宁把"共和制俄国的克伦斯基政府"③作为对恩格斯论述时所举例子的一个补充时,首次在《国家与革命》中提到了"苏维埃"④。

在第六至第八自然段中,列宁摘录了恩格斯关于财富在民主共和国中运用其权力的两种形式的论述,即"财富是间接地但也是更可靠地运用它的权力的。其形式一方面是直接收买官吏(美国是这方面的典型例子),另一方面是政府和交易所结成联盟"⑤。列宁指出,这里所说的"财富",指的是资产阶级。资产阶级在民主共和国中运用它的权力有两种方法:第一种方法是直接收买官吏。资本家把剥削所得到的剩余价值和在殖民地所攫取的超额利润,拿出一部分来分给国家官吏,让官吏按照自己的旨意办事,为自己服务。第二种是政府和交易所结成联盟,这样一来,资本家阶级就把整个政府机构都用来为自己服务了。这两种方法表明,资本家既没有直接当官,也没有直接参加政府,所以说他们是间接地运用国家权力。这是实现阶级剥削最可靠的方法。

在第九至第十二自然段中,列宁评价了恩格斯对普选制的看法,他指出,"恩格斯十分肯定地认为,普选制是资产阶级统治的工具"⑥。不过,列宁刻意淡化了恩格斯关于无产阶级如何运用普选制的重要论述,只是引用了恩格斯的一句话:"普选制是测量工人阶级成熟性的标尺。在现今的国家里,普选制不能而且永远不会提供更多的东西;不过,这

---

① 《马克思恩格斯文集》第4卷,北京:人民出版社2009年版,第191页。
② 同上。
③ 《列宁选集》第3卷,北京:人民出版社2012年版,第119页。
④ 同上。
⑤ 《马克思恩格斯文集》第4卷,北京:人民出版社2009年版,第192页。
⑥ 《列宁选集》第3卷,北京:人民出版社2012年版,第120页。

也就足够了。"① 而且也只是引用了前半句话,而分号后面的半句话并没有引用。在这句话的后面,恩格斯紧接着还说了一句更为重要的话,列宁也没有引用。恩格斯在《家庭、私有制和国家的起源》一文中对普选制完整而经典的论述是:

> 最后,有产阶级是直接通过普选制来统治的。只要被压迫阶级——在我们这里就是无产阶级——还没有成熟到能够自己解放自己,这个阶级的大多数人就仍将承认现存的社会秩序是唯一可行的秩序,而在政治上成为资本家阶级的尾巴,构成它的极左翼。但是,随着被压迫阶级成熟到能够自己解放自己,它就作为独立的党派结合起来,选举自己的代表,而不是选举资本家的代表了。因此,普选制是测量工人阶级成熟性的标尺。在现今的国家里,普选制不能而且永远不会提供更多的东西;不过,这也就足够了。在普选制的温度计标示出工人的沸点的那一天,他们以及资本家同样都知道该怎么办了。②

那么,列宁为什么不像恩格斯这样肯定和强调普选制的意义呢?首先,列宁认为恩格斯"显然是考虑到了德国社会民主党的长期经验"③,才有了这种对普选制的肯定和赞同;其次,列宁并不认为"普选制**'在现今的国家里'**能够真正体现大多数劳动者的意志,并保证实现这种意志"④,因为资产阶级可以通过操纵选举的方式挑选自己满意的掌权者,也可以打着人民的旗号,通过更换人员、机构和政党来转移人民的不满情绪,而不危及自身权力,"在资产阶级民主共和国中,无论人员、无论机构、无论政党的**任何**更换,都不会使这个权力动摇"⑤。在

---

① 《马克思恩格斯文集》第4卷,北京:人民出版社2009年版,第193页。
② 同上书,第192—193页。
③ 《列宁选集》第3卷,北京:人民出版社2012年版,第120页。
④ 同上书,第121页。
⑤ 同上书,第120页。

资产阶级民主共和国这种资产阶级剥削和压迫无产阶级的"国家的最高形式"①中，普选制永远不会提供更多的东西给人民，如果人们对普选制幻想越多，那么只会失望越多。

在第十三至第十五自然段中，列宁摘录了恩格斯关于国家的总结，说明国家随着生产力的发展、阶级的出现而产生，随着生产力的进一步发展而发展。但是随着生产力的高度发展，阶级不可避免地要消失。随着阶级的消失，国家也不可避免地要消失，这就是国家产生、发展和消亡的客观规律。当然，要实现国家的消亡，实现恩格斯所说的"把全部国家机器放到它应该去的地方，即放到古物陈列馆去"②，必须要经过"广泛而深刻的革命"③。

（四）在第四节"国家'自行消亡'和暴力革命"中，列宁指出暴力革命是不可避免的，资产阶级国家将被无产阶级的暴力革命所"消灭"，而无产阶级国家则会"自行消亡"，国家的消亡同时也是民主的消亡。马克思和恩格斯的暴力革命论和国家"自行消亡"论构成了一个不可分割的整体。该节共分十八个自然段：

在第一至第四自然段中，列宁摘引了恩格斯在《反杜林论》中关于国家"自行消亡"④的一段论述，指出了机会主义者"削剪马克思主义"⑤的行径，即只是简单地接受国家不是"被废除"的，而是"自行消亡"的观点，却看不到或者无视"革命""飞跃和风暴"，这种做法"无疑意味着回避革命，甚至是否定革命"⑥，是"对马克思主义最粗暴的、仅仅有利于资产阶级的歪曲"⑦。

在第五至第十五自然段中，列宁总结了上文所摘引的恩格斯的论述，得出了五个要点：

---

① 《马克思恩格斯文集》第 4 卷，北京：人民出版社 2009 年版，第 192 页。
② 同上书，第 193 页。
③ 《列宁选集》第 3 卷，北京：人民出版社 2012 年版，第 122 页。
④ 《马克思恩格斯文集》第 9 卷，北京：人民出版社 2009 年版，第 297 页。
⑤ 《列宁选集》第 3 卷，北京：人民出版社 2012 年版，第 123 页。
⑥ 同上。
⑦ 同上书，第 124 页。

1. 明确区分了"自行消亡"与"消灭"。资产阶级国家是由无产阶级通过革命取得国家政权的方式加以"消灭"的,即"以无产阶级革命来'消灭'**资产阶级的**国家",而且"最伟大的一次无产阶级革命的经验,即1871年巴黎公社的经验"① 已经证明了这一点;"自行消亡的是无产阶级的国家或半国家"、"自行消亡是指社会主义革命**以后无产阶级**国家制度残余"②。

2. 明确区分了两个"特殊的镇压力量"。列宁根据恩格斯关于国家是"特殊的镇压力量"的定义,得出结论:资产阶级对无产阶级的"特殊的镇压力量"最终会由无产阶级对资产阶级的"特殊的镇压力量"来代替,而"**这样一种**更替是决不能通过'自行消亡'来实现的"③。

3. 明确指出国家的"消亡"就是民主的"消亡"。恩格斯指出,"当国家终于真正成为整个社会的代表时,它就使自己成为多余的了"、"那时,国家政权对社会关系的干预在各个领域中将先后成为多余的事情而自行停止下来。那时,对人的统治将由对物的管理和对生产过程的领导所代替。国家不是'被废除'的,**它是自行消亡的**"④。列宁认为,"恩格斯在这里所说的就是**民主**的'自行停止'和'自行消亡'"⑤,因为"我们大家都知道,这时'国家'的政治形式是最完全的民主"、"民主**也**是国家、因而在国家消失时民主也会消失"⑥。国家的"消亡"与民主的"消亡"是同一个过程。另外,列宁指出,所谓社会主义革命,就是国家真正成为了整个社会的代表,并"以整个社会的名义占有生产资料"。

4. 强调了"社会主义对任何国家的批评"⑦ 态度,指出"**任何国**

---

① 《列宁选集》第3卷,北京:人民出版社2012年版,第124页。
② 同上。
③ 同上。
④ 《马克思恩格斯文集》第9卷,北京:人民出版社2009年版,第297页。
⑤ 《列宁选集》第3卷,北京:人民出版社2012年版,第125页。
⑥ 同上。
⑦ 同上。

家都**不是**自由的，都**不是**人民的"①。因为"任何国家对被压迫阶级都是'特殊的镇压力量'"②，所以列宁认为，作为德国社会民主党人的一个纲领性要求，"自由的人民国家"这个口号"没有任何政治内容……它不仅起了粉饰资产阶级民主的作用，而且表现出不懂得社会主义对任何国家的批评"③。列宁告诫人们，恩格斯提出的"国家自行消亡"这个原理"**不仅**是反对无政府主义者的"④，更为重要的是，它首先是反对机会主义者的。

5. 明确指出"暴力革命"⑤ 论与"国家'自行消亡'论"⑥ 是一个严密的整体。列宁引用了恩格斯在《反杜林论》中关于暴力革命意义的论述，批判现代社会党不谈、不想、不记得"恩格斯从历史上对于暴力革命的作用所作的评述""对暴力革命的真正的颂扬"⑦，只谈论国家"自行消亡"，不颂扬暴力革命，这种行为是在"用折衷主义代替辩证法""用折衷主义冒充辩证法"、"把马克思主义篡改为机会主义"⑧。

列宁所说的"半国家"⑨，指的是无产阶级国家。一切剥削阶级的国家都是少数剥削者镇压多数被剥削者的特殊机器，这是原来意义上的国家。无产阶级在打碎资产阶级国家机器之后建立起来的国家，对广大人民实行民主，对少数剥削者实行专政。由于无产阶级国家在性质上和一切剥削阶级的国家是根本不同的，已经不是原来意义上的国家了，所以列宁称它是"半国家"。另外，无产阶级国家是自行消亡的国家，它在对剥削者实行专政的同时，对广大人民群众实行最广泛的民主。民主越广泛，也就越为国家的逐步消亡创造了条件。"半国家"也包含着这层意思。

---

① 《列宁选集》第3卷，北京：人民出版社2012年版，第126页。
② 同上。
③ 同上书，第125页。
④ 同上。
⑤ 同上书，第126页。
⑥ 同上。
⑦ 同上。
⑧ 同上书，第127页。
⑨ 同上书，第124页。

在第十六至第十八自然段中,列宁指出,马克思和恩格斯针对资产阶级国家提出了"关于暴力革命不可避免的学说",即"资产阶级国家由无产阶级国家(无产阶级专政)代替,不能通过'自行消亡',根据一般规律,只能通过暴力革命"①。暴力革命是无产阶级革命的一般规律,是不可避免的。列宁指出,在"《哲学的贫困》和《共产党宣言》这两部著作的结尾部分②"③,以及《哥达纲领批判》等文献中都能看到马克思和恩格斯对暴力革命的颂扬,而且,这种颂扬"就是马克思和恩格斯**全部**学说的基础"④。

总之,在这一节中,列宁针对机会主义者对马克思主义国家学说的歪曲,阐明了资产阶级国家必然要通过暴力革命来消灭,自行消亡的只能是无产阶级的国家。这就清楚地表明了无产阶级政党对待不同国家的正确态度。列宁指出,恩格斯主张无产阶级革命的首要任务是夺取政权,并且把生产资料变成国家财产,消灭资产阶级国家,代之以无产阶级国家。无产阶级国家在消灭私有制和阶级以后,它对社会关系的干预将会成为多余的,对人的统治将被对物的管理以及对生产过程的领导所取代,从而使国家消亡。恩格斯关于国家"自行消亡"的理论,首先是反对机会主义的。暴力革命是无产阶级革命的一般规律。如果不先通过暴力革命消灭资产阶级国家,就谈不上国家自行消亡。国家本身就是一种暴力,资产阶级的统治是依靠暴力来维持的。当无产阶级对其统治构成威胁时,它总是首先使用暴力,对无产阶级进行镇压。因此,根据一般规律,无产阶级国家只能通过暴力革命消灭和取代资产阶级国家。

二 国家与革命(第二、三、四章)

在《国家与革命》的第二、三、四章中,列宁考察和总结了马克

---

① 《列宁选集》第 3 卷,北京:人民出版社 2012 年版,第 127 页。
② 参见《马克思恩格斯文集》,北京:人民出版社 2009 年版,第 1 卷第 655—656 页,第 2 卷第 66 页。
③ 《列宁选集》第 3 卷,北京:人民出版社 2012 年版,第 127 页。
④ 同上书,第 128 页。

思和恩格斯关于打碎资产阶级国家机器，建立无产阶级专政的国家学说的形成和发展的全过程，并根据帝国主义时代的特点，发展了马克思主义的无产阶级革命和专政理论。

我们先介绍第二章"国家与革命。1848—1851年的经验"的具体内容。这一章包括三节的内容：

1. 革命的前夜
2. 革命的总结
3. 1852年马克思对问题的提法

在这一章中，列宁通过摘录和引证《哲学的贫困》《共产党宣言》①、《路易·波拿巴的雾月十八日》、恩格斯为《路易·波拿巴的雾月十八日》所写的1885年第三版序言，以及马克思1852年3月5日给魏德迈的信，探讨了1848年前后马克思和恩格斯的无产阶级专政学说的形成和发展，特别是马克思对欧洲1848年革命经验的总结，即无产阶级必须用暴力打碎资产阶级国家机器，批判了第二国际机会主义者对无产阶级专政思想的歪曲。下面介绍一下第二章各节的内容。

（一）在第一节"革命的前夜"中，列宁论述了马克思和恩格斯在1848年革命前夜所提出的无产阶级专政思想，阐明了无产阶级专政的性质、任务和党的领导作用，指出无产阶级专政是无产阶级在历史上的革命作用的最高表现。该节共分十九个自然段：

在第一至第七自然段中，列宁通过对比"成熟的马克思主义的头两部著作《哲学的贫困》和《共产党宣言》"② 中关于国家问题的论述，指出马克思和恩格斯在1848年革命前夜就明确表述了"无产阶级专政"这个思想。马克思在《哲学的贫困》中这样写道："劳动阶级在发展进

---

① 关于《共产党宣言》，列宁指出："这部著作以天才的透彻而鲜明的语言描述了新的世界观，即把社会生活领域也包括在内的彻底的唯物主义、作为最全面最深刻的发展学说的辩证法以及关于阶级斗争和共产主义新社会创造者无产阶级肩负的世界历史性的革命使命的理论。"（见《列宁全集》第26卷，北京：人民出版社1990年版，第50页）"这本书篇幅不多，价值却相当于多部巨著；它的精神至今还鼓舞着、推动着文明世界全体有组织的正在进行斗争的无产阶级。"（见《列宁全集》第2卷，北京：人民出版社1984年版，第8页）

② 《列宁选集》第3卷，北京：人民出版社2012年版，第128页。

程中将创造一个消除阶级和阶级对抗的联合体来代替旧的市民社会；从此再不会有原来意义的政权了。因为政权正是资产阶级社会内部阶级对立的正式表现"①。列宁在这里强调指出，马克思和恩格斯关于"无产阶级专政"的思想是"马克思主义在国家问题上一个最卓越最重要的思想"②，同时指出，马克思和恩格斯在《共产党宣言》中给无产阶级国家下的"一个非常引人注意的定义"："**国家即组织成为统治阶级的无产阶级**"③。对这个定义的论述和强调，构成了这一章的主要内容。

在第八至第十三自然段中，列宁批判了机会主义者对马克思主义国家观的歪曲和背叛，认为社会沙文主义者和考茨基主义者都在重复着"无产阶级需要国家"④ 这句话，"但是'**忘记**'补充：马克思认为，第一，无产阶级所需要的只是逐渐消亡的国家，即组织得能立刻开始消亡而且不能不消亡的国家；第二，劳动者所需要的'国家'，'即组织成为统治阶级的无产阶级'"⑤，这个关于国家的"直接打击了'民主的和平发展'这种常见的机会主义偏见和市侩的幻想"⑥。列宁强调无产阶级国家要镇压的只是资产阶级。列宁区分了两种类型的"政治统治"⑦：一种是属于剥削阶级的，为了维持剥削、维护自身的私利而反对绝大多数人的政治统治；另一种是属于被剥削阶级的，为了彻底消灭一切剥削、维护绝大多数人的利益而反对剥削阶级的政治统治。列宁强烈反对"用阶级妥协的幻想来代替阶级斗争"，以及"国家是超阶级的观点"⑧，指出无产阶级通过政治统治来镇压资产阶级，是"马克思把阶级斗争学说一直贯彻到政权学说、国家学说之中"⑨ 的必然结论。

在第十四至第十八自然段中，列宁强调指出，"只有无产阶级才能

---

① 《马克思恩格斯文集》第1卷，北京：人民出版社2009年版，第655页。
② 《列宁选集》第3卷，北京：人民出版社2012年版，第129页。
③ 同上书，第130页。
④ 同上。
⑤ 同上。
⑥ 同上。
⑦ 同上。
⑧ 同上书，第130—131页。
⑨ 同上书，第131页。

推翻资产阶级的统治"、"只有无产阶级……才能成为**一切**被剥削劳动群众的领袖"①，这是无产阶级在历史上的革命作用的表现，而"无产阶级实行专政，无产阶级实行政治统治"②，就是无产阶级在历史上的革命作用的最高表现。无产阶级如果不实行专政，不"转化为统治阶级"③ 实行政治统治，就不能推翻资产阶级，不能"组织**一切**被剥削劳动群众去建立新的经济结构"④。

在这里，列宁提出了一个著名的"必然"论断，即"阶级斗争学说经马克思运用到国家和社会主义革命问题上，必然导致承认无产阶级的**政治统治**，无产阶级的专政"⑤。此时的列宁还没有看到马克思1852年3月5日给魏德迈的信中提出的"阶级斗争必然导致无产阶级专政"⑥ 这个著名论断，但他还是说出了与马克思几乎一样的话。这个著名的"必然"论断可以说是《国家与革命》一书中最重要的论断之一，因为阶级斗争导致无产阶级专政这种历史必然性的提出，乃是马克思本人最为得意的研究结论之一，也是列宁最为看重的马克思主义精髓之一。列宁紧接着对"无产阶级的**政治统治**，无产阶级的专政"作了补充说明，"即不与任何人分掌而直接依靠群众武装力量的政权"⑦，进一步明确了无产阶级专政的性质。

另外，在第十七自然段中，列宁还阐明了"马克思主义教育工人的党"⑧ 的真正目的，以及工人党的性质及其"革命领袖"⑨ 作用，批判了当时占统治地位的机会主义教育工人党"只图在资本主义制度下'苟且偷安'，为了一碗红豆汤而出卖自己的长子权"⑩ 这种因小失大的

---

① 《列宁选集》第3卷，北京：人民出版社2012年版，第131页。
② 同上书，第132页。
③ 同上书，第131页。
④ 同上。
⑤ 同上。
⑥ 《马克思恩格斯文集》第10卷，北京：人民出版社2009年版，第106页。
⑦ 《列宁选集》第3卷，北京：人民出版社2012年版，第131页。
⑧ 同上。
⑨ 《列宁选集》第3卷，北京：人民出版社2012年版，第132页。
⑩ 同上。

做法。列宁指出，工人党作为无产阶级的先锋队，在马克思主义教育和指导下，要"能够夺取政权并**引导全体人民**走向社会主义，指导并组织新制度，成为所有被剥削劳动者在不要资产阶级并反对资产阶级而建设自己社会生活的事业中的导师、领导者和领袖"①。在这里，列宁明确指出了工人党在无产阶级革命专政和社会建设事业中的领导核心地位和组织引导作用。

在第十九自然段中，列宁通过总结第一节的论点，即"无产阶级需要国家这样一个**反对**资产阶级的**特殊**暴力组织"②，自然而然地引出了第二节的论点："不预先消灭和破坏资产阶级为**自己**建立的国家机器，根本就不可能建立这样一个组织！"③

（二）在第二节"革命的总结"中，列宁摘录了马克思在《路易·波拿巴的雾月十八日》中对1848—1851年的革命经验的总结，引用了恩格斯为该文所写的1885年第三版序言中的内容，指出无产阶级"必须打碎，必须摧毁"④资产阶级国家机器这一"结论是马克思主义国家学说中主要的基本的东西"⑤，批评了"占统治地位的正式社会民主党"⑥和考茨基对这个重要结论的遗忘和歪曲。该节共分二十二个自然段：

在第一至第九自然段中，列宁比较了《共产党宣言》和《路易·波拿巴的雾月十八日》对国家问题的提法，在《共产党宣言》中，"还没有提出究竟应当怎样（从历史发展的观点来看）以无产阶级国家来代替资产阶级国家的问题"，而在《路易·波拿巴的雾月十八日》中，马克思提出并加以解决的正是这个问题；前者对国家问题的提法还"非常抽象，只用了最一般的概念和说法"⑦，那么后者已经提得比较"具

---

① 《列宁选集》第3卷，北京：人民出版社2012年版，第131—132页。
② 同上书，第132页。
③ 同上。
④ 同上书，第134页。
⑤ 同上。
⑥ 同上。
⑦ 同上书，第133页。

体了,并且作出了非常准确、明确、实际而具体的结论:过去一切革命都是使国家机器更加完备,而这个机器是必须打碎,必须摧毁的"①。列宁认为,马克思在提出问题时总是"忠于自己的辩证唯物主义哲学"、"以历史经验作为依据"②。这里有一句列宁评价马克思学说的经典话语:"马克思的学说在这里也像其他任何时候一样,是用深刻的哲学世界观和丰富的历史知识阐明的**经验总结**。"③

在第十至第十四自然段中,列宁分析了具有资产阶级国家机器特征的"两种机构,即官吏和常备军"④,指出"官吏和常备军是资产阶级社会身上的'寄生物',是使这个社会分裂的内部矛盾所产生的寄生物,而且正是'堵塞'生命的毛孔的寄生物"⑤,因此,"把国家看做**寄生机体**"⑥并不只是无政府主义对国家的态度,同样也是马克思主义对国家的态度。经过历次资产阶级革命,这个寄生机体已经逐渐发展、完备和巩固起来,俄国在1917年2月27日—8月27日这半年所发生的实际情况也证明了这一点。这种情况使无产阶级面临着抉择:现在的任务是努力改善国家机器、使它更加完备呢,还是努力破坏它、彻底消灭它呢?列宁的回答是明确而坚定的:"这样的事变进程迫使革命'**集中自己的一切破坏力量**'去反对国家政权,迫使革命提出这样的任务:不是去改善国家机器,而是**破坏**它、**消灭**它。"⑦

列宁认为,过去的"**一切变革都是使这个机器更加完备,而不是把它摧毁**"⑧,而目前无产阶级革命对待国家机器的态度则恰恰相反,"这个机器是必须打碎,必须摧毁的"⑨。事变的进程已经迫使无产阶级革命提出了完全不同于过去的任务,这就是集中一切破坏力量去反对国家

---

① 《列宁选集》第3卷,北京:人民出版社2012年版,第133—134页。
② 同上书,第134页。
③ 同上。
④ 同上。
⑤ 同上书,第135页。
⑥ 同上。
⑦ 同上书,第136页。
⑧ 同上书,第133页。
⑨ 同上书,第134页。

政权、破坏国家机构、消灭国家机器。这个任务不再是无产阶级革命将来要面临的任务,而是从1852年以来无产阶级革命就已经面临的任务,也就是说,"这样提出任务,不是根据逻辑的推论,而是根据事变的实际发展,根据1848—1851年的生动经验"①。当然,"马克思在1852年还没有具体提出**用什么东西**来代替这个必须消灭的国家机器的问题,从这里可以看出,马克思是多么严格地以实际的历史经验为依据。那时在这个问题上,经验还没有提供材料,后来在1871年,历史才把这个问题提到日程上来。在1852年,要以观察自然历史那样的精确性下断语,还只能说,无产阶级革命已**面临**'集中自己的一切破坏力量'来反对国家政权的任务,即'摧毁'国家机器的任务"②。

在第十五至第二十一自然段中,列宁引用了恩格斯为《路易·波拿巴的雾月十八日》所写的1885年第三版序言中关于论述法国阶级斗争特点的内容,指出法国在1848—1851年的发展过程充分体现了"整个资本主义世界所特有的那种发展过程"③,而"现在,全世界的历史无疑正在较之1852年广阔得无比的范围内,把无产阶级革命引向'集中自己的一切力量'去'破坏'国家机器"④。列宁的这句话表明了他对当时世界革命形势的基本判断。

在本节的最后一段即第二十二自然段中,列宁说:"至于无产阶级将用什么东西来代替这个国家机器,关于这一点,巴黎公社提供了极有教益的材料。"⑤ 这是一个过渡句,与下一章即第三章"国家与革命。1871年巴黎公社的经验。马克思的分析"中的内容相呼应。

(三)第三节"1852年马克思对问题的提法"是列宁在《国家与革命》第2版中所增加的一节。列宁摘录了马克思1852年3月5日给魏德迈的信中关于无产阶级专政的论述,批驳了那种把马克思主义仅仅

---

① 《列宁选集》第3卷,北京:人民出版社2012年版,第136页。
② 同上。
③ 同上书,第137页。
④ 同上书,第138页。
⑤ 同上。

局限于阶级斗争学说的错误行为，指出只有同时承认阶级斗争和无产阶级专政的人，才是真正的马克思主义者。马克思主义国家学说的实质就是阶级斗争必然导致无产阶级专政，在资本主义与共产主义之间的整个历史时期都有必要坚持无产阶级专政，而且，这个历史时期的国家"应当是**新型**民主的（对无产者和一般穷人是民主的）和**新型**专政的（对资产阶级是专政的）国家"①。从某种意义上说，该节是《国家与革命》一书的点睛之笔。

　　列宁在1917年写作《国家与革命》的时候，并不知道马克思在1852年就使用了"无产阶级专政"这一概念。他在《马克思主义论国家》中写道："查对一下，马克思和恩格斯**在1871年以前**是否说到过'无产阶级专政'？似乎没有！"②在《国家与革命》第二章第一节"革命的前夜"中谈到无产阶级专政时，即"在这里我们看到马克思主义在国家问题上一个最卓越最重要的思想即'无产阶级专政'（马克思和恩格斯在巴黎公社以后开始这样说）这个思想的表述"③时，列宁把"马克思和恩格斯在巴黎公社以后开始这样说"这句话用括号标了出来，现在看来，这句话需要修正一下，或者删掉也可以。列宁在《国家与革命》出版不久，就读到了马克思1852年3月5日给约瑟夫·魏德迈的这封信，知道了马克思早在1852年就"说到过'无产阶级专政'"④，而且比1871年提前了19年。马克思在信中说："……至于讲到我，无论是发现现代社会中有阶级存在或发现各阶级间的斗争，都不是我的功劳。在我以前很久，资产阶级历史编纂学家就已经叙述过阶级斗争的历史发展，资产阶级经济学家也已经对各个阶级作过经济上的分析。我所加上的新内容就是证明了下列几点：（1）**阶级的存在**仅仅同**生产发展的一定历史阶段**相联系；（2）阶级斗争必然导致**无产阶级专**

---

① 《列宁选集》第3卷，北京：人民出版社2012年版，第140页。
② 《列宁全集》第31卷，北京：人民出版社1985年版，第149页。
③ 《列宁选集》第3卷，北京：人民出版社2012年版，第129—130页。
④ 《列宁全集》第31卷，北京：人民出版社1985年版，第149页。

政；（3）这个专政不过是达到**消灭一切阶级**和进入**无阶级社会**的过渡。……"①列宁就在自己的一本《国家与革命》的最后一页上，用德文作了一段笔记，他写道："《新时代》（第25年卷第2册第164页），1906—1907年第31期（1907年5月2日）：弗·梅林：《卡·马克思和弗·恩格斯传记的新材料》，引自马克思1952年3月5日给魏德迈的信。"② 紧接着，列宁摘录了信中这段话。在1919年出版的《国家与革命》第2版第二章中，列宁增加了第三节《1852年马克思对问题的提法》的内容。但不知为何，列宁在引用马克思的这段话时，并没有标注出其中的黑体字（参见《列宁选集》2012年版第3卷第138页）。

该节共分六个自然段。在第一至第四自然段中，列宁指出，马克思在信中提到的这三点就是"他的国家学说的实质"③，强调"马克思学说中的主要之点"④ 并不是阶级斗争，而是无产阶级专政。反之，"把马克思主义局限于阶级斗争学说，就是阉割马克思主义，歪曲马克思主义，把马克思主义变为资产阶级可以接受的东西。只有承认阶级斗争、**同时也**承认**无产阶级专政**的人，才是马克思主义者。马克思主义者同平庸的小资产者（以及大资产者）之间的最深刻的区别就在这里。必须用这块试金石来检验是否**真正**理解和承认马克思主义"⑤。列宁认为，"欧洲的历史**在实践上**"⑥ 已经"向工人阶级提出这个问题"⑦，即实行无产阶级专政的问题。可是，"不仅一切机会主义者和改良主义者，而且所有'考茨基主义者'（动摇于改良主义和马克思主义之间的人），都成了**否认**无产阶级专政的可怜的庸人和小资产阶级民主派"⑧。接下来，列宁批判了考茨基1918年8月出版的《无产阶级专政》一书，指

---

① 《马克思恩格斯文集》第10卷，北京：人民出版社2009年版，第106页；另见《马克思恩格斯选集》第4卷，北京：人民出版社2012年版，第425—426页。
② 《列宁全集》第31卷，北京：人民出版社1985年版，第250页。
③ 《列宁选集》第3卷，北京：人民出版社2012年版，第139页。
④ 同上。
⑤ 同上。
⑥ 同上。
⑦ 同上。
⑧ 同上。

出自己在 1918 年 10—11 月写成的《无产阶级革命和叛徒考茨基》就是对《无产阶级专政》的集中批判。列宁在这里提示我们，研读《国家与革命》时最好参照一下《无产阶级专政》和《无产阶级革命和叛徒考茨基》这两个重要文献。

在第五和第六自然段中，列宁指出，"只有懂得**一个**阶级的专政不仅对一般阶级社会是必要的，不仅对推翻了资产阶级的**无产阶级**是必要的，而且对介于资本主义和'无阶级社会'即共产主义之间的整整一**个历史时期**都是必要的，——只有懂得这一点的人，才算掌握了马克思国家学说的实质"①。列宁认为，不管是资产阶级专政，还是无产阶级专政，都具有多种多样的政治形式②，他说："资产阶级国家的形式虽然多种多样，但本质是一样的：所有这些国家，不管怎样，归根到底一定都是**资产阶级专政**。从资本主义向共产主义过渡，当然不能不产生非常丰富和多样的政治形式，但本质必然是一样的：都是**无产阶级专政**。"③

下面介绍一下第三章"国家与革命。1871 年巴黎公社的经验。马克思的分析"的具体内容。这一章包括五节的内容：

1. 公社战士这次尝试的英雄主义何在？
2. 用什么东西来代替被打碎的国家机器呢？
3. 取消议会制
4. 组织起民族的统一
5. 消灭寄生物——国家

在这一章中，列宁通过摘录和引证《共产党宣言·1872 年德文版

---

① 《列宁选集》第 3 卷，北京：人民出版社 2012 年版，第 140 页。

② 关于无产阶级专政有多种多样形式的观点，列宁最早是在 1916 年写的《论面目全非的马克思主义和"帝国主义经济主义"》（见《列宁选集》第 2 卷，北京：人民出版社 2012 年版，第 732—784 页）一文中提出来的。但这篇文章直到 1924 年才在杂志上公开发表。列宁在 1919 年写的《无产阶级专政时代的经济和政治》和 1923 年写的《论我国革命》（见《列宁选集》第 4 卷，北京：人民出版社 2012 年版，第 59—69、775—778 页）中也都涉及了这一问题。

③ 《列宁选集》第 3 卷，北京：人民出版社 2012 年版，第 140 页。

序言》《马克思致路德维希·库格曼》(1871年4月12日)《法兰西内战》,以及伯恩施坦的《社会主义的前提和社会民主党的任务》,进一步阐明马克思关于打碎资产阶级国家机器及用巴黎公社式的民主政权代替它的思想,发展了马克思主义国家学说,批判了第二国际机会主义者对巴黎公社经验的歪曲。下面介绍一下第三章各节的内容。

(一)在第一节"公社战士这次尝试的英雄主义何在?"中,列宁根据马克思总结的巴黎公社经验,进一步论述了用革命暴力打碎资产阶级国家机器,建立无产阶级专政的理论,阐述了马克思的"真正的人民革命"思想和工农联合的重要意义。该节共分二十二个自然段:

在第一和第二自然段中,列宁用马克思的一个例子说明了马克思主义者对待革命群众运动应当采取的正确态度。在巴黎公社出现之前,马克思曾经告诫巴黎工人,"在目前的危机中,当敌人几乎已经在敲巴黎城门的时候,一切推翻新政府的企图都将是绝望的蠢举"①。但是,当巴黎工人于1871年3月"**被迫进行**"②起义的时候,马克思不但没有像普列汉诺夫一样"不合时宜"③地加以责难,反而为"这些冲天的巴黎人"④的英雄主义叫好。他不仅"以极其欢欣鼓舞的心情来迎接无产阶级革命"⑤,而且看到了群众性的革命运动所具有的重大历史经验,"看到了全世界无产阶级革命的一定进步,看到了比几百种纲领和议论更为重要的实际步骤"⑥,然后分析革命的经验和教训,"重新审查自己的理论"⑦,这才是马克思主义者对待革命群众运动的正确态度。

在第三至第十三自然段中,列宁指出,在巴黎公社的革命实践中,"'把官僚军事国家机器打碎'这几个字,已经简要地表明了马克思主

---

① 《马克思恩格斯文集》第3卷,北京:人民出版社2009年版,第127页;另见《马克思恩格斯选集》第3卷,北京:人民出版社2012年版,第71页。
② 《列宁选集》第3卷,北京:人民出版社2012年版,第141页。
③ 同上。
④ 《马克思恩格斯文集》第10卷,北京:人民出版社2009年版,第353页。
⑤ 同上。
⑥ 同上书,第141页。
⑦ 同上书,第142页。

义关于无产阶级在革命中在对待国家方面的任务问题的主要教训"①，而且，"马克思和恩格斯认为巴黎公社的这个基本的主要的教训具有非常重大的意义，所以他们把这个教训加进《共产党宣言》，作为一个极其重要的修改"②，即"**公社已经证明：'工人阶级不能简单地掌握现成的国家机器，并运用它来达到自己的目的。'……**"③。但是这个重大的修改和主要的教训都被机会主义者公然歪曲了，他们宣称"马克思在这里是强调缓慢发展的思想，不主张夺取政权"④。列宁驳斥道："实际上**恰巧相反**。马克思的意思是说工人阶级应当**打碎**、**摧毁**'现成的国家机器'，而不只是简单地夺取这个机器。"⑤ 马克思在 1871 年 4 月 12 日写给库格曼的信中再次明确指出，把官僚军事国家机器"**打碎**〈黑体和着重号是马克思用的；原文是 zerbrechen〉，这正是大陆上任何一次真正的人民革命的先决条件。这也正是我们英勇的巴黎党内同志们的尝试"⑥。

在第十四和第十五自然段中，列宁指出，打碎资产阶级国家机器是无产阶级革命的一般规律。如果是在一个没有军阀和官僚的资产阶级国家，那么，"革命，甚至是人民革命，被设想有可能而且确实有可能**不以破坏'现成的国家机器'为先决条件**"⑦。马克思曾经把官僚军事制度还没有获得充分发展的英国和美国，设想为是"有可能"例外的国家。但到了第一次世界大战时，英美两国也"已经完全滚到官僚和军阀支配一切、压制一切这样一种一般欧洲式的污浊血腥的泥潭中去了"⑧，

---

① 《列宁选集》第 3 卷，北京：人民出版社 2012 年版，第 143 页。
② 同上书，第 142 页。
③ 《列宁选集》第 3 卷，北京：人民出版社 2012 年版，第 142 页，列宁在摘录时用了黑体字；另见《马克思恩格斯文集》第 2 卷，北京：人民出版社 2009 年版，第 6 页；单引号内的话，另见《马克思恩格斯文集》第 3 卷，北京：人民出版社 2009 年版，第 151 页。
④ 《列宁选集》第 3 卷，北京：人民出版社 2012 年版，第 142 页。
⑤ 同上。
⑥ 《列宁选集》第 3 卷，北京：人民出版社 2012 年版，第 143 页；另见《马克思恩格斯文集》第 10 卷，北京：人民出版社 2009 年版，第 352 页，在这里，"打碎"一词用了黑体字，但没有用着重号。
⑦ 《列宁选集》第 3 卷，北京：人民出版社 2012 年版，第 143 页。
⑧ 同上书，第 144 页。

必须打碎"现成的国家机器"这一结论,当时无论在英国或美国,都不再是例外了。那种不打碎以军阀和官僚为主的"现成的国家机器"就可以实现人民革命的所谓设想,已经成为幻想了。

在第十六至第二十一自然段中,列宁具体分析了马克思的"真正的人民革命"思想和工农联合的观点。马克思提到的"真正的人民革命"究竟是什么样子的呢?列宁回答说,在这种革命的进程中,"人民群众,人民的大多数……很积极地、独立地起来斗争……明显地提出自己的经济要求和政治要求"①,换句话说,就是"人民群众,人民的大多数,惨遭压迫和剥削的社会最'底层',曾经独立奋起,给整个革命进程打上了自己的烙印:提出了**自己的**要求,**自己**尝试着按照自己的方式建立新社会来代替正被破坏的旧社会"②。这里的"人民"是指"无产阶级和农民",即"工人和农民"③,而"只有把无产阶级和农民都包括进来的革命,才能成为真正把大多数吸引到运动中来的'人民'革命"④。人民革命的一个突出特点是工农联合,因为工人和农民占人民的大多数,这两个阶级都受到了"'官僚军事国家机器'的压迫、摧残和剥削"⑤,所以,"'打碎'国家机器是工人和农民双方的利益所要求的,这个要求使他们联合起来,在他们面前提出了铲除'寄生物'、用一种新东西来代替的共同任务"⑥。列宁认为,实现工农联合、"贫苦农民同无产者自由联盟"⑦,既是进行"真正的人民革命"的条件,也是进行社会主义改造和巩固无产阶级民主的前提,"没有这个联盟,民主就不稳固,社会主义改造就没有可能"⑧。

(二)在第二节"用什么东西来代替被打碎的国家机器呢?"中,

---

① 《列宁选集》第3卷,北京:人民出版社2012年版,第144页。
② 同上。
③ 同上书,第145页。
④ 同上。
⑤ 同上。
⑥ 同上。
⑦ 同上。
⑧ 同上。

列宁阐述了公社用人民的武装取代资产阶级的常备军和警察，用人民的勤务员取代资产阶级的官吏等措施的实质和意义，发挥了马克思关于用巴黎公社式的无产阶级专政来代替被打碎的资产阶级国家机器的原理，揭示了无产阶级民主的重大意义。该节共分十七个自然段：

在第一至第十自然段中，列宁论述了巴黎公社的革命要求以及采取的创新举措。列宁认为，马克思对巴黎公社经验的分析，是马克思《法兰西内战》一书中最重要的地方。马克思首先指出，"表面上高高凌驾于社会之上的国家政权，实际上正是这个社会最丑恶的东西，正是这个社会一切腐败事物的温床"，而"帝国制度是国家政权的最低贱的形式，同时也是最后的形式。它是新兴资产阶级社会当做自己争取摆脱封建制度的解放手段而开始缔造的；而成熟了的资产阶级社会最后却把它变成了资本奴役劳动的工具"[1]。紧接着，马克思指出，"帝国的直接对立物就是公社"、"公社正是这个""不但取代阶级统治的君主制形式、而且取代阶级统治本身的""共和国的毫不含糊的形式"[2]。列宁认为，巴黎公社作为"无产阶级社会主义共和国"[3]，它的这个"毫不含糊的形式"首先体现在公社关于"废除常备军而代之以武装的人民"[4]的法令中。在一切以社会党自命的政党的纲领中，虽然都载有"废除常备军而代之以武装的人民"的革命要求，但是，他们却在实际的行动中拒绝实现这个革命要求，这是对公社精神的背叛。接下来，巴黎公社采取了一些创新举措："公社是由巴黎各区通过普选选出的市政委员组成的。这些委员对选民负责，随时可以罢免。其中大多数自然都是工人或公认的工人阶级代表。"[5] "警察不再是中央政府的工具，他们立刻被免除了政治职能，而变为公社的承担责任的、随时可以罢免的工作人员。其他各行政部门的官员也是一样。从公社委员起，自上至下一切公职人员，

---

[1] 《马克思恩格斯文集》第3卷，北京：人民出版社2009年版，第154页。
[2] 同上。
[3] 《列宁选集》第3卷，北京：人民出版社2012年版，第146页。
[4] 《马克思恩格斯文集》第3卷，北京：人民出版社2009年版，第154页。
[5] 同上。

都只能领取相当于**工人工资**的报酬。从前国家的高官显宦所享有的一切特权以及公务津贴,都随着这些人物本身的消失而消失了。"①

在第十一至第十七自然段中,列宁论述了巴黎公社的革命要求、创新措施的实质和意义。列宁指出:"公社用来代替被打碎的国家机器的,似乎'仅仅'是更完全的民主:废除常备军,一切公职人员完全由选举产生并完全可以罢免。但是这个'仅仅',事实上意味着两类根本不同的机构的大更替。在这里恰巧看到了一个'量转化为质'的例子:民主实行到一般所能想象的最完全最彻底的程度,就由资产阶级民主转化成无产阶级民主,即由国家(=对一定阶级实行镇压的特殊力量)转化成一种已经不是原来意义上的国家的东西。"②列宁指出,无产阶级民主是"一般所能想象的最完全最彻底的"民主,它有两大特征:一是没有常备军;二是所有公职人员完全由选举产生并完全可以罢免。这样一来,公社就"取消了两个最大的开支项目,即军队和国家官吏"、"实现了所有资产阶级革命都提出的廉价政府这一口号"③。

公社的第一项创新措施是没有常备军,公社的第二项创新措施是"取消支付给官吏的一切公务津贴和一切金钱上的特权,把国家**所有**公职人员的报酬减到'**工人工资**'的水平"④,而且,"这里恰巧最明显地表现出一种**转变**:从资产阶级的民主转变为无产阶级的民主,从压迫者的民主转变为被压迫阶级的民主,从国家这个对一定阶级实行镇压的'**特殊力量**'转变为由大多数人——工人和农民用**共同的力量**来镇压压迫者"⑤。列宁认为,这一点"也许是国家问题的最重要的一点"⑥,因为它是全民行使国家政权职能、促进国家消亡的前提。

列宁认为,在资本主义和资本主义文化"**这个基础上**,旧的'国家政权'的大多数职能已经变得极其简单,已经可以简化为登记、记

---

① 《马克思恩格斯文集》第3卷,北京:人民出版社2009年版,第154—155页。
② 《列宁选集》第3卷,北京:人民出版社2012年版,第147页。
③ 同上书,第149页。
④ 同上书,第148页。
⑤ 同上。
⑥ 同上。

录、检查这样一些极其简单的手续,以致每一个识字的人都完全能够胜任这些职能,行使这些职能只须付给普通的'工人工资',并且可以(也应当)把这些职能中任何特权制、'长官制'的痕迹铲除干净"①。

最后,列宁指出:"这些措施关系到对社会进行的国家的即纯政治的改造,但是这些措施自然只有同正在实行或正在准备实行的'剥夺剥夺者'联系起来,也就是同变生产资料资本主义私有制为公有制联系起来,才会显示出全部意义和作用。"②

(三)在第三节"取消议会制"中,列宁根据马克思的论述,揭示了资产阶级议会制的本质,指明了马克思主义者对待议会制的态度,强调了巴黎公社是一个兼管立法和行政的、实干而非议会式的代表机构,并根据巴黎公社的经验,提出了"革命无产阶级当前的直接任务"③,即"**打碎**旧的官吏机器,立刻开始建立一个新的机器来逐步取消任何官吏"④。该节共分二十个自然段:

在第一至第五自然段中,列宁根据马克思在《法兰西内战》中对公社的论述,批判了社会沙文主义和机会主义对待资产阶级议会制的错误态度,揭露了议会制的本质。列宁指出,马克思"善于给议会制一种真正革命无产阶级的批评"、"甚至不会利用资产阶级议会这个'畜圈',特别是在显然不具备革命形势的时候"⑤。对那些忘记了"对议会制**任何**批评"⑥,甚至已经变成了"议会'哈巴狗'的"⑦社会民主党人,列宁斥之为"社会主义叛徒"⑧、"无产阶级叛徒"⑨。在列宁看来,他们忘记了资产阶级议会制的真正本质,即"每隔几年决定一次由

---

① 《列宁选集》第3卷,北京:人民出版社2012年版,第148—149页。
② 同上书,第149页。
③ 同上书,第153页。
④ 同上。
⑤ 同上书,第150页。
⑥ 同上。
⑦ 同上书,第151页。
⑧ 同上。
⑨ 同上书,第150页。

统治阶级中什么人在议会里镇压人民、压迫人民"①，他们所背叛的不是别的，恰恰是"革命的辩证法"②。彻底揭露它、批评它、不利用它，努力摆脱它、取消它、代替它，就是列宁所代表的马克思主义者对待资产阶级议会制的态度，也是列宁对"革命的辩证法"的具体运用。

在第六至第十一自然段中，列宁指出用巴黎公社式的代表机构来摆脱、取消、代替资产阶级议会制。这种所谓的摆脱、取消和代替，"不在于取消代表机构和选举制，而在于把代表机构由清谈馆变为'实干的'机构"③，正如马克思在《法兰西内战》中所说，"公社是一个实干的而不是议会式的机构，它既是行政机关，同时也是立法机关"④。在"任何一个议会制的国家"⑤ 中，都有一个"千真万确的事实"⑥，即"议会专门为了愚弄'老百姓'而从事空谈"、"真正的'国家'工作是在幕后做的，是由各部、官厅和司令部进行的"⑦，这就是资产阶级议会制国家的现实权力运作模式。在公社用来代替议会的机构中，议员们"发表意见和讨论的自由不会流为骗局"、"因为议员必须亲自工作，亲自执行自己通过的法律，亲自检查实际执行的结果，亲自对自己的选民直接负责"⑧。此议员非彼议员，这里的议员已经不再是议会中从事空谈的议员了，而是公社用来代替议会的机构中必须做到"四个亲自"的实干的勤务员了。

在第十二至第二十自然段中，列宁提出，"一下子**打碎**旧的官吏机器，立刻开始建立一个新的机器来逐步取消任何官吏，这**不是**空想，这是公社的经验，这是革命无产阶级当前的直接任务"⑨。在列宁看来，"资本主义使'国家'管理的职能简化了，使我们有可能抛弃'长官职

---

① 《列宁选集》第3卷，北京：人民出版社2012年版，第150页。
② 同上。
③ 同上书，第151页。
④ 《马克思恩格斯文集》第3卷，北京：人民出版社2009年版，第154页。
⑤ 《列宁选集》第3卷，北京：人民出版社2012年版，第151页。
⑥ 同上。
⑦ 同上。
⑧ 同上书，第152页。
⑨ 同上书，第153页。

能'，把全部问题归结为无产者组织起来（成为统治阶级）以全社会名义招雇'工人、监工和会计'"①，而且，"对**所有**这些人的工作如同对**所有**'国家'官吏的工作一样，付给工人的工资"②，这就是"无产阶级专政的任务"③，"这就是在对待一切托拉斯方面具体、实际而且立即可行的任务，它使劳动者免除剥削，并考虑到了实际上已经由公社开始了的尝试（特别是在国家建设方面）"④。列宁提醒人们不要忘记，巴黎公社曾经在国家建设方面进行了大胆的尝试。他深入研究"从旧社会**诞生**新社会"⑤ 这个"自然历史过程"⑥，鼓励人们"向公社'学习'"、"向被压迫阶级的伟大运动的经验学习"⑦。列宁在这里比较乐观地说，在"摧毁现代国家的官吏机器"⑧ 之后，"我们就会有一个除掉了'寄生物'而技术装备很高的机构"⑨，这个机构就是"管理社会事务的机构"⑩，而且这个机构在帝国主义阶段已经准备好了，"完全可以由已经联合起来的工人自己使用"⑪。

列宁批判那种"不要任何管理，不要任何服从"⑫ 的"无政府主义幻想"⑬，强调服从和纪律的重要性，指出社会主义革命和国家建设"所需要的服从，是对一切被剥削劳动者的武装先锋队——无产阶级的服从"⑭，要打碎旧的官吏机器，建立新的管理机构，"没有服从、没有监督、没有'监工和会计'是不行的"⑮。在"组织大生产，把国家官

---

① 《列宁选集》第3卷，北京：人民出版社2012年版，第153页。
② 同上书，第154页。
③ 同上书，第153页。
④ 同上书，第154页。
⑤ 同上书，第152页。
⑥ 同上书，第153页。
⑦ 同上。
⑧ 同上书，第154页。
⑨ 同上。
⑩ 同上。
⑪ 同上。
⑫ 同上书，第153页。
⑬ 同上。
⑭ 同上。
⑮ 同上。

吏变成我们的委托的简单执行者"①的过程中，必须"建立由武装工人的国家政权维护的最严格的铁的纪律"②，逐渐建立起新的秩序。"在这种秩序下，日益简化的监督职能和填制表报的职能将由所有的人轮流行使，然后将成为一种习惯，最后就不再成其为特殊阶层的**特殊**职能了"③。可见，社会事务管理职能日益简化的最终结果是，这些职能失去了地位上的特殊性，克服了专业上的操作难度，可以让所有人轮流行使，并成为一种习惯。不过，列宁在这里没有说明这种习惯的形成，是基于所有人的自觉和自愿，还是出于权威的命令和服从。

列宁十分认同"**邮政**是社会主义经济的模型"④的观点，并进一步指出："把**整个**国民经济组织得像邮政一样，做到在武装的无产阶级的监督和领导下使技术人员、监工和会计，如同**所有**公职人员一样，都领取不超过'工人工资'的薪金，这就是我们最近的目标。这样的国家，在这样的经济基础上的国家，才是我们所需要的。这样才能取消议会制而保留代表机构，这样才能使劳动阶级的这些机构免除资产阶级的糟蹋"⑤。在这里，列宁对该节的内容作了总结，提出了"我们最近的目标"，指出了创建"我们所需要的"国家的三支重要力量："武装的无产阶级"、"技术人员、监工和会计"、"公职人员"。国家代表机构和管理机构将摆脱旧机构的官僚性和压迫性，成为劳动阶级自己的机构，机构中的工作人员代表人民的利益并完全按照人民的旨意办事，正如马克思在《法兰西内战》中所说："旧政权的纯属压迫性质的机关予以铲除，而旧政权的合理职能则从僭越或凌驾于社会之上的当局那里夺取过来，归还给社会的承担责任的勤务员。"⑥

（四）在第四节"组织起民族的统一"中，列宁比较了马克思与蒲鲁东观点上的异同，批判了伯恩斯坦在《社会主义的前提和社会民主党

---

① 《列宁选集》第3卷，北京：人民出版社2012年版，第154页。
② 同上书，第153—154页。
③ 同上书，第154页。
④ 同上。
⑤ 同上书，第154—155页。
⑥ 《马克思恩格斯文集》第3卷，北京：人民出版社2009年版，第156页。

的任务》一书中对马克思观点的歪曲，只讨论"地方自治机关"①，充耳不闻马克思关于消灭国家政权、铲除寄生物的论述；只关注"同集中制对立的联邦制"②，视而不见两种完全不同的集中制类型，即新的无产阶级民主集中制和旧的资产阶级官吏集中制。列宁认为，无产阶级只有通过消灭旧政权的压迫机关，由社会公仆和勤务员行使旧政权的合理职能，理顺中央和地方的权能关系，就能够达到"组织起民族的统一"③ 的目的。该节共分十五个自然段：

在第一至第三自然段中，列宁引用了马克思在《法兰西内战》一书中关于巴黎公社的民主形式和中央政府职能方面的论述，以及关于巴黎公社实现民族的统一的方法的论述。三个自然段中的引文均出自马克思《法兰西内战》一书的同一个自然段。不过，第二和第三自然段中的引文（《列宁选集》2012 年版第 3 卷第 155 页）与《法兰西内战》中的新版译文（《马克思恩格斯文集》2009 年版第 3 卷第 155—156 页）有几处存在表述不统一的现象，例如，引文是"而应该交给公社的官吏，即交给那些严格负责的官吏"④，新版译文是"而是由公社的因而是严格承担责任的勤务员来行使"⑤；引文是："民族的统一不是应该破坏，相反地应该借助于公社制度组织起来，应该通过这样的办法来实现，即消灭以民族统一的体现者自居同时却脱离民族、凌驾于民族之上的国家政权，这个国家政权只不过是民族躯体上的寄生赘瘤。旧政府权力的纯属压迫性质的机关予以铲除，而旧政府权力的合理职能则从僭越或凌驾于社会之上的当局那里夺取过来，归还给社会的负责的公仆。"⑥新版译文是："民族的统一不是要加以破坏，相反，要由公社在体制上、组织上加以保证，要通过这样的办法加以实现，即消灭以民族统一的体现者自居同时却脱离民族、凌驾于民族之上的国家政权，这个国家政权

---

① 《列宁选集》第 3 卷，北京：人民出版社 2012 年版，第 156 页。
② 同上。
③ 同上书，第 158 页。
④ 同上书，第 155 页。
⑤ 《马克思恩格斯文集》第 3 卷，北京：人民出版社 2009 年版，第 155 页。
⑥ 《列宁选集》第 3 卷，北京：人民出版社 2012 年版，第 155 页。

只不过是民族躯体上的寄生赘瘤。旧政权的纯属压迫性质的机关予以铲除，而旧政权的合理职能则从僭越或凌驾于社会之上的当局那里夺取过来，归还给社会的承担责任的勤务员。"① 其中，关于实现民族的统一，引文表述为"民族的统一……应该借助于公社制度组织起来，应该通过这样的办法来实现"，而新版译文表述为"民族的统一……要由公社在体制上、组织上加以保证，要通过这样的办法加以实现"。联系到该节题目是"组织起民族的统一"，可以知道，列宁在该节中主要讨论的话题是，巴黎公社打算通过什么办法来实现民族的统一，以及如何在体制上、组织上保证民族的统一。

在第四至第十五自然段中，列宁指出伯恩施坦在《社会主义的前提和社会民主党的任务》一书中谈论"马克思的这些论述"（见该节第一至第三自然段的引文）时，对马克思的观点所进行的歪曲，指责伯恩施坦"把马克思关于'消灭国家政权——寄生物'的观点同蒲鲁东的联邦制混为一谈"②。让列宁感到不解的是，曾经驳斥过伯恩施坦的普列汉诺夫和考茨基竟然"**都没有**谈到伯恩施坦对马克思的**这一**歪曲"③。"著作界"④ 代表人物的这种沉默、漠然和默认的态度，让列宁义愤填膺。

列宁认为，伯恩施坦混淆马克思和蒲鲁东两人的观点"很可笑"⑤，他指责"机会主义者根本不会革命地思考，根本不会思考革命"⑥，他们只看见了"同集中制对立的联邦制"⑦ 和"地方自治机关"⑧，却丝毫看不见马克思关于消灭国家政权的观点。列宁指出，马克思与蒲鲁东的相同之处在于"两人都主张'打碎'现代国家机器"⑨，不同之处在

---

① 《马克思恩格斯文集》第 3 卷，北京：人民出版社 2009 年版，第 155—156 页。
② 《列宁选集》第 3 卷，北京：人民出版社 2012 年版，第 156 页。
③ 同上。
④ 同上。
⑤ 同上。
⑥ 同上。
⑦ 同上。
⑧ 同上。
⑨ 同上书，第 157 页。

于马克思"主张集中制"①，反对"破坏民族的统一、废除中央政权"②，而蒲鲁东则主张联邦制，强调各村社的独立自由，不要任何权威和法律，不要集中统一的中央政权。列宁批评机会主义者对国家的迷信，以及"把消灭资产阶级国家机器看成是消灭集中制"③的偏见，强调马克思在以上论述中"丝毫也没有离开集中制"④。在第十二自然段中，列宁对无产阶级的"最彻底的民主集中制"⑤进行了界定。即"无产阶级和贫苦农民把国家政权掌握在自己手中，十分自由地按公社体制组织起来，把所有公社的行动**统一**起来去打击资本，粉碎资本家的反抗，把铁路、工厂、土地以及其他私有财产交给**整个**民族、整个社会"⑥。

列宁指责机会主义者"充耳不闻消灭国家政权、铲除寄生物这样的话"⑦，只是简单否定集中制，"根本不会想到"⑧实际上存在着两种相互对立、性质不同的集中制：一种是新的无产阶级民主集中制，即"自觉的、民主的、无产阶级的集中制"⑨；另一种是旧的资产阶级官吏集中制，即"资产阶级的、军阀的、官吏的集中制"⑩。列宁指出，这两种集中制有着根本的区别：新的无产阶级民主集中制具有自愿性，这种"自愿的集中制"可以"使各公社自愿统一为一个民族"、"使无产阶级的公社在破坏资产阶级统治和资产阶级国家机器的事业中自愿融合在一起"⑪；旧的资产阶级官吏集中制具有强迫性，这种"集中制是只能从上面、只能由官吏和军阀强迫实行和维持的东西"⑫。

因此，无产阶级革命不是要消灭集中制，也不是要消灭民族的统

---

① 《列宁选集》第3卷，北京：人民出版社2012年版，第157页。
② 同上。
③ 同上。
④ 同上。
⑤ 同上。
⑥ 同上。
⑦ 同上书，第158页。
⑧ 同上书，第157页。
⑨ 同上书，第158页。
⑩ 同上。
⑪ 同上书，第157页。
⑫ 同上。

一,而是以新的无产阶级的民主集中制为革命的组织原则,通过夺取国家政权,铲除旧政权中的压迫机关,同时把旧政权中的合理职能,特别是"仍须留待中央政府履行的为数不多但很重要的职能"、"归还给社会的负责的公仆"①,即"由公社的因而是严格承担责任的勤务员来行使"②的方法,"组织起民族的统一"③,实现民族的统一。

(五)在第五节"消灭寄生物——国家"中,列宁引用了马克思关于公社形式和公社体制的重要作用的论述,强调必须让广大群众认清"马克思主义的本来面目"④,既要认清"事情已到了**破坏**资产阶级的国家机器的地步"⑤,更要清楚巴黎公社就是"终于发现的可以使劳动在经济上获得解放的政治形式"⑥,是"'终于发现的'、可以而且应该用来**代替**已被打碎的国家机器的政治形式"⑦;指出俄国的1905年革命和1917年革命就是"在另一个环境和另一种条件下继续着公社的事业"⑧,要捍卫马克思主义,就必须继续巴黎公社的事业。该节共分十四个自然段:

在第一至第六自然段中,列宁指出,人们"在新的无产阶级大革命时代到来的时候"⑨,忘记了"马克思评价和分析公社的经验时在国家问题上使用的说法",其实,这些说法是很明确的,就是"'消灭国家政权'这个'寄生赘瘤','铲除'它,'破坏'它;'国家政权现在已被取代'"⑩。列宁为了让广大群众认清"马克思主义的本来面目"⑪,又从马克思的《法兰西内战》一书中补充摘录了几段含有上述"说法"

---

① 《列宁选集》第3卷,北京:人民出版社2012年版,第155页。
② 《马克思恩格斯文集》第3卷,北京:人民出版社2009年版,第155页。
③ 《列宁选集》第3卷,北京:人民出版社2012年版,第158页。
④ 同上书,第159页。
⑤ 同上书,第160页。
⑥ 《马克思恩格斯文集》第3卷,北京:人民出版社2009年版,第158页。
⑦ 《列宁选集》第3卷,北京:人民出版社2012年版,第160页。
⑧ 同上。
⑨ 同上书,第159页。
⑩ 同上。
⑪ 同上。

的原文。不过，在这几段原文里，还含有几个比较重要的"说法"，列宁没有在这里提及或强调：一是强调了公社体制下的工农联合，即"公社体制是把农村的生产者置于他们所在地区中心城市的精神指导之下，使他们在中心城市有工人作为他们利益的天然代表者"[①]；二是强调了公社体制下的地方自治，即"公社的存在本身自然而然会带来地方自治，但这种地方自治已经不是用来牵制现在已被取代的国家政权的东西了"[②]。这两个"说法"与破坏、代替国家政权的"说法"是有机联系、密不可分的关系。

在第七至第十四自然段中，列宁引用了马克思对巴黎公社的本质说明。马克思指出，与一切压迫性的旧政府形式不同，公社是一个高度灵活的政治形式，它是各种不同人的利益的代表，"具有广泛代表性"[③]，而且，"公社的真正秘密就在于：它实质上是工人阶级的政府[④]，是生产者阶级同占有者阶级斗争的结果，是终于发现的可以使劳动在经济上获得解放的政治形式"[⑤]。马克思论述了巴黎公社是如何"使劳动在经济上获得解放"，使"每个人都变成工人"[⑥]，从而真正成为"工人阶级的政府"的。马克思说："如果没有最后这个条件，公社体制就没有存在的可能，就是欺人之谈。生产者的政治统治不能与他们永久不变的社会奴隶地位并存。所以，公社要成为铲除阶级赖以存在、因而也是阶级统治赖以存在的经济基础的杠杆。劳动一解放，每个人都变成工人，于是生产劳动就不再是一种阶级属性了。"[⑦] "公社……是想要剥夺剥夺者。它是想要把现在主要用做奴役和剥削劳动的手段的生产资料，即土

[①] 《马克思恩格斯文集》第 3 卷，北京：人民出版社 2009 年版，第 157 页。
[②] 同上。
[③] 同上。
[④] 在 1871 年和 1891 年的《法兰西内战》德文版中，"工人阶级的政府"等字有着重号，列宁在引用时也加了着重号（参见《列宁选集》第 3 卷，北京：人民出版社 2012 年版，第 159 页）。
[⑤] 《马克思恩格斯文集》第 3 卷，北京：人民出版社 2009 年版，第 158 页。
[⑥] 同上。
[⑦] 同上。

地和资本完全变成自由的和联合的劳动的工具,从而使个人所有制成为现实。"① 马克思指出,生产者要摆脱"永久不变的社会奴隶地位"②,就必须实现"生产者的政治统治"③,成为社会的主人;要成为社会的主人,就必须"使劳动在经济上获得解放",改变生产资料(即土地和资本)的性质,使它们由"奴役和剥削劳动的手段"、"完全变成自由的和联合的劳动的工具,从而使个人所有制成为现实"④。这样一来,每个人都变成了工人,公社也就成了"工人阶级的政府"和劳动解放的政治形势。在这里,劳动解放的标志就是:每个人都是"工人",这种"工人"既是劳动力的个人所有者,又是生产资料的个人所有者,真正实现了马克思所说的"个人所有制"。列宁基于论战的需要,只引用了马克思上述言论中的第一句话(即"如果没有最后这个条件,公社体制就没有存在的可能,就是欺人之谈"⑤)。

在本节最后,列宁简要说明了马克思在无产阶级的革命运动中对未来国家形式(即巴黎公社)的发现过程,同时明确指出,俄国的1905年革命和1917年革命是"在另一个环境和另一种条件下继续着公社的事业"⑥。列宁除了在这里提到了俄国1905年革命,在本章第一节中还提到过两次:

第一次是在列宁指责"臭名昭著的俄国马克思主义叛徒普列汉诺夫"⑦ 出尔反尔、"固执己见,学究式地非难运动'不合时宜'"⑧ 时,列宁说:"普列汉诺夫在1905年11月曾写文章鼓励工人农民进行斗争,

---

① 《马克思恩格斯文集》第3卷,北京:人民出版社2009年版,第158页。
② 同上。
③ 同上。
④ 同上。
⑤ 同上。
⑥ 《列宁选集》第3卷,北京:人民出版社2012年版,第160页。
⑦ 同上书,第141页。
⑧ 同上。

而在1905年12月以后却自由派式地大叫什么'本来就用不着拿起武器'①。"②

第二次是在列宁解读马克思的"人民革命"概念时，列宁说："1905—1907年的俄国资产阶级革命，虽然没有取得像葡萄牙革命和土耳其革命某些时候得到的那些'辉煌'成绩，但无疑是一次'真正的人民'革命，因为人民群众，人民的大多数，惨遭压迫和剥削的社会最'底层'，曾经独立奋起，给整个革命进程打上了自己的烙印：提出了**自己的**要求，**自己**尝试着按照自己的方式建立新社会来代替正被破坏的旧社会。"③

列宁在第一版序言中曾说："最后，我们要给俄国1905年革命、特别是1917年革命的经验，作一个基本的总结。后面这次革命的第一个阶段看来现在（1917年8月初）正在结束，但整个这次革命只能认为是帝国主义战争引起的无产阶级社会主义革命的链条中的一个环节。因此，无产阶级社会主义革命对国家的态度问题不仅具有政治实践的意义，而且具有最迫切的意义，这个问题是要向群众说明，为了使自己从资本的枷锁下解放出来，他们在最近的将来应当做些什么。"④ 列宁虽然最终没有写出第七章"1905年和1917年俄国革命的经验"的内容，但是我们在这一章中，从列宁对这两次俄国革命的简明分析中可以推断出，列宁撰写《国家与革命》，尤其是第七章的目的，与马克思撰写《法兰西内战》的目的是基本相同的，而且第七章所蕴含的历史价值和实践指导意义并不亚于该书前六章。正是由于第七章有如此重要的撰写目的和指导价值，因此，列宁在谈到该章时才会感慨地说："这一章的

---

① 这句话出自格·瓦·普列汉诺夫的《再论我们的处境（给X同志的信）》一文（载于1905年12月《社会民主党人日志》第4期）。普列汉诺夫在这篇文章里说："不合时宜地发动起来的政治罢工导致了莫斯科、索尔莫沃、巴赫穆特等地的武装起义。在这些起义中我们的无产阶级表现得强大、勇敢和具有献身精神。但是他们的力量总还不足以取得胜利。这种情况本来是不难预见到的。因此本来就用不着拿起武器。"（见《普列汉诺夫全集》1926年俄文版第15卷第12页）——编者注
② 《列宁选集》第3卷，北京：人民出版社2012年版，第141页。
③ 同上书，第144页。
④ 同上书，第110页。

题目非常大，可以而且应当写几卷书来论述它。这本小册子自然就只能涉及与无产阶级在革命中在对待国家政权方面的任务直接有关的最主要的经验教训了。"①

下面介绍一下第四章"续前。恩格斯的补充说明"的内容。这一章包括六节的内容：

1. 《住宅问题》
2. 同无政府主义者的论战
3. 给倍倍尔的信
4. 对爱尔福特纲领草案的批判
5. 1891年为马克思的《内战》所写的导言
6. 恩格斯论民主的消除

在这一章的第一节之前，有一个承上启下的自然段，列宁在该段中简要说明了写这一章的原因，他说："马克思对公社经验的意义问题指出了基本的要点。恩格斯不止一次地谈到这个问题，说明马克思的分析和结论，并且有时非常有力非常突出地阐明这个问题的**其他**方面，因此我们必须特别来谈谈这些说明。"② 在这一章中，列宁通过摘录和引证恩格斯的《论住宅问题》《论权威》《给奥·倍倍尔的信》（1875年3月18—28日）、《1891年社会民主党纲领草案批判》《〈法兰西内战〉德文第3版导言》（1891年3月18日）和《〈人民国家报〉国际问题论文集（1871—1875）序》，以及马克思的《政治冷淡主义》，批判了机会主义者对巴黎公社经验的歪曲，以及对"马克思主义在消灭国家问题上对无政府主义的态度"③ 的歪曲，指出恩格斯在马克思对巴黎公社经验进行总结和分析的基础上，进一步阐明了巴黎公社经验的重大意义。下面介绍一下第四章各节的内容。

（一）第一节"《住宅问题》"共分十个自然段。在第一至第六自

---

① 《列宁选集》第3卷，北京：人民出版社2012年版，第220页。
② 同上书，第160页。
③ 同上。

然段中，列宁在引用了恩格斯在《论住宅问题》中关于"剥夺和占据住宅"①的论述以后，强调指出，"剥夺和占据住宅"是国家政权活动的一项内容，它既可以"根据现今国家的命令进行"②，也可以根据"无产阶级国家的命令"③进行。虽然国家政权活动的内容相同，但国家政权的形式却发生了改变，因为"只要无产阶级取得了政权"④，"占据住宅和剥夺房屋"⑤就会成为一种"具有公共福利形式的措施"⑥，劳动人民就会占有"全部劳动工具和拥有全部工业"、"成为房屋、工厂和劳动工具的总所有者"⑦。

在第七至第九自然段中，列宁引用了恩格斯在《论住宅问题》中提出的科学社会主义的核心观点，这个观点就是马克思和恩格斯"在《共产主义宣言》⑧中已经申述过并且以后又重述过无数次"⑨的观点："无产阶级必须采取政治行动，必须把实行无产阶级专政作为达到废除阶级并和阶级一起废除国家的过渡。"⑩列宁认为，这一观点明确表述了"马克思主义的原则立场"⑪。列宁嘲笑社会沙文主义者"给国际主义者加上无政府主义的罪名"、"把恩格斯也算做'无政府主义者'"⑫，他们丝毫看不见无政府主义"鼓吹可以'在一天之内'废除国家"⑬的国家消亡论与马克思主义关于"国家会随着阶级的废除而废除"⑭的国家消亡论（特别是"《反杜林论》的那段人所共知的'国家

---

① 《列宁选集》第3卷，北京：人民出版社2012年版，第161页。
② 同上。
③ 同上。
④ 《马克思恩格斯文集》第3卷，北京：人民出版社2009年版，第264页。
⑤ 《列宁选集》第3卷，北京：人民出版社2012年版，第161页。
⑥ 《马克思恩格斯文集》第3卷，北京：人民出版社2009年版，第264页。
⑦ 同上书，第328页。
⑧ 即《共产党宣言》。
⑨ 《马克思恩格斯文集》第3卷，北京：人民出版社2009年版，第310页。
⑩ 同上。
⑪ 《列宁选集》第3卷，北京：人民出版社2012年版，第162页。
⑫ 同上书，第163页。
⑬ 同上。
⑭ 同上。

消亡论'的论述"①）之间有什么区别。

在最后一个自然段中，列宁指出，由于"现在占统治地位的'社会民主主义'学说把马克思主义在消灭国家问题上对无政府主义的态度完全歪曲了，因此我们来回忆一下马克思和恩格斯同无政府主义者的一次论战，是特别有益的"②。这就自然而然地引出了第二节"同无政府主义者的论战"的内容。

（二）第二节"同无政府主义者的论战"共分十五个自然段。在这一节的内容中，既有马克思主义者对无政府主义者、现代社会民主党人的批判，也有现代社会民主党人对无政府主义者的批评，以及无政府主义者对现代社会民主党人的责备。在第一自然段中，列宁指出，马克思和恩格斯分别在《政治冷淡主义》和《论权威》中驳斥了"蒲鲁东主义者即'自治论者'或'反权威主义者'"③，阐明了马克思主义与无政府主义在国家问题、"权威和自治"④问题上的区别。

在第二至第五自然段中，列宁摘录了马克思在《政治冷淡主义》中讥笑无政府主义者时所提出的废除国家的思路，即"工人阶级的政治斗争采取暴力的形式……建立起自己的革命专政来代替资产阶级专政"、"为了粉碎资产阶级的反抗……不放下武器，不废除国家，而赋予国家以一种革命的暂时的形式"⑤。列宁指出，马克思不是反对废除国家，"不是反对国家将随阶级的消失而消失，或国家将随阶级的废除而废除，而是反对要工人拒绝使用武器，拒绝使用有组织的暴力，**即拒绝**使用应为'粉碎资产阶级的反抗'这一目的服务的**国家**"⑥，也就是说，"在废除国家**目**的这个问题上，我们和无政府主义者完全没有分歧。我们所断言的是，为了达到这个目的，就必须暂时利用国家权力的工具、手段、方法去**反对**剥削者，正如为了消灭阶级，就必须实行被压迫阶级的

---

① 《列宁选集》第3卷，北京：人民出版社2012年版，第163页。
② 同上。
③ 同上。
④ 同上书，第165页。
⑤ 《马克思恩格斯文集》第3卷，北京：人民出版社2009年版，第339—340页。
⑥ 《列宁选集》第3卷，北京：人民出版社2012年版，第164页。

暂时专政一样"①。

列宁认为，"无产阶级所必需的国家具有'革命的**暂时的**形式'"②，"无产阶级需要国家只是暂时的"③。在这里，列宁明确了无产阶级专政（工人阶级专政）、无产阶级国家的"一个目标（即废除国家）、两个特性（即革命性和暂时性）"。

在第六至第十五自然段中，列宁认为，恩格斯在《论权威》中"更加详尽更加通俗地阐明了这同一个思想"④，就是马克思在前文中阐明的通过"国家"最终废除国家（即通过革命性和暂时性的无产阶级专政的国家来废除国家）的思想，同时讥笑了蒲鲁东主义者"否认任何权威、任何服从、任何权力"⑤的糊涂观念。所谓"更加详尽更加通俗"，是指恩格斯分别从权威、自治、公共职能和"政治国家"⑥，以及"问题提法"⑦等方面，论述了通过"国家"最终废除国家的思想。

列宁指出，恩格斯"在这些论述中涉及了在考察国家消亡时期的政治与经济的相互关系（下一章要专门论述这个问题）时应该考察的问题。那就是关于公共职能由政治职能变为简单管理职能的问题和关于'政治国家'的问题。后面这个说法（它特别容易引起误会）指出了国家消亡有一个过程：正在消亡的国家在它消亡的一定阶段，可以叫做非政治国家"⑧。恩格斯在《论权威》中说："所有的社会主义者都认为，国家以及政治权威将由于未来的社会革命而消失，这就是说，公共职能将失去其政治性质，而变为维护真正社会利益的简单的管理职能。但是，反权威主义者却要求在产生政治国家的各种社会条件消除以前，一举把政治国家废除。他们要求把废除权威作为社会革命的第一个行动。

---

① 《列宁选集》第3卷，北京：人民出版社2012年版，第164页。
② 同上。
③ 同上。
④ 同上。
⑤ 同上。
⑥ 同上书，第166页。
⑦ 同上。
⑧ 同上。

这些先生见过革命没有？革命无疑是天下最权威的东西。革命就是一部分人用枪杆、刺刀、大炮，即用非常权威的手段强迫另一部分人接受自己的意志。获得胜利的政党如果不愿意失去自己努力争得的东西，就必须凭借它以武器对反动派造成的恐惧，来维持自己的统治。要是巴黎公社面对资产者没有运用武装人民这个权威，它能支持哪怕一天吗？反过来说，难道我们没有理由责备公社把这个权威用得太少了吗？"①

可见，所谓国家的消失，就是"公共职能将失去其政治性质，而变为维护真正社会利益的简单的管理职能"（即列宁所说的"公共职能由政治职能变为简单管理职能"②），换句话说，就是政治国家的废除，就是通过社会革命逐步消除"产生政治国家的各种社会条件"③。这里值得注意的是恩格斯对革命的规定："革命无疑是天下最权威的东西。革命就是一部分人用枪杆、刺刀、大炮，即用非常权威的手段强迫另一部分人接受自己的意志"④。这种权威就是让对方感到恐惧的武装力量（包括人民武装或武装人民），拥有这种权威的革命是暴力革命（包括无产阶级革命），它的最高权威性源于自身的暴力恐怖性、强迫服从性、武装军事性。这种革命是列宁始终高度认同和完全信赖的革命样式，也是其一生努力践行和弘扬的革命样式。

在这里，列宁借鉴了恩格斯的"政治国家"概念，提出了"非政治国家"⑤概念。公共职能在"政治国家"中具有政治性质，而"非政治国家"的公共职能则变成了"简单管理职能"⑥。由于"非政治国家"被列宁定位在了"正在消亡的国家在它消亡的一定阶段"⑦上，所以，它就是"正在消亡的国家"，即无产阶级国家在它消亡的一定阶段上的一种形式。

---

① 《马克思恩格斯文集》第 3 卷，北京：人民出版社 2009 年版，第 338 页。
② 《列宁选集》第 3 卷，北京：人民出版社 2012 年版，第 166 页。
③ 《马克思恩格斯文集》第 3 卷，北京：人民出版社 2009 年版，第 338 页。
④ 同上。
⑤ 《列宁选集》第 3 卷，北京：人民出版社 2012 年版，第 166 页。
⑥ 同上。
⑦ 同上。

列宁认为，恩格斯"这些论述中最精彩的地方"①就是他提出问题和谈论问题的方式，他"是这样谈问题的。他着重指出，所有的社会主义者都承认国家的消失是社会主义革命的结果。然后他具体地提出革命的问题，这个问题恰巧是机会主义的社会民主党人通常避而不谈而可以说是把它留给无政府主义者去专门'研究'的。恩格斯一提出这个问题就抓住了关键：公社难道不应该**更多地**运用**国家**即武装起来并组织成为统治阶级的无产阶级这个**革命**政权吗？"②国家的消失是社会主义革命的结果，这个观点虽然已经成为所有社会主义者的共识，但是，正如列宁所说，只有真正的马克思主义者才会"具体地提出革命的问题"③，即"革命的产生和发展"、"革命在对待暴力、权威、政权、国家方面的特殊任务"④，而且"十分具体地研究一下无产阶级无论在对待银行方面还是在对待国家方面应该做什么和怎样做"⑤。在革命的具体问题上所采取的避而不谈、甚至加以歪曲和庸俗化的态度，"恰巧**不是**马克思主义者可以而且应该采取的"⑥。

（三）第三节"给倍倍尔的信"共分十二个自然段。在第一至第八自然段中，列宁摘录了恩格斯在《给奥·倍倍尔的信》（1875年3月18—28日）中对国家问题"所作的革命解释"⑦，同时认为，"这段话在马克思和恩格斯关于国家问题的著作中，如果不算是最精彩的论述，也得算是最精彩的论述之一"⑧。恩格斯说："自由的人民国家变成了自由国家。从字面上看，自由国家就是可以自由对待本国公民的国家，即具有专制政府的国家。应当抛弃这一切关于国家的废话，特别是在出现了已经不是原来意义上的国家的巴黎公社以后。无政府主义者用'人民

---

① 《列宁选集》第3卷，北京：人民出版社2012年版，第166页。
② 同上书，第167页。
③ 同上。
④ 同上书，第166页。
⑤ 同上书，第167页。
⑥ 同上书，第166页。
⑦ 同上书，第170页。
⑧ 同上书，第167页。

国家'这一个名词把我们挖苦得很够了,虽然马克思驳斥蒲鲁东的著作①和后来的《共产主义宣言》②都已经直接指出,随着社会主义社会制度的建立,国家就会自行解体和消失。既然国家只是在斗争中、在革命中用来对敌人实行暴力镇压的一种暂时的设施,那么,说自由的人民国家,就纯粹是无稽之谈了:当无产阶级还**需要**国家的时候,它需要国家不是为了自由,而是为了镇压自己的敌人,一到有可能谈自由的时候,国家本身就不再存在了。因此,我们建议把'**国家**'一词全部改成'共同体'[Gemeinwesen],这是一个很好的德文古词,相当于法文的'公社'。"③

其实,如果仅仅"从字面上看",那么"自由国家"既可以像恩格斯所说的那样,理解为一种"自由对待本国公民的国家,即具有专制政府的国家",也可以理解为这样一种国家,该国的公民是自由的、自主的,即具有民主政府的国家。恩格斯为什么不主张或不采取第二种理解方式呢?因为第二种对国家的理解方式抹杀了马克思主义对"国家"的原初的、实质的规定,也歪曲了马克思主义对"民主"和"自由"的规定。恩格斯在这里说得很清楚,"国家只是在斗争中、在革命中用来对敌人实行暴力镇压的一种暂时的设施"、"当无产阶级还**需要**国家的时候,它需要国家不是为了自由,而是为了镇压自己的敌人,一到有可能谈自由的时候,国家本身就不再存在了"。

在恩格斯这段"最精彩的论述"中,还有两个重要的信息:一是马克思、恩格斯早在《哲学的贫困》和《共产党宣言》中就提出了国家消亡的论点,即"随着社会主义社会制度的建立,国家就会自行解体和消失"④;二是马克思和恩格斯建议"把'国家'一词**从党纲中去掉**,用'**共同体**'来代替"⑤,这个"共同体"一词"相当于法文的'公

---

① 指《哲学的贫困》,见《马克思恩格斯文集》第1卷,北京:人民出版社2009年版。
② 即《共产党宣言》。
③ 《马克思恩格斯文集》第3卷,北京:人民出版社2009年版,第414页。
④ 同上。
⑤ 《列宁选集》第3卷,北京:人民出版社2012年版,第168页。

社'"①。列宁认真分析了"共同体"［Gemeinwesen］一词，他说："德文中有两个词都作'共同体'解释，恩格斯用的那个词**不是**指单个的共同体，而是指共同体的总和即共同体体系。"② 根据列宁的分析，无产阶级国家不是无产阶级"单个的共同体"，而是一个无产阶级的"共同体体系"。"只要改变一下某一事物的名称，就可以改变这一事物本身"③，把"国家"换成"共同体"就可以废除国家，这是一种幻想；无产阶级的"共同体体系"只能在艰苦卓绝的革命斗争、夺取政权和废除国家的历史过程中，一步一步地构建起来。

列宁在第八自然段中特别指出，"巴黎公社已经不是原来意义上的国家"④ 了，"这是恩格斯在理论上最重要的论断"⑤，"因为公社所要镇压的不是大多数居民，而是少数居民（剥削者）；它已经打碎了资产阶级的国家机器；居民已经自己上台来代替**特殊**的镇压力量。所有这一切都已经不是原来意义上的国家了。如果公社得到巩固，那么公社的国家痕迹就会自行'消亡'，它就用不着'废除'国家机构，因为国家机构将无事可做而逐渐失去其作用"⑥。既然"公社已经**不再是**国家了"⑦，那么，巴黎公社可以看作是一个初级的、构建过程中的"共同体"或"共同体体系"。

在第九至第十二自然段中，列宁指出，从原则上说，"'人民国家'像'自由的人民国家'一样，都是无稽之谈，都是背离社会主义的"⑧，但是，考茨基、倍倍尔等人却无视"恩格斯所作的革命解释"⑨，"还是顽固地重犯恩格斯告诫过的那些错误"⑩，"顽固地重复关于国家问题的

---

① 《马克思恩格斯文集》第 3 卷，北京：人民出版社 2009 年版，第 414 页。
② 《列宁选集》第 3 卷，北京：人民出版社 2012 年版，第 169 页。
③ 《马克思恩格斯文集》第 3 卷，北京：人民出版社 2009 年版，第 337 页。
④ 《列宁选集》第 3 卷，北京：人民出版社 2012 年版，第 169 页。
⑤ 同上。
⑥ 同上。
⑦ 同上。
⑧ 同上。
⑨ 同上书，第 170 页。
⑩ 同上书，第 169 页。

机会主义论调"①。

（四）第四节"对爱尔福特纲领草案的批判"共分二十七个自然段。在第一至第四自然段中，列宁指出，恩格斯"写于1891年6月18—29日"② 的《社会民主党纲领草案批判》是一篇"批判社会民主党在**国家**结构问题上的**机会主义**观点"③ 的文章，其中，恩格斯"还对经济问题作了一个非常宝贵的指示"④，即"如果我们从**股份公司**进而来看那支配着和垄断着整个工业部门的托拉斯，那么，那里不仅没有了**私人生产**，而且也没有了**无计划性**"⑤，这意味着"资本主义转化为垄断**资本主义**"⑥，但是，"目前最普遍的一种错误就是资产阶级改良主义者所断言的什么垄断资本主义或国家垄断资本主义**已经不**是资本主义，已经可以称为'国家社会主义'"⑦。列宁强调指出，所谓垄断资本主义，只是资本主义的新阶段，"我们还是处在**资本主义**下"⑧，而且，"在无产阶级的真正代表看来，**这种**资本主义之'接近'社会主义，只是证明社会主义革命已经接近，已经不难实现，已经可以实现，已经刻不容缓，而决不是证明可以容忍一切改良主义者否认社会主义革命和粉饰资本主义"⑨。在这里，列宁阐明了"无产阶级的真正代表"即革命的马克思主义者与一切改良主义者的根本分歧：在垄断资本主义这一历史阶段上，前者十分肯定社会主义革命"已经接近"了、"已经不难实现"了、"已经可以实现"了，甚至"已经刻不容缓"了，后者却在"粉饰资本主义"，否认了社会主义革命。

在第五至第二十七自然段中，列宁指出，恩格斯在批判有机会主义倾向的爱尔福特纲领草案时，对国家问题"作了三方面的特别宝贵的指

---

① 《列宁选集》第3卷，北京：人民出版社2012年版，第170页。
② 《马克思恩格斯文集》第4卷，北京：人民出版社2009年版，第638页。
③ 《列宁选集》第3卷，北京：人民出版社2012年版，第170页。
④ 同上。
⑤ 《马克思恩格斯文集》第4卷，北京：人民出版社2009年版，第410页。
⑥ 《列宁选集》第3卷，北京：人民出版社2012年版，第171页。
⑦ 同上。
⑧ 同上。
⑨ 同上。

示：第一是关于共和国问题；第二是关于民族问题同国家结构的联系；第三是关于地方自治"①。其中，第一个问题是"恩格斯批判爱尔福特纲领草案的重点"②，这个重点的批判也是对"整个第二国际的机会主义"③ 的批判。

列宁指出，恩格斯在共和国这个问题上"非常谨慎，没有束缚自己的手脚"④，一方面，他认为，"在德国没有共和制和自由，所以幻想走'和平'道路是十分荒谬的"⑤；另一方面，"他承认，在有共和制或有充分自由的国家里，和平地向社会主义发展是'可以设想'（仅仅是'设想'！）的"⑥。虽然列宁强调一个有充分自由的共和制国家向社会主义和平发展，"仅仅是'设想'"而已！但是，这里好像存在这样一个逻辑：现在还不是共和制、还没有充分自由的国家（例如德国），将来可能会成为有充分自由的共和制国家，那么，现在对于这个国家还是幻想的、"十分荒谬"的东西（例如向社会主义和平发展），将来也会成为"可以设想"的东西。是否存在这样一个逻辑呢？

让我们来看一看恩格斯的这段原话："现在有人因害怕恢复反社会党人法，因为回想起在这项法律统治下发表的一些草率的言论，就忽然认为，德国目前的法律状况就足以使党通过和平方式实现自己的一切要求。他们力图使自己和党相信，'现代的社会正在长入社会主义'，而不去考虑，与此同时这个社会是否还要像虾挣破自己的旧壳那样必须从它的旧社会制度中破壳而出，并且必须用暴力来炸毁这个旧壳，是否除此之外，这个社会在德国就无须再炸毁那还是半专制制度的、而且是混乱得不可言状的政治制度的桎梏。可以设想，在人民代议机关把一切权力集中在自己手里、只要取得大多数人民的支持就能够按照宪法随意办事的国家里，旧社会有可能和平长入新社会，比如在法国和美国那样的

---

① 《列宁选集》第 3 卷，北京：人民出版社 2012 年版，第 171 页。
② 同上。
③ 同上。
④ 同上书，第 172 页。
⑤ 同上。
⑥ 同上。

民主共和国,在英国那样的君主国。英国报纸上每天都在谈论即将赎买王朝的问题,这个王朝在人民的意志面前是软弱无力的。但是在德国,政府几乎有无上的权力,帝国国会及其他一切代议机关毫无实权,因此,在德国宣布要这样做,而且在没有任何必要的情况下宣布要这样做,就是揭去专制制度的遮羞布,自己去遮盖那赤裸裸的东西。"①

可见,上述逻辑是必然存在的。但是,在恩格斯看来,即便是旧社会能够和平长入新社会,也必须"还要像虾挣破自己的旧壳那样"、"必须用暴力来炸毁这个旧壳"。可见,像虾蜕皮、蝉脱壳一样"暴力炸毁"(即废除、打碎)国家,是社会"蜕变"的一个核心标志。社会"蜕变"也不是别的,它是"暴力炸毁"(即废除、打碎)旧社会的国家机构的过程,是旧社会的内在生命力日益成熟和强大起来以后,进行的一次集中释放和全面爆发。如果说,"和平长入"和"暴力炸毁"是社会"蜕变"过程的两个阶段,那么,"和平长入"阶段就是社会"蜕变"的准备阶段,"暴力炸毁"就是社会"蜕变"时的"一刹那"。对于资产阶级旧社会来说,"暴力炸毁"就发生在无产阶级上升为统治阶级的"一刹那",即无产阶级在夺取政权之后,废除旧官吏机构、实行无产阶级专政的那一刻。

恩格斯指出,"德国目前的法律状况"还远不"足以使党通过和平方式实现自己的一切要求",就是在那些"旧社会有可能和平长入新社会"的国家中,如法国、美国和英国,实际上也不意味着放弃了暴力。恰恰相反,暴力既是"和平长入新社会"之前的一项根本保障,又是"和平长入新社会"之后的一项根本措施。夺取国家政权的"暴力革命",与恩格斯在这里提出的"暴力炸毁",可以看作是两种性质和内涵不同的暴力。"暴力革命"与"和平长入"是无产阶级根据本国实际情况夺取国家政权的两种方式,其中,"暴力革命"为"和平长入"时的政治博弈提供了军事抗衡、武力威慑等方面的保障;"暴力炸毁"是对国家机构的废除和打碎,它以无产阶级夺取国家政权,成为统治阶级

---

① 《马克思恩格斯文集》第4卷,北京:人民出版社2009年版,第413—414页。

为前提。至于应该选择何种方式来夺取国家政权,则完全由各国无产阶级根据本国的具体实际来决定。但是,如果无产阶级只是夺取了国家政权(不管是采取"革命方式",还是采取"和平方式"),却没有"暴力炸毁"(即废除、打碎)国家机构,没有实行无产阶级专政,或干脆否认了无产阶级专政,那么,在马克思主义者看来,社会并没有发生本质的改变即社会"蜕变",整个社会和国家仍然是资产阶级社会和国家,夺取了国家政权的那个无产阶级也不是马克思主义话语中的"作为统治阶级的无产阶级"。

另外,列宁指出,"恩格斯在这里特别明确地重申了贯穿在马克思的一切著作中的基本思想,这就是:民主共和国是走向无产阶级专政的捷径"①,而恩格斯的原话则是:"如果说有什么是毋庸置疑的,那就是,我们的党和工人阶级只有在民主共和国这种形式下,才能取得统治。民主共和国甚至是无产阶级专政的特殊形式,法国大革命已经证明了这一点。"② 我们对比一下列宁和恩格斯的话,会发现两者存在一定的差异,后者使用了"只有"一词,而前者则使用了"捷径"一词;"只有"一词强调的是唯一性,而"捷径"一词则是指最短而最佳的途径。

对于恩格斯关于民主共和国问题的上述言论,列宁和第二国际做了完全相反的解读。按照列宁的解释,民主共和国"虽然丝毫没有消除资本的统治,因而也丝毫没有消除对群众的压迫和阶级斗争,但是,它必然会使这个斗争扩大、展开、明朗化和尖锐化,以致一旦出现满足被压迫群众的根本利益的可能性,这种可能性就必然通过而且只有通过无产阶级专政即无产阶级对这些群众的领导得到实现"③。第二国际则充分肯定了民主共和国这一政治形式,否认了列宁在这里提出的"两个必然",即阶级斗争在民主共和国必然会扩大化、"明朗化和尖锐化",被压迫群众的根本利益必然要通过无产阶级专政来实现。

---

① 《列宁选集》第 3 卷,北京:人民出版社 2012 年版,第 173 页。
② 《马克思恩格斯文集》第 4 卷,北京:人民出版社 2009 年版,第 415 页。
③ 《列宁选集》第 3 卷,北京:人民出版社 2012 年版,第 173—174 页。

列宁在总结恩格斯关于民族问题同国家结构的联系,以及关于地方自治的思想的基础上,提出了"民主集中制的共和国"①(即"民主的集中制共和国"②)的观点。列宁认为,"恩格斯同马克思一样,从无产阶级和无产阶级革命的观点出发坚持民主集中制,坚持单一而不可分的共和国"③,这种"单一制的、民主集中制的共和国""**丝毫不排斥这样一种广泛的地方自治,这种自治在各个市镇和省自愿坚持国家统一的同时,绝对能够消除任何官僚制度和任何来自上面的'发号施令'**"④,对于这些自治地方来说,"真正民主的集中制共和国赋予的自由比联邦制共和国要**多**"⑤。

(五)第五节"1891年为马克思的《内战》所写的导言"共分二十三个自然段。在第一自然段中,列宁高度评价了恩格斯在《〈法兰西内战〉德文第3版导言》(1891年3月18日)中对国家问题的意见,特别是对巴黎公社的教训作了深刻概括。列宁认为,这个概括"完全可以称为马克思主义在国家问题上的**最高成就**"⑥。

在第二至第四自然段中,列宁指出,恩格斯在《导言》中对各次资产阶级革命的经验做了简短明了的总结,即"掌握国家大权的资产者的第一个信条就是解除工人的武装。于是,在每次工人赢得革命以后就产生新的斗争,其结果总是工人失败"⑦。列宁认为,"国家问题的实质"⑧ 就在于"**被压迫阶级有没有武装?**"⑨ 列宁以策列铁里在1917年6月11日的演说(即"脱口说出了资产阶级要解除彼得格勒工人武装的决定"⑩)为例,揭露了社会革命党人和孟什维克的联盟"转到资产

---

① 《列宁选集》第3卷,北京:人民出版社2012年版,第175页。
② 同上书,第177页。
③ 同上书,第175页。
④ 同上书,第175—176页。
⑤ 同上书,第177页。
⑥ 同上。
⑦ 《马克思恩格斯文集》第3卷,北京:人民出版社2009年版,第101页。
⑧ 《列宁选集》第3卷,北京:人民出版社2012年版,第178页。
⑨ 同上。
⑩ 同上。

阶级方面来**反对**革命的无产阶级"① 的行径。

在第五至第八自然段中,列宁指出,德国社会民主党把恩格斯提出的关于"宗教**对国家而言**纯属私事的原则"② 歪曲为"宗教问题**对于革命无产阶级政党也是**私事"③ 的观点,并"拒绝执行对麻醉人民的宗教鸦片进行**党的**斗争的任务"④,这是对无产阶级革命纲领的完全背叛。

在第九至第二十三自然段中,列宁指出,恩格斯认为巴黎公社的"最重要的教训"⑤ 就是,"工人阶级一旦取得统治权,就不能继续运用旧的国家机器来进行管理;工人阶级为了不致失去刚刚争得的统治,一方面应当铲除全部旧的、一直被利用来反对工人阶级的压迫机器,另一方面还应当保证本身能够防范自己的代表和官吏,即宣布他们毫无例外地可以随时撤换"⑥,而且"对所有公职人员,不论职位高低,都只付给跟其他工人同样的工资"⑦,这也可以"防止人们去追求升官发财"⑧,"防止国家和国家机关由社会公仆变为社会主人"⑨。列宁认为,这是"有趣的界限,在这个界限上,彻底的民主**变成了**社会主义,同时也**要求**实行社会主义"⑩。这个"有趣的界限"既是消灭国家、实行社会主义的界限,又是消除民主和"**彻底**发展民主"⑪ 的界限,为什么这样说呢?

一是因为国家的基本特征是"把公职人员,'社会公仆',社会机关,变为社会的**主人**"⑫,也就是说,所有国家(包括民主共和国)的公职人员都不可避免地会由"社会公仆"变为"社会主人",所以,

---

① 《列宁选集》第3卷,北京:人民出版社2012年版,第178页。
② 《马克思恩格斯文集》第3卷,北京:人民出版社2009年版,第106页。
③ 《列宁选集》第3卷,北京:人民出版社2012年版,第178页。
④ 同上书,第179页。
⑤ 同上。
⑥ 《马克思恩格斯文集》第3卷,北京:人民出版社2009年版,第110页。
⑦ 同上书,第111页。
⑧ 同上。
⑨ 同上书,第110页。
⑩ 《列宁选集》第3卷,北京:人民出版社2012年版,第180页。
⑪ 同上书,第181页。
⑫ 同上书,第180页。

"要消灭国家就必须把国家机关的职能变为非常简单的监督和计算的手续，使大多数居民，而后再使全体居民，都能够办理，都能够胜任。而要完全消除升官发财的思想，就必须使国家机关中那些无利可图但是'荣耀的'职位**不**能成为在银行和股份公司内找到肥缺的桥梁，像在一切最自由的资本主义国家内所**经常**看到的那样"①。

二是"因为在资本主义下彻底的民主制度是不可能的，而在社会主义下则任何民主都是会**消亡**的"②，因此，"**彻底**发展民主，找出彻底发展的种种**形式**，用**实践**来检验这些形式等等，这一切都是为社会革命进行斗争的基本任务之一。任何单独存在的民主制度都不会产生社会主义，但在实际生活中民主制度永远不会是'单独存在'，而总是'共同存在'的，它也会影响经济，推动**经济的**改造，受经济发展的影响等等。这就是活生生的历史辩证法"③。

最后，列宁强调了恩格斯的两个观点：第一个观点是，在民主共和国中，阶级斗争和阶级压迫会采取"更广泛、更自由、更公开的**形式**，能够大大便于无产阶级为消灭一切阶级而进行的斗争"④；第二个观点是，"只有新的一代"⑤，即"在新的自由的社会条件下成长起来的一代有能力把这国家废物全部抛掉"⑥。其中，第二个观点与列宁在下一节专门论述的"民主的消除问题"⑦是相联系着的。

（六）第六节"恩格斯论民主的消除"共分十二个自然段。列宁指出，恩格斯在《〈人民国家报〉国际问题论文集（1871—1875）序》（1894年1月3日）中谈论"社会民主主义者"⑧（列宁使用的词是

---

① 《列宁选集》第3卷，北京：人民出版社2012年版，第180—181页。
② 同上书，第181页。
③ 同上。
④ 同上书，第182页。
⑤ 同上。
⑥ 《马克思恩格斯文集》第3卷，北京：人民出版社2009年版，第111页。
⑦ 《列宁选集》第3卷，北京：人民出版社2012年版，第182页。
⑧ 《马克思恩格斯文集》第4卷，北京：人民出版社2009年版，第448页。

"社会民主党人"①）的名称问题时，"曾连带说到"② 了关于民主的消除问题。恩格斯是这样说的："对于经济纲领不单纯是一般社会主义的而直接是共产主义的党来说，对于政治上的最终目的是消除整个国家因而也消除民主的党来说，这个词还是不确切的。"③ "这个词"指的是"社会民主党人"。虽然恩格斯在这里已经说得很清楚了，消除整个国家也就是消除民主，但是"人们通常在谈论国家问题的时候，老是犯恩格斯在这里所告诫的而我们在前面也顺便提到的那个错误。这就是：老是忘记国家的消灭也就是民主的消灭，国家的消亡也就是民主的消亡"④。

列宁提醒人们，恩格斯在这里所说的"民主和少数服从多数的原则**不是**一个东西"⑤，而是民主类型的国家。作为国家的一种政治类型，"民主就是承认少数服从多数的**国家**，即一个阶级对另一个阶级、一部分居民对另一部分居民使用有系统的**暴力**的组织"⑥。消灭民主就是消灭国家；"消灭国家，也就是消灭任何有组织有系统的暴力，消灭任何加在人们头上的暴力"⑦。作为一名"向往社会主义"⑧ 的马克思主义者，列宁"深信：社会主义将发展为共产主义，而对人们使用暴力，使一个人服从另一个人、使一部分居民**服从**另一部分居民的任何必要也将随之消失，因为人们**将习惯于遵守公共生活的起码规则，而不需要暴力和服从**"⑨。列宁感慨地说，只有恩格斯所说的"新的**一代**"⑩ 才真正不再需要任何暴力、任何服从（包括"少数服从多数"⑪），才真正习

---

① 《列宁选集》第3卷，北京：人民出版社2012年版，第182页。
② 同上。
③ 《马克思恩格斯文集》第4卷，北京：人民出版社2009年版，第449页。
④ 《列宁选集》第3卷，北京：人民出版社2012年版，第184页。
⑤ 同上。
⑥ 同上。
⑦ 同上。
⑧ 同上书，第185页。
⑨ 同上。
⑩ 同上。
⑪ 同上书，第184页。

惯于遵守公共生活的起码规则,才真正有能力把国家(包括"民主共和制的国家"①) 全部消灭掉。列宁认为,这就是对民主的消除问题的解答。要具体地解答和说明这一问题,"就必须分析国家消亡的经济基础问题"②,而该问题就是《国家与革命》第五章所要讨论的主题。

三 国家消亡的经济基础(第五章)

在《国家与革命》的第五章"国家消亡的经济基础"中,列宁论述了共产主义发展与国家消亡之间的联系。这一章包括四节的内容:

1. 马克思如何提出问题
2. 从资本主义到共产主义的过渡
3. 共产主义社会的第一阶段
4. 共产主义社会的高级阶段

列宁认为,马克思在《哥达纲领批判》中对"国家消亡的经济基础"问题作了详尽说明。列宁阐发了马克思关于共产主义社会分为第一阶段和高级阶段的学说,指明了它们是共产主义在经济上成熟程度不同的两个阶段,并把共产主义社会第一阶段或低级阶段称为社会主义。列宁通过论述从资本主义到社会主义的过渡时期的经济和政治特征,阐明了无产阶级专政的必要性和国家消亡的经济基础;分析了社会主义社会在消费品分配上存在的形式上的平等和事实上的不平等。列宁指出,社会主义不是僵死的、凝固的、一成不变的,而是会在迅速的、真正的、群众性的前进运动中不断发展的。下面介绍一下第五章各节的内容。

(一)第一节"马克思如何提出问题"共分十三个自然段。列宁在该节中论述了马克思研究国家消亡问题的理论根据和科学方法。

在第一至第四自然段中,列宁比较了马克思在 1875 年 5 月 5 日给白拉克的信中对国家的看法和恩格斯在 1875 年 3 月 28 日给倍倍尔的信

---

① 《列宁选集》第 3 卷,北京:人民出版社 2012 年版,第 185 页。
② 同上。

中对国家的看法，指出两人的看法似乎让人觉得"有很大差别"①，其中，"马克思比恩格斯带有浓厚得多的'国家派'色彩"②，因为恩格斯在信中建议抛弃关于国家的废话，用"共同体"一词来代替"国家"一词，并认为巴黎公社已经不是原来意义上的国家了，可是马克思又在信中谈论"未来共产主义社会的国家制度"③，探讨"共产主义社会中国家制度会发生怎样的变化"④。

列宁指出，"如果仔细研究一下就可以知道，马克思和恩格斯对国家和国家消亡问题的看法是完全一致的"⑤，因为马克思所谈论的"正是**正在消亡的**国家制度"⑥问题。两人对同一问题的表述之所以存在差别，是因为他们研究的题目不同，要解决的任务也不一样。恩格斯研究的题目和任务是驳斥那些"关于国家问题的偏见"⑦，而马克思研究的题目和任务是关于"共产主义社会的**发展**"⑧问题，然后"顺便提到了**这个**问题"，即国家消亡的问题。

在第五至第十三自然段中，列宁指出，马克思是这样来提出问题的，他问："在共产主义社会中国家制度会发生怎样的变化呢？换句话说，那时有哪些同现在的国家职能相类似的社会职能保留下来呢？"⑨马克思之所以这样提出关于国家消亡的问题，是因为他掌握了研究问题的科学方法，即发展论，"马克思的全部理论，就是运用最彻底、最完整、最周密、内容最丰富的发展论去考察现代资本主义。自然，他也就要运用这个理论去考察资本主义的**即将到来的**崩溃和**未来共产主义的未来的发展**"⑩。马克思告诫人们，"要对这个问题作出科学的解答，只有

---

① 《列宁选集》第3卷，北京：人民出版社2012年版，第186页。
② 同上。
③ 《马克思恩格斯文集》第3卷，北京：人民出版社2009年版，第445页。
④ 同上书，第444页。
⑤ 《列宁选集》第3卷，北京：人民出版社2012年版，第186页。
⑥ 同上。
⑦ 同上。
⑧ 同上。
⑨ 《马克思恩格斯文集》第3卷，北京：人民出版社2009年版，第444—445页。
⑩ 《列宁选集》第3卷，北京：人民出版社2012年版，第186页。

依靠确实肯定了的科学材料"①，而这些"科学材料"只有到资本主义社会里去寻找，因为"共产主义是从资本主义中**产生出来**的，它是历史地从资本主义中发展出来的，它是资本主义所**产生**的那种社会力量发生作用的结果"②。

在这个问题提出之前，马克思批判了"哥达纲领在国家同社会的相互关系问题上造成的糊涂观念"③，批评"它不把现存社会（对任何未来社会也是一样）当做现存**国家的**（对未来社会来说是未来国家的）**基础**，反而把国家当做一种具有自己的'**精神的**、**道德的**、**自由的基础**'的独立存在物"④，并讥笑了关于"人民国家"的一切空话。

在这个问题提出之后，列宁指出，马克思并没有马上回答这个问题，而是强调了一个十分重要的结论，"就是在历史上必然会有一个从资本主义向共产主义**过渡**的特殊时期或特殊阶段"⑤。列宁在第二节具体分析了这一重要结论。

（二）第二节"从资本主义到共产主义的过渡"共分二十二个自然段。列宁在该节中论述了在这一过渡时期实行无产阶级专政的必要性，指出了资产阶级民主与无产阶级民主的本质区别。

在第一至第四自然段中，列宁引用了马克思在《哥达纲领批判》中的一段话："在资本主义社会和共产主义社会之间，有一个从前者变为后者的革命转变时期。同这个时期相适应的也有一个政治上的过渡时期，这个时期的国家只能是**无产阶级的革命专政**。"⑥ 马克思认为，在资本主义社会变为共产主义社会的转变时期会出现一个过渡性的、革命性的、政治性的无产阶级专政的国家，正如他在1852年3月5日给约瑟夫·魏德迈的信中所说，"（2）阶级斗争必然导致**无产阶级专政**；

---

① 《列宁选集》第3卷，北京：人民出版社2012年版，第188页。
② 同上书，第186—187页。
③ 同上书，第187页。
④ 《马克思恩格斯文集》第3卷，北京：人民出版社2009年版，第444页。
⑤ 《列宁选集》第3卷，北京：人民出版社2012年版，第188页。
⑥ 《马克思恩格斯文集》第3卷，北京：人民出版社2009年版，第445页。

（3）这个专政不过是达到**消灭一切阶级**和进入**无阶级社会**的过渡"①。列宁认为，马克思关于"过渡时期的国家只能是无产阶级的革命专政"这一结论，"是马克思根据他对无产阶级在现代资本主义社会中的作用的分析，根据关于这个社会发展情况的材料以及关于无产阶级与资产阶级对立的利益不可调和的材料所得出的"②，这些材料都具有确实肯定的科学性。马克思正是运用科学的方法即"最彻底、最完整、最周密、内容最丰富的发展论"③，也就是"唯物主义辩证法"④，对这些科学的材料进行了缜密地分析，才最终得出了这个科学的结论。

在第五至第二十二自然段中，列宁专门探讨了"专政与民主的关系"⑤问题。他指出，专政既具有民主功能，又具有镇压功能，换句话说，专政、民主和镇压是一体两面、密不可分的关系，其中，民主和镇压是"专政"这枚硬币的两个面。引人注目的是，列宁在该节探讨专政和民主的关系时，共使用了8个"专政"一词和32个"民主"一词；在强调无产阶级革命专政的镇压功能"在从资本主义向共产主义过渡时"⑥的重要作用时，共使用了23个"镇压"一词。

列宁以"民主在从资本主义向共产主义过渡时是怎样变化的"⑦为引线，分三种情况对专政和民主的关系问题进行了具体说明：

第一种情况是"在资本主义社会里"⑧，民主是"只供富人、只供少数人享受的民主"⑨，它把穷人和"大多数居民在通常的平静的局势下都排斥在社会政治生活之外"⑩，这种民主的最新代表制度就是资产阶级的民主共和制。这种民主共和制由于始终受资本主义剥削制度的限

---

① 《马克思恩格斯文集》第10卷，北京：人民出版社2009年版，第106页。
② 《列宁选集》第3卷，北京：人民出版社2012年版，第188页。
③ 同上书，第186页。
④ 同上书，第200页。
⑤ 同上书，第188页。
⑥ 同上书，第189页。
⑦ 同上。
⑧ 同上。
⑨ 同上书，第191页。
⑩ 同上书，第189页。

制，具有明显的狭隘性、残缺性和虚伪性，它始终是资产阶级专政的一个面，另一个面是"剥削者少数""有系统地镇压被剥削者多数"①。

总之，资本主义民主"实质上始终是少数人的即只是有产阶级的、只是富人的民主制度"②。

第二种情况是"在从资本主义向共产主义**过渡**时"③，无产阶级专政"将第一次提供人民享受的、大多数人享受的民主，同时对少数人即剥削者实行必要的镇压"④。也就是说，无产阶级专政"**除了**把民主制度大规模地扩大，使它**第一次**成为穷人的、人民的而不是富人的民主制度**之外**"⑤，还要对少数人，即"压迫者、剥削者、资本家采取一系列剥夺自由的措施"⑥，对他们"实行镇压和使用暴力"⑦，"用强力粉碎他们的反抗"⑧，"把他们排斥于民主之外"⑨。作为新型的镇压机构的国家已经不是原来意义上的国家，而是"过渡性质的国家"、"只需要有简单的**武装群众的组织**"⑩，例如"工兵代表苏维埃"⑪。这种新型的镇压机构就是无产阶级专政这枚"新硬币"的一个面，另一个面是"日益彻底的民主"⑫，即穷人的、人民的民主制度。

总之，资本主义民主"向前发展"⑬为穷人的、人民的民主，"并不像自由派教授和小资产阶级机会主义者所想象的那样"⑭，可以由资本主义民主"简单地、直线地、平稳地"⑮发展而来，而是"必须经过

---

① 《列宁选集》第3卷，北京：人民出版社2012年版，第192页。
② 同上书，第189页。
③ 同上书，第191页。
④ 同上书，第192页。
⑤ 同上书，第190页。
⑥ 同上。
⑦ 同上。
⑧ 同上。
⑨ 同上书，第191页。
⑩ 同上书，第192页。
⑪ 同上。
⑫ 同上书，第190页。
⑬ 同上。
⑭ 同上。
⑮ 同上。

无产阶级专政,不可能走别的道路,因为再没有其他人也没有其他道路能够**粉碎**剥削者资本家的**反抗**"①。

第三种情况是"在共产主义社会中"②,"社会各个成员在同社会生产资料的关系上已经没有差别"③,也就不存在阶级斗争了,即没有"对某一部分居民进行有系统的斗争"④了,因为"**没有人**需要加以镇压了"⑤。阶级不存在了,国家也就不需要了、"随之**消亡**"⑥了,不过国家消亡的过程具有"渐进性""自发性"⑦。在国家消亡的过程中,人们"会逐渐**习惯**于遵守多少世纪以来人们就知道的、千百年来在一切行为守则上反复谈到的、起码的公共生活规则,而不需要暴力,不需要强制,不需要服从,**不需要**所谓国家这种实行强制的**特殊机构**"⑧。国家消亡就是民主消亡,"只有在那个时候,真正完全的、真正没有任何例外的民主才有可能,才会实现。也只有在那个时候,民主才开始**消亡**"⑨。

总之,民主在共产主义社会中会自行消亡。列宁高度重视人们遵守公共生活规范习惯的养成,认为"只有习惯才能够发生而且一定会发生这样的作用"⑩,即促进民主消亡和国家消亡的作用。

(三)第三节"共产主义社会的第一阶段"共分二十个自然段。列宁指出,马克思在《哥达纲领批判》中"较详细地确定了**现在**所能确定的东西,即共产主义社会低级阶段和高级阶段之间的差别"⑪。在该节中,列宁把共产主义社会低级阶段或第一阶段称之为社会主义社会,

---

① 《列宁选集》第3卷,北京:人民出版社2012年版,第190页。
② 同上书,第191页。
③ 同上。
④ 同上书,第192页。
⑤ 同上。
⑥ 同上书,第193页。
⑦ 同上书,第191页。
⑧ 同上。
⑨ 同上。
⑩ 同上。
⑪ 同上书,第193页。

它从资本主义社会脱胎出来,在各方面不可避免地带着旧社会痕迹,例如,"平等的权利"按照原则仍然是"资产阶级权利",而且,这种权利仍然需要通过国家来保卫,也就是说,社会主义国家既要保卫生产资料公有制,也要保卫劳动的平等和产品分配的平等。

列宁指出,马克思对"在经过长久阵痛刚刚从资本主义社会产生出来的共产主义社会第一阶段"①"作了冷静的估计"②,指出它"在经济、道德和精神方面都还带着它脱胎出来的那个旧社会的痕迹"③和不可避免的"弊病"④,例如,存在着"**平等的权利按照原则仍然是资产阶级权利**"⑤等。"权利,就它的本性来说,只在于使用同一尺度"⑥,而每个人都不一样,对不同的个人来说,是不应该使用同一尺度去衡量的。事实上,"任何权利都是把同一标准应用在**不同的**人身上,即应用在事实上各不相同、各不同等的人身上,因而'平等的权利'就是破坏平等,就是不公平"⑦。因此,任何权利都"**是以不平等为前提的**"⑧,都是形式上的平等、实际上的不平等。"要避免所有这些弊病,权利就不应当是平等的,而应当是不平等的"⑨。

但在刚刚推翻了资本主义的新社会中,人们既不可能"立即就能学会**不要任何权利准则而为社会劳动**"⑩,也"**不能立即为这种变更创造经济前提**"⑪,因为这里"除了'资产阶级权利'以外,没有其他准则"⑫,而且"权利决不能超出社会的经济结构以及由经济结构制约的

---

① 《马克思恩格斯文集》第3卷,北京:人民出版社2009年版,第435页。
② 《列宁选集》第3卷,北京:人民出版社2012年版,第193页。
③ 《马克思恩格斯文集》第3卷,北京:人民出版社2009年版,第434页。
④ 同上书,第435页。
⑤ 同上书,第434页。
⑥ 同上书,第435页。
⑦ 《列宁选集》第3卷,北京:人民出版社2012年版,第194页。
⑧ 同上。
⑨ 《马克思恩格斯文集》第3卷,北京:人民出版社2009年版,第435页。
⑩ 《列宁选集》第3卷,北京:人民出版社2012年版,第196页。
⑪ 同上。
⑫ 同上。

社会的文化发展"①。

因此,在共产主义社会的第一阶段即社会主义社会中,"把生产资料变为**公有财产**"② 只是消除了"承认生产资料是个人的私有财产"③ 的资产阶级权利,但"还没有消除对不同等的人的不等量(事实上是不等量的)劳动给予等量产品"④ 的资产阶级权利,因为按劳分配"通行的是商品等价物的交换中通行的同一原则,即一种形式的一定量劳动同另一种形式的同量劳动相交换"⑤,"在这里**平等的权利**按照原则仍然是**资产阶级权利**,虽然原则和实践在这里已不再互相矛盾,而在商品交换中,等价物的交换只是**平均来说**才存在,不是存在于每个个别场合"⑥。在社会主义社会中,虽然资产阶级权利"**没有**完全取消,而只是部分取消"⑦,而且保留了资产阶级权利的原则,即等价交换原则,但是,社会主义成功地化解了资产阶级权利在原则与实践之间固有的相互矛盾,"这种进步"⑧ 是具有历史性意义的。

总之,社会主义社会"最初**只能**消灭私人占有生产资料这一'不公平'现象,却**不能**立即消灭另一不公平现象:'按劳动'(而不是按需要)分配消费品"⑨,即"还**不能消除**分配方面的缺点和'资产阶级权利'的不平等,只要产品'按劳动'分配,'资产阶级权利'就会**继续通行**"⑩,"所以就这一点说,还需要有国家在保卫生产资料公有制的同时来保卫劳动的平等和产品分配的平等"⑪。要使国家完全消亡,社会主义这个共产主义社会的第一阶段必须向前发展,直到实现"完全的

---

① 《马克思恩格斯文集》第3卷,北京:人民出版社2009年版,第435页。
② 《列宁选集》第3卷,北京:人民出版社2012年版,第196页。
③ 同上。
④ 同上。
⑤ 《马克思恩格斯文集》第3卷,北京:人民出版社2009年版,第434页。
⑥ 同上。
⑦ 《列宁选集》第3卷,北京:人民出版社2012年版,第196页。
⑧ 《马克思恩格斯文集》第3卷,北京:人民出版社2009年版,第435页。
⑨ 《列宁选集》第3卷,北京:人民出版社2012年版,第195页。
⑩ 同上。
⑪ 同上书,第196页。

共产主义"①。

关于按劳分配,马克思指出,分配依赖于生产,有什么样的生产方式就有什么样的分配方式,因为"消费资料的任何一种分配,都不过是生产条件本身分配的结果;而生产条件的分配,则表现生产方式本身的性质。例如,资本主义生产方式的基础是:生产的物质条件以资本和地产的形式掌握在非劳动者手中,而人民大众所有的只是生产的人身条件,即劳动力。既然生产的要素是这样分配的,那么自然就产生现在这样的消费资料的分配。如果生产的物质条件是劳动者自己的集体财产,那么同样要产生一种和现在不同的消费资料的分配"②,即按劳分配方式,它只是社会主义生产方式的一种表现形式,因此,如果"在所谓分配问题上大做文章并把重点放在它上面,那也是根本错误的"③。

(四)第四节"共产主义社会的高级阶段"共分三十个自然段。在该节中,列宁根据马克思对共产主义社会高级阶段的基本特征的分析,阐明了共产主义的高度发展是国家完全消亡的经济基础的观点。同时,分析了社会主义与共产主义在科学上的差别问题,指出社会主义社会"不仅会保留资产阶级权利,甚至还会保留资产阶级国家,——但没有资产阶级"④。另外,列宁再次强调了民主在从社会主义向共产主义发展中具有的重要作用。

在第一至第十二自然段中,列宁引用了马克思关于共产主义社会高级阶段按需分配原则的论述,指出"国家完全消亡的经济基础就是共产主义的高度发展"⑤,也就是说,国家消亡的速度"将取决于共产主义**高级阶段**的发展速度"⑥。只有当"人们已经十分习惯于遵守公共生活的基本规则,他们的劳动生产率已经极大地提高,以致他们能够自愿地

---

① 《列宁选集》第 3 卷,北京:人民出版社 2012 年版,第 196 页。
② 《马克思恩格斯文集》第 3 卷,北京:人民出版社 2009 年版,第 436 页。
③ 同上。
④ 《列宁选集》第 3 卷,北京:人民出版社 2012 年版,第 200 页。
⑤ 同上书,第 197 页。
⑥ 同上书,第 198 页。

尽其所能来劳动的时候，国家才会完全消亡"①，才会实现"各尽所能，按需分配"②的原则，即"分配产品就无需社会规定每人应当领取的产品数量；每人将'按需'自由地取用"③。

列宁强调，共产主义社会高级阶段是"遥远的未来"④的事情，"伟大的社会主义者""预见"⑤了它将会到来，但从来没有想到过要"许诺"⑥它的到来，更没有想到过要具体"实施"⑦它，"因为这根本无法'实施'"⑧。"我们只能谈国家消亡的必然性"⑨，只知道"这个过程是长期的"⑩，至于国家"消亡的具体形式"⑪，以及共产主义社会高级阶段何时到来等问题，"这都是我们所不知道而且也**不可能**知道的"⑫，"因为现在还**没有**可供解决这些问题的材料"⑬。

列宁指出，上述问题并不是我们现在面临的、亟待解决的问题，"**目前政治上的迫切问题**"⑭是："剥夺资本家，把**全体**公民变为**一个**大'辛迪加'即整个国家的工作者和职员，并使这整个辛迪加的全部工作完全服从真正民主的国家，即**工兵代表苏维埃国家**。"⑮换句话说，就是"在共产主义的'高级'阶段到来以前，社会主义者要求社会**和国家**对劳动量和消费量实行**极严格的**监督，不过这种监督应当从剥夺资本家和由工人监督资本家**开始**，并且不是由官吏的国家而是由**武装工人的**

---

① 《列宁选集》第3卷，北京：人民出版社2012年版，第198页。
② 同上。
③ 同上。
④ 同上书，第199页。
⑤ 同上书，第198页。
⑥ 同上。
⑦ 同上书，第199页。
⑧ 同上。
⑨ 同上书，第198页。
⑩ 同上。
⑪ 同上。
⑫ 同上。
⑬ 同上。
⑭ 同上书，第199页。
⑮ 同上。

国家来实行"①。在这里，列宁明确区分了两种类型的国家：一种是"官吏的国家"；另一种是"武装工人的国家"（即"工兵代表苏维埃国家"）。在武装工人的"真正民主的国家"②里，全体公民都是国家职员。

在第十三至第十八自然段中，列宁分析了社会主义和共产主义的差别。首先，列宁指出，马克思"彻底地运用了唯物主义辩证法，即发展学说，把共产主义看成是**从资本主义中**发展出来的"③，他"分析了可以称为共产主义在经济上成熟程度的两个阶段的东西"④。其次，列宁指出，社会主义社会存在着两个方面的不成熟：一是经济方面的不成熟，即保留着"**资产阶级权利**的狭隘眼界"⑤，"在**消费品**的分配方面还存在着资产阶级权利"⑥；二是政治方面的不成熟，即保留着"一个能够**强制**人们遵守权利准则的机构"⑦，存在一个没有资产阶级的"**资产阶级国家**"⑧，社会主义需要它来保卫社会主义公有制经济，强制人们遵守权利准则，否则，"权利也就等于零"⑨。这两个方面的不成熟是"从资本主义**脱胎**出来的社会里那种在经济上和政治上不可避免的东西"⑩，体现了"社会主义和共产主义在科学上的差别"⑪。

在第十九和第二十自然段中，列宁既强调了民主和平等的巨大意义，也指出了民主和形式平等的历史局限性。一方面，民主"在工人阶级反对资本家以争取自身解放的斗争中""具有巨大的意义"⑫和历史

---

① 《列宁选集》第3卷，北京：人民出版社2012年版，第198—199页。
② 同上书，第199页。
③ 同上书，第200页。
④ 同上。
⑤ 同上。
⑥ 同上。
⑦ 同上。
⑧ 同上。
⑨ 同上。
⑩ 同上。
⑪ 同上书，第199页。
⑫ 同上书，第200页。

进步性。因为"民主意味着平等"①，平等对于无产阶级就意味着"消灭**阶级**"②，从这个意义上说，无产阶级革命就是"争得民主"③、"争取平等的斗争"④，所以，民主"以及平等的口号"⑤对于无产阶级来说"具有极伟大的意义"⑥。另一方面，民主作为"从封建主义到资本主义和从资本主义到共产主义的道路上的阶段之一"⑦，本身具有历史的局限性，因为"民主仅仅意味着**形式上的**平等"⑧，当全体社会成员实现了劳动平等和工资平等，即实现了"**在**占有生产资料**方面**的平等"⑨之后，人类社会必然"要更进一步，从形式上的平等进到事实上的平等，即实现'各尽所能，按需分配'的原则"⑩，这样一来，仅仅意味着形式平等的民主必然会被超越，必然会因此而消亡。因此，列宁总结说，"民主决不是不可逾越的极限"⑪。

在列宁看来，只有社会主义国家才是"真正民主的国家"⑫，因为"**只是**从社会主义实现时起，社会生活和个人生活的各个领域才会开始出现迅速的、真正的、确实是群众性的即有**大多数**居民参加然后有全体居民参加的前进运动"⑬。列宁把"各尽所能，按需分配"的原则视为最高目的，同时承认，"至于人类会经过哪些阶段，通过哪些实际措施达到这个最高目的，那我们不知道，也不可能知道"⑭。这里需要注意的是"人类会经过哪些阶段"这句话。在列宁看来，整个共产主义社

---

① 《列宁选集》第 3 卷，北京：人民出版社 2012 年版，第 201 页。
② 同上。
③ 《共产党宣言》，北京：人民出版社 2014 年版，第 49 页。
④ 同上书，第 201 页。
⑤ 同上。
⑥ 同上。
⑦ 同上书，第 200 页。
⑧ 同上书，第 201 页。
⑨ 同上。
⑩ 同上。
⑪ 同上书，第 200 页。
⑫ 同上书，第 199 页。
⑬ 同上书，第 201 页。
⑭ 同上。

会似乎并不是只有第一阶段和最高阶段这两个阶段，在这两个阶段之间应该还有一些"我们不知道，也不可能知道"①的中间阶段。

在第二十一至第三十自然段中，列宁具体分析了民主由"量转化为质"②的过程，即由资产阶级民主国家转化为无产阶级民主国家的过程。

首先，列宁指出，"民主是国家形式，是国家形态的一种"③。民主国家一般都具有镇压和民主的双重职能：一方面，民主国家运用暴力机器，"有组织有系统地对人们使用暴力"④；另一方面，民主国家行使民主职能，"在形式上承认公民一律平等，承认大家都有决定国家制度和管理国家的平等权利"⑤，而且，民主职能将会产生由量转化为质的"结果：民主在其发展的某个阶段首先把对资本主义进行革命的阶级——无产阶级团结起来，使他们有可能去打碎、彻底摧毁、彻底铲除资产阶级的（哪怕是共和派资产阶级的）国家机器即常备军、警察和官吏，代之以武装的工人群众（然后是人民普遍参加民兵）这样一种**更**民主的机器，但这仍然是国家机器"⑥。在这里，列宁指出了无产阶级民主国家的两个发展阶段：第一个发展阶段是"武装的工人群众"的国家；第二个发展阶段是"人民普遍参加民兵"的国家，其基本特征是拥有"**所有的人都参加国家管理**""**这样**高度的民主制度"⑦。关于第二个发展阶段，我们可以用摩尔根在《古代社会》中的话（恩格斯在《家庭、私有制和国家的起源》中曾经引用过）来描绘："管理上的民主，社会中的博爱，权利的平等，普及的教育，将揭开社会的下一个更高的阶段，经验、理智和科学正在不断向这个阶段努力。**这将是古代**

---

① 《列宁选集》第 3 卷，北京：人民出版社 2012 年版，第 201 页。
② 同上。
③ 同上。
④ 同上。
⑤ 同上。
⑥ 同上。
⑦ 同上。

氏族的自由、平等和博爱的复活，但却是在更高级形式上的复活。"①

其次，列宁认为，资本主义的发展"为真是'所有的人'**能够**参加国家管理创造了**前提**。这种前提就是：在一些最先进的资本主义国家中已经做到的人人都识字，其次是千百万工人已经在邮局、铁路、大工厂、大商业企业、银行业等等巨大的、复杂的、社会化的机构里'受了训练并养成了遵守纪律的习惯'"②。列宁相信，当人们都有了文化，而且都养成了遵守纪律的习惯之后，"在这种**经济**前提下，完全有可能在推翻了资本家和官吏之后，在一天之内立刻着手由武装的工人、普遍武装的人民代替他们去**监督**生产和分配，**计算**劳动和产品"③。

最后，列宁把这种计算和监督看作是社会主义社会"能正常运转所必需的**主要条件**"④，并形象地描绘出了一幅未来无产阶级民主国家波澜壮阔的工作场景："在这里，**全体**公民都成了国家（武装工人）雇用的职员。**全体**公民都成了**一个**全民的、国家的'辛迪加'的职员和工人。"⑤"整个社会将成为一个管理处，成为一个劳动平等和报酬平等的工厂。"⑥ 那么，这幅在全社会实行统一的工厂纪律的工作场景何以可能？

列宁指出，"全部问题在于要他们在正确遵守劳动标准的条件下同等地劳动，同等地领取报酬。对这些事情的计算和监督已被资本主义**简化**到了极点，而成为非常简单、任何一个识字的人都能胜任的手续——进行监察和登记，算算加减乘除和发发有关的字据"⑦。列宁在这里还专门加了一个注："当国家的最主要职能简化为由工人自己来进行的这样一种计算和监督的时候，国家就不再是'政治国家'，'公共职能就由政治职能变为简单的管理职能'（参看上面第 4 章第 2 节恩格斯同无

---

① 《马克思恩格斯选集》第 4 卷，北京：人民出版社 2012 年版，第 195 页。
② 《列宁选集》第 3 卷，北京：人民出版社 2012 年版，第 201—202 页。
③ 同上书，第 202 页。
④ 同上。
⑤ 同上。
⑥ 同上书，第 202—203 页。
⑦ 同上书，第 202 页。

政府主义者的论战）。"①

需要注意的是，列宁在《国家与革命》一书中，只在两个地方加了注释，另一个地方是在第四章第五节"1891年为马克思的《内战》所写的导言"中，列宁在恩格斯的话，即"公社所曾付过的最高薪金是6000法郎"②上加了一个注："名义上约等于2400卢布，但按现在的汇率计算，约等于6000卢布。有些布尔什维克提议，例如在市杜马内，给9000卢布的薪金，而不提议**全国以**6000卢布（这个数目是足够的）**为最高薪金**，这是完全不可饶恕的。"③

比较一下这两个注释，我们会发现，这两个注释都涉及了一个"量转化为质"的"界限"问题，而且，这个"界限"问题恰恰是列宁极端重视和高度强调的，例如，在第一个注释（关于"最高薪金"）中，涉及了"一个有趣的界限，在这个界限上，彻底的民主**变成了**社会主义，同时也**要求**实行社会主义"④；在第二个注释（关于"职能简化"）中，也同样涉及了这个"界限"。在这个"界限"上，国家的公共职能由原来的政治职能变成了简单的管理职能，政治国家变成了非政治国家，资产阶级民主国家变成了无产阶级民主国家。由于列宁紧紧抓住了这个"界限"问题，认为国家的管理职能，特别是"**监督**生产和分配，**计算**劳动和产品"⑤的职能已经变得十分简单易行，他完全相信人们"今天在资本家的支配下工作，明天在武装工人的支配下会更好地工作"⑥，所以，列宁十分自信地描绘出了这幅在全社会实行统一的工厂纪律的无产阶级民主国家的工作场景。

在阐明了民主由"量转化为质"的过程之后，列宁指出，这种在全社会实行统一的工厂纪律的无产阶级民主国家，具有人类历史发展的阶段性和无产阶级革命的工具性，因为"无产阶级在战胜资本家和推翻

---

① 《列宁选集》第3卷，北京：人民出版社2012年版，第202页。
② 《马克思恩格斯文集》第3卷，北京：人民出版社2009年版，第111页。
③ 同上书，第180页。
④ 同上。
⑤ 同上书，第202页。
⑥ 同上。

剥削者以后在全社会推行的这种'工厂'纪律，决不是我们的理想，也决不是我们的最终目的，而只是为了彻底肃清社会上资本主义剥削制造成的卑鄙丑恶现象**和为了继续**前进所必需的一个**阶段**"①。无产阶级民主国家在全社会推行工厂纪律、实行"真正包罗万象的、普遍的和全民的监督"②的目的，是让社会的全体成员都学会"实际地独立地管理社会生产"③和"管理国家"④，而一旦"**所有的人都学会了管理**"、"对任何管理的需要就开始消失。民主愈完全，它成为多余的东西的时候就愈接近。由武装工人组成的、'已经不是原来意义上的国家'的'国家'愈民主，**则任何**国家就会愈迅速地开始消亡"、"以致人们对于人类一切公共生活的简单的基本规则就会很快从**必须**遵守变成**习惯于**遵守了"⑤。

由于人们已经普遍养成了遵守社会公共生活基本规则的习惯，"共产主义社会的高级阶段的大门就会敞开"⑥，民主和国家也就会完全消亡。

四　马克思主义被机会主义者庸俗化（第六章）

在《国家与革命》的上述各章中，列宁对考茨基等机会主义者的歪曲作了有力批驳；在最后一章即第六章"马克思主义被机会主义者庸俗化"中，列宁全面地揭露了机会主义者把马克思主义庸俗化的行径。第六章包括三节的内容：

1. 普列汉诺夫与无政府主义者的论战
2. 考茨基与机会主义者的论战
3. 考茨基与潘涅库克的论战

---

① 《列宁选集》第 3 卷，北京：人民出版社 2012 年版，第 203 页。
② 同上书，第 202 页。
③ 同上书，第 203 页。
④ 同上。
⑤ 同上。
⑥ 同上。

在这一章中，列宁批判了考茨基"盲目崇拜"① 国家、"迷信"② 官僚制、取消打碎旧国家机器的任务，以及把无产阶级政治斗争的目的设定为"以取得议会多数的办法来夺取国家政权，并且使议会变成政府的主宰"③ 等观点。列宁指出，这是"最纯粹最庸俗的机会主义，是口头上承认革命而实际上背弃革命"④，是从马克思主义"倒退到了庸人思想的地步"⑤。此外，他还揭露了普列汉诺夫在1894年与无政府主义者论战时完全回避革命对国家的态度和整个国家问题的错误。在这一章中，列宁提到或摘录的文章和论著有：普列汉诺夫的《无政府主义和社会主义》（1894年）、恩格斯为马克思的《哥达纲领批判》写的1891年版序言、考茨基的《伯恩施坦与社会民主党的纲领》（1899年）、《社会革命》（1902年）和《取得政权的道路》（1909年）、伯恩斯坦的《社会主义的前提和社会民主党的任务》（1899年）、马克思的《法兰西内战》和《共产党宣言》1872年序言、潘涅库克的《群众行动与革命》（1912年），以及考茨基反驳潘涅库克的文章。

这一章的前言共有三个自然段，列宁在前言中批判了第二国际（1889—1914年）的机会主义者"**竭力回避**或者不加理会"⑥ 国家和革命问题的态度，指责他们"对马克思主义的**歪曲**和对马克思主义的完全庸俗化"⑦，并将通过揭露普列汉诺夫和考茨基这两位"著名的马克思主义理论家""在无产阶级革命对国家的态度问题上""所采取的有利于机会主义和助长机会主义的**躲躲闪闪的态度**"⑧，来具体说明马克思主义是如何被机会主义者庸俗化的"这个可悲的过程"⑨。下面介绍一下第六章各节的内容。

---

① 《列宁选集》第3卷，北京：人民出版社2012年版，第211页。
② 同上。
③ 同上书，第218页。
④ 同上。
⑤ 同上书，第219页。
⑥ 同上书，第204页。
⑦ 同上。
⑧ 同上。
⑨ 同上。

（一）第一节"普列汉诺夫与无政府主义者的论战"共分六个自然段。在该节中，列宁指出，"反对无政府主义的斗争中最现实、最迫切、政治上最重要的问题"① 就是"革命对国家的态度和整个国家问题"②。无政府主义者不懂得巴黎公社的教训，也不能够正确回答"是否需要**打碎**旧的国家机器以及**用什么东西**来代替这两个具体政治问题"③。普列汉诺夫在1894年与无政府主义者论战时所写的《无政府主义和社会主义》一书中却"完全**不提**"④ 这两个具体政治问题，而是"回避整个国家问题，**不理会**马克思主义在公社以前和以后的全部发展，那就必然会滚到机会主义那边去"⑤。

（二）第二节"考茨基与机会主义者的论战"共分三十五个自然段。在该节中，列宁通过分析考茨基论述国家问题的三本小册子（《伯恩施坦与社会民主党的纲领》《社会革命》和《取得政权的道路》），揭露和批判了考茨基一贯采取隐蔽的手法，反对打碎资产阶级国家机器、建立无产阶级专政的机会主义立场。列宁首先指出，考茨基在俄国出名的原因是"因为他除了对马克思主义作了通俗的解释，还同机会主义者及其首领伯恩施坦进行了论战"⑥，但是有两件事情不能放过：

第一件事情是，"考茨基在起来反对法国最著名的机会主义代表（米勒兰和饶勒斯）和德国最著名的机会主义代表（伯恩施坦）之前，表现过很大的动摇"⑦，例如，在1900年巴黎国际社会党代表大会上，考茨基就提出过一个"对机会主义者的态度是暧昧的，躲躲闪闪的，调和的"⑧ 决议，被"捍卫革命无产阶级观点的、马克思主义的《曙光》

---

① 《列宁选集》第3卷，北京：人民出版社2012年版，第204页。
② 同上。
③ 同上书，第205页。
④ 同上。
⑤ 同上。
⑥ 同上书，第206页。
⑦ 同上。
⑧ 同上。

杂志"①讥讽为"'橡皮性'决议"②。

　　第二件事情是,"当我们来研究考茨基最近背叛马克思主义的**经过**的时候,就从他同机会主义者的论战本身来看,从他提问题和解释问题的方法来看,我们也看到,他恰恰是在国家问题上一贯倾向于机会主义"③。考茨基曾在《伯恩施坦与社会民主党的纲领》一书中详细地驳斥了伯恩斯坦,而后者在"《社会主义的前提》一书中,指责马克思主义为'**布朗基主义**'"④,并把马克思和恩格斯在《共产党宣言》1872年德文版序言中着重指出的结论,即"工人阶级不能简单地掌握现成的国家机器,并运用它来达到自己的目的"⑤,完全歪曲成了机会主义的见解。"马克思是想说工人阶级应当**打碎、摧毁、炸毁**(Sprengung——炸毁,是恩格斯用的字眼)全部国家机器。但在伯恩施坦看来,似乎马克思说这句话是告诫工人阶级**不要**在夺取政权时采取过激的革命手段"⑥。在列宁看来,这是对马克思思想的极大歪曲。考茨基不去分析伯恩施坦"对马克思主义的彻头彻尾的歪曲"⑦,反而向伯恩施坦让步,认为"关于无产阶级专政问题,我们可以十分放心地留待将来去解决"⑧,"却只字不提""马克思从1952年起就提出无产阶级革命负有'打碎'国家机器的任务"⑨,抹杀了马克思主义与机会主义"在无产阶级革命的任务问题上的最本质的区别"⑩。我们无法预先知道打碎国家机器的具体形式,但我们不能因为这一点就否认无产阶级应当打碎国家机器,因为"马克思和恩格斯在1852年到1891年这40年当中,教导

---

① 《列宁选集》第3卷,北京:人民出版社2012年版,第206页。
② 同上。
③ 同上。
④ 同上书,第207页。
⑤ 《共产党宣言》,北京:人民出版社2014年版,第4页。
⑥ 《列宁选集》第3卷,北京:人民出版社2012年版,第207页。
⑦ 同上。
⑧ 同上书,第208页。
⑨ 同上。
⑩ 同上。

无产阶级应当打碎国家机器"①。谁否认了这一点，谁就是"完全背叛马克思主义"②。

列宁认为，考茨基在另一本驳斥机会主义的著作《社会革命》中也"**回避了国家问题**"③，只谈论夺取国家政权，"认为**不破坏国家机器也能夺得政权**"④，这是对国家的盲目崇拜和对官僚制的迷信，是在向机会主义者让步。在这里，列宁重申了无产阶级革命对国家和民主的态度和采取的基本措施："工人在夺得政权之后，就会把旧的官僚机构打碎，把它彻底摧毁，彻底粉碎，而用仍然由这些工人和职员组成的新机构来代替它；为了**防止**这些人变成官僚，就会立即采取马克思和恩格斯详细分析过的措施：（1）不但选举产生，而且随时可以撤换；（2）薪金不得高于工人的工资；（3）立刻转到使**所有的人**都来执行监督和监察的职能，使**所有的人**暂时都变成"官僚"，因而使**任何人**都不能成为'官僚'。"⑤ 他还重申了资产阶级议会制与无产阶级民主制度的区别，即"资产阶级议会制是把民主（**不是人民享受的**）同官僚制（**反人民的**）结合在一起，而无产阶级民主制度则立即采取措施来根除官僚制，它能够把这些措施实行到底，直到官僚制完全消灭，人民的民主完全实现"⑥。

列宁认为，《取得政权的道路》是"考茨基最后的也是最好的一部反对机会主义者的著作"⑦，因为他在这本小册子中不仅明确指出"革命的纪元开始了"⑧，而且谈到了"那些使我们不得不承认'革命纪元'**已经到来**的具体情况"⑨，"但是就在他这本自称为专门分析'**政治革**

---

① 《列宁选集》第 3 卷，北京：人民出版社 2012 年版，第 208 页。
② 同上。
③ 同上。
④ 同上书，第 209 页。
⑤ 同上书，第 210 页。
⑥ 同上书，第 211 页。
⑦ 同上。
⑧ 同上。
⑨ 同上。

命'问题的小册子里,却又完全回避了国家问题"①,回避了无产阶级革命在对待国家方面的任务问题,这是一种"从马克思在 1852 年所说的话向后倒退(1912 年)"②的做法。

(三)第三节"考茨基与潘涅库克的论战"共分三十五个自然段。在该节中,列宁通过考察考茨基与潘涅库克的论战,进一步揭露和批判了反对打碎资产阶级国家机器、否定无产阶级专政,歪曲马克思主义国家学说的谬论。

在第一至第九自然段中,列宁指出,潘涅库克作为"坚持革命策略"③的"左翼激进"派的一个代表,在他的《群众行动与革命》一文中谈到了国家问题,而考茨基却讥讽潘涅库克说:"到现在为止,社会民主党人与无政府主义者之间的对立,就在于前者想夺取国家政权,后者却想破坏国家政权。潘涅库克则既想这样又想那样。"④列宁批驳了考茨基的错误言论,明确指出了马克思主义者与无政府主义者的三个区别:"(1)马克思主义者的目的是完全消灭国家,但他们认为,只有在社会主义革命把阶级消灭之后,即导向国家消亡的社会主义建立起来之后,这个目的才能实现;无政府主义者则希望在一天之内完全消灭国家,他们不懂得实现这个消灭的条件。(2)马克思主义者认为无产阶级在夺得政权之后,必须彻底破坏旧的国家机器,用武装工人的组织组成的、公社那种类型的新的国家机器来代替它;无政府主义者主张破坏国家机器,但是,他们完全没有弄清楚无产阶级将**用什么**来代替它以及无产阶级将**怎样**利用革命政权;无政府主义者甚至否定革命无产阶级应利用国家政权,否定无产阶级的革命专政。(3)马克思主义者主张通过利用现代国家来使无产阶级进行革命的准备;无政府主义者则否定这一点。"⑤

---

① 《列宁选集》第 3 卷,北京:人民出版社 2012 年版,第 212 页。
② 同上。
③ 同上。
④ 同上书,第 213 页。
⑤ 同上书,第 213—214 页。

列宁批判考茨基无视"破坏国家机器的思想"①，完全忘记了马克思的谆谆教导，即"无产阶级不能简单地夺取国家政权，也就是说，不能只是使旧的国家机构转到新的人手中，而应当打碎、摧毁这个机构，用新的机构来代替它"②，反而把"夺取"解释成简单地获得多数，这样就"给机会主义者留下了后路"③。

在第十至第十二自然段中，列宁再次强调了集中制，他说："集中制无论在旧的国家机器或新的国家机器的条件下，都是可能实现的。工人们自愿地把自己的武装力量统一起来，这就是集中制，但这要以'完全破坏'常备军、警察和官僚这种集中制的国家机构为基础。"④ 在这里，列宁区分了两种不同的集中制：一种是在旧国家机构中的常备军、警察和官僚集中制，另一种是在新国家机构中的武装工人集中制。

在第十三至第三十二自然段中，列宁重点讨论了"**革命**问题"⑤ 与"官吏问题"⑥。

首先，列宁指责考茨基用机会主义观点偷换革命观点，导致"**革命不见了！这正是机会主义者所需要的**"⑦。紧接着，列宁给革命下了一个定义："革命就是无产阶级**破坏**'管理机构'和**整个**国家机构，用武装工人组成的新机构来代替它。"⑧

其次，列宁在批判考茨基对"教育部、司法部、财政部、陆军部"等"'各部'的'盲目崇拜'"⑨ 的同时，明确提出用"拥有全权的工兵代表苏维埃设立的各种专家委员会去代替'各部'"⑩。可见，列宁在无产阶级如何建设新的国家机构方面已经有了具体的规划。

---

① 《列宁选集》第3卷，北京：人民出版社2012年版，第214页。
② 同上。
③ 同上。
④ 同上。
⑤ 同上书，第215页。
⑥ 同上书，第216页。
⑦ 同上书，第215页。
⑧ 同上。
⑨ 同上。
⑩ 同上。

再次，列宁重申了马克思主义国家观的基本思想，他说："问题的本质完全不在于将来是否保留'各部'，是否设立'各种专家委员会'或其他什么机构，这根本不重要。问题的本质在于：是保存旧的国家机器（它与资产阶级有千丝万缕的联系，并且浸透了因循守旧的恶习）呢，还是**破坏**它并用**新的**来代替它。革命不应当是新的阶级利用**旧的**国家机器来指挥、管理，而应当是新的阶级**打碎**这个机器，利用**新的**机器来指挥、管理，——这就是考茨基所抹杀或者完全不理解的马克思主义的**基本**思想。"① 这里需要注意的是列宁对"因循守旧的恶习"的反感和斥责，他认为，打碎旧的国家机器和破除"因循守旧的恶习"，实际上是同一个革命任务的两个不可分割的环节。列宁十分强调人们对日常的生活习惯和工作习惯的改造，例如，他在第四章中就明确指出，实现共产主义的一项重要指标，就是人们普遍"**习惯**于遵守公共生活的起码规则"②。

最后，列宁驳斥了考茨基提出的"官吏问题"③，揭露了"官僚制的**实质**"④，指出了"彻底破坏官僚制"⑤ 的可能性和必要性，同时重申了无产阶级革命面临的现实而迫切的任务。

考茨基认为，"我们无论在党组织或在工会组织内都非有官吏不可，更不必说在国家管理机关内了。我们的纲领不是要求取消国家官吏，而是要求由人民选举官吏"⑥。列宁责斥考茨基"不理解公社的教训和马克思的学说"⑦，实际上官吏就是官僚，就是"脱离群众、凌驾于群众**之上**、享有特权的人物"⑧，而"官僚制的**实质**"⑨ 就是"脱离群众、

---

① 《列宁选集》第 3 卷，北京：人民出版社 2012 年版，第 215—216 页。
② 同上书，第 185 页。
③ 同上书，第 216 页。
④ 同上。
⑤ 同上书，第 218 页。
⑥ 同上书，第 215 页。
⑦ 同上书，第 216 页。
⑧ 同上。
⑨ 同上。

凌驾于群众之上、享有特权"①。"在社会主义下，公职人员将不再是'官僚'或'官吏'"②了，因为根据巴黎公社的宝贵经验，除了考茨基所说的这些公职人员要由选举产生，他们"**还可以随时撤换，并且还**把薪金减到工人平均工资的水平，**并且还**以'实干的即既是行政的，同时也是立法的'机构去代替议会式的机构"③。列宁提醒人们，"在资本家被剥夺以前，在资产阶级被推翻以前，**甚至**无产阶级的公职人员也免不了在一定程度上'官僚化'"、"有变为官僚的趋势"④，而且这种风险不可小觑。

考茨基与伯恩施坦一样反对"'原始'民主的思想"⑤，反对以"实行限权委托书制度，公职人员不领报酬，中央代表机关软弱无力等等"⑥为主要内容的民主制度，并主张"用普通的民主制度，即与官僚制相结合的议会制代替"⑦它。列宁驳斥了这一主张，他认为："在社会主义下，'原始'民主的许多东西都必然会复活起来，因为人民**群众**在文明社会史上破天荒第一次站起来了，不仅**独立地**参加投票和选举，**而且独立地**参加**日常管理**。在社会主义下，**所有的人**将轮流来管理，因此很快就会习惯于不要任何人来管理。"⑧在这里，列宁再次强调了改善人们的日常生活和工作习惯的重要意义，并把人民群众轮流地、独立地参与日常管理，看作是成熟的社会主义民主制度的一个基本特征。

在对待国家和官僚制的问题上，列宁讥讽了机会主义者的胆怯和无政府主义者的鲁莽，批驳他们看不到、也不愿意看到"马克思以其天才的批判分析才能，从公社所采取的实际措施中"⑨所看到的"一个**转**

---

① 《列宁选集》第3卷，北京：人民出版社2012年版，第216页。
② 同上。
③ 同上。
④ 同上。
⑤ 同上书，第217页。
⑥ 同上。
⑦ 同上。
⑧ 同上。
⑨ 同上。

变"①:"看,公社就是通过实行上述种种措施来扩大民主制度和根绝官僚制,得以在数星期内**开始**建立**新的**无产阶级的国家机器。我们要学习公社战士的革命勇气,要把他们的实际措施看作是具有实际迫切意义并立即可行的那些措施的一个**轮廓**,如果**沿着这样的道路前进**,我们就一定能彻底破坏官僚制。"②

列宁相信能够彻底破坏官僚制,"因为社会主义将缩短工作日,使**群众**能过新的生活,使**大多数**居民无一例外地**人人**都来执行'国家职能',这也就会使任何国家**完全消亡**"③。为此,列宁号召"整个觉悟的无产阶级"④不仅要同机会主义者决裂,而且"要同这些社会主义的叛徒决裂,要为破坏全部旧的国家机器而斗争,使武装的无产阶级自己**成为政府**"⑤。换句话说,就是号召无产阶级"**推翻资产阶级,破坏**资产阶级的议会制,建立公社类型的民主共和国或工兵代表苏维埃共和国,建立无产阶级的革命专政"⑥。

最后三个自然段,即第三十三、第三十四和第三十五自然段,列宁用三个"＊"号与上文隔开了。他在这三个自然段中批判了"在国际社会主义运动中比考茨基更右的派别"⑦,因为这些人"都公开否认无产阶级专政,实行露骨的机会主义"⑧,认为"无产阶级'专政'是与民主'矛盾'的"⑨,他们忘记了巴黎公社的经验,"歪曲和避而不谈无产阶级革命对国家的态度问题"⑩,这对于国际社会主义运动和世界无产阶级革命"不能不产生极大的影响"⑪。为了消除这种影响,重新恢

---

① 《列宁选集》第3卷,北京:人民出版社2012年版,第217页。
② 同上书,第218页。
③ 同上。
④ 同上书,第219页。
⑤ 同上。
⑥ 同上。
⑦ 同上。
⑧ 同上书,第220页。
⑨ 同上。
⑩ 同上。
⑪ 同上。

复马克思主义国家观的本来面目,端正无产阶级革命对国家的态度,同时"向群众说明,为了使自己从资本的枷锁下解放出来,他们在最近的将来应当做些什么"①,列宁撰写了这部《国家与革命》一书。

以上就是《国家与革命》一书的结构和主要内容。

---

① 《列宁选集》第 3 卷,北京:人民出版社 2012 年版,第 110 页。

第六章 《国家与革命》写作的准备材料研究

在列宁写作《国家与革命》之前,有两个重要文献与该书的写作密切相关:一个是列宁写于1916年夏天至冬天的《未完成的〈关于国家的作用问题〉一文的材料》,另一个是列宁写于1917年1—2月的《马克思主义论国家》。这两个文献作为《国家与革命》一书的主要写作准备材料,也为列宁在1917年4月间撰写关于俄国社会民主党策略的论著,例如《我国革命和各国工人的任务》《论俄国社会民主工党在俄国革命中的任务》《论无产阶级在这次革命中的任务》等提供了重要论点。虽然这两个文献中的大多数观点都在《国家与革命》一书中得到了体现、阐释和发挥,但也有一些重要论点没有在《国家与革命》中出现。因此,这两个文献作为《国家与革命》的"前身",具有相对独立的学术研究价值。

另外,在1985年版《列宁全集》第31卷中还有一个《〈国家与革命〉一书的提纲和纲要》,是列宁在1917年7—9月写的,包括"几个提纲""对提纲的补充""划分章次的几种方案""序言的提纲""第三章的材料""第四章的材料""第七章(未完成)的两个提纲"和"全书目录"等八个方面的内容,我们也一并介绍一下。

一 《未完成的〈关于国家的作用问题〉一文的材料》

该文献是列宁于1916年夏天至冬天写的,包括《读尼·伊·布哈林〈关于帝国主义国家理论〉一文的笔记》(不晚于1916年8月[①])、

---

① 《列宁全集》第31卷,北京:人民出版社1985年版,第117页。

《对尼·伊·布哈林〈帝国主义强盗国家〉一文的评注》（不早于1916年11月18日［12月1日］和12月5日［18日］①）和《〈关于国家的作用问题〉一文提纲》（1916年11月18日［12月1日］以后②）等三个部分。

在《读尼·伊·布哈林〈关于帝国主义国家理论〉一文的笔记》中，列宁没有做多少标注和评语，主要的评语和标注是"？""不确切""**不正确**""注意"等③。这个笔记最初发表于1932年。《关于帝国主义国家理论》一文布哈林原打算在《〈社会民主党人报〉文集》上发表，由于观点错误为编辑部拒绝。关于这方面的详细情况，以及列宁对布哈林文章的批评，在列宁1916年8月给格·叶·季诺维也夫的信和1916年8月底—9月初给布哈林的信④中有所体现。布哈林知道列宁不赞成它这篇文章，但还是在1925年苏联《法的革命》杂志第1期上把它发表了⑤。

在《对尼·伊·布哈林〈帝国主义强盗国家〉一文的评注》中，列宁也没有做多少标注和评语，主要的评语和标注是"？""不确切""不对""对""不对，不完全""是这样"等⑥。布哈林《帝国主义强盗国家》一文用"Nota bene"这一笔名发表于1916年12月1日《青年国际》杂志第6期，后又刊载于12月9日出版的《工人政治》杂志，内容略有删改。看来列宁一收到《青年国际》杂志就在上面作了评注。12月18日收到《工人政治》杂志后，他重新审阅了自己的评注，并在《青年国际》杂志上面注明了《工人政治》杂志中删改的地方。列宁对布哈林这篇文章的批评主要是在他写的短评《青年国际》中⑦，以及《马克思主义论国家》中。

---

① 《列宁全集》第31卷，北京：人民出版社1985年版，第120页。
② 同上书，第127页。
③ 同上书，第117—118页。
④ 参见《列宁全集》第47卷，北京：人民出版社1990年版。
⑤ 《列宁全集》第31卷，北京：人民出版社1985年版，第120—126页。
⑥ 同上书，第259页。
⑦ 参见《列宁全集》第28卷，北京：人民出版社1991年版。

《〈关于国家的作用问题〉一文提纲》列宁在1916年11月18日[12月1日]以后写的,该提纲夹在《马克思主义论国家》这本笔记中。列宁在1916年12月发表的《青年国际》短评中,在分析和批评布哈林的《帝国主义强盗国家》一文时表示,他将写一篇专文来谈这个极其重要的问题。把列宁的《〈关于国家的作用问题〉一文提纲》与布哈林的《关于帝国主义国家理论》和《帝国主义强盗国家》两篇文章相对照可以看出,这就是列宁打算写的那篇文章的提纲。在1917年2月4日[17日]给亚·米·柯伦泰的信中,列宁说:"我正在准备(材料几乎全准备好了)写一篇关于马克思主义对国家的态度问题的文章。"① 文章计划在《〈社会民主党人报〉文集》第4期上发表,看来没有完成②。

该提纲的正文不足500字,内容涉及以下几个方面:

关于"国家的'自行消亡'"③,列宁简单标注为"职能先后'逐渐自行停止'"④。

关于民主,列宁写了一个等式:"没有民主=没有对人的管理。"⑤

关于无产阶级专政,列宁指出了它的四个作用,即"利用国家反对资产阶级";"反击资产阶级的复辟尝试";"革命战争";"实行和维护民主"⑥。

关于"民主的作用"⑦,列宁列出了三条,即"教育群众";"把他们引向新制度";"**社会主义革命的形式:1905年的联盟**"⑧。

另外,列宁标注了"马克思在1844年(《遗著》第2卷第50页,倒数第2段末尾)",即马克思的《评一个普鲁士人的〈普鲁士国王和

---

① 《列宁全集》第31卷,北京:人民出版社1985年版,第260页。
② 同上。
③ 同上书,第127页。
④ 同上。
⑤ 同上。
⑥ 同上。
⑦ 同上书,第128页。
⑧ 同上。

社会改革〉一文》。这篇文章列宁引自弗·梅林出版的《卡·马克思、弗·恩格斯和斐·拉萨尔遗著选》第 2 卷：《卡·马克思和弗·恩格斯文选（1844 年 7 月—1847 年 11 月）》1902 年斯图加特版①。列宁还标注了恩格斯的《论权威》，以及马克思的一个观点，即"论政治作用和争取**让步**的斗争——论革命地利用国家政权"②。

在该提纲中，列宁还给"政治"下了一个明确定义，"政治就是参与**国家**事务，给国家定方向，确定国家活动的形式、任务和内容"③。然后，列宁在政治上、在对国家的态度上划分出了两派，即"机会主义的和革命的"④ 两派；把民主也分为两种，即"改良派的民主和革命派的民主"⑤，这两种民主具有"不同的内容：少数人和群众。使群众平息下来？促进群众的**斗争**？使群众服从领袖的权威？起来反对领袖？恩格斯的'下层群众'**和追随**机会主义领袖的'群众'。归结为革命和机会主义"⑥。

二 《马克思主义论国家》

《马克思主义论国家》这本笔记是列宁 1917 年 1—2 月在苏黎世写的，当时写在了一本 48 页的蓝皮笔记本里。从列宁在页边上补写的文字和在笔记中作的着重标记可以看出，他曾经反复研究过笔记中的材料。1917 年 4 月列宁从瑞士回到俄国，这本"蓝皮笔记"和其他材料一起存放在国外。1917 年 7 月，列宁还挂念着这些材料。他写了一张便条告诉列·波·加米涅夫，要是他被人杀害了，那就请加米涅夫出版留在斯德哥尔摩的这本笔记。"七月事变"后，列宁匿居在俄国和芬兰边界的拉兹利夫湖畔的草棚里，请人把"蓝皮笔记"送来，参考和利

---

① 《列宁全集》第 31 卷，北京：人民出版社 1985 年版，第 260—261 页。
② 同上书，第 128 页。
③ 同上。
④ 同上。
⑤ 同上。
⑥ 同上书，第 128—129 页。

用笔记中的材料，开始着手写作《国家与革命》一书。

在这个笔记本的封面上，列宁列出了一个目录，并标注出了目录中的标题在笔记本中的页码范围，这些标题基本上是列宁搜集和摘录的文献名称或材料要点。笔记中的大标题是"马克思主义和国家"①，列宁按照摘录的文献名称对笔记本的内容进行了划分，形成了如下目录（为了方便介绍，编者在标题前面加了序号）：

1. 马克思给库格曼的信
2. 《雾月十八日》
3. 《1891年社会民主党纲领草案批判》
4. 弗·恩格斯论法国工人党的信
5. 恩格斯给倍倍尔的信
6. 哥达纲领批判
7. 1875年恩格斯的信
8. 《哲学的贫困》
9. 《共产党宣言》
10. 《论住宅问题》
11. 《法兰西内战》
12. 恩格斯为《内战》写的导言
13. 弗·恩格斯《家庭、私有制和国家的起源》
14. 《反杜林论》
15. 弗·恩格斯《论权威》
16. 卡·马克思论政治冷淡主义
17. 考茨基《社会革命》
18. 考茨基《取得政权的道路》
19. 卡·马克思《德国的革命和反革命》

在该笔记本的一开始，列宁就写明了该笔记本的核心内容，即"马·

---

① 《列宁全集》第31卷，北京：人民出版社1985年版，第132页。

克思和恩格斯论国家、论革命在政治方面**（在它对待国家方面）的任务**"①。列宁指出，在马克思的《法兰西内战》中"**有一处值得特别注意**"②，这就是"工人阶级不能简单地掌握现成的国家机器，并运用它来达到自己的目的"③。但是，伯恩施坦把这句话"同1895年恩格斯的**导言列在一起**，并被解释成放弃革命"④。列宁指出，这种解释是"极其错误的。实际上，马克思的意思**完全**相反：无产阶级革命不能'简单地'掌握'现成的'国家机器，革命应当把它，把这个**现成的**机器**打碎，并用新的来代替**"⑤。

1. 在"马克思给库格曼的信"这一部分中，列宁共引用了马克思写给库格曼的四封信（1869年3月3日、1870年12月13日、1871年4月12日、1871年6月18日）中的内容，强调了"**马克思**对公社可能遭到失败的原因所作的判断（1871年4月12日）"⑥，即"公社的两个错误"⑦：第一个错误在于巴黎工人的"仁慈"、"本来是应该立刻向凡尔赛进军的。由于讲良心而把时机放过了"⑧；第二个错误在于中央委员会"过分'诚实的'考虑"⑨，使得他们"过早地放弃了自己的权力，而把它交给了公社"⑩。列宁认为，"**两个错误都在于攻势不够，对打碎**官僚军事国家机器和资产阶级政权的认识和决心不够"⑪，同时又指出，"马克思对巴黎公社感到高兴的是""这些巴黎人的**灵活性，历史主动性，自我牺牲精神**"⑫。

---

① 《列宁全集》第31卷，北京：人民出版社1985年版，第132页。
② 同上。
③ 《马克思恩格斯文集》第3卷，北京：人民出版社2009年版，第151页。
④ 《列宁全集》第31卷，北京：人民出版社1985年版，第133页。
⑤ 同上书，第134页。
⑥ 同上书，第135页。
⑦ 同上。
⑧ 同上。
⑨ 同上。
⑩ 同上。
⑪ 同上。
⑫ 同上。

列宁认为，马克思给库格曼的信（1871年4月12日）中的一句话，即"从一些人的手里转到另一些人的手里"①，是对《法兰西内战》中"简单地掌握"这几个字所表达的思想的"更准确、更清楚、更恰当的表述"②，而且，在这封信中还有"《内战》中所没有的那个补充，该补充就是"不是把现成的转到另一些人的手里，而是把它**打碎**。公社已经**开始**这样做，可惜没有做完"③。在列宁看来，该补充是"特别明显的和有决定意义的一处"④。这封信的这部分内容以及列宁的这种评价，收录在《国家与革命》第三章第一节"公社战士这次尝试的英雄主义何在？"中。

2. 在"《雾月十八日》"这一部分中，列宁摘录了马克思的《路易·波拿巴的雾月十八日》最后一章的内容，以及恩格斯为该文所写的1885年第三版序言中的内容，这些关于国家机器日益完备而"使'**破坏**'这个机器的斗争日益逼近"⑤的内容，全部被列宁摘录进了《国家与革命》第二章第二节"革命的总结"中。在这里，列宁义愤填膺地说："正是这个'破坏'问题，'摧毁'、'打碎'问题，机会主义者和考茨基主义者一贯**绝口不提！！！**"⑥

3. 在"《1891年社会民主党纲领草案批判》"这一部分中，列宁摘录的段落与《国家与革命》第四章第四节"对爱尔福特纲领草案的批判"中摘录的段落基本一致。在这里，列宁把"恩格斯在1891年（1891年6月29日）评论社会民主党的政治纲领"⑦的内容概括为五个要点："（1）直接同**机会主义**进行了斗争，指出了它在党内的增长，认为它是'忘记重大的根本（对比关系）"观点'；（2）重申了'无产阶级专政'的定义；（3）坚决主张建立共和国（作为'无产阶级专政

---

① 《列宁全集》第31卷，北京：人民出版社1985年版，第136页。
② 同上。
③ 同上。
④ 同上书，第134页。
⑤ 同上书，第139页。
⑥ 同上。
⑦ 同上书，第146页。

的特殊形式')；(4) 坚决主张取消地方自治机关中一切由国家任命的官吏；(5) 反对**只走和平道路、只走合法道路的幻想**。"① 而且，列宁强调指出，"理论上值得特别**注意**的是把无产阶级专政同最完全的地方自治结合起来"②。接着，列宁明确提出，在国家问题上，"无产阶级革命的任务是：'**打碎**'这个机器，即摧毁这个机器，在下面即在地方上用最完全的自治，而在上面用武装的无产阶级的**直接**政权即无产阶级专政来代替"③，即"无产阶级专政 + 取消地方自治机关中由国家任命的官吏"④。列宁虽然在《国家与革命》中没有强调这种对无产阶级革命任务的表述形式，但是我们不应小觑这种表述形式所蕴含着的宝贵思想，尤其是关于"最完全自治的地方"的思想，该思想也可以用列宁在这里所引的恩格斯的原话（在《国家与革命》第四章第四节中也引用了）来表述："省、县和市镇通过依据普选制选出的官员实行完全的自治。取消由国家任命的一切地方的和省的政权机关。"⑤

在"用什么把各个市镇统一起来，联系起来？"⑥ 这个问题上，列宁分别归纳了无政府主义者、资产阶级和马克思主义的基本观点和做法，即"无政府主义者说：什么也不用（α）。资产阶级说（并且这样做）：用官僚和军阀（β）。马克思主义说：用武装的工人的联盟、组织（'**工人代表苏维埃**'！）（γ）"⑦。然后，列宁把这三种观点总结如下：

（α）= "废除国家"；（β）= 使国家永久化（确切些说：维护国家）；（γ）= 革命地利用国家（无产阶级专政；打碎旧的机器；镇压资产阶级的反抗；用武装的、集中的无产阶级把各个完全民主的市镇统一和联系起来），以便**过渡**到废除阶级，**过渡**到导致**国家消亡**的**共产主义**。

---

① 《列宁全集》第31卷，北京：人民出版社1985年版，第146页。
② 同上。
③ 同上书，第147页。
④ 同上书，第150页。
⑤ 《马克思恩格斯文集》第4卷，北京：人民出版社2009年版，第417页。
⑥ 《列宁全集》第31卷，北京：人民出版社1985年版，第147页。
⑦ 同上。

关于（α）——不问政治；关于（γ）——参加政治斗争，**以便**为革命地利用国家作准备。①

在这里，列宁对如何"革命地利用国家"这一问题给出了明确回答，即"无产阶级专政；打碎旧的机器；镇压资产阶级的反抗；用武装的、集中的无产阶级把各个完全民主的市镇统一和联系起来"②。

4. 在"弗·恩格斯论法国工人党的信"这一部分中，列宁摘录了恩格斯于1886—1895年写给保·拉法格的8封信中的5封，这5封信在文中的摘录顺序是：（1）1894年3月6日；（2）1895年2月3日；（3）1894年6月2日；（4）1894年11月22日；（5）1890年8月27日。其中，后面两封信在《社会主义者报》上发表时，日期误为1887年11月22日和1890年10月27日③，列宁在摘录时并没有意识到这两封信的日期不对。

列宁在恩格斯1894年3月6日的信中，摘录了一段恩格斯关于共和国政体的论述，恩格斯说："象其他任何政体一样，共和国取决于它的内容；当它还是资产阶级民主制的形式时，它就和任何君主国一样地敌视我们（撇开敌视的**方式**不谈）。因此，把它看成本质上是社会主义的形式，这是完全不可饶恕的幻想。我们可以迫使它作某些让步，但是永远不能把我们自己的工作委托它去完成；即使我们能够通过一个强大得一天之内就能使自己变为多数派的少数派去监督它，也不能那样做。"④

列宁在恩格斯1895年4月3日的信中，摘录了一段恩格斯关于"**和平的和反暴力的策略**"⑤的论述，恩格斯指出，李卜克内西"喜欢宣传这个策略，但我谈的这个策略仅仅是针对**今天的德国**，而且**还有重大的附带条件**。对法国、比利时、意大利、奥地利来说，这个策略就不

---

① 《列宁全集》第31卷，北京：人民出版社1985年版，第147页。
② 同上。
③ 同上书，第263页。
④ 同上书，第151页。
⑤ 同上。

能整个采用。就是对德国，明天它也可能就不适用了"①。在这里，列宁同时摘录了恩格斯 1895 年 4 月 1 日写给考茨基的信中的相似内容作为对比，即"使我惊讶的是，今天我发现，《前进报》事先不通知我就发表了我的《导言》的摘录，在这篇经过修饰整理的摘录中，我是以一个爱好和平的、无论如何要守法的崇拜者出现的。我特别希望整个《导言》现在能发表在《新时代》上，以消除整个可耻印象。我将非常明确地把我关于此事的意见告诉李卜克内西，也告诉那些（不管是谁）事先一个字也未通知我而给他这种机会来歪曲我的观点的人"②。

列宁在恩格斯 1894 年 6 月 2 日的信中，摘录了一段恩格斯关于未来欧洲社会主义革命胜利必将实现的预言，即"法国人发出信号，开火，德国人解决战斗"③。

列宁在恩格斯 1894 年 11 月 4 日的信中，摘录了一段恩格斯关于党不能背叛自己而资产阶级化的论断，以及恩格斯反对假马克思主义者的论断。另外，列宁在这里还摘录了马克思《论保护关税派、自由贸易派和工人阶级》一文中的一句话："一般说来，社会改革永远也不会以强者的软弱为前提；它们应当而且也将是弱者的强大所引起的。"④

5. 在"恩格斯给倍倍尔的信"这一部分中，列宁摘录了恩格斯在《给奥·倍倍尔的信》（1875 年 3 月 18—28 日）中关于国家问题的一段话。列宁认为这封信"对国家问题具有**非常**重大的意义"⑤，这里所摘录的内容与《国家与革命》第四章第三节"给倍倍尔的信"中所摘录的内容是完全一致的，而且，列宁在这两处对摘录内容的评价也十分相似：在这里的评价是，"在马克思和恩格斯的著作里，这大概是所谓'**反对**国家'的最精彩最激烈的一段了"⑥；在《国家与革命》第四章第三节中的评价是，"这段话在马克思和恩格斯关于国家问题的著作中，

---

① 《列宁全集》第 31 卷，北京：人民出版社 1985 年版，第 152 页。
② 同上。
③ 同上书，第 153 页。
④ 同上。
⑤ 同上书，第 154 页。
⑥ 同上书，第 155 页。

如果不算是最精彩的论述，也得算是最精彩的论述之一"①。

在这里，列宁把恩格斯这段话总结为"机会主义者一点也**不理解**"② 的"8点极丰富的思想"③：

（1）"应当抛弃一切关于国家的废话"④。

（2）"'巴黎公社已经**不是**原来意义上的国家。'（那么是什么呢？显然是从国家到非国家的过渡形式！）"⑤

（3）"人民国家"这个名词虽然提法不对，但是"**按当时情况来看**……这种错误比起无政府主义者的错误来要小得多"⑥。

（4）"随着社会主义社会制度的建立"⑦，国家就会自行分解、解体、消失和消亡。

（5）"国家是'在斗争中、在革命中……'所需要的（自然是**无产阶级**所需要的）'一种暂时的机关'"⑧。

（6）"需要国家**不是**为了自由，而是为了**镇压**……**无产阶级的敌人**"⑨。

（7）"一到有自由的时候，就不会有国家了"⑩。

（8）马克思和恩格斯建议把纲领中的"'国家'一词'**全部**'改成'公团⑪'（Gemeinwesen），'公社'！！！"⑫ 列宁在这一点的旁边写着："注意！！！！"⑬

---

① 《列宁选集》第3卷，北京：人民出版社2012年版，第167页。
② 《列宁全集》第31卷，北京：人民出版社1985年版，第156页。
③ 同上。
④ 同上书，第155页。
⑤ 同上。
⑥ 同上。
⑦ 同上。
⑧ 同上。
⑨ 同上。
⑩ 《列宁全集》第31卷，北京：人民出版社1985年版，第155页。
⑪ 即"共同体"。
⑫ 《列宁全集》第31卷，北京：人民出版社1985年版，第156页。
⑬ 同上。

列宁坚持"民主是排斥自由的"①的观点，他认为民主与自由两者不可以等同起来、互相代用，因为"发展的辩证法（过程）是这样的：从专制制度到资产阶级民主；从资产阶级民主到无产阶级民主；从无产阶级民主到没有任何民主"②。

列宁指出，机会主义者的观点只是百分之一的马克思主义，"他们**仅仅**看到目前的实际需要：利用政治斗争，利用**现代**国家来训练、教育无产阶级，来'争取让步'。这是正确的（和无政府主义者比较），但这还只是1/100的马克思主义，如果可以用算术分数来表示的话"③。

列宁在强调马克思主义者与无政府主义者的区别时批评了布哈林："我们同无政府主义者的区别是：我们主张（α）**现在**利用国家，并且（β）在无产阶级**革命**时期利用国家（'无产阶级专政'），——这两点现在就对实践极其重要。（布哈林正是**忘记了**这两点！）"④列宁在"1916年8月曾写信给布哈林：'让你的关于国家的思想**成熟起来**吧。'但是他**没有让它**成熟起来，就以'Nota bene'为笔名爬上了报刊⑤，结果不但没有揭露考茨基主义者，反而以自己的错误**帮助**了他们!! 不过，从实质上看，布哈林比考茨基更接近真理"⑥。

列宁指出，在对待国家的问题上，马克思主义者比机会主义者"有更深刻、'更永恒的'真理：（αα）国家是'暂时'的，（ββ）现在关于国家的'废话'是**有害的**，（γγ）无产阶级专政的性质不完全是国家，（δδ）国家和自由是矛盾的，（εε）用来代替国家的'公团⑦'是个更正确的观念（概念，纲领用语），（ζζ）'打碎'（Zerbrechen）官僚军事机器"⑧。

---

① 《列宁全集》第31卷，北京：人民出版社1985年版，第156页。
② 同上。
③ 同上。
④ 同上。
⑤ 指布哈林用"Nota bene"这一笔名在1916年12月1日《青年国际》杂志第6期上发表了这篇《帝国主义强盗国家》。
⑥ 《列宁全集》第31卷，北京：人民出版社1985年版，第157页。
⑦ 即"共同体"。
⑧ 《列宁全集》第31卷，北京：人民出版社1985年版，第156—157页。

6. 在"哥达纲领批判"这一部分中,列宁摘录了马克思在《哥达纲领批判》(即1875年5月5日给威廉·白拉克的信)中对国家消亡问题的论述,这些论述都被列宁收录进了《国家与革命》第五章"国家消亡的经济基础"的各节之中。

首先,列宁指出,马克思与恩格斯在提出国家消亡问题时的方式是不同的,甚至"初看起来会觉得这里有明显的矛盾、混乱或分歧"①,其实"马克思和恩格斯之间在这个问题上没有任何矛盾"②。

接着,列宁列举了国家的三种情况:

(Ⅰ)"资产阶级需要国家"、"在资本主义社会是原来意义上的国家"③。

(Ⅱ)"无产阶级需要国家"、"过渡(无产阶级专政);过渡型的国家(不是原来意义上的国家)"④。

(Ⅲ)共产主义社会"不需要国家,国家消亡"⑤。

然后,列宁又从民主的角度对这三种情况进行了说明:

(Ⅰ)"民主只供富人和无产阶级中一个很小的阶层享受。[穷人无暇过问民主!]"⑥,这时的"民主只是例外,从来不是完全的"⑦。

(Ⅱ)"民主供穷人、供十分之九的居民享受,对富人的反抗实行强力镇压"⑧,这时的"民主几乎是完全的,只是由于**镇压**资产阶级的反抗而受到限制"⑨。

(Ⅲ)"民主是完全的,它成为习惯,并且因此而消亡,让位于'各尽所能,按需分配'的原则"⑩,这时的"民主是真正完全的,它成

---

① 《列宁全集》第31卷,北京:人民出版社1985年版,第158页。
② 同上书,第159页。
③ 同上书,第161页。
④ 同上。
⑤ 同上。
⑥ 同上书,第162页。
⑦ 同上。
⑧ 同上。
⑨ 同上。
⑩ 同上。

为习惯,并且**因此**而消亡……完全的民主等于没有任何民主。这不是怪论,而是真理"①。

列宁在这里把镇压富人的反抗与镇压资产阶级的反抗相提并论。另外,他认为完全的民主等于没有任何民主,因为完全的民主已经变成习惯而消亡了。这些观点耐人寻味。

列宁指出,"**《哥达纲领批判》**中对未来社会进行**经济**分析的几段十分重要,这几段也同国家问题有关"②,列宁的这个观点与他把《国家与革命》第五章的大标题定为"国家消亡的经济基础"是有关联的。

列宁在马克思的原话("但是这些弊病,在经过长久阵痛刚刚从资本主义社会产生出来的共产主义社会第一阶段,是不可避免的。权利决不能超出社会的经济结构以及由经济结构制约的社会的文化发展。在共产主义社会高级阶段……"③)的旁边,作了这样的标注:"由此可见:Ⅰ'长久阵痛'] Ⅱ'共产主义社会第一阶段'] Ⅲ'共产主义社会高级阶段']"④ 其中,列宁把"长久阵痛"作为一个阶段标注出来,很有深意。

列宁指出,按劳分配在"**低级阶段**('**第一阶段**')""也是一种强制的形式:'谁不劳动,谁就没有饭吃'"⑤;在这一阶段"分配的不平等还很严重。'狭隘的资产阶级的权利眼界'**还没有完全**被超出。**注意**这一点!!显然,和(半资产阶级)权利一起,(半资产阶级)国家也还不能完全消失。**注意**这一点"⑥;而在"**高级阶段**"、"**各尽所能,按需分配**"、"劳动成了**生活的第一需要**(注意:劳动的习惯成了常规,不用强制!!)"、"显然,只有在这个高级阶段,国家才能**完全**消亡"⑦。在这里,列宁提出的"(半资产阶级)权利"和"(半资产阶级)国

---

① 《列宁全集》第 31 卷,北京:人民出版社 1985 年版,第 162 页。
② 同上。
③ 《马克思恩格斯文集》第 3 卷,北京:人民出版社 2009 年版,第 435 页。
④ 《列宁全集》第 31 卷,北京:人民出版社 1985 年版,第 163 页。
⑤ 同上书,第 164 页。
⑥ 同上。
⑦ 同上书,第 164—165 页。

家"这两个概念很有学术价值。

7. 在"1875年恩格斯的信"这一部分中,列宁继续摘录①了恩格斯给奥·倍倍尔的信(1875年3月18—28日)中的内容,这些内容是"一些比通常更为清晰地阐述了马克思主义的某些方面的特别有教益的地方"②,它们被列宁分成了6个段落,其中,第2个段落的内容是关于无产阶级政党对工会的性质、地位和作用的认识问题的,即"第五〈恩格斯的第五点反驳意见〉,根本就没有谈到通过**工会**使工人阶级作为阶级组织起来。而这是非常重要的一点,因为**工会是无产阶级的真正的阶级组织**,无产阶级靠这种组织同资本进行经常的斗争,使自己受到训练,就是最残酷的反动势力(象目前在巴黎那样)现在也决不可能摧毁这种组织。既然这一组织在德国也获得了重要意义,我们认为,在纲领里提到这种组织,并且尽可能在党的组织中给它一个位置,那是绝对必要的"③。列宁在"**工会是无产阶级的真正的阶级组织**"④ 这句话旁边作了评注:"是这样!"⑤ 事实上,我们从无产阶级政党关于社会主义运动的策略中也能够看出,它们对工会的性质、地位和作用的认识水平与重视程度上的差异。

8. 在"《哲学的贫困》"这一部分中,列宁摘录了马克思在《哲学的贫困》中关于无产阶级专政的思想,即"劳动阶级在发展进程中将创造一个消除阶级和阶级对抗的联合体来代替旧的市民社会;从此再不会有原来意义的政权了。因为政权正是资产阶级社会内部阶级对立的正式表现"⑥。这一段话被列宁收录进了《国家与革命》第二章第一节"革命的前夜"中。

9. 在"《共产党宣言》"这一部分中,列宁摘录了《共产党宣言》

---

① 列宁在该笔记本的第5部分"恩格斯给倍倍尔的信"中已经摘录了该信的一些重要论述,而且这些论述被列宁收录进了《国家与革命》第四章第三节"给倍倍尔的信"中。
② 《列宁全集》第31卷,北京:人民出版社1985年版,第165页。
③ 同上书,第165—166页。
④ 同上书,第165页。
⑤ 同上。
⑥ 《马克思恩格斯文集》第1卷,北京:人民出版社2009年版,第655页。

中与无产阶级专政思想有关的论述，这些论述也被列宁收录进了《国家与革命》第二章第一节"革命的前夜"中。列宁认为，"《共产党宣言》谈到'工人革命'、'共产主义革命'、'无产阶级革命'。似乎还没有出现'无产阶级专政'这一术语。但是，很明显，无产阶级转化成'统治阶级'、它'组织成为统治阶级'、它'对所有权实行强制性的干涉'等等，这**也就是**'无产阶级专政'"①，即"'**国家即组织成为统治阶级的无产阶级**'——这也就是无产阶级专政"②。列宁在这里说得干脆直接、清晰明了。

10. 在"《论住宅问题》"这一部分中，列宁摘录了恩格斯在《论住宅问题》中关于无产阶级专政和国家问题的许多论述，其中，大部分论述已经被收录进了《国家与革命》第四章第一节"《住宅问题》"中。在那些摘录后没有被收录进《国家与革命》的论述中，有两点比较重要：一是恩格斯"给革命下了一个不坏的定义"③，即"**最富于暴力的运动**"④；二是恩格斯说，"既然每个政党都力求取得在国家中的统治，所以德国社会民主工党就必然力求争得**自己的**统治，工人阶级的统治，即'阶级统治'。而且，**每个**〈黑体是恩格斯用的〉真正的无产阶级政党，从英国宪章派起，总是把阶级政策，把无产阶级组织成为独立政党作为首要条件，把**无产阶级专政**作为斗争的**最近目的**"⑤。最后一句话也正是列宁所坚信不疑并积极倡导、努力实现的无产阶级革命的"最近目的"。

11. 在"《法兰西内战》"这一部分中，列宁为了具体"说明工人阶级不能'简单地'掌握'现成的国家机器'"⑥，大量摘录了马克思

---

① 《列宁全集》第 31 卷，北京：人民出版社 1985 年版，第 170 页。
② 同上书，第 171 页。
③ 同上书，第 174 页。
④ 同上书，第 174 页，黑体是列宁所加。"革命，即最具暴力的运动"（恩格斯：《论住宅问题》，参见《马克思恩格斯文集》第 3 卷，北京：人民出版社 2009 年版，第 311 页）。
⑤ 《列宁全集》第 31 卷，北京：人民出版社 1985 年版，第 174 页；参见《马克思恩格斯文集》第 3 卷，北京：人民出版社 2009 年版，第 312 页。
⑥ 《列宁全集》第 31 卷，北京：人民出版社 1985 年版，第 176 页。

在《法兰西内战》第三章中关于国家问题的论述，并把关于巴黎公社的论述分为十九个要点，其中，第 1、2、4、5、6、7、8、9、17 这九个要点被列宁收录进了《国家与革命》第三章第二节"用什么东西来代替被打碎的国家机器呢？"中；第 3、13 这两个要点被收录进了第三章第三节"取消议会制"中；第 10、11、12 这三个要点被收录进了第三章第四节"组织起民族的统一"中；第 14、15、16、18、19 这五个要点被收录进了第三章第五节"消灭寄生物——国家"中。而第三章第一节"公社战士这次尝试的英雄主义何在？"的主旨，就是阐明工人阶级为什么不能够简单地掌握现成的国家机器。因此，这部分中摘录的内容以及列宁对摘录内容的分析，就构成了《国家与革命》第三章的主体内容。

列宁指出，"马克思竭力强调必须""消灭、摧毁、铲除"① 的，"**不是**国家，而是'现代国家政权'，'现成的国家机器'，首先是官吏和军队"②。接着，列宁把"马克思的基本思想"③ 概括为以下六点：

（Ⅰ）打碎、破坏现成的国家机器，并"用**新的代替**"④ 它。

（Ⅱ）"用武装的人民代替常备军"⑤。

（Ⅲ）"**取消官僚**，包括法官在内：（α）赶走……'国家高级官吏'；（β）使其他官吏成为纯粹的执行者；（γ）可以撤换；（δ）领取普通工人的工资"⑥。

（Ⅳ）"用'公社的'（'公社制度'）即同时兼管立法和**行政**的人民代表机关代替**议会式**的人民代表机关"⑦，用公社制度代替议会制度。

（Ⅴ）"没有国家从上面进行监督和监护的**地方自治**"⑧。

---

① 《列宁全集》第 31 卷，北京：人民出版社 1985 年版，第 183 页。
② 同上。
③ 同上。
④ 同上。
⑤ 同上。
⑥ 同上书，第 183—184 页。
⑦ 同上书，第 184 页。
⑧ 同上。

(Ⅵ)"**完全的民主**"①。

列宁认为,要实现上述这一切,必须具备以下两个条件:

第一个条件是"(以革命的烈火、革命的积极性)唤起劳动群众,即**大多数**居民,使**他们代替**官吏积极参与国家事务,——无产阶级领导,必须由组织起来的、集中的无产者来领导他们"②,也就是民主管理与集中领导相统一;

第二个条件是"把工作日减至 8—6—4 小时;——把人人参加生产劳动同**人人参加'国家'管理结合起来**"③,也就是民主管理与民主生产相统一。

列宁指出,由于 1871 年以后出现了两大变化,即"官僚机构**不论在哪里**都猛烈地增长了(既在议会中,在它内部——也在地方自治机关中——也在股份公司中——也在托拉斯中,等等)"④,以及"'社会主义'工人政党有四分之三'**长入了**'**这样的**官僚机构,因此,社会爱国主义者和国际主义者之间、改良派和革命派之间的分裂具有更深刻的意义:改良派和社会爱国主义者使官僚国家机器'**更加完备**'……而革命派应当'**摧毁**'这个'官僚军事国家机器',摧毁它,用'公社',用新的'**半国家**'来代替它"⑤。如果用一句话来概括,那就是"用**工人代表的苏维埃**和**他们的**受托人代替旧的('现成的')国家机器**和议会**"⑥。对此,"机会主义者会反对说,而伯恩施坦在 1899 年已经这样反对说,这是'原始的民主'。**在社会主义的基础上**,'原始的'民主将不再是原始的了"⑦。

关于"是否还要'利用'现代国家政权和议会"⑧这个问题,列宁

---

① 《列宁全集》第 31 卷,北京:人民出版社 1985 年版,第 184 页。
② 同上。
③ 同上。
④ 同上书,第 185 页。
⑤ 同上。
⑥ 同上。
⑦ 同上。
⑧ 同上。

也给出了明确回答：

> 要利用，**但不是照过去那样，而只是**象卡尔·李卜克内西那样，即（α）**为了领导**革命的行动，而不是做运动的尾巴；——（β）为了服务于革命的群众运动；——（γ）在这种运动的监督之下；——（δ）经常把合法工作和秘密工作结合起来；——（ε）经常同机会主义者和工人运动的**官吏**作斗争，同他们斗到底，直到和他们分裂。①

列宁在这里还分析了资产阶级国家"**允许**工人和社会民主党人**进入**它的机关，**享受它的**民主的"② 六种方式，即"它（α）把他们加以过滤，把革命者淘汰出去；（β）用纠缠的方法'捕获'他们，把他们变成官吏；我们的对手、敌人实行的'疲劳战略'；**从另一方面实行的疲劳战略！！**（γ）用收买的方法捕获他们：'**你们训练他们，而我们收买他们**……'（δ）除了粗笨的收买，还采用巧妙的收买，包括**阿谀奉承**，向他们献殷勤，等等；（ε）用'工作''缠住'他们、吞没他们，用成堆的'公文'、用'改良'和小改良的污浊空气窒息他们；（ζ）用小市民那种够得上'文明'的庸俗的安逸生活腐蚀他们"③。

在这一部分中，列宁还用"庸人"④、"白痴"⑤、"骗子"⑥ 等词语分别对伯恩施坦和考茨基进行了讥讽，例如，列宁在摘录马克思原话（"它〈公社〉所采取的某些措施，只能表明通过人民自己实现的人民管理制的发展方向"⑦）的旁边批驳了伯恩施坦："庸人伯恩施坦把一

---

① 《列宁全集》第31卷，北京：人民出版社1985年版，第186页。
② 同上。
③ 同上。
④ 同上书，第182页。
⑤ 同上。
⑥ 同上书，第184页。
⑦ 同上书，第182页；"公社的伟大社会措施就是它本身的存在和工作。它所采取的各项具体措施，只能显示出走向属于人民、由人民掌权的政府的趋势"，见《马克思恩格斯文集》第3卷，北京：人民出版社2009年版，第163页。

切都归结为'自治机关'和地方自治。白痴!!"①

12. 在"恩格斯为《内战》写的导言"这一部分中,列宁摘录了恩格斯在《〈法兰西内战〉德文第3版导言》(1891年3月18日)中关于国家问题的论述,这些论述大部分被列宁收录进了《国家与革命》第四章第五节"1891年为马克思的《内战》所写的导言"中。列宁认为,恩格斯在这篇导言中"对公社的**各项措施**作了卓越的总结",而且"不能不承认,恩格斯在这里以及在1875年3月18—28日的信②中,对无产阶级专政、对无产阶级将要**争得**的那种国家政权的**形式**(确切些说:对新形式的必要性)这些极其重要的思想的阐述,比起马克思来要通俗得多"③。

在这部分的最后,列宁摘录了马克思在《法兰西内战》中关于"民族战争"④的论述,以及马克思在《路易·波拿巴的雾月十八日》中关于"资产阶级革命和无产阶级革命"⑤的论述,不过,这些论述并没有收录进《国家与革命》中。

13. 在"弗·恩格斯《家庭、私有制和国家的起源》"这一部分中,列宁摘录了恩格斯在《家庭、私有制和国家的起源》中对国家的起源、阶级实质、特征和作用等方面的论述,这些论述分别被收录进了《国家与革命》第一章第一节"国家是阶级矛盾不可调和的产物"、第二节"特殊的武装队伍,监狱等等"和第三节"国家是剥削被压迫阶级的工具"中。

14. 在"《反杜林论》"这一部分中,列宁摘录了恩格斯在《反杜林论》中关于国家自行消亡的一大段论述,这一大段论述被收录进了《国家与革命》第一章第四节"国家'自行消亡'和暴力革命"中。另外,列宁还摘录了恩格斯在《〈人民国家报〉国际问题论文集(1871—

---

① 《列宁全集》第31卷,北京:人民出版社1985年版,第182页。
② 即恩格斯《给奥·倍倍尔的信》(1875年3月18—28日)。
③ 《列宁全集》第31卷,北京:人民出版社1985年版,第192页。
④ 同上。
⑤ 同上书,第193页。

1875）序》（1894年1月3日）中关于消除民主的论述，这个论述是列宁在《国家与革命》第四章第六节"恩格斯论民主的消除"中所收录和引证的唯一文献。

15. 在"弗·恩格斯《论权威》"这一部分中，列宁摘录了恩格斯《论权威》一文的大部分内容，这些内容多数被收录进了《国家与革命》第四章第二节"同无政府主义者的论战"中。列宁指出，布哈林在《帝国主义强盗国家》中对恩格斯的这些内容引得不全，"布哈林**仅仅引证了**"① 其中一小部分②，"而没有接着引下去"③。

16. 在"卡·马克思论政治冷淡主义"这一部分中，列宁摘录了马克思在《政治冷淡主义》中讥笑无政府主义者时所提出的一些重要观点，即"工人阶级的政治斗争采取**革命的形式**"、"工人建立起自己的**革命专政来代替资产阶级专政**"、"**为了粉碎资产阶级的反抗……不放下武器，不废除国家**，而赋予**国家以一种革命的暂时的形式**"④，以及"工人阶级使用一切现实的斗争手段……这种斗争手段必须从现代社会中索取"⑤ 等观点，这些观点大部分被收录进了《国家与革命》第四章第二节"同无政府主义者的论战"中。这里，列宁有一句评语："另一个阶级应当升到管理的地位。问题的实质就在这里。"⑥

---

① 《列宁全集》第31卷，北京：人民出版社1985年版，第201页。
② 布哈林只引了"所有的社会主义者都认为，**国家以及政治权威**将由于未来的社会革命而消失，这就是说，**社会职能将失去其政治性质，而变为维护**社会利益的**简单的管理职能**"这句话见（《列宁全集》第31卷，北京：人民出版社1985年版，第200—201页）；也就是"所有的社会主义者都认为，政治国家以及政治权威将由于未来的社会革命而消失，这就是说，公共职能将失去其政治性质，而变为维护真正社会利益的简单的管理职能"这句话（见《马克思恩格斯文集》第3卷，北京：人民出版社2009年版，第338页）。
③ 《列宁全集》第31卷，北京：人民出版社1985年版，第201页。
④ 同上书，第202页；或"工人阶级的政治斗争采取暴力的形式"、"工人建立起自己的革命专政来代替资产阶级专政"、"为了粉碎资产阶级的反抗……不放下武器，不废除国家，而赋予国家以一种革命的暂时的形式"，见《马克思恩格斯文集》第3卷，北京：人民出版社2009年版，第339—340页。
⑤ 同上书，第203页；另见《马克思恩格斯文集》第3卷，北京：人民出版社2009年版，第341页。
⑥ 同上书，第203页。

列宁在这里再次摘录了马克思在《法兰西内战》中讲的"特别深刻"① 的那句话："公社是一个实干的而不是议会式的机构，它既是行政机关，同时也是立法机关。"② 列宁认为，这句话深刻阐明了"无产阶级需要的——能够成为社会主义革命的形式和工具的——**不是现在的民主，不是资产阶级民主，而是另一种**民主，即无产阶级民主"③，他批评考茨基"丝毫没有想到**另外一种**民主"④，即无产阶级民主。然后，列宁具体分析了无产阶级民主："在政治上：（1）无产阶级民主是完的，普遍的，不受限制的（量转化为质：最完全的民主和不完全的民主**在质上不是**一个东西）；（2）不是议会式的机构，而是'工作的'机构：从什么意义上说是'工作的'呢？（α）在经济上：它的成员是工作者；（β）在政治上：不是'清谈馆'，而是办事情，不是分立，而是结合。（3）把立法职能和行政职能结合起来＝向**消灭国家过渡**，就是说，处理国家事务的将**不是**一个特殊的机关，将不是几个特殊的机关，而是国家的**全体**成员。通过什么方法？通过一种独特的、**新型的**、在资本主义制度下曾被恩格斯所拒绝的'直接的人民立法'。现在必须把'**管理**'和**体力**劳动**结合起来**，不仅有工厂劳动的**换班**，而且还有工厂劳动（农业劳动，一切体力劳动）和管理的**彼此换班**。"⑤ 列宁在第三点旁边加了一个注，即"建立在另一种基础即高级基础上的'原始的'民主"⑥。

17. 在"考茨基《社会革命》"这一部分中，列宁对考茨基的《社会革命》一书进行了摘录和点评，指出了该书存在的问题和缺陷，例如，"**没有谈到'打碎官僚军事机器'的任务，没有谈到'消灭国家'，甚至一个字也没有谈到同'对国家的迷信'作斗争**"；"**到处都是**

---

① 《列宁全集》第 31 卷，北京：人民出版社 1985 年版，第 203 页。
② 《马克思恩格斯文集》第 3 卷，北京：人民出版社 2009 年版，第 154 页。
③ 《列宁全集》第 31 卷，北京：人民出版社 1985 年版，第 204 页。
④ 同上。
⑤ 同上。
⑥ 同上。

简单地谈到**国家**";"**仍然只字未提破坏**（'Zerbrechen'）**这些强力工具**"①;"**关于民主和无产阶级专政的独特的结合,只字未提**"② 等等。列宁在考茨基的一句原话（"它〈无产阶级〉……将实现资产阶级也曾一度捍卫过的那种民主纲领"③）旁边作了这样的标注:"正好**不是**'那种',**不是**那个民主纲领……"④ 列宁认为考茨基不理解资产阶级民主与无产阶级民主的区别,不了解无产阶级民主和专政的独特结合。列宁把摘录的部分内容和评语收录进了《国家与革命》第六章第二节"考茨基与机会主义者的论战"中。在《国家与革命》第六章第二节中有一段并没有被摘录进这个笔记本中的考茨基的话,这段话是这样表述的:"例如,有些企业非有官僚〈??〉组织不可,铁路就是这样。在这里,民主组织可以采取这样的形式:工人选出代表来组成某种类似议会的东西,由这个议会制定工作条例并监督官僚机构的管理工作。有些企业可以交给工会管理,另外一些企业则可以按合作原则来组织。"⑤ 列宁对此评论说,应该"立刻转到使**所有的**人都来执行监督和监察的职能,使**所有的**人暂时都变成'官僚',因而使**任何人**都不能成为'官僚'"⑥。不过,考茨基的这段话在《社会革命》（人民出版社1980年版,由何江、孙小青根据柏林前进书店1911年德文版译出）一书中是这样翻译的:"譬如说,有些企业没有一套专职机构是不行的,铁路就是这样。那就可以通过如下方式设立民主机构:工人选出代表,代表们组成一种类似议会的机构来制定劳动规章并监督专职机构的管理工作。另一些企业可以直接由工会来管理,还有一些企业可以用合作社方式来经营。"⑦ 注意,这里使用的是"专职"一词,而不是"官僚"一词。

---

① 《列宁全集》第31卷,北京:人民出版社1985年版,第206页。
② 同上书,第207页。
③ 同上书,第207页;考茨基在《社会革命》中的原话是:"首先,无产阶级义不容辞的是补做那些资产阶级忽略的事。它将扫除一切封建残余,把资产阶级一度主张过的民主纲领付诸实现。"（王学东编:《考茨基文选》,北京:人民出版社2008年版,第155页。）
④ 同上书,第207页。
⑤ 《列宁选集》第3卷,北京:人民出版社2012年版,第210页。
⑥ 同上。
⑦ 王学东编:《考茨基文选》,北京:人民出版社2008年版,第165页。

如果我们把列宁那句话中的"官僚"一词用"专职"一词来替换，是否可以呢，即"立刻转到使所有的人都来执行监督和监察的职能，使所有的人暂时都变成'专职'，因而使任何人都不能成为'专职'"？这似乎不只是一个字词翻译的问题，而是一个更为重要的理论判断问题。

18. 在"考茨基《取得政权的道路》"这一部分中，列宁详细摘录了考茨基《取得政权的道路》一书的两个版本的出版时间（第 1 版 1909 年；第 2 版 1910 年）、书的副标题（"对长入革命的政治考察"①），以及书中各章的标题（第 1 章"夺取政权"；第 2 章"革命的预言"；第 3 章"长入未来的国家"；第 4 章"经济发展和意志"；第 5 章"既非不惜任何代价的革命，也非不惜任何代价的合法性"；第 6 章"革命因素的增长"；第 7 章"阶级矛盾的缓和"；第 8 章"阶级矛盾的尖锐化"；第 9 章"革命的新时代"），其中，摘录的部分内容被收录进了《国家与革命》第六章第二节"考茨基与机会主义者的论战"中。

列宁指出，该书的主题是政治革命，但是"在整个第 1 章（第 15—21 页）中，一个字也没有提到'打碎'军事官僚国家机器，——一个字也没有提到同对国家的迷信作斗争，一个字也没有提到用巴黎公社类型的无产阶级机构代替议会式的机构和官吏"②，而且"无产阶级专政是什么，只字未提"③；"在第 2 章中一个字也没有提到**革命地**利用**一切**革命形势！丝毫没有！和恩格斯《反杜林论》中关于革命与暴力的那段对照"；"第 4 章（论意志：胡说）——毫无意义"④。最后，列宁认为，"正好是无产阶级政治革命的特点被模糊了"⑤，并作了"总结：口口声声讲'革命'，特别是'政治革命'，但**就是不谈**马克思和

---

① 《列宁全集》第 31 卷，北京：人民出版社 1985 年版，第 208 页；亦即"关于长入革命的政论"，见王学东编：《考茨基文选》，北京：人民出版社 2008 年版，第 165 页。
② 《列宁全集》第 31 卷，北京：人民出版社 1985 年版，第 209 页。
③ 同上。
④ 同上书，第 210 页。
⑤ 同上书，第 212—213 页。

恩格斯在 1852 年、1871 年和 1891 年①如何把革命具体化。就是不谈'打碎',不谈'寄生物——国家',不谈用工作机构代替议会式的机构"②。

在这一部分的后半截,列宁大量引用了考茨基与潘涅库克两人关于国家与革命问题的论战文章,其中的一部分内容被收录进了《国家与革命》第六章第三节"考茨基与潘涅库克的论战"中。在考茨基谈论恩格斯的所谓"政治遗嘱"③的地方,列宁斥责考茨基与伯恩施坦是"骗子和无赖"④,是"他们自己伪造了遗嘱"⑤。该"遗嘱"指的是恩格斯的《卡·马克思〈1848 年至 1850 年的法兰西阶级斗争〉一书导言》(1895 年 2 月 14 日—3 月 6 日)。在一段考茨基反驳潘涅库克的话语旁边,列宁点评道:"白痴的妙语!!"⑥然后作了总结:"这是**彻底毁掉马克思主义!!** 马克思和恩格斯在 1852—1891 年所提出的教训和学说都被**忘记和歪曲了**。马克思和恩格斯教导说:'**打碎**军事官僚国家机器。'关于这一点,只字未提。无产阶级专政被偷换成了为争取改良而斗争的小市民空想。以改良主义的方法实现社会主义;为了争取改良而举行群众罢工——所有一切都归结到这一点上。只字不提同'对国家的迷信'作斗争,只字不提无产阶级要建立的**不是**议会式的代表机构,而是'工作的即兼管行政和立法的'代表机构。而这竟是在 1912 年 8 月——在《取得政权的道路》一书之后!——在巴塞尔宣言⑦前夕!在专门回答

---

① 指马克思的著作《路易·波拿巴的雾月十八日》《法兰西内战》和恩格斯的著作《1891 年社会民主党纲领草案批判》。
② 《列宁全集》第 31 卷,北京:人民出版社 1985 年版,第 212—213 页。
③ 同上书,第 216 页。
④ 同上。
⑤ 同上。
⑥ 同上书,第 219 页。
⑦ 巴塞尔宣言即 1912 年 11 月 24—25 日在瑞士巴塞尔举行的国际社会党非常代表大会一致通过的《国际局势和反对战争的统一行动宣言》。宣言谴责了各国资产阶级政府的备战活动,揭露了即将到来的战争的帝国主义性质,号召各国人民起来反对帝国主义战争。宣言写进了 1907 年斯图加特代表大会决议中列宁提出的基本论点:帝国主义战争一旦爆发,社会党人就应该利用战争所造成的经济危机和政治危机,来加速资本主义的崩溃,进行社会主义革命。

论述**革命**、论述'政治革命'的文章的时候！！既没有宣传革命，也没有研究革命的问题。"①

19. 在"卡·马克思《德国的革命和反革命》②"这一部分中，列宁只是摘录了恩格斯所写的《德国的革命和反革命》（1907 年斯图加特第 2 版）第 117 页的一段关于起义的话，没有做任何点评，这段话也没有被收录进《国家与革命》中。应该说，这段关于起义的论述对于列宁的政治实践活动，特别是他所领导的十月革命，肯定是起到了积极的影响和促进作用。

三 《〈国家与革命〉一书的提纲和纲要》

该文献是列宁在 1917 年 7—9 月所写的，包含"几个提纲""对提纲的补充""划分章次的几种方案""序言的提纲""第三章的材料""第四章的材料""第七章（未完成）的两个提纲"和"全书目录"等八个方面的内容，这八个方面的标题是 1985 年版《列宁全集》第 31 卷的编者加的。

1. 在"几个提纲"中，包括三个"**马克思主义关于国家的学说**"③的提纲。

在第一个提纲中，列宁单独标注出了恩格斯在《家庭、私有制和国家的起源》一书中的"异化"④ 概念，并从经济和政治两个方面分析了

---

① 《列宁全集》第 31 卷，北京：人民出版社 1985 年版，第 219 页。
② 《德国的革命和反革命》是恩格斯于 1951 年 8 月—1852 年 9 月所写的一组（共 19 篇）论述和总结德国 1848—1849 年革命经验的文章。1851 年 7 月底，《纽约每日论坛报》编辑查·德纳约请马克思为该报撰稿。当时马克思正忙于经济学研究，因此请恩格斯帮忙。恩格斯在写这些文章时利用了《新莱茵报》合订本以及马克思提供的其他资料，文章在寄出前都经马克思看过。这些文章从 1851 年 10 月 25 日—1852 年 10 月 23 日陆续发表在《纽约每日论坛报》的"德国"专栏，标题是"革命与反革命"，署名是卡尔·马克思，直到 1913 年马克思和恩格斯的来往书信发表后，人们才知道作者是恩格斯。参见《马克思恩格斯文集》第 2 卷，北京：人民出版社 2009 年版，第 745 页。
③ 《列宁全集》第 31 卷，北京：人民出版社 1985 年版，第 223、225 页。
④ 同上书，第 223 页；另见《马克思恩格斯文集》第 4 卷，北京：人民出版社 2009 年版，第 189、191、194 页。

"从资本主义到社会主义的过渡"、**经济上的**:《哥达纲领批判》:共产主义社会的两个阶段";"**政治上的**:从国家到**非国家**的过渡"①。列宁认为,"普列汉诺夫在1894年②说的毫无价值";"1912年卡·考茨基反对潘涅库克"③时说的同样"毫无价值,甚至比毫无价值更坏"④。

第二个提纲共分10节,列宁在第1节即"导言"中说:"有阶级以前的社会中的国家和阶级社会中的国家。什么是国家?"⑤这种对两类国家的划分应该看作是列宁的一种理论尝试,或者是他的一种自我提问:"有阶级以前的社会中的国家"何以可能?第2节是"现代国家"⑥;第3节是"国家自行消亡"⑦;第4节是"1847和1848:'理论'"⑧;第5节是"1852:法国历史和法国几次革命的教训"⑨;第6节是"公社的经验"⑩;第7节是"从资本主义到社会主义的过渡阶段的经济"⑪;第8节是"从国家到'**非国家**'的政治上的过渡"⑫;第9节是"马克思主义被忘记和庸俗化"⑬,这个部分有两个方面的内容,即"普列汉诺夫1894说的**毫无价值**""卡·考茨基1912**倒退**"⑭;第10节是"结论(1905年和1917年的经验)"⑮。

第三个提纲除了"预言"以外,共分13节。列宁在"预言"中指出了国家"问题在理论上的重要性和迫切性"⑯;在第1节即"导言"

---

① 《列宁全集》第31卷,北京:人民出版社1985年版,第224页。
② 列宁指的是1894年普列汉诺夫用德文出版的《无政府主义和社会主义》一书。
③ 《列宁全集》第31卷,北京:人民出版社1985年版,第224页。
④ 同上。
⑤ 同上。
⑥ 同上。
⑦ 同上。
⑧ 同上。
⑨ 同上。
⑩ 同上。
⑪ 同上书,第225页。
⑫ 同上。
⑬ 同上。
⑭ 同上。
⑮ 同上。
⑯ 同上。

中摘录了恩格斯在《家庭、私有制和国家的起源》一书中关于"有阶级以前的没有国家的社会和有国家的阶级社会"[①]的划分。如果我们把这个划分与列宁在第二个提纲中的那个划分,即"有阶级以前的社会中的国家和阶级社会中的国家"[②]加以对照,会发现这里的划分更为科学和准确。列宁指出,"机会主义者和考茨基主义者仅仅'知道'这一点"[③],即"什么是国家"[④];第2节是"**现代国家**"[⑤];第3节是"**国家自行消亡**"[⑥]。在这里,列宁指出可以"把第1—3节合并成《阶级社会和国家》"[⑦];第4节是"1847(《哲学的贫困》)和1848(《共产党宣言》)"[⑧];第5节是"1852:法国几次革命的教训('摧毁机器')"[⑨];第6节是"**公社的经验**"[⑩]。列宁把第4、5、6三节的内容看作是"马克思和恩格斯的观点的具体发展"[⑪]。第7节是"伯恩施坦的歪曲和考茨基躲躲闪闪的遁词('不能简单地掌握')"[⑫];第8节是"1873(反对无政府主义者)"[⑬];第9节是"1875。**国家变为非国家的经济基础**"[⑭];第10节是"1875(恩格斯致倍倍尔)。(总结)"[⑮],另外还有"补10.1891:恩格斯,第3版导言"[⑯];第11节是"第6章

[①] 《列宁全集》第31卷,北京:人民出版社1985年版,第225—226页。
[②] 同上书,第224页。
[③] 同上书,第226页。
[④] 同上。
[⑤] 同上。
[⑥] 同上。
[⑦] 同上书,第227页。
[⑧] 同上。
[⑨] 同上。
[⑩] 同上。
[⑪] 同上。
[⑫] 同上书,第228页。
[⑬] 同上。
[⑭] 同上。
[⑮] 同上。
[⑯] 同上。

(11)。马克思主义被机会主义者庸俗化①"②，列宁把这一节标注为第 6 章，并打算分四段来论述：第一段是关于普列汉诺夫的（1894 年）；第二段是关于考茨基的（1902、1909、1899 年）；第三段是关于考茨基反对潘涅库克的（1912 年）；第四段是关于"革命的'**准备**'""革命传统"③ 的。在第四段中，列宁打算对恩格斯的一些观点进行引证，例如恩格斯于 1886—1895 年写给拉法格的 5 封信中关于"法国人开始，德国人完成"④ 等观点，在《给奥·倍倍尔的信》（1875 年 3 月 18—28 日）中关于"反动的一帮"⑤ 的论述，以及在《卡·马克思〈1848 年至 1850 年的法兰西阶级斗争〉一书导言》（1895 年 2 月 14 日—3 月 6 日）中"论和平道路"⑥ 等内容。但是，《国家与革命》的第六章只有三节（分别是前三段的内容），没有收录第四段的内容，因为列宁在这里注明："或者放到第 7 章去？"⑦ 事实上也是这样，在第 12 节（即第 7 章）中有第四段的这些内容。

另外，列宁在这里还标注了写有考茨基《强盗政策》一文摘录的那一页纸，即"+单独一页；考茨基：'在一夜之间'"⑧，考茨基的这篇文章发表在 1911 年 10 月 6 日《新时代》杂志第 1 期，它的最后一句话是："它（我们的选举斗争）在一夜之间就可能变成夺取政权的斗争。"⑨ 列宁在《帝国主义是资本主义的最高阶段》一书的准备材料里也引用了这句话。最终，列宁没有在《国家与革命》中引用这句话。

第 12 节是"第 7 章（12）。1905 年和 1917 年的经验"⑩，列宁把这

---

① "被……庸俗化"在手稿中最初写的是"被……忘记"，参见《列宁全集》第 31 卷，北京：人民出版社 1985 年版，第 229 页。
② 《列宁全集》第 31 卷，北京：人民出版社 1985 年版，第 229 页。
③ 同上。
④ 同上书，第 229、230 页。
⑤ 同上书，第 229 页。
⑥ 同上书，第 230 页。
⑦ 同上书，第 229 页。
⑧ 同上。
⑨ 同上书，第 269 页。
⑩ 同上书，第 230 页。

一节标注为第 7 章，指出"**苏维埃**……和公社是同一**类型**"、"被社会革命党人和孟什维克糟蹋了"①；关于苏维埃，可以"参看 1905 和 1906，布尔什维克的决议"（即《提交俄国社会民主工党统一代表大会的策略纲领》这一决议草案中《工人代表苏维埃》部分，见《列宁全集》第 2 版第 12 卷）②。第 7 章共分 9 节：

"1.（α）1905。1906 年布尔什维克的决议。西欧关于国家问题的著作毫无价值。"③

"2.（β）1915：《社会民主党人报》的几个要点。"④

"3.（γ）1917．经验。"⑤ 这节包括"政权""民兵制""向社会主义过渡"⑥ 这三个方面的内容，特别是"向社会主义过渡的具体过渡形式（注意）"⑦。

"4.（δ）社会革命党人和孟什维克的态度。"⑧

"5.（ε）我在 1917 年 6 月苏维埃代表大会上的预言！"⑨

"6.（ζ）1917 年 7 月和 8 月的经验。"⑩

"7．1917．9。"⑪

"8．'民族救世论'？谁开始？"⑫

"9．恩格斯论革命的'准备'。革命的传统。"⑬

从这个比较完整的提纲来看，第 7 章的内容很丰富，列宁对第 7 章也很重视。

---

① 《列宁全集》第 31 卷，北京：人民出版社 1985 年版，第 230 页。
② 同上。
③ 同上。
④ 同上。
⑤ 同上。
⑥ 同上。
⑦ 同上。
⑧ 同上书，第 230—231 页。
⑨ 同上书，第 231 页。
⑩ 同上。
⑪ 同上。
⑫ 同上。
⑬ 同上。

第 13 节是"第 8 章（13）。结束语"①，列宁把这一节标注为第 8 章，主要是阐明"**修改社会民主党纲领的必要性**"②。

2. 在"对提纲的补充"中，列宁思考："是否要增加一章（或是在第 7 章中增加几节）：用 1917 年俄国革命的经验把无产阶级革命的任务具体化？这是必要的！"③ 或者，"发挥第 7 章"④ 第 3 节"（γ）1917. 经验"⑤ 的内容。另外，"必须补充：**对无政府主义的态度**""'谁的'公社""什么时候，如何以及在怎样的情况下才不需要国家"⑥ 等内容。

3. 在"划分章次的几种方案"中，列宁给出了三个划分章次的方案，其中，第一个和第二个方案还比较粗糙，比较成熟的是第三个方案，已经接近《国家与革命》的目录了。第三个方案中的标题是"**马克思主义关于国家的学说**"⑦，分序言和八章：

"第 1 章。马克思和恩格斯在国家问题上的一般理论的（用词不当）（一般的？）观点。"⑧

"第 2 章。这些观点的具体发展：1848—1852 年的经验。"⑨

"第 3 章。巴黎公社的经验。"⑩ 在这里，列宁加了一句话："谁的公社？无政府主义者和社会民主党人的。"⑪

"第 4 章。国家变为非国家的经济基础（第 6、9—10 节）。"⑫

"第 5 章。恩格斯在 19 世纪 90 年代的最后的结论（补第 10 节）。"⑬

---

① 《列宁全集》第 31 卷，北京：人民出版社 1985 年版，第 231 页。
② 同上。
③ 同上书，第 232 页。
④ 同上。
⑤ 同上书，第 230 页。
⑥ 同上书，第 232 页。
⑦ 同上书，第 234 页。
⑧ 同上。
⑨ 同上。
⑩ 同上。
⑪ 同上。
⑫ 同上。
⑬ 同上。

"第6章。马克思主义被忘记和庸俗化。"①

"第7章。1905年和1917年的经验。"②

"第8章。结论。"③

这段文字是列宁用蓝铅笔写的。在它上方用墨水写着小册子（即"几个提纲"中的第三个提纲）的目录④。

4. 在"序言的提纲"中，列宁把序言分成了五个部分："**序言**：（α）关于马克思主义与无政府主义的界限⑤。——（β）头等重要的理论问题，特别是由于帝国主义的存在。——（γ）机会主义和对国家的态度。——（δ）社会主义革命的'纪元'。——（ε）1917。"⑥

5. 在"第三章的材料"中，包括四个材料：

一是"**摘自卡·马克思的著作《法兰西内战》的引文提要**"⑦。列宁在"蓝皮笔记"即《马克思主义论国家》中，曾经大量摘录了马克思在《法兰西内战》第三章中关于国家问题的论述，并把这些论述分成十九个要点。在这里，列宁对这十九个要点进行了提炼，并汇总为以下五个部分：

第一部分包括第1、2、4、5、6、7、8、9、17这九个要点，即"废除常备军""官吏：可以撤换并来自工人""警察失去了政治职能，而且可以撤换""其他官吏也是一样""领取工资""丧失了他们的特权""解散教会""法官"⑧，以及实现了廉价政府的口号。这九个要点被列宁收录进了《国家与革命》第三章第二节"用什么东西来代替被打碎的国家机器呢？"中。

第二部分包括第3、13这两个要点，即"公社不是议会式的，而是

---

① 《列宁全集》第31卷，北京：人民出版社1985年版，第234页。
② 同上。
③ 同上。
④ 同上。
⑤ 在手稿中最初是这样写的："（α）理由（？？？）：关于马克思主义与无政府主义界限的争论。"见《列宁全集》第31卷，北京：人民出版社1985年版，第235页。
⑥ 《列宁全集》第31卷，北京：人民出版社1985年版，第235页。
⑦ 同上书，第236页。
⑧ 同上。

工作的机构，兼管立法和行政的机构"①，以及"不是议员，而是人民代表"②。这两个要点被收录进了《国家与革命》第三章第三节"取消议会制"中。

第三部分包括第 10、11、12、14、15、16 这六个要点，即"公社＝全法国的组织"③"和中央政权组织""民族的统一""总结＝公社**不**＝中世纪的，而是**新的**""**寄生物**——国家"④，第 16 个要点和第 15 个要点是"同一内容"⑤。其中，第 10、11、12 这三个要点被收录进了《国家与革命》第三章第四节"组织起民族的统一"中；第 14、15、16 这三个要点被收录进了《国家与革命》第三章第五节"消灭寄生物——国家"中。

第四部分是第 18 个要点，即"总结＝终于发现的政治形式"⑥，被收录进了《国家与革命》第三章第五节"消灭寄生物——国家"中。

第五部分是第 19 个要点，即"这一切的条件"⑦，被收录进了《国家与革命》第三章第五节"消灭寄生物——国家"中。

二是"**第三章的第一个纲要**"⑧。该纲要把第三章分为七节，即"1.'打碎'国家机器的尝试"；"2. 用什么东西来代替它？废除常备军和官吏"；"3. 不是议会式的，而是工作的"；"4. 怎样组织起民族的统一"；"5. 打倒寄生物——国家"；"6. 终于发现"；"7. **条件**"⑨。

三是"**第三章的第二个纲要**"⑩。该纲要把第三章分为六节，即"1. 公社战士这次尝试的英雄主义何在？"⑪；"2. 用什么东西来代替被

---

① 《列宁全集》第 31 卷，北京：人民出版社 1985 年版，第 236 页。
② 同上。
③ 同上。
④ 同上书，第 237 页。
⑤ 同上。
⑥ 同上。
⑦ 同上。
⑧ 同上。
⑨ 同上。
⑩ 同上。
⑪ 同上。

打碎的国家机器呢?";"3. 取消议会制";"4. 组织起民族的统一";"5. 消灭'寄生物'——国家";"6. '终于发现的'向社会主义过渡的政治形式"①。其中,前五节的标题与《国家与革命》第三章五节的标题完全相同,因此这个纲要应该是列宁在撰写《国家与革命》时拟订的。

四是"**第三章的提纲草案**"②。该纲要只标注了第三章的两点内容,即"《共产党宣言》什么地方过时了"和"对公社意义的分析。马克思"③。不过,这两点又被列宁删掉了。

6. 在"第四章的材料"中,包括两个材料:一是"**第四章的提纲**"④;二是"**摘自弗·恩格斯的著作《论住宅问题》的引文提要**"⑤。这两个材料的内容与《国家与革命》第四章的相关内容是完全一致的,看来也是列宁在撰写《国家与革命》时拟订的。

7. 在"第七章(未完成)的两个提纲"中,包括两个第七章的提纲:

第一个提纲分六节,即"1. 俄国革命中新的'人民的创造':苏维埃";"2. 1905 年的教训";"3. 1917 年革命的前夜。1915 年的几个要点";"4. 1917 年革命的经验。苏维埃及其作用。3—4 月。起点和前途";"5. 苏维埃被孟什维克和社会革命党人所糟蹋。苏维埃的堕落。5—8 月。堕落";"6. 科尔尼洛夫叛乱。9 月。第一届领袖们的背叛"⑥。

第二个提纲分七节,即"1. 革命中新的'人民的创造'";"2. 1905 年的教训。(1906 年孟什维克和布尔什维克的决议。)";"3. 1917 年革命的前夜:1915 年 10 月的几个要点"⑦;"4. 1917 年的经

---

① 《列宁全集》第 31 卷,北京:人民出版社 1985 年版,第 238 页。
② 同上。
③ 同上。
④ 同上书,第 239 页。
⑤ 同上书,第 240 页。
⑥ 同上书,第 241 页。
⑦ 同上。

验。群众的热情，苏维埃。它们的规模和它们的弱点：小资产阶级的依赖性。"①；"5. 苏维埃被孟什维克和社会革命党人所糟蹋"②，这一节包括五个方面，即"民兵制，人民武装""军事部。'**各部门**'""经济部""对7月3—5日事变的调查""政权'独立'于各政党组织之外"；"6. 科尔尼洛夫叛乱"③，这一节包括两个方面，即"孟什维克和社会革命党人的分化""9月14—19日的伪造④"；"7.'民族救世论'。谁开始"⑤，列宁在一旁写道："或者把这放到《结论》中去？"⑥

对这两个提纲所列的内容进行分析和研究（例如，对"苏维埃"进行分析和研究），可以使我们更好地理解和把握列宁关于写作《国家与革命》一书的整体思想。

8. 在"全书目录"中，列宁确定了全书的标题和副标题，即"标题应该是：《国家与革命》"、"副标题：**马克思主义关于国家的学说与无产阶级在革命中的任务**"⑦，以及每一章和每一节的标题，这些标题与《国家与革命》一书中的标题是相同的。列宁还标注出了序言和各个章节在《国家与革命》一书手稿中的页码。

---

① 《列宁全集》第31卷，北京：人民出版社1985年版，第241—242页。
② 同上书，第242页。
③ 同上。
④ 指的是1917年9月14—22日（公历9月27日—10月5日）在彼得格勒举行的全俄民主会议，见《列宁全集》第31卷，北京：人民出版社1985年版，第271页。
⑤ 《列宁全集》第31卷，北京：人民出版社1985年版，第242页。
⑥ 同上。
⑦ 同上书，第243页。

第七章 《国家与革命》的重要理论观点和时代解读

列宁在《国家与革命》一书中,通过阐述马克思主义关于国家的起源、本质、特征、作用和消亡等基本原理,阐明了马克思主义者对待国家的态度,总结了巴黎公社的经验和教训,提升了无产阶级进行革命的信心和勇气,恢复了马克思主义关于国家与革命的学说,捍卫了马克思主义的革命灵魂,彰显了马克思主义者的革命本色,对后世产生了深远影响。列宁在书中所提出和强调的关于国家、革命、无产阶级专政与民主等方面的一系列重要理论观点,对于当代中国的社会主义现代化建设,乃至全世界的社会主义运动,仍然具有不可磨灭的时代价值和现实指导意义。另外,他在《马克思主义论国家》这个"蓝皮笔记"中也提出了一些重要观点,例如,"无产阶级革命的任务是:'**打碎**'这个机器,即摧毁这个机器,在下面即在地方上用最完全的自治,而在上面用武装的无产阶级**直接**政权即无产阶级专政来代替"①,即"无产阶级专政+取消地方自治机关中由国家任命的官吏"② 等。下面逐一进行介绍和解读。

一 论国家

"国家"作为《国家与革命》一书的核心概念之一,在书中共出现了585次。列宁从不同的理论视角给"国家"下了几个著名的定义,而

---

① 《列宁全集》第31卷,北京:人民出版社1985年版,第147页。
② 同上书,第150页。

且，这几个定义在该书中被列宁反复提起、引用和说明，强化了该书的学术逻辑力量和理论观点的冲击力。概言之，列宁在书中归纳、总结、恢复、捍卫和发展的马克思主义国家理论，这一点可以从"国家异化（寄生、祸害、废物）"论和"国家统治（压迫、镇压、剥削、暴力）"论两个视角加以说明和解读。另外，对列宁关于民主共和国、无产阶级国家、巴黎公社，以及消灭国家等重要论述，也分别加以介绍和解读。

（一）"国家异化（寄生、祸害、废物）"论

"国家异化（寄生、祸害、废物）"论的逻辑前提是：国家是社会的产物。列宁完全认同恩格斯的国家观，即"国家是社会在一定发展阶段上的产物；国家是承认：这个社会陷入了不可解决的自我矛盾，分裂为不可调和的对立面而又无力摆脱这些对立面。而为了使这些对立面，这些经济利益互相冲突的阶级，不致在无谓的斗争中把自己和社会消灭，就需要有一种表面上凌驾于社会之上的力量，这种力量应当缓和冲突，把冲突保持在'秩序'的范围以内；这种从社会中产生但又自居于社会之上并且日益同社会相异化的力量，就是国家"①。国家的"这种力量……主要是拥有监狱等等的特殊的武装队伍"②。社会在发展的某个历史阶段会产生不可解决的自我矛盾，造成社会的自身分裂，即分裂成一些经济利益互相冲突的阶级，这些阶级是不可调和的对立面。社会无力摆脱这些阶级（这些不可调和的对立面），便从自身产生出来了一个力量，这个力量缓和了阶级利益的冲突，却日益与社会自身相异化。

列宁指出，国家政权就是"特殊的、凌驾于社会之上的公共权力"③，其中，"常备军和警察是国家政权的主要强力工具"④，也是

---

① 《马克思恩格斯文集》第4卷，北京：人民出版社2009年版，第189页。
② 《列宁选集》第3卷，北京：人民出版社2012年版，第116页。
③ 同上书，第118页。
④ 同上书，第116页。

"特殊的、居于社会之上并且同社会相异化的武装队伍"[1]。那些"作为国家政权机关的官吏"[2]"掌握着公共权力和征税权，他们就作为社会机关而凌驾于社会之上"、"他们作为同社会相异化的力量的代表，必须用特别的法律来取得尊敬，凭借这种法律，他们享有了特殊神圣和不可侵犯的地位"、"成为一种处于社会之外和社会之上的东西"[3]，即成了一群拥有"特权地位"[4]的人。既然国家是同社会相异化的力量，而资本则是同劳动相异化的力量，那么，这两种力量都是阶级矛盾不可调和的产物和表现，其中，国家是社会在一定发展阶段上，从自身中产生但又自居于自身之上并且日益同自身相异化的力量，而资本是劳动在一定发展阶段上，从自身中产生出来并居于自身之上、日益同自身相异化的力量。社会对国家的扬弃就是未来社会的主人消灭国家、推翻国家的统治，劳动对资本的扬弃就是未来劳动的主人消灭资本、推翻资本的统治，而且，这两个扬弃过程是同一个历史主体（未来社会的主人就是未来劳动的主人）的两大任务（政治任务和经济任务）。这两大任务历史地落在了无产阶级身上，因为只有无产阶级才是未来社会和未来劳动的真正主人。列宁比较重视"异化"这个概念，"异化"一词在《国家与革命》一书中出现了5次。在《〈国家与革命〉一书的提纲和纲要》中，列宁还把"异化"[5]这个词单列出来加以强调。

"国家异化（寄生、祸害、废物）"论的核心观点是：国家，包括国家政权、武装队伍（监狱、常备军和警察）、官吏（官僚与官僚制），都凌驾于社会之上，而且日益同社会相异化，是社会的寄生机体（寄生赘瘤、寄生物）、祸害和废物。该观点在《国家与革命》一书中的若干表述如下：

1. 关于国家异化的表述：国家是"从社会中产生但又自居于社会

---

[1] 《列宁选集》第3卷，北京：人民出版社2012年版，第116页。
[2] 同上书，第119页。
[3] 《马克思恩格斯文集》第4卷，北京：人民出版社2009年版，第191页。
[4] 《列宁选集》第3卷，北京：人民出版社2012年版，第119页。
[5] 《列宁全集》第31卷，北京：人民出版社1985年版，第223页。

之上并且日益同社会相异化的力量"①;国家是"凌驾于社会**之上**并且'**日益**同社会**相异化**'的力量"②;"这种力量主要是什么呢? 主要是拥有监狱等等的特殊的武装队伍";"常备军和警察是国家政权的主要强力工具",是"特殊的、居于社会之上并且同社会相异化的武装队伍"③;"把国家看做**寄生机体**"④;"国家再好也不过是在争取阶级统治的斗争中获胜的无产阶级所继承下来的一个祸害"⑤;"国家废物"⑥。

2. 关于国家政权异化的表述:国家政权是"以民族统一的体现者自居同时却脱离民族、凌驾于民族之上的国家政权"⑦,是"特殊的、凌驾于社会之上的公共权力"⑧,是"僭越或凌驾于社会之上的当局"⑨;国家政权是"民族躯体上的寄生赘瘤"⑩。

3. 关于国家官吏和常备军异化的表述:"官吏既然掌握着公共权力和征税权,他们就作为社会机关而凌驾于社会**之上**"⑪;"作为国家政权机关的官吏……居于社会之上"⑫;在"官吏和军事机构"中有"舒适、安闲和荣耀的职位",而"这些职位的占有者居于人民**之上**"⑬,成为"脱离群众、凌驾于群众之上、享有特权的人物"⑭;官僚军事机器是缠住"社会全身并阻塞其一切毛孔的可怕的寄生机体"⑮;"官吏和常备军是资产阶级社会身上的'寄生物',是使这个社会分裂的内部矛盾所产

---

① 《列宁选集》第 3 卷,北京:人民出版社 2012 年版,第 113、116 页。
② 同上书,第 115 页。
③ 同上书,第 116 页。
④ 同上书,第 135 页。
⑤ 同上书,第 182 页。
⑥ 同上书,第 182、185 页。
⑦ 同上书,第 155 页。
⑧ 同上书,第 118 页。
⑨ 同上书,第 155 页。
⑩ 同上。
⑪ 同上书,第 118 页。
⑫ 同上书,第 119 页。
⑬ 同上书,第 135 页。
⑭ 同上书,第 216 页。
⑮ 同上书,第 133 页。

生的寄生物，而且正是'堵塞'生命的毛孔的寄生物"①；"现代国家的官僚机器"是"寄生物"②。

"国家异化（寄生、祸害、废物）"论的主要结论是：克服异化，消灭寄生物，使国家"真正成为整个社会的代表"③。该结论在《国家与革命》一书中有若干表述，例如：

"国家是整个社会的正式代表，是社会在一个有形的组织中的集中表现，但是，说国家是这样的，这仅仅是说，它是当时独自代表整个社会的那个阶级的国家"④；"'打碎'国家机器是工人和农民双方的利益所要求的，这个要求使他们联合起来，在他们面前提出了铲除'寄生物'、用一种新东西来代替的共同任务"⑤；"只要推翻资本家，用武装工人的铁拳粉碎这些剥削者的反抗，摧毁现代国家的官僚机器，我们就会有一个除掉了'寄生物'而技术装备程度很高的机构，这个机构完全可以由已经联合起来的工人自己使用，招雇一些技术人员、监工和会计，对**所有**这些人的工作如同对**所有**'国家'官吏的工作一样，付给工人的工资"⑥；"民族的统一……应该通过这样的办法来实现，即消灭以民族统一的体现者自居同时却脱离民族、凌驾于民族之上的国家政权，这个国家政权只不过是民族躯体上的寄生赘瘤。旧政府权力的纯属压迫性质的机关予以铲除，而旧政府权力的合理职能则从僭越或凌驾于社会之上的当局那里夺取过来，归还给社会的负责的公仆"⑦；"消灭国家政权——寄生物"⑧；"打碎在一切资产阶级国家里都存在的旧的资产

---

① 《列宁选集》第3卷，北京：人民出版社2012年版，第135页。
② 同上书，第154页。
③ 同上书，第123页。
④ 同上书，第122页。
⑤ 同上书，第145页。
⑥ 同上书，第154页。
⑦ 同上书，第155页。
⑧ 同上书，第156页。

阶级的国家机器"①;"'打碎'现代国家机器"②;"消灭资产阶级国家机器"③;"破坏资产阶级统治和资产阶级国家机器"④;"消灭国家政权、铲除寄生物"⑤;"消灭寄生物——国家"⑥;"公社制度会把靠社会供养而又阻碍社会自由发展的'国家'这个寄生赘瘤迄今所夺去的一切力量,归还给社会机体"⑦;"'消灭国家政权'这个'寄生赘瘤','铲除'它,'破坏'它"⑧,使"国家真正作为整个社会的代表";"当国家终于真正成为整个社会的代表时,它就使自己成为多余的了"⑨,这时,"**所有的人**都学会了管理,都来实际地独立地管理社会生产,对寄生虫、老爷、骗子等等'资本主义传统的保持者'独立地进行计算和监督"⑩;"国家再好也不过是在争取阶级统治的斗争中获胜的无产阶级所继承下来的一个祸害;胜利了的无产阶级也将同公社一样,不得不立即尽量除去这个祸害的最坏方面,直到在新的自由的社会条件下成长起来的一代有能力把这国家废物全部抛掉"⑪;"在新的自由的社会条件下成长起来的一代,有能力把这国家废物全部抛掉"⑫。

(二)"国家统治(压迫、镇压、剥削、暴力)"论

"国家统治(压迫、镇压、剥削、暴力)"论的逻辑前提是:社会的阶级矛盾不可调和,国家是阶级矛盾不可调和的产物。他在阐明国家是"与社会相异化的力量"之后,"表达了马克思主义关于国家的历史

---

① 《列宁选集》第3卷,北京:人民出版社2012年版,第156页。
② 同上书,第157页。
③ 同上。
④ 同上。
⑤ 同上书,第158页。
⑥ 同上。
⑦ 同上。
⑧ 同上书,第159页。
⑨ 同上书,第123页。
⑩ 同上书,第203页。
⑪ 同上书,第182页。
⑫ 同上书,第185页。

作用和意义这一问题"①，这就是"国家是阶级矛盾**不可调和**的产物和表现"②，"在阶级矛盾客观上**不能**调和的地方、时候和条件下，便产生国家。反过来说，国家的存在证明阶级矛盾不可调和"③。正是社会中有这种不可调和的阶级矛盾，才形成了与社会日益相异化的力量，即国家，而具体"体现这种'异化'的"④，就是国家政权机构。列宁同意恩格斯的观点，即"国家建立一种'秩序'"⑤，这种秩序不是用来调和阶级矛盾的，而是用来"抑制阶级冲突"⑥的，用恩格斯的原话来说，就是"缓和冲突"⑦的。但是，"在小资产阶级政治家看来，秩序正是阶级调和，而不是一个阶级对另一个阶级的压迫；抑制冲突就是调和，而不是剥夺被压迫阶级用来推翻压迫者的一定的斗争手段和斗争方式"⑧。这两种截然相反的观念在"国家的意义和作用问题"上就必然会得出两个截然相反的命题和结论：一个是马克思主义者的命题，即国家的存在证明阶级矛盾不可以调和，简称"不可调和"论；另一个是小资产阶级政治家的命题，即国家的存在证明阶级矛盾可以调和，简称"调和"论，即认为"国家是超阶级的"⑨，"国家是阶级**调和**的机关"⑩，因为他们认为"阶级调和是可能的"⑪。这两个截然不同的命题和结论，必然会导致实际行动和工作策略的重大分歧，"例如，在1917年革命中，当国家的意义和作用问题正好显得极为重要，即作为立刻行动而且是大规模行动的问题在实践上提出来的时候，全体社会革命党人和孟什维克一下子就完全滚到'国家''调和'阶级这种小资产阶级理

---

① 《列宁选集》第3卷，北京：人民出版社2012年版，第113—114页。
② 同上书，第114页。
③ 同上。
④ 同上书，第115页。
⑤ 同上书，第114页。
⑥ 同上。
⑦ 《马克思恩格斯文集》第4卷，北京：人民出版社2009年版，第189页。
⑧ 《列宁选集》第3卷，北京：人民出版社2012年版，第114页。
⑨ 同上书，第130—131页。
⑩ 同上书，第114页。
⑪ 同上。

论方面去了。这两个政党的政治家写的无数决议和文章,都浸透了这种市侩的庸俗的'调和'论。至于国家是一定阶级的统治机关,这个阶级**不可能**与同它对立的一方(同它对抗的阶级)调和,这是小资产阶级民主派始终不能了解的。我国社会革命党人和孟什维克根本不是社会主义者(我们布尔什维克一直都在这样证明),而是唱着准社会主义的高调的小资产阶级民主派,他们对国家的态度就是最明显的表现之一"①。该逻辑前提在《国家与革命》一书中有若干表述,例如:

"国家是阶级矛盾不可调和的产物"②;"国家是承认:这个社会陷入了不可解决的自我矛盾,分裂为不可调和的对立面而又无力摆脱这些对立面"③;"国家是阶级矛盾**不可调和**的产物和表现"④;"在阶级矛盾客观上**不能**调和的地方、时候和条件下,便产生国家"⑤;"国家的存在证明阶级矛盾不可调和"⑥;"只有存在阶级矛盾和阶级斗争的地方才有国家"⑦;"国家是一定阶级的统治机关,这个阶级**不可能**与同它对立的一方(同它对抗的阶级)调和"⑧;"阶级矛盾不可调和"⑨;"社会分裂为阶级"⑩;"流行的庸俗观念""掩盖了社会分裂为不可调和地敌对的阶级这个主要的基本的事实"⑪;"文明社会已分裂为敌对的而且是不可调和地敌对的阶级"⑫;"国内阶级对立的尖锐化"⑬;"国家并不是从来就有的。曾经有过不需要国家,而且根本不知国家和国家权力为何物的社会。在经济发展到一定阶段而必然使社会分裂为阶级时,国家就由于

---

① 《列宁选集》第3卷,北京:人民出版社2012年版,第114—115页。
② 同上书,第112、115页。
③ 同上书,第113页。
④ 同上书,第114页。
⑤ 同上。
⑥ 同上。
⑦ 同上。
⑧ 同上。
⑨ 同上书,第115页。
⑩ 同上书,第115、121页。
⑪ 同上书,第116页。
⑫ 同上书,第117页。
⑬ 同上。

这种分裂而成为必要了"①;"政权正是市民社会内部阶级对抗的正式表现"②;"在没有阶级矛盾的社会里,国家是不需要的,也是不可能存在的"③;"在各资产阶级政党和小资产阶级政党之间(拿俄国的例子来讲,就是在立宪民主党、社会革命党和孟什维克之间)'重新瓜分'官吏机构的次数愈多,各被压迫阶级,以无产阶级为首,就会愈清楚地认识到自己同**整个**资产阶级社会不可调和的敌对性"④;"从资本主义向共产主义**过渡**的时期"、"**推翻**资产阶级并完全**消灭**资产阶级的时期"、"必然是阶级斗争空前残酷、阶级斗争的形式空前尖锐的时期"⑤;民主共和国会使资产阶级"对群众的压迫和阶级斗争"⑥"扩大、展开、明朗化和尖锐化"⑦;"无产阶级与资产阶级对立的利益不可调和"⑧;"阶级矛盾一般都在尖锐化,而帝国主义在这方面起着特别巨大的作用"⑨。

"国家统治(压迫、镇压、剥削、暴力)"论的核心观点是:国家是统治阶级进行统治、压迫、剥削、镇压、专政和强制的工具。该观点在《国家与革命》一书中有若干表述,例如:

"国家是阶级**统治**的机关,是一个阶级**压迫**另一个阶级的机关"⑩;"国家是一定阶级的统治机关"⑪;国家"是建立一种'秩序'来抑制阶级冲突"⑫,从而实现"一个阶级对另一个阶级的压迫"⑬;"国家是阶级统治的机关"⑭;"国家形成了,特殊的力量即特殊的武装队伍建立

---

① 《列宁选集》第3卷,北京:人民出版社2012年版,第121页。
② 同上书,第129页。
③ 同上书,第134页。
④ 同上书,第136页。
⑤ 同上书,第140页。
⑥ 同上书,第173页。
⑦ 同上书,第173—174页。
⑧ 同上书,第188页。
⑨ 同上书,第211页。
⑩ 同上书,第114页。
⑪ 同上。
⑫ 同上。
⑬ 同上。
⑭ 同上书,第115、134页。

起来了"①;"每次大革命在破坏国家机构的时候,我们都看到赤裸裸的阶级斗争,我们都清楚地看到,统治阶级是如何力图恢复替它服务的特殊武装队伍,被压迫阶级又是如何力图建立一种不替剥削者服务,而替被剥削者服务的新型的同类组织"②;"国家是剥削被压迫阶级的工具"③;"不仅古代国家和封建国家是剥削奴隶和农奴的机关,'现代的代议制的国家'也'是资本剥削雇佣劳动的工具'"④;"国家无非是一个阶级镇压另一个阶级的机器"⑤;"国家之为'一个阶级压迫另一个阶级的机器'"⑥,是"特殊的镇压力量"⑦;"国家是'特殊的镇压力量'。恩格斯这个出色的极其深刻的定义在这里说得十分清楚"⑧;"即使在最民主的资产阶级共和国里,人民仍然摆脱不了当雇佣奴隶的命运。其次,任何国家对被压迫阶级都是'镇压的特殊力量'。因此**任何**国家**都不是**自由的,**都不是**人民的"⑨;"一切资产阶级政党,甚至包括最民主的和'革命民主的'政党,都必须加强高压手段来对付革命的无产阶级,巩固高压机构,也就是巩固原有的国家机器"⑩;"随着资本和劳动之间阶级对抗的发展,'国家政权在性质上也越来越变成了压迫劳动的社会权力,变成了阶级统治的机器。每经过一场标志着阶级斗争前进一步的革命以后,国家政权的纯粹压迫性质就暴露得更加突出'。在1848—1849年革命以后,国家政权就成为'资本对劳动作战的全国性武器'"⑪;国家是"实行镇压的'特殊力量'"⑫,是"对一定阶级

---

① 《列宁选集》第3卷,北京:人民出版社2012年版,第117页。
② 同上。
③ 同上书,第118页。
④ 同上书,第119页。
⑤ 同上书,第182页。
⑥ 同上。
⑦ 同上书,第123页。
⑧ 同上书,第124页。
⑨ 同上书,第126页。
⑩ 同上书,第136页。
⑪ 同上书,第146页。
⑫ 同上书,第147页。

实行镇压的'**特殊力量**'"①;"每隔几年决定一次由统治阶级中什么人在议会里镇压人民、压迫人民,——这就是资产阶级议会制的真正本质,不仅在议会制的立宪君主国内是这样,而且在最民主的共和国内也是这样"②;"恩格斯一再着重指出,不仅在君主国,而且**在民主共和国**,国家依然是国家,也就是说仍然保留着它的基本特征:把公职人员,'社会公仆',社会机关,变为社会的主人'"③;"国家和国家机关由社会公仆变为社会主人——这种现象在至今所有的国家中都是不可避免的"④;"实行镇压的特殊机构,特殊机器,即'国家'"⑤;"国家是特殊的强力组织,是镇压某一个阶级的暴力组织"⑥;国家是"一个阶级有系统地利用武器反对另一个阶级"⑦,"在1848—1849年革命以后,国家政权就成为'资本对劳动作战的全国性武器'"⑧,是"实行强制的**特殊机构**"⑨;国家是"一个阶级对另一个阶级、一部分居民对另一部分居民使用有系统的**暴力**的组织";"消灭国家,也就是消灭任何有组织有系统的暴力,消灭任何加在人们头上的暴力"⑩;"我们**在资本主义下**,在**资产阶级统治**下是非有官吏不可的。无产阶级受资本主义的压迫,劳动群众受资本主义的奴役"⑪。

"国家统治(压迫、镇压、剥削、暴力)"论的主要结论是:以暴易暴,即通过暴力革命,破坏、废除和消灭资产阶级国家(资产阶级专政),用无产阶级国家(无产阶级专政)来代替。该结论在《国家与革命》一书中有若干表述,例如:

---

① 《列宁选集》第3卷,北京:人民出版社2012年版,第148页。
② 同上书,第150页。
③ 同上书,第180页。
④ 同上。
⑤ 同上书,第192页。
⑥ 同上书,第130页。
⑦ 同上书,第164页。
⑧ 同上书,第146页。
⑨ 同上书,第191页。
⑩ 同上书,第184页。
⑪ 同上书,第216页。

"既然国家是阶级矛盾不可调和的产物,既然它是凌驾于社会**之上**并且'**日益**同社会**相异化**'的力量,那么很明显,被压迫阶级要求得解放,不仅非进行暴力革命不可,**而且非消灭**统治阶级所建立的、体现这种'异化'的国家政权机构不可"[①];"废除国家"[②];"无产阶级将取得国家政权,'这样一来也消灭了作为国家的国家'"[③];"以无产阶级革命来'消灭'**资产阶级的**国家"[④];"资产阶级国家不是'自行消亡'的,而是由无产阶级在革命中来'**消灭**'的"[⑤];"资产阶级对无产阶级,即一小撮富人对千百万劳动者的'镇压的特殊力量',应该由无产阶级对资产阶级的'镇压的特殊力量'(无产阶级专政)来代替。这就是'消灭作为国家的国家'。这就是以社会的名义占有生产资料的'行动'。显然,以一种(无产阶级的)'特殊力量'来代替另一种(资产阶级的)'特殊力量',**这样一种**更替是决不能通过'自行消亡'来实现的"[⑥];"社会主义革命"就是"国家以整个社会的名义占有生产资料"[⑦];"资产阶级的国家只有革命才能'消灭'"[⑧];"马克思和恩格斯关于暴力革命不可避免的学说是针对资产阶级国家说的。资产阶级国家由无产阶级国家(无产阶级专政)代替,**不能通过'自行消亡'**,根据一般规律,只能通过暴力革命"[⑨];"暴力革命不可避免"[⑩];"无产阶级国家代替资产阶级国家,非通过暴力革命不可"[⑪];"无产阶级用暴力推翻资产阶级而建立自己的统治"[⑫];"工人革命的第一步就是使无产阶级

---

① 《列宁选集》第3卷,北京:人民出版社2012年版,第115页。
② 同上书,第123、162、163、164、166页。
③ 同上书,第124页。
④ 同上。
⑤ 同上。
⑥ 同上。
⑦ 同上。
⑧ 同上书,第125页。
⑨ 同上书,第127页。
⑩ 同上书,第128页。
⑪ 同上。
⑫ 同上书,第129页。

转化成〈直译是上升为〉统治阶级，争得民主"①；"**国家即组织成为统治阶级的无产阶级**"②，列宁认为，这是马克思和恩格斯在《共产党宣言》中"给国家下的一个非常引人注意的定义"③；"无产阶级所需要的""劳动者所需要的'国家'"④，就是"组织成为统治阶级的无产阶级"⑤；"无产阶级组织成为统治阶级"⑥；"无产阶级实行专政，无产阶级实行政治统治"⑦；"无产阶级转化成统治阶级"⑧；"劳动者需要国家只是为了镇压剥削者的反抗，而能够领导和实行这种镇压的只有无产阶级，因为无产阶级是唯一彻底革命的阶级，是唯一能够团结一切被剥削劳动者对资产阶级进行斗争、把资产阶级完全铲除的阶级"⑨；"剥削阶级需要政治统治是为了维持剥削，也就是为了极少数人的私利，去反对绝大多数人。被剥削阶级需要政治统治是为了彻底消灭一切剥削，也就是为了绝大多数人的利益，去反对极少数的现代奴隶主——地主和资本家"⑩；"只有使无产阶级转化成**统治阶级**，从而能把资产阶级必然要进行的拼死反抗镇压下去，并组织**一切**被剥削劳动群众去建立新的经济结构，才能推翻资产阶级"⑪；"无产阶级需要国家政权，中央集权的强力组织，暴力组织，既是为了镇压剥削者的反抗，也是为了**领导**广大民众即农民、小资产阶级和半无产者来'调整'社会主义经济"⑫；无产阶级国家是"一个**反对**资产阶级的**特殊**暴力组织"⑬；无产阶级"不预先消灭和破坏资产阶级为**自己**建立的国家机器，根本就不可能建立这样

---

① 《列宁选集》第 3 卷，北京：人民出版社 2012 年版，第 129 页。
② 同上书，第 130 页。
③ 同上。
④ 同上。
⑤ 同上书，第 129、130、132、134、159 页。
⑥ 同上书，第 145、146、219 页。
⑦ 同上书，第 132 页。
⑧ 同上书，第 188—189 页。
⑨ 同上书，第 130 页。
⑩ 同上。
⑪ 同上书，第 131 页。
⑫ 同上。
⑬ 同上书，第 132 页。

一个组织"①;"无产阶级如果不先夺取政权,不取得政治统治,不把国家变为'组织成为统治阶级的无产阶级',就不能推翻资产阶级"②;"以无产阶级国家来代替资产阶级国家"③;"一切资产阶级政党,甚至包括最民主的和'革命民主的'政党,都必须加强高压手段来对付革命的无产阶级,巩固高压机构,也就是巩固原有的国家机器。这样的事变进程迫使革命'**集中自己的一切破坏力量**'去反对国家政权,迫使革命提出这样的任务:不是去改善国家机器,而是**破坏**它、**消灭**它"④;"无产阶级革命已**面临**'集中自己的一切破坏力量'来反对国家政权的任务,即'摧毁'国家机器的任务"⑤;"现在,全世界的历史无疑正在较之1852年广阔得无比的范围内,把无产阶级革命引向'集中自己的一切力量'去'破坏'国家机器"⑥;"把官僚军事国家机器打碎"、"这正是大陆上任何一次真正的人民革命的先决条件。这也正是我们英勇的巴黎党内同志们的尝试"⑦;"破坏官僚军事国家机器是'任何一次真正的**人民革命的先决条件**'"⑧;无产阶级国家是"由大多数人——工人和农民用**共同的力量**来镇压压迫者"⑨;"无产者组织起来(成为统治阶级)以全社会名义招雇'工人、监工和会计'"⑩;"事情已到了**破坏**资产阶级的国家机器的地步"⑪;"公社就是无产阶级革命**打碎**资产阶级国家机器的第一次尝试和'终于发现的'、可以而且应该用来**代替**已被打碎的国家机器的政治形式"⑫;"消灭国家"⑬;"无产阶级必须采

---

① 《列宁选集》第3卷,北京:人民出版社2012年版,第132页。
② 同上书,第134页。
③ 同上。
④ 同上书,第136页。
⑤ 同上。
⑥ 同上书,第138页。
⑦ 同上书,第143页。
⑧ 同上书,第144页。
⑨ 同上书,第148页。
⑩ 同上书,第153页。
⑪ 同上书,第160页。
⑫ 《列宁选集》第3卷,北京:人民出版社2012年版,第160页。
⑬ 同上书,第161、163、180、184、213页。

取政治行动,必须把实行无产阶级专政作为达到废除阶级并和阶级一起废除国家的过渡"①;"国家会随着阶级的废除而废除"②;"国家将随阶级的消失而消失,或国家将随阶级的废除而废除"③;"在废除国家是**目的**这个问题上,我们和无政府主义者完全没有分歧。我们所断言的是,为了达到这个目的,就必须暂时利用国家权力的工具、手段、方法去**反对剥削者**,正如为了消灭阶级,就必须实行被压迫阶级的暂时专政一样"④;"所有的社会主义者都认为,国家以及政治权威将由于未来的社会革命而消失"⑤"所有的社会主义者都承认国家的消失是社会主义革命的结果"⑥;"**国家即武装起来并组织成为统治阶级的无产阶级**"⑦;"民主共和国是走向无产阶级专政的捷径。因为这样的共和国虽然丝毫没有消除资本的统治,因而也丝毫没有消除对群众的压迫和阶级斗争,但是,它必然会使这个斗争扩大、展开、明朗化和尖锐化,以致一旦出现满足被压迫群众的根本利益的可能性,这种可能性就必然通过而且只有通过无产阶级专政即无产阶级对这些群众的领导得到实现"⑧;"我们的最终目的是消灭国家,也就是消灭任何有组织有系统的暴力,消灭任何加在人们头上的暴力"⑨;"社会主义将发展为共产主义,而对人们使用暴力,使一个人**服从**另一个人、使一部分居民**服从**另一部分居民的任何必要也将随之消失,因为人们**将习惯于**遵守公共生活的起码规则,而**不需要暴力和服从**"⑩;"在资本主义社会和共产主义社会之间,有一个从前者变为后者的革命转变时期。同这个时期相适应的也有一个政治上

---

① 《列宁选集》第3卷,北京:人民出版社2012年版,第162页。
② 同上书,第163页。
③ 同上书,第164页。
④ 同上。
⑤ 同上书,第165页。
⑥ 同上书,第167页。
⑦ 同上。
⑧ 同上书,第173—174页。
⑨ 同上书,第184页。
⑩ 同上书,第185页。

的过渡时期,这个时期的国家只能是**无产阶级的革命专政**"①;"无产阶级为了求得自身的解放,应当推翻资产阶级,夺取政权,建立自己的革命专政"②;"从向着共产主义发展的资本主义社会过渡到共产主义社会,非经过一个'政治上的过渡时期'不可,而这个时期的国家只能是无产阶级的革命专政"③;"向共产主义发展,必须经过无产阶级专政,不可能走别的道路,因为再没有其他人也没有其他道路能够**粉碎**剥削者资本家的**反抗**"④;"无产阶级专政,即被压迫者先锋队组织成为统治阶级来镇压压迫者"⑤;"在共产主义第一阶段……人剥削人已经不可能了,因为已经不能把工厂、机器、土地等**生产资料**攫为私有了"⑥;"在共产主义第一阶段还保留着'**资产阶级权利**的狭隘眼界'。既然在**消费品**的分配方面存在着资产阶级权利,那当然一定要有**资产阶级国家**,因为如果没有一个能够**强制**人们遵守权利准则的机构,权利也就等于零"、"可见,在共产主义下,在一定的时期内,不仅会保留资产阶级权利,甚至还会保留资产阶级国家,——但没有资产阶级"⑦;"民主在其发展的某个阶段首先把对资本主义进行革命的阶级——无产阶级团结起来,使他们有可能去打碎、彻底摧毁、彻底铲除资产阶级的(哪怕是共和派资产阶级的)国家机器即常备军、警察和官吏,代之以武装的工人群众(然后是人民普遍参加民兵)这样一种**更**民主的机器,但这仍然是国家机器"⑧;"无产阶级已经不能再说革命为时过早了"⑨;"我们已经进入革命时期。"⑩;"革命纪元开始了。'"⑪;"'革命纪元'已

---

① 《马克思恩格斯文集》第3卷,北京:人民出版社2009年版,第445页;另见《列宁选集》第3卷,北京:人民出版社2012年版,第188页。
② 《列宁选集》第3卷,北京:人民出版社2012年版,第188页。
③ 同上。
④ 同上书,第190页。
⑤ 同上。
⑥ 同上书,第195页。
⑦ 同上书,第200页。
⑧ 同上书,第201页。
⑨ 同上书,第211页。
⑩ 同上。
⑪ 同上。

经到来"①;"革命的新纪元已经到来"②;"无产阶级的社会革命是不可避免的"③。

（三）论民主共和国

列宁同意恩格斯提出的观点，即民主共和国是"国家的最高形式"④。根据这一观点，列宁在《国家与革命》一书中划分出了两种不同类型、不同性质的民主共和国，即"资产阶级议会制共和国"⑤与"公社类型的民主共和国或工兵代表苏维埃共和国"⑥。列宁阐明了无产阶级革命对待现实国家的基本立场和基本态度，这就是：破坏、打碎、颠覆、消灭和取代资产阶级议会制的民主共和国，建立无产阶级国家，即"公社类型的民主共和国或工兵代表苏维埃共和国"。关于后者，我们将在"论无产阶级国家"和"论巴黎公社"两小节中加以解读，此处只论述列宁关于资产阶级议会制的民主共和国的观点。

"民主共和国"一词在《国家与革命》一书中出现过 11 次（"民主"一词 210 次，"共和国"一词 51 次）；"民主共和制"一词出现过 8 次（"共和制"一词 14 次）；"议会"一词出现过 56 次，其中，"议会制"一词 26 次，"议会制共和国"一词 2 次，"议会制民主国家"一词 1 次。另外，"资产阶级国家"一词出现过 12 次，"资产阶级的国家"一词 7 次。

列宁指出，在议会制共和国类型的资产阶级国家中，正如恩格斯所说，资本家既没有直接当官，也没有直接参加政府，而是"间接地但也是更可靠地运用"⑦自己的权力，这样一来，就使"民主共和制"成了"资本主义所能采用的最好的政治外壳，所以资本一掌握（通过帕尔钦

---

① 《列宁选集》第 3 卷，北京：人民出版社 2012 年版，第 211 页。
② 同上书，第 212 页。
③ 同上。
④ 《马克思恩格斯文集》第 4 卷，北京：人民出版社 2009 年版，第 192 页。
⑤ 《列宁选集》第 3 卷，北京：人民出版社 2012 年版，第 219 页。
⑥ 同上。
⑦ 《马克思恩格斯文集》第 4 卷，北京：人民出版社 2009 年版，第 192 页。

斯基、切尔诺夫、策列铁里之流）这个最好的外壳，就能十分巩固十分可靠地确立自己的权力，以致在资产阶级民主共和国中，无论人员、无论机构、无论政党的**任何**更换，都不会使这个权力动摇"①。这个权力是"资本剥削雇佣劳动"②的权力，因而"现代的代议制的国家是资本剥削雇佣劳动的工具"③。

列宁强调，"民主共和国是走向无产阶级专政的捷径"④这一观点是恩格斯所特别看重的，它是"贯穿在马克思的一切著作中的基本思想"⑤。"我们赞成民主共和国，因为这是在资本主义制度下对无产阶级最有利的国家形式"⑥，"因为这样的共和国虽然丝毫没有消除资本的统治，因而也丝毫没有消除对群众的压迫和阶级斗争，但是，它必然会使这个斗争扩大、展开、明朗化和尖锐化，以致一旦出现满足被压迫群众的根本利益的可能性，这种可能性就必然通过而且只能通过无产阶级专政即无产阶级对这些群众的领导得到实现"⑦。

恩格斯的原话是："如果说有什么是毋庸置疑的，那就是，我们的党和工人阶级只有在民主共和国这种形式下，才能取得统治。民主共和国甚至是无产阶级专政的特殊形式，法国大革命已经证明了这一点。"⑧其中，"只有"一词强调了民主共和国是工人阶级取得统治的唯一形式。恩格斯在《答可尊敬的卓万尼·博维奥》（1892年2月6日）一文中明确指出："马克思和我在四十年间反复不断地说过，在我们看来，民主共和国是唯一的这样的政治形式，在这种政治形式下，工人阶级和资产阶级之间的斗争能够先具有普遍的性质，然后以无产阶级的决定性胜利告终。"⑨但列宁在这里用的词并不是恩格斯用的"只有"或"唯

---

① 《列宁选集》第3卷，北京：人民出版社2012年版，第120页。
② 《马克思恩格斯文集》第4卷，北京：人民出版社2009年版，第191页。
③ 同上。
④ 《列宁选集》第3卷，北京：人民出版社2012年版，第173页。
⑤ 同上。
⑥ 同上书，第126页。
⑦ 同上书，第173页。
⑧ 《马克思恩格斯文集》第4卷，北京：人民出版社2009年版，第415页。
⑨ 《马克思恩格斯全集》第22卷，北京：人民出版社1965年版，第327页。

一"一词,而是用的"捷径"一词。"捷径"一词指的是最短而最佳的途径,它没有唯一的意思。第二国际机会主义者坚持认为,民主共和国是工人阶级取得统治的唯一形式,而且"完全赞同为争取'国家政权内部力量对比的变动'而斗争,为'取得议会多数和争取一个主宰政府的全权议会'而斗争"①,否认列宁关于"两个必然"②的结论,即阶级斗争在民主共和国内必然会扩大化、明朗化和尖锐化,被压迫群众的根本利益必然要通过无产阶级专政来实现。由于他们只相信和依赖"议会制共和国"这一种"民主共和国"的形式,忽视或否认了"民主共和国"的另一种形式,即"公社类型的民主共和国或工兵代表苏维埃共和国"③,结果被列宁斥为"背弃革命"④,斥为了"社会主义的叛徒"⑤。

列宁精辟地指出,在资产阶级议会制共和国中,议会制(议会权力)与官僚制(行政权)之间存在着密不可分的联系。在对待议会权力和行政权的态度上,马克思在总结1848—1851年的革命时就明确指出,"革命是彻底的"、"它在有条不紊地完成自己的事业"⑥。当革命处于准备工作阶段,特别是处于"后一半准备工作"⑦的时候,"它先使议会权力臻于完备"⑧,进而再"使**行政权**臻于完备,使行政权以其最

---

① 《列宁选集》第3卷,北京:人民出版社2012年版,第219页。
② 关于"两个必然"的列宁原话是:"恩格斯在这里特别明确地重申了贯穿在马克思的一切著作中的基本思想,这就是:民主共和国是走向无产阶级专政的捷径。因为这样的共和国虽然丝毫没有消除资本的统治,因而也丝毫没有消除对群众的压迫和阶级斗争,但是,它**必然会使**这个斗争扩大、展开、明朗化和尖锐化,以致一旦出现满足被压迫群众的根本利益的可能性,这种可能性**就必然通过**而且只有通过无产阶级专政即无产阶级对这些群众的领导得到实现。对于整个第二国际来说,这也是马克思主义中'被忘记的言论',而孟什维克党在俄国1917年革命头半年的历史则把这种忘却揭示得再清楚不过了。"见《列宁选集》第3卷,北京:人民出版社2012年版,第173—174页。
③ 《列宁选集》第3卷,北京:人民出版社2012年版,第219页。
④ 同上书,第218页。
⑤ 同上书,第219页。
⑥ 《马克思恩格斯文集》第2卷,北京:人民出版社2009年版,第564页。
⑦ 同上。
⑧ 同上。

纯粹的形式表现出来，使之孤立，使之成为和自己对立的唯一的对象"①。当"革命完成自己这后一半准备工作的时候"②，革命就将会进行决战，推翻议会权力③，并"**集中自己的一切破坏力量来反对行政权**"④。列宁在《国家与革命》一书中引用了马克思的这一论断，并指出，"19世纪末20世纪初各先进国家"、"一方面，无论在共和制的国家（法国、美国、瑞士），还是在君主制的国家（英国、一定程度上的德国、意大利、斯堪的纳维亚国家等），都逐渐形成'议会权力'；另一方面，在不改变资产阶级制度基础的情况下，各资产阶级政党和小资产阶级政党瓜分着和重新瓜分着官吏职位这种'战利品'，为争夺政权进行着斗争；最后，'行政权'，它的官吏和军事机构，日益完备和巩固起来"⑤。而议会权力与行政权的日益完备和巩固，就为革命反对和最终推翻这两个权力做好了准备。"一切资产阶级政党，甚至包括最民主的和'革命民主的'政党，都必须加强高压手段来对付革命的无产阶级，巩固高压机构，也就是巩固原有的国家机器。这样的事变进程迫使革命'**集中自己的一切破坏力量**'去反对国家政权，迫使革命提出这样的任务：不是去改善国家机器，而是**破坏**它、**消灭**它"⑥。

列宁甚至用"取消议会制"这句话作为《国家与革命》第三章第三节标题，强调了马克思主义者对待资产阶级议会制问题上所持的基本立场和态度。列宁嘲笑了"现代社会民主党内的机会主义者""把议会制民主国家的资产阶级政治形式当做不可逾越的极限，对这个'典范'崇拜得五体投地，宣布**摧毁**这些形式的任何意图都是无政府主义"⑦。

列宁强调，马克思已经在1871年对议会制提出了一个"精彩的批

---

① 《马克思恩格斯文集》第2卷，北京：人民出版社2009年版，第564页。
② 同上。
③ 参看《马克思恩格斯文集》第2卷，北京：人民出版社2009年版，第564页。
④ 《列宁选集》第3卷，北京：人民出版社2012年版，第133页，黑体为列宁所加；另见《马克思恩格斯文集》第2卷，北京：人民出版社2009年版，第564页。
⑤ 《列宁选集》第3卷，北京：人民出版社2012年版，第137页。
⑥ 同上书，第136页。
⑦ 同上书，第159页。

评"①，即"普选权不是为了每三年或六年决定一次由统治阶级中什么人在议会里当人民的假代表，而是为了服务于组织在公社里的人民"②，但是，这个批评却成了"被忘记的言论"③。那些"无产阶级叛徒和'专讲实利的'社会党人，把批评议会制完全让给无政府主义者去做，又根据这个非常正当的理由宣布，对议会制的**任何**批评都是'无政府主义'"④。马克思则"善于无情地摒弃无政府主义，鄙视它甚至不会利用资产阶级议会这个'畜圈'，特别是在显然不具备革命形势的时候，但同时马克思又善于给议会制一种真正革命无产阶级的批评"⑤。

列宁认为，马克思所揭示的"每隔几年决定一次由统治阶级中什么人在议会里镇压人民、压迫人民，——这就是资产阶级议会制的真正本质"⑥，而且，"不仅在议会制的立宪君主国内是这样，而且在最民主的共和国内也是这样"⑦。列宁指出，"任何一个议会制的国家，从美国到瑞士，从法国到英国和挪威等等，那里真正的'国家'工作是在幕后做的，是由各部、官厅和司令部进行的。议会专门为了愚弄'老百姓'而从事空谈。这是千真万确的事实，甚至在俄罗斯共和国这个资产阶级民主共和国里，在还没有来得及建立真正的议会以前，议会制的所有这些弊病就已经显露出来了。带有腐朽的市侩习气的英雄们，如斯柯别列夫和策列铁里之流，切尔诺夫和阿夫克森齐耶夫之流，竟把苏维埃糟蹋成最卑鄙的资产阶级的议会，把它变成了清谈馆。在苏维埃里，'社会党人'部长先生们用空谈和决议来愚弄轻信的农民。在政府里，不断地更换角色，一方面为的是依次让更多的社会革命党人和孟什维克尝尝高官厚禄的'甜头'，另一方面为的是'转移'人民的'视线'。而在官

---

① 《列宁选集》第 3 卷，北京：人民出版社 2012 年版，第 150 页。
② 《马克思恩格斯文集》第 3 卷，北京：人民出版社 2009 年版，第 156 页。
③ 同上书，第 150 页。
④ 同上。
⑤ 同上。
⑥ 同上。
⑦ 同上。

厅里，在司令部里，却在'干着''国家'工作"①。

在这里，列宁"把议会看做国家的一种机构"②，认为议会只不过是国家代表机构的一种形式，而且，更重要的是，取消议会制的历史任务已经到来，取代议会制共和国的新国家形式已经历史地诞生，这就是已经不再是原来意义上的国家——巴黎公社，因为"公社是一个实干的而不是议会式的机构，它既是行政机关，同时也是立法机关"③。下面，我们来分析一下列宁对另一种类型和性质的民主共和国，即无产阶级国家——"公社类型的民主共和国或工兵代表苏维埃共和国"④——的看法。

（四）论无产阶级国家

列宁认为，所谓无产阶级国家，就是指无产阶级专政的国家，它是无产阶级在打碎资产阶级国家机器之后建立起来的，对广大人民群众实行民主，对少数剥削者实行专政的统治工具。关于无产阶级专政和民主，我们将在后面专门介绍。"无产阶级国家"一词在《国家与革命》一书中共出现过9次，而"无产阶级的国家"一词出现过3次，"无产阶级社会主义共和国"一词1次，"公社类型的民主共和国或工兵代表苏维埃共和国"一词1次，"工兵代表苏维埃国家"一词1次，"武装工人的国家"一词2次，"半国家"一词1次。

列宁指出，"无产阶级需要国家这样一个**反对**资产阶级的**特殊**暴力组织"⑤，但它已经不是原来意义上的国家了，它在性质上和一切剥削阶级的国家根本不同，因此，"无产阶级国家（无产阶级专政）"⑥也被列宁称为"半国家"⑦。资产阶级国家是被颠覆、被"消灭"的，即

---

① 《列宁选集》第3卷，北京：人民出版社2012年版，第151页。
② 同上。
③ 《马克思恩格斯文集》第3卷，北京：人民出版社2009年版，第154页。
④ 《列宁选集》第3卷，北京：人民出版社2012年版，第219页。
⑤ 同上书，第132页。
⑥ 同上书，第127页。
⑦ 同上书，第124页。

"以无产阶级革命来'消灭'**资产阶级的**国家",而"自行消亡的是无产阶级的国家或半国家"①。作为自行消亡的国家,无产阶级国家在对剥削者实行专政的同时,对广大人民群众实行最广泛的民主,实行最完全的地方自治。民主越广泛,也就越为国家的逐步消亡创造了条件。正是在这个意义上,列宁把无产阶级国家称为"半国家"。

列宁在"蓝皮笔记"即《马克思主义论国家》一文中也提到了"半国家"这一概念。他在摘录马克思《法兰西内战》第三章中关于国家问题的论述时指出,在1871年以后,"官僚机构**不论在哪里都猛烈地增长了(既在议会中,在它内部——也在地方自治机关中——也在股份公司中——也在托拉斯中,等等)**"②,而且"'社会主义'工人政党有四分之三'长入了'**这样的**官僚机构,因此,社会爱国主义者和国际主义者之间、改良派和革命派之间的分裂具有更深刻的意义:改良派和社会爱国主义者使官僚国家机器'**更加完备**'……而革命派应当'**摧毁**'这个'官僚军事国家机器',摧毁它,用'公社',用新的'**半国家**'来代替它"、"用**工人代表的苏维埃**和**他们的受托人代替**旧的('现成的')国家机器**和议会**"③。在这里,列宁把巴黎公社也称作"半国家",并归纳出了建立"半国家"即"无产阶级国家"的五项措施:

一是废除常备军,"用武装的人民代替常备军"④;

二是废除官僚制,"**取消官僚**,包括法官在内:(α)赶走……'国家高级官吏';(β)使其他官吏成为纯粹的执行者;(γ)可以撤换;(δ)领取普通工人的工资"⑤;

三是废除议会制,"用'公社的'('公社制度')**即同时兼管立法和行政的人民代表机关代替议会式的人民代表机关**"⑥;

---

① 《列宁选集》第3卷,北京:人民出版社2012年版,第124页。
② 《列宁全集》第31卷,北京:人民出版社1985年版,第185页。
③ 同上。
④ 同上书,第183页。
⑤ 同上书,第183—184页。
⑥ 同上书,第184页。

四是实行"没有国家从上面进行监督和监护的**地方自治**"①；

五是实行"**完全的民主**"②。

可见，所谓"无产阶级国家"或"半国家"，就是指无产阶级在废除资产阶级国家官僚军事机器基础上建立起来的，实行地方自治和完全民主的，因而已经不是原来意义上的、而是巴黎公社类型或苏维埃类型的国家，是"用巴黎公社类型的无产阶级机构代替议会式的机构和官吏"③、"用工作机构代替议会式的机构"④ 的国家。

由于"无产阶级国家"已经不再是原来意义上的国家了，所以，列宁赞同恩格斯提出的观点：用"公社""共同体"或"公团"⑤ 等词来代替"国家"一词。这个观点是恩格斯在《给奥·倍倍尔的信（1875年3月18—28日）》中提出来的，他说："应当抛弃这一切关于国家的废话，特别是在出现了已经不是原来意义上的国家的巴黎公社以后。无政府主义者用'人民国家'这个名词把我们挖苦得很够了，虽然马克思驳斥蒲鲁东的著作⑥和后来的《共产主义宣言》⑦ 都已经直接指出，随着社会主义社会制度的建立，国家就会自行解体和消失。既然国家只是在斗争中、在革命中用来对敌人实行暴力镇压的一种暂时的设施，那么，说自由的人民国家，就纯粹是无稽之谈了：当无产阶级还**需要**国家的时候，它需要国家不是为了自由，而是为了镇压自己的敌人，一到有可能谈自由的时候，国家本身就不再存在了。因此，我们建议把**国家**一词全部改成'共同体'（Gemeinwesen），这是一个很好的古德文词，相当于法文的'公社'。"⑧ 恩格斯"以他自己和马克思的名义向德国工人党的领袖建议，把'国家'一词**从党纲中去掉**，用'共同体'

---

① 《列宁全集》第31卷，北京：人民出版社1985年版，第184页。
② 同上。
③ 同上书，第209页。
④ 同上书，第212—213页。
⑤ 同上书，第61页。
⑥ 指马克思的《哲学的贫困》。
⑦ 即《共产党宣言》。
⑧ 《马克思恩格斯文集》第3卷，北京：人民出版社2009年版，第414页。

来代替"①，并正式宣布巴黎公社已经不是原来意义上的国家。虽然列宁认为，"德文中有两个词都作'共同体'解释，恩格斯用的那个词**不是**指单个的共同体，而是指共同体的总和即共同体体系。俄文中没有这样一个词，也许只好采用法文中的'公社'一词，虽然这也有它的不足之处"②，但是，列宁还是在《国家与革命》一书中高度评价了恩格斯的这段话："这段话在马克思和恩格斯关于国家问题的著作中，如果不算是最精彩的论述，也得算是最精彩的论述之一。"③

在这段话里有一句话特别重要，即"随着社会主义社会制度的建立，国家就会自行解体和消失"④。注意，恩格斯在这里只用了"无产阶级国家"和"社会主义社会制度"等词，却没有用"社会主义国家"一词，甚至还"建议把**国家**一词全部改成'共同体'"⑤。列宁可能注意到了这一点，因此在《国家与革命》一书中，他虽然用了91次"社会主义"一词，但是，列宁却没有用"社会主义国家"一词，只用了与该词最相近的一个词，即"无产阶级社会主义共和国"⑥，以及与之相关联的一种表述，即"国家的社会主义改造"⑦。列宁虽然在《国家与革命》中把巴黎公社称作"无产阶级社会主义共和国"⑧ 的一种"'毫不含糊'的形式"⑨，认为只有像巴黎公社和苏维埃这样一些走向社会主义的新国家机器才能取代旧国家机器，使工人阶级的"政治统治变为对社会进行社会主义改造的基础"⑩，但是，他还是更多地把巴黎公社看作一种特殊的"夺取政权并**引导全体人民**走向社会主义"⑪ 的国

---

① 《列宁选集》第3卷，北京：人民出版社2012年版，第168页。
② 同上书，第169页。
③ 同上书，第167页。
④ 《马克思恩格斯文集》第3卷，北京：人民出版社2009年版，第414页。
⑤ 同上书，第414页。
⑥ 《列宁选集》第3卷，北京：人民出版社2012年版，第146页。
⑦ 同上书，第149页。
⑧ 同上书，第146页。
⑨ 同上。
⑩ 同上书，第220页。
⑪ 同上书，第131页。

家类型。列宁在1917年4月《论策略书》一文中曾说:"加米涅夫同志有点'不耐心地'说过了头,他重复资产阶级对巴黎公社的偏见,似乎巴黎公社想'立刻'实施社会主义。实际上不是这样。可惜的是公社迟迟没有实施社会主义。"① 公社采取的并不是"实施社会主义"的措施,而是"走向社会主义"的措施,也就是说,公社不是真正的社会主义国家类型,而是走向社会主义的国家类型,即"无产阶级国家"。

列宁说:"公社的真实本质并不在资产者通常寻找的那些地方,而在于它创立了一种特殊的**国家**类型。这样的国家在俄国**已经**诞生,这就是工兵代表苏维埃!""我深信,工兵代表苏维埃会比议会制共和国更快更好地发挥人民**群众**的主动性(关于这两种国家类型的比较,在另一封信里再详谈)。它们会更好地、更实际地、更准确地决定怎样才能采取走向社会主义的**步骤**以及究竟能够采取哪些走向社会主义的**步骤**。对银行实行监督,把所有银行合并为一个银行,**这还不是**社会主义,但这是**走向**社会主义的一个**步骤**。"② "我不但没有'指望'我们的革命'立刻转变'为**社会主义**革命,而且还直接提醒不要有这种想法,我在提纲的第8条中直截了当地说:'……我们的**直接**任务并**不是**"实施"社会主义……'"③ 列宁在著名的《四月提纲》中确实说过:"我们的**直接**任务并不是'实施'社会主义,而只是立刻过渡到由工人代表苏维埃**监督**社会的产品生产和分配。"④ 如果按照这些话的逻辑来分析,那么所谓实施社会主义,必然也包括实施社会主义革命,而且,"对银行实行监督,把所有银行合并为一个银行"、"立刻过渡到由工人代表苏维埃监督社会的生产和分配"等步骤和措施,也不是"实施社会主义"的措施和步骤,而是"走向社会主义"的步骤和措施。总之,巴黎公社和苏维埃等"无产阶级国家"还不是社会主义国家,而是通过

---

① 《列宁选集》第3卷,北京:人民出版社2012年版,第34页。
② 同上书,第35页。
③ 同上书,第34页。
④ 同上书,第16页。

采取一系列"为人民谋福利"①的步骤而走向社会主义的国家,是从资本主义国家走向社会主义国家的过渡型国家。

列宁认为,俄国的 1905 年革命和 1917 年革命是"在另一个环境和另一种条件下继续着公社的事业"②。列宁关于俄国苏维埃"和公社是同一**类型**"③,是在"继续着公社的事业"④这一重大理论观点,在当时很少有人能够看到,并且相信这一点。列宁在未写成的《国家与革命》"第 7 章《1905 年和 1917 年俄国革命的经验》"⑤的主要目的之一,就是对这一重大理论观点进行论证、总结和宣传,例如,列宁在第 7 章的提纲中写道:"**苏维埃**。这是什么?〔参看 1905 和 1906,布尔什维克的决议〕和公社是同一**类型**。"⑥ "俄国革命中新的'人民的创造':苏维埃。""苏维埃及其作用。""苏维埃被孟什维克和社会革命党人所糟蹋。苏维埃的堕落。"⑦ "苏维埃。(它们的规模和它们的弱点:小资产阶级的依赖性。)"⑧ 等等。虽然该章未写成,但是在《国家与革命》一书中,"苏维埃"一词还是出现了 7 次。

有时,列宁也用"武装工人的国家""工兵代表苏维埃国家"等概念来表示"无产阶级国家"。列宁在《国家与革命》一书中明确指出,"**目前**政治上的迫切问题:剥夺资本家,把**全体**公民变为**一个大**'辛迪加'即整个国家的工作者和职员,并使这整个辛迪加的全部工作完全服从真正民主的国家,即**工兵代表苏维埃国家**"⑨。其中,"工兵代表苏维埃"就是一种"**人民镇压剥削者**"的"简单的**武装群众的组织**"⑩。在《国家与革命》一书中,"武装"一词出现了 44 次,其中,"武装斗争"

---

① 《列宁选集》第 3 卷,北京:人民出版社 2012 年版,第 35 页。
② 同上书,第 160 页。
③ 《列宁全集》第 31 卷,北京:人民出版社 1985 年版,第 230 页。
④ 《列宁选集》第 3 卷,北京:人民出版社 2012 年版,第 160 页。
⑤ 同上书,第 221 页。
⑥ 《列宁全集》第 31 卷,北京:人民出版社 1985 年版,第 230 页。
⑦ 同上书,第 241 页。
⑧ 同上书,第 241—242 页。
⑨ 《列宁选集》第 3 卷,北京:人民出版社 2012 年版,第 199 页。
⑩ 同上书,第 192 页。

一词1次;"武装组织"一词5次;"武装队伍"一词7次;"武装工人"一词9次;"武装的工人"一词2次;"工人武装"一词2次;"工人的武装"一词1次;"武装群众"一词1次;"群众武装"一词1次;"武装人民"一词1次;"武装的人民"一词3次;"武装的居民"一词1次;"武装的无产阶级"一词2次。

列宁十分重视"武装"和"武装斗争"的问题,始终强调武装工人的重要性,始终强调要把握时机,时刻准备用"武装工人的组织组成的、公社那种类型的新的国家机器来代替"①旧的国家机器,他甚至把国家与武装工人直接等同起来,例如,列宁指出,在走向社会主义的过程中,"**全体**公民都成了国家(武装工人)雇用的职员"②。列宁认为,警察、常备军是"特殊的、居于社会之上并且同社会相异化的武装队伍"③,已经不再是"武装的居民,即居民的'自动的武装组织'了"④。而无产阶级则是"一切被剥削劳动者的武装先锋队"⑤。所谓"无产阶级的**政治统治**,无产阶级的专政"⑥,是指"不与任何人分掌而直接依靠群众武装力量的政权"⑦,"我们工人**自己**将以资本主义创造的成果为基础,依靠自己的工人的经验,建立由武装工人的国家政权维护的最严格的铁的纪律,来组织大生产,把国家官吏变成我们的委托的简单执行者,变成对选民负责的、可以撤换的、领取微薄薪金的'监工和会计'(当然还要用各式各样的和各种等级的技术人员),——这就是**我们无产阶级的任务**,无产阶级革命实现时就可以而且应该从这里**开始做起**"⑧。"在共产主义的'高级'阶段到来以前,社会主义者要求社会**和国家**对劳动量和消费量实行**极严格的**监督,不过这种监督应当从剥夺

---

① 《列宁选集》第3卷,北京:人民出版社2012年版,第214页。
② 同上书,第202页。
③ 同上书,第116页。
④ 同上。
⑤ 同上书,第153页。
⑥ 同上书,第131页。
⑦ 同上。
⑧ 同上书,第153—154页。

资本家和由工人监督资本家**开始**,并且不是由官吏的国家而是由**武装工人的国家来实行**"①。

恩格斯认为,由于在每次革命之后法国工人总是武装起来,所以,"掌握国家大权的资产者的第一个信条就是解除工人的武装"②。列宁总结说,"这里正好抓住了问题的实质,也是国家问题的实质(**被压迫阶级有没有武装**?)"③ 无产阶级作为被压迫阶级,该不该"拿起武器"④ 组织自己的武装?——这就是国家问题的实质。

列宁的回答是肯定的,无产阶级应该拿起武器组织自己的武装。马克思曾明确指出,"公社的第一个法令就是废除常备军而代之以武装的人民"⑤。"武器"一词在《国家与革命》一书中出现过9次。"马克思主义者认为无产阶级在夺得政权之后,必须彻底破坏旧的国家机器,用武装工人的组织组成的、公社那种类型的新的国家机器来代替它"⑥。

作为民主共和国的一种类型,公社或苏维埃共和国是否一定高于资产阶级民主共和国呢?列宁从1917年革命一开始,就多次明确地回答了这个问题,他指出,"苏维埃共和国是比通常那种有立宪会议的资产阶级共和国更高的民主制形式"⑦;"对于从资产阶级制度过渡到社会主义制度,对于无产阶级专政,苏维埃(工兵代表苏维埃)共和国不仅是更高类型的民主机构的形式(与通常那种戴有立宪会议花冠的资产阶级共和国相比),而且是能够保证痛苦最少地过渡到社会主义的唯一形式"⑧。列宁在回到俄国的第一天,即1917年4月4日,就在当众宣读的著名提纲中断言,"巴黎公社类型的国家比资产阶级议会制共和国优越"⑨,"不要议会制共和国(从工人代表苏维埃回到议会制共和国是倒

---

① 《列宁选集》第3卷,北京:人民出版社2012年版,第198—199页。
② 《马克思恩格斯文集》第3卷,北京:人民出版社2009年版,第101页。
③ 《列宁选集》第3卷,北京:人民出版社2012年版,第178页。
④ 同上书,第141页。
⑤ 《马克思恩格斯文集》第3卷,北京:人民出版社2009年版,第154页。
⑥ 《列宁选集》第3卷,北京:人民出版社2012年版,第214页。
⑦ 同上书,第363页。
⑧ 同上。
⑨ 同上书,第623页。

退了一步），而要从下到上遍及全国的工人、雇农和农民代表苏维埃的共和国"①，甚至提出了一系列巴黎公社实行的措施，如"废除警察、军队和官吏"、"一切官吏应由选举产生，并且可以随时撤换，他们的薪金不得超过熟练工人的平均工资"② 等。列宁后来又"**屡次**在出版物中"③，例如《俄国的政党和无产阶级的任务》等，谈到了这一点。另外，在1917年4月底举行的俄国社会民主工党（布）第七次全国代表会议上通过的、列宁起草的《关于修改党纲的决议》中也指出，"无产阶级—农民共和国高于资产阶级议会制共和国"④。

在1918年11月写成的《无产阶级革命和叛徒考茨基》一书中批评考茨基的小册子《无产阶级专政》时，列宁指出，"说资产阶级议会制民主共和国**低于**巴黎公社类型的或苏维埃类型的共和国，这对不对呢？这是问题的中心，而考茨基却避而不谈"⑤。列宁指责考茨基忘记了马克思对巴黎公社经验的分析，忘记了恩格斯在1875年3月28日给倍倍尔信中所说的话，即"巴黎公社已经不是原来意义上的国家"⑥。当"比民主的资产阶级共和国更高的国家形式"⑦ 已经在历史上出现了的时候，那些包括普列汉诺夫、考茨基在内的自称是社会主义者和马克思主义者的人，竟然"**默不做声**"⑧，竟然没有"作过**一次**尝试去研究一下巴黎公社类型的国家问题"⑨。"在**主要**问题即巴黎公社类型国家问题上"⑩，在"苏维埃共和国高于资产阶级共和国这一**根本**问题"⑪ 上，他们作为理论家完全背弃了马克思主义。因此，在《国家与革命》一

---

① 《列宁选集》第3卷，北京：人民出版社2012年版，第15页。
② 同上书，第15页。
③ 同上书，第623页。
④ 同上。
⑤ 同上书，第625页。
⑥ 同上。
⑦ 同上。
⑧ 同上。
⑨ 同上。
⑩ 同上。
⑪ 同上书，第624页。

书中，列宁对这一"根本问题"和"主要问题"的分析是当仁不让、义不容辞的，也是弥足珍贵的。

《布莱克维尔政治制度百科全书》的编者认为，"苏维埃［Soviet］"是"委员会一词的俄文音译。在当今苏联，苏维埃是国家各级行政管理区域中的由人民选举组成的委员会。苏维埃一词目前也用来区别现有政权和（已为1917年10月布尔什维克革命所摧毁的）沙皇政权。因此，苏联的正式全称是苏维埃社会主义共和国联盟"；"第一批苏维埃是1905年在沙皇帝国各地自发组成的工人代表会议，是人们对（失败的）俄日战争带来苦难所做出的反应。它们成为推动革命和罢工行动的工具。在1917年二月革命限制并最终废除了沙皇君主制之后，在各个市镇和乡村，工人和士兵苏维埃纷纷组成，并随着中央政府的垮台而接管了政权。**列宁**认为这些苏维埃比1917年2月在列宁格勒成立的临时政府更为革命，因而在其关于俄国社会民主党**布尔什维克**派应当夺取政权的要求中，他提出了'一切权力归苏维埃'的口号。由此，他希望推翻被他视为资产阶级性质的临时政府，并代之以苏维埃。当列宁的布尔什维克派在1917年10月军事政变中夺得政权时，他们是以苏维埃的名义行事的。第一部《苏维埃俄罗斯共和国宪法》(*Constitution of the Great Russian Republic*，1918年）及其1924年的宪法续改本为地方苏维埃制定了各种规则，它们可依次选举更高一级苏维埃的代表直至全俄苏维埃代表大会的代表。全俄苏维埃代表大会则是国家最高权力机关；它选出一个中央执行委员会，作为国家的最高立法、行政和监督机关，在代表大会（长期）闭会期间进行活动。然而，1936年，新的'斯大林宪法'颁布了。它取消了苏维埃最高立法机关的上述那种间接选举方式，而改为直接的普遍的公民投票，因此，尽管目前的最高立法机关仍称作**最高苏维埃**，实际上它已是全体选民直接选出的。目前苏联的各级政府由称作苏维埃的直接选出的各级代表会议支配。从底层依此上升的次序是：专区劳动人民代表苏维埃、州苏维埃、自治区共和国最高苏维埃、（15

个）加盟共和国最高苏维埃以及顶端的苏联最高苏维埃"①。

苏维埃作为俄国革命的产物，它在1905年革命中一出现即引起了人们的关注，人们对苏维埃的评价也不一致，这种分歧在1917年革命中扩大了。正如蒲国良所指出的，列宁在苏维埃一出现时就抓住了它的实质和核心，并在此后反复不断地进行经验的总结和理论的论证，于是，一个代替那被否定了的议会民主制的新型民主的肯定形式的轮廓便逐渐凸显了出来，"如果说俄国革命的无产阶级是苏维埃的直接创造者，那么发现苏维埃的意义，从理论上赋予它议会民主制替代物之地位的则是列宁"②。虽然列宁对苏维埃"进行了深刻的理论分析和论证，凸显了一种迥异于议会民主的新民主模式。不过，这种论证在某种程度上还只是一种逻辑推演，尽管这种逻辑推演是建立在人民群众丰厚的革命实践基础上的。随着苏维埃政权的建立和日渐巩固，对苏维埃民主的可操作性的要求也便越来越高，于是，十月革命前后，列宁又依据俄国的政治现实，设计出了多党共存格局下的苏维埃实践模式。然而，苏维埃体制在随后的发展中没能按照预设的轨道运转，而是出现了游离与滑轨，从而形成了作为后来数十年沿袭一贯的政治体制的基础"③。

下面，我们介绍和评述一下列宁对巴黎公社的看法。

（五）论巴黎公社

列宁认为，"1871年巴黎公社的经验"④ 是 "最伟大的一次无产阶级革命的经验"⑤，因为 "公社就是无产阶级革命'终于发现的'可以使劳动在经济上获得解放的形式"⑥，"公社就是无产阶级革命**打碎**资产

---

① 韦农·波格丹诺主编（英文版），邓正来主编（中文版）：《布莱克维尔政治制度百科全书》，北京：中国政法大学出版社2011年版，第628页。
② 蒲国良：《俄国革命中列宁对苏维埃的发现与理论论证》，载《社会科学研究》2007年第1期，第65页。
③ 同上书，第69页。
④ 《列宁选集》第3卷，北京：人民出版社2012年版，第124页。
⑤ 同上。
⑥ 同上书，第160页。

阶级国家机器的第一次尝试和'终于发现的'、可以而且应该用来**代替**已被打碎的国家机器的政治形式"①，但是，"第二国际的绝大多数正式代表已经完全滚到机会主义那边去了。公社的经验不仅被忘记了，而且被歪曲了"②。因此，列宁写作《国家与革命》一书的一个重要原因，就是要唤醒人们对巴黎公社的革命记忆，重视巴黎公社的经验和教训。在《国家与革命》中，"公社"一词共出现了105次，其中，"巴黎公社"一词14次。

列宁认为，"'巴黎公社已经不是原来意义上的国家'，——这是恩格斯在理论上最重要的论断"③，而且，恩格斯在为《法兰西内战》第3版写的导言中"对公社的教训作了极其鲜明的概括。这个概括，由于考虑到了公社以后20年的全部经验而作得非常深刻，并且是专门用来反对流行于德国的'对国家的迷信'的，完全可以称为马克思主义在国家问题上的**最高成就**"④。在《卡·马克思〈法兰西内战〉1891年版导言》一文的最后，恩格斯说："先生们，你们想知道无产阶级专政是什么样子吗？请看巴黎公社。这就是无产阶级专政。"⑤

列宁认同马克思在《法兰西内战》中对巴黎公社的看法，即"公社实现了所有资产阶级革命都提出的廉价政府这一口号，因为它取消了两项最大的开支项目，即常备军和国家官吏"⑥，而且，列宁认为，"能够实现这一要求的**只有**无产阶级，而无产阶级实现了这一要求，也就是向国家的社会主义改造迈进了一步"⑦。这里需要注意的是，作为统治阶级的无产阶级实现了廉价政府的目标，也只不过是向国家的社会主义改造迈进了一步，还不能说是建成了社会主义社会。

列宁敏锐地指出："公社用来代替被打碎的国家机器的，似乎'仅

---

① 《列宁选集》第3卷，北京：人民出版社2012年版，第160页。
② 同上书，第220页。
③ 同上书，第169页。
④ 同上书，第177页。
⑤ 《马克思恩格斯文集》第3卷，北京：人民出版社2009年版，第111—112页。
⑥ 同上书，第157页。
⑦ 《列宁选集》第3卷，北京：人民出版社2012年版，第149页。

仅'是更完全的民主：废除常备军，一切公职人员完全由选举产生并完全可以罢免。但是这个'仅仅'，事实上意味着两类根本不同的机构的大更替。在这里恰巧看到了一个'量转化为质'的例子：民主实行到一般所能想象的最完全最彻底的程度，就由资产阶级民主转化成无产阶级民主，即由国家（＝对一定阶级的特殊的镇压力量）转化成一种已经不是原来意义上的国家的东西。"①列宁把资产阶级民主与无产阶级民主做了对比，指出无产阶级民主是"一般所能想象的最完全最彻底的"②民主，它有两大突出特征：一是废除常备军；二是取消国家官吏。这两大特征是巴黎公社的伟大创举。

这样一来，巴黎公社这个"无产阶级社会主义共和国"③就不是原来意义上的国家了，不再是对一定阶级实行镇压的特殊力量了。"既然是人民这个大多数**自己**镇压他们的压迫者，实行镇压的'特殊力量'**也就不需要了！**国家就在这个意义上**开始消亡**。大多数人可以代替享有特权的少数人（享有特权的官吏、常备军长官）的特殊机构，自己来直接行使这些职能，而国家政权职能的行使愈是全民化，这个国家政权就愈不需要了"④。国家政权职能行使的全民化，即人民这个大多数直接行使国家政权职能，是无产阶级民主的本质特征。这种职能行使得越全民化，国家政权消亡得就越快。这里就涉及了一个技术层面的问题，即关于"无产阶级民主的细节"问题：如何才能做到让人民这个大多数直接行使国家政权职能？

这就自然引出了列宁对巴黎公社第二项创新措施的实质和意义的强调。相比巴黎公社的第一项创新措施（废除常备军），列宁更加看重巴黎公社的第二项创新措施：取消国家官吏，"取消支付给官吏的一切公务津贴和一切金钱上的特权，把国家**所有公职人员的报酬减到'工人工

---

① 《列宁选集》第3卷，北京：人民出版社2012年版，第147页。
② 同上书，第147页。
③ 同上书，第146页。
④ 同上书，第147—148页。

资'的水平"①。它作为一项具有现实可操作性的创新措施，被列宁看作是一个最重要的"无产阶级民主的细节"，因为"这里恰巧最明显地表现出一种**转变**：从资产阶级的民主转变为无产阶级的民主，从压迫者的民主转变为被压迫阶级的民主，从国家这个对一定阶级实行镇压的'**特殊力量**'转变为由大多数人——工人和农民用**共同的力量**来镇压压迫者"②。紧接着，列宁义愤填膺地说："正是在这特别明显的一点上，也许是国家问题的最重要的一点上，人们把马克思的教训忘得最干净！"③ 人们把这个"带有民主精神和革命精神"④的最明显、最重要的"无产阶级民主的细节"，作为"已经过时的'幼稚的东西''忘记了，'"⑤。

列宁指出，如果不采取这种"降低国家的高官显宦的报酬"⑥的创新措施，那么，"从资本主义过渡到社会主义**是不可能的**（因为，不这样做，怎么能够过渡到由大多数居民以至全体居民行使国家职能呢？）"⑦，也就是说，取消官吏的一切特权，随时可以罢免官吏，只付给他们普通的工人工资，既是防止国家官吏再生，即"防止国家和国家机关由社会公仆变为社会主人"⑧的具体措施，也是保障全体居民行使国家政权职能的前提条件。而且，在资本主义和资本主义文化"**这个基础上**，旧的'国家政权'的大多数职能已经变得极其简单，已经可以简化为登记、记录、检查这样一些极其简单的手续，以致每一个识字的人都完全能够胜任这些职能，行使这些职能只须付给普通的'工人工资'，并且可以（也应当）把这些职能中任何特权制、'长官制'的痕

---

① 《列宁选集》第3卷，北京：人民出版社2012年版，第148页。
② 同上。
③ 同上。
④ 同上。
⑤ 同上。
⑥ 同上。
⑦ 同上。
⑧ 《马克思恩格斯文集》第3卷，北京：人民出版社2009年版，第110页。

迹铲除干净"①。由于资本主义的发展"使'国家'管理的职能简化了"②，所以"国家官吏的特殊'长官职能'可以并且应该立即开始、在一天之内就开始用'监工和会计'的简单职能来代替，这些职能现在只要有一般市民的水平就完全能够胜任，行使这些职能只须付给'工人工资'就完全可以了"③，进而"使**大多数**居民无一例外地人人都来执行'国家职能'"④。

列宁设想，在无产阶级革命实现之时，就可以"把国家官吏变成我们的委托的简单执行者，变成对选民负责的、可以撤换的、领取微薄薪金的'监工和会计'"⑤，而且，"这个开端自然会导致任何官吏逐渐'消亡'"，"日益简化的监督职能和填制表报的职能将由所有的人轮流行使，然后将成为一种习惯，最后就不再成其为特殊阶层的**特殊**职能了"⑥。这里提出了一个事实判断，就是国家政权职能的行使"已经变得极其简单"⑦ 了。现在看来，这个事实判断是否真的属实呢？

就我们目前的情况来看，现代国家政权职能的行使并没有"变得极其简单"，国家公职人员在行使这些职能时需要相当多的职业知识储备，以及熟练的专业操作技能。换句话说，现实的个人如果没有一定的知识储备、技术能力和操作水平，要胜任行使国家政权的职能是不可能、不现实的。另外，在当代中国，官僚制所造成的广泛影响和危害后果依然是触目惊心的，完成根除官僚制、实现最完全的地方自治这一无产阶级的国家革命任务⑧，依然是十分艰巨而繁重的。在这里，出于实际论战

---

① 《列宁选集》第 3 卷，北京：人民出版社 2012 年版，第 148—149 页。
② 同上书，第 153 页。
③ 同上。
④ 同上书，第 218 页。
⑤ 同上书，第 154 页。
⑥ 同上。
⑦ 同上书，第 148 页。
⑧ 列宁指出，在国家问题上，"无产阶级革命的任务是：'**打碎**'这个机器，即摧毁这个机器，在下面即在地方上用最完全的自治，而在上面用武装的无产阶级的**直接**政权即无产阶级专政来代替"（见《列宁全集》第 31 卷，北京：人民出版社 1985 年版，第 147 页），即"无产阶级专政+取消地方自治机关中由国家任命的官吏"（见《列宁全集》第 31 卷，北京：人民出版社 1985 年版，第 150 页）。

的需要，列宁对当时"资本主义文化**创立**"①的"大生产"②的发展水平和发展阶段做出了较高的估计，得出了行使国家职能"已经变得极其简单"③这一基本判断。但是，还有一个更基本、更重要的判断需要辨析，即：每一个人都应该去做、都可以做、都能够做的事，是否每一个人都愿意去做呢？换句话说，假如"资本主义文化**创立**"④的大生产真正发展到了每一个人都能够胜任行使国家职能这一历史阶段，每一个人都愿意去行使这些国家职能吗？我们不会设想、也不会奢望每一个人都愿意去做，因为最大限度地为"每一个个人的全面而自由的发展"⑤提供条件和平台，同时最大限度地尊重"每一个个人的全面而自由的发展"的意愿和选择，才是无产阶级民主和专政真正追求的目标。

另外，在这里，列宁还对资本主义文化的地位和作用做出了两个重要论断：一是"资本主义文化**创立**了大生产——工厂、铁路、邮政、电话等等"⑥；二是无产阶级民主制度的创立是"以资本主义和资本主义文化为基础的"⑦。文化本身确实对经济、政治和社会会产生巨大的影响力、推动力和创造力，尤其是文化的内核——价值观对整个人类社会的影响力、推动力和创造力，在任何时候都是不能低估、不能忽视的。

列宁在总结巴黎公社的第二项创新措施时说："一切公职人员毫无例外地完全由选举产生并可以**随时**撤换，把他们的报酬减到普通的'工人工资'的水平，这些简单的和'不言而喻'的民主措施使工人和大多数农民的利益完全一致起来，同时成为从资本主义通向社会主义的桥梁。这些措施关系到对社会进行的国家的即纯政治的改造，但是这些措

---

① 《列宁选集》第3卷，北京：人民出版社2012年版，第148页。
② 同上。
③ 同上。
④ 同上。
⑤ 马克思认为，取代资产阶级社会的社会形式是"以每个人的全面而自由的发展为基本原则的社会形式"（见《资本论》第1卷，北京：人民出版社1975年版，第649页），或"以每一个个人的全面而自由的发展为基本原则的社会形式"（见《资本论》第1卷，北京：人民出版社2004年版，第683页），其中，2004年版强调了"每一个个人"。
⑥ 《列宁选集》第3卷，北京：人民出版社2012年版，第148页。
⑦ 同上。

施自然只有同正在实行或正在准备实行的'剥夺剥夺者'联系起来，也就是同变生产资料资本主义私有制为公有制联系起来，才会显示出全部意义和作用。"① 在这里，列宁强调了政治和经济的密切联系，变革民主制、根除官僚制，是对社会进行的政治改造，而变革所有制、消灭私有制，则是对社会进行的经济改造，只有两者相互结合、相互促进，才会真正实现对国家的社会主义改造。因此，"**彻底**发展民主，找出彻底发展的种种**形式**，用**实践**来检验这些形式等等，这一切都是为社会革命进行斗争的基本任务之一。任何单独存在的民主制度都不会产生社会主义，但在实际生活中民主制度永远不会是'单独存在'，而总是'共同存在'的，它也会影响经济，推动**经济的**改造，受经济发展的影响等等。这就是活生生的历史辩证法"②。

巴黎公社的"基本的主要的教训"③，就是马克思所指出的"**工人阶级不能简单地掌握现成的国家机器，并运用它来达到自己的目的**"④。在《致路德维希·库格曼（1871年4月12日）》的信中，马克思说："如果你查阅一下我的《雾月十八日》的最后一章，你就会看到，我认为法国革命的下一次尝试不应该再像以前那样把官僚军事机器从一些人的手里转到另一些人的手里，而应该把它**打碎**，这正是大陆上任何一次真正的人民革命的先决条件。这也正是我们英勇的巴黎党内同志们的尝试。"⑤ 恩格斯在1883年4月18日写给菲力浦·范派顿的信中也指出："马克思和我从1845年起就持有这样的观点：未来无产阶级革命的最终结果**之一**，将是称为**国家**的政治组织逐步解体直到最后消失。这个组织的主要目的，从来就是依靠武装力量保证富有的少数人对劳动者多数的经济压迫。随着富有的少数人的消失，武装压迫力量或国家权力的必要性也就消失。同时我们始终认为，为了达到未来社会革命的这一目的以

---

① 《列宁选集》第3卷，北京：人民出版社2012年版，第149页。
② 同上书，第181页。
③ 同上书，第142页。
④ 《马克思恩格斯文集》第2卷，北京：人民出版社2009年版，第6页。
⑤ 《马克思恩格斯文集》第10卷，北京：人民出版社2009年版，第352页。

及其他更重要得多的目的，工人阶级应当首先掌握有组织的国家政权并依靠这个政权镇压资本家阶级的反抗和按新的方式组织社会。这一点在1847年写的《共产主义宣言》①的第二章末尾已经阐明。"②"无政府主义者把事情颠倒过来了。他们宣称，无产阶级革命应当从废除国家这种政治组织**开始**。但是，无产阶级在取得胜利以后遇到的唯一现成的组织正是国家。这个国家或许需要作一些改变，才能完成自己的新职能。但是在这种时刻破坏它，就是破坏胜利了的无产阶级能用来行使自己刚刚夺取的政权、镇压自己的资本家敌人和实行社会经济革命的唯一机构，而不进行这种革命，整个胜利最后就一定归于失败，工人就会大批遭到屠杀，巴黎公社以后的情形就是这样。"③ 另外，恩格斯在1884年1月1日写给伯恩施坦的信中也说，"胜利了的无产阶级能够利用旧的官僚的、行政集中的国家机构来达到自己的目的之前，必须改造"④。在这里，恩格斯把马克思所说的"**工人阶级不能简单地掌握现成的国家机器**"⑤，"**而应该把它打碎**"⑥，理解和解释为对国家"作一些改变"⑦，把现成的国家机器加以"改造"⑧。

列宁指出，"巴黎公社的这个基本的主要的教训具有非常重大的意义"⑨，并提醒人们，一定要汲取巴黎公社的这个教训，引以为戒。作为一个"整个一生和全部活动都服从于一个伟大的目的——为社会主义的胜利而斗争"⑩ 的革命者，列宁非常讨厌"把社会主义革命拖延"⑪

---

① 即《共产党宣言》。
② 《马克思恩格斯选集》第4卷，北京：人民出版社2012年版，第558—559页。
③ 同上书，第559页。
④ 《马克思恩格斯全集》第36卷，北京：人民出版社1975年版，第81页。
⑤ 《马克思恩格斯文集》第2卷，北京：人民出版社2009年版，第6页。
⑥ 《马克思恩格斯文集》第10卷，北京：人民出版社2009年版，第352页。
⑦ 《马克思恩格斯选集》第4卷，北京：人民出版社2012年版，第559页。
⑧ 《马克思恩格斯全集》第36卷，北京：人民出版社1975年版，第81页。
⑨ 《列宁选集》第3卷，北京：人民出版社2012年版，第142页。
⑩ 人民出版社马列著作编辑室编：《列宁的风格》，北京：人民出版社1985年版，第1页。
⑪ 《列宁选集》第3卷，北京：人民出版社2012年版，第153页。

下去的行为，他"希望由现在的人来实行社会主义革命"①，以便向巴黎公社的前辈们一样，在国家建设方面进行大胆的尝试。列宁身体力行，大胆实践，积极引导俄国革命，乃至全世界的无产阶级革命，走上了一条武装夺取国家政权，并且"**更多地**运用**国家**即武装起来并组织成为统治阶级的无产阶级这个**革命政权**"②来"**达到自己的目的**"③的道路。

（六）论消灭国家

列宁指出，消灭国家是人类社会发展的必然趋势，消灭国家一般说来有两种方式，即暴力革命和自行消亡，但由于国家的类型不同，所以消灭国家的方式也不同。资产阶级国家是通过暴力革命的方式来消灭，无产阶级国家是通过自行消亡的方式来消灭。在《国家与革命》一书中，"消灭"一词共出现过 52 次，其中，"消灭国家"共 9 次；"消亡"一词 28 次，其中，"自行消亡"共 22 次。

一是通过暴力革命的方式消灭资产阶级国家。"以无产阶级革命来'消灭'**资产阶级的**国家"④时，通过暴力革命"消灭、摧毁、铲除"⑤的"**不是**国家，而是'现代国家政权'，'现成的国家机器'，首先是官吏和军队"⑥。国家是一种特殊的镇压力量（阶级专政），资产阶级对无产阶级的镇压力量（资产阶级专政）将由无产阶级对资产阶级的镇压力量（无产阶级专政）来代替，而"**这样一种**更替是决不能通过'自行消亡'来实现的"⑦，这一点已经被"最伟大的一次无产阶级革命的经验，即 1871 年巴黎公社的经验"⑧所证明。列宁认为，"无产阶级国

---

① 《列宁选集》第 3 卷，北京：人民出版社 2012 年版，第 153 页。
② 同上书，第 167 页。
③ 《马克思恩格斯文集》第 2 卷，北京：人民出版社 2009 年版，第 6 页。
④ 《列宁选集》第 3 卷，北京：人民出版社 2012 年版，第 124 页。
⑤ 《列宁全集》第 31 卷，北京：人民出版社 1985 年版，第 183 页。
⑥ 同上。
⑦ 《列宁选集》第 3 卷，北京：人民出版社 2012 年版，第 124 页。
⑧ 同上。

家代替资产阶级国家，非通过暴力革命不可"①；暴力革命是不可避免的，那些看不到或者无视"革命""飞跃和风暴"、"回避革命，甚至是否定革命"②的观点和做法，是"对马克思主义最粗暴的、仅仅有利于资产阶级的歪曲"③。关于暴力革命问题，关于无产阶级夺取政权的道路问题，即走暴力革命的非和平道路，还是走合法斗争的和平道路的问题，我们在"论革命"一节中加以论述。

二是通过自行消亡的方式消灭无产阶级国家。"无产阶级国家的消灭，即任何国家的消灭，只能通过'自行消亡'"④；"自行消亡的是无产阶级的国家或半国家"⑤，而"自行消亡是指社会主义革命**以后无产阶级**国家制度残余"⑥。恩格斯指出，"当国家终于真正成为整个社会的代表时，它就使自己成为多余的了"、"那时，国家政权对社会关系的干预在各个领域中将先后成为多余的事情而自行停止下来。那时，对人的统治将由对物的管理和对生产过程的领导所代替。国家不是'被废除'的，**它是自行消亡的**"⑦。列宁认为，"恩格斯在这里所说的就是**民主**的'自行停止'和'自行消亡'"⑧，因为"民主**也**是国家、因而在国家消失时民主也会消失"⑨。无产阶级国家的消亡就是民主的消亡，无产阶级国家的自行消亡与民主的自行消亡是同一个过程。

无产阶级国家或"半国家"在自行消亡的过程中，会进入社会主义社会阶段，这时会出现一个被列宁称之为"没有资产阶级"⑩的"资产阶级国家"⑪。列宁说："在第一阶段，共产主义在经济上还**不**可能完

---

① 《列宁选集》第3卷，北京：人民出版社2012年版，第128页。
② 同上书，第123页。
③ 同上书，第124页。
④ 同上书，第128页。
⑤ 同上书，第124页。
⑥ 同上。
⑦ 《马克思恩格斯文集》第9卷，北京：人民出版社2009年版，第297页。
⑧ 《列宁选集》第3卷，北京：人民出版社2012年版，第125页。
⑨ 同上。
⑩ 同上书，第200页。
⑪ 同上。

全成熟，完全摆脱资本主义的传统或痕迹。由此就产生一个有趣的现象，这就是在共产主义第一阶段还保留着'**资产阶级**权利的狭隘眼界'。既然在**消费品**的分配方面存在着资产阶级权利，那当然一定要有**资产阶级国家**，因为如果没有一个能够**强制**人们遵守权利准则的机构，权利也就等于零。""可见，在共产主义下，在一定的时期内，不仅会保留资产阶级权利，甚至还会保留资产阶级国家，——但没有资产阶级！"① 在《马克思主义论国家》中，列宁指出，按劳分配在"**低级阶段**（'第一阶段'）""也是一种强制的形式：'谁不劳动，谁就没有饭吃'"②，因此，这一阶段"分配的不平等还很严重。'狭隘的资产阶级的权利眼界'**还没有完全**被超出。注意这一点!! 显然，和（半资产阶级）权利一起，（半资产阶级）国家也还不能完全消失。**注意**这一点"③；而在"**高级阶段**"、"各尽所能，按需分配"、"劳动成了**生活的第一需要**（注意：劳动的习惯成了常规，不用强制!!）"、"显然，只有在这个高级阶段，国家才能**完全**消亡"④。

列宁在这里提出的"（半资产阶级）权利"和"（半资产阶级）国家"这两个概念，颇有理论价值。其中，"（半资产阶级）国家"概念等同于《国家与革命》一书中提到的"没有资产阶级"⑤的"资产阶级国家"⑥概念，因为它们指的都是"**无产阶级**国家制度残余"⑦的自行消亡。

另外，列宁认为，"正在消亡的国家在它消亡的一定阶段"⑧上会出现一个"非政治国家"⑨，这种国家与"政治国家"和"半国家"相对应。"政治国家"就是原来意义上的国家，它是通过暴力革命的方式

---

① 《列宁选集》第3卷，北京：人民出版社2012年版，第200页。
② 《列宁全集》第31卷，北京：人民出版社1985年版，第164页。
③ 同上。
④ 同上书，第164—165页。
⑤ 《列宁选集》第3卷，北京：人民出版社2012年版，第200页。
⑥ 同上。
⑦ 同上书，第124页。
⑧ 同上书，第166页。
⑨ 同上。

加以消灭的;"半国家"就是"半政治国家",就是无产阶级国家,它是通过自行消亡的方式加以消灭的;关于"非政治国家",列宁在《国家与革命》第五章的注释中说,"当国家的最主要职能简化为由工人自己来进行的这样一种计算和监督的时候,国家就不再是'政治国家','公共职能就由政治职能变为简单的管理职能'(参看上面第4章第2节恩格斯同无政府主义者的论战)"①,而所参看的章节恰恰是列宁提出"非政治国家"概念的地方。所谓"非政治国家",就是"公共职能由政治职能变为简单管理职能"②的国家,它既不是"政治国家",也不是"半政治国家"即"半国家",而是比"半国家"即无产阶级国家更接近于彻底消亡阶段的国家,它就是真正意义上的社会主义国家。

简言之,消灭国家的路线图如下所示:

"政治国家"(资产阶级国家)→"半国家"或"半政治国家"(无产阶级国家)→"(半资产阶级)国家",或"没有资产阶级"的"资产阶级国家",或"非政治国家"(社会主义国家,即社会主义社会阶段)→无国家(共产主义社会阶段)

列宁指出,无产阶级国家是"国家消失的过渡形式(从国家到非国家的过渡)"③。这里所说的"非国家",应该是既包括"非政治国家"(社会主义国家,即社会主义社会阶段),又包括"无国家"(共产主义社会阶段)。

列宁认为,要"使任何国家**完全消亡**"④,首先,无产阶级必须具有巴黎公社战士那种"敢于舍身的勇气"⑤;其次,无产阶级要完成"破坏全部旧的国家机器"⑥的革命任务;再次,无产阶级要完成"扩

---

① 《列宁选集》第3卷,北京:人民出版社2012年版,第202页。
② 同上书,第166页。
③ 同上书,第159页。
④ 同上书,第218页。
⑤ 同上。
⑥ 同上。

大民主制度和根绝官僚制"①的革命任务。无产阶级国家的自行消亡也不能靠等待来实现,而是需要积极行动起来,不断扩大民主制度,彻底根绝官僚制,只有这样才可能最终实现国家消亡的目标。扩大民主制度与根绝官僚制是互为条件、互为目的关系,这两者乃是"国家消亡"这枚硬币的两个面。

《布莱克维尔政治思想百科全书》的编者认为,"官僚·官僚制[Bureaucracy]""这一术语有诸多不同的含义。它可以指一种由训练有素的专业人员根据固定规则不间断地推行的行政管理体制,亦可指一种由职业行政官员而不是当选代表担任主要行政职务的政府管理体制;它可以指职业行政官员这样一个特殊的社会集团,亦可用某种贬义的方式来指导某种带有一些特定缺陷的畸形的管理,如'文牍主义'、不负责任、拖沓延误等"②;"官僚是苏维埃类型社会中占主导地位的社会力量"、"在政治经济领域,正统的经济理论断定官僚原则和市场原则之间有着根本性的对立"、"与这种观点相悖,马克思主义者认为,在资本主义条件下,官僚的日益庞大恰恰是市场本身的产物"、"无论是资本主义社会还是正在经历由国家进行原始积累进程的非资本主义社会,官僚所具有的等级性、神秘状态、社会特权等特征均主要来源于它的阶级强制职能。马克思主义者往往并不注重在先进的社会主义社会应当用何种行政管理形式来取代官僚的管理问题"③,总之,编者认为,"官僚太少(用韦伯的话来说就是受规则约束的、非人格化的行政管理)和官僚过多都会使一个社会受到损害。官僚是一种利弊兼有的现象,而并不是完全不可取的"④。

但在列宁看来,官僚制就是一种把公职人员由社会公仆异化为社会主人的制度。"官僚制的**实质**"⑤就在于,把公职人员"变为官僚"、

---

① 《列宁选集》第3卷,北京:人民出版社2012年版,第218页。
② 戴维·米勒主编(英文版),邓正来主编(中文版):《布莱克维尔政治思想百科全书》,北京:中国政法大学出版社2011年版,第56页。
③ 同上书,第57页。
④ 同上。
⑤ 《列宁选集》第3卷,北京:人民出版社2012年版,第216页。

"变为脱离群众、凌驾于群众之上、享有特权的人物"①，而且，"在资本家被剥夺以前，在资产阶级被推翻以前，**甚至无产阶级的公职人员也免不了在一定程度上'官僚化'**"②。但是，"在社会主义下，公职人员将不再是'官僚'或'官吏'"③，他们"**因为除了选举产生，还可以**随时撤换，**并且还**把薪金减到工人平均工资的水平，**并且还**以'实干的即既是行政的，同时也是立法的'机构去代替议会式的机构"④，因此，那种认为"官吏在社会主义下也还会存在"⑤的观点（如考茨基）是错误的。

列宁号召人们要学习公社的战士，"把他们的实际措施看做是具有实际迫切意义并立即可行的那些措施的一个**轮廓**，如果**沿着这样的道路前进**，我们就一定能彻底破坏官僚制"⑥，"抛弃'长官职能'"⑦，取消"作为国家政权机关的官吏"⑧，使其成为社会公仆，最终达到彻底去官僚化、根除官僚制、消灭国家的目的。

列宁清晰地意识到，"要一下子、普遍地、彻底地取消官吏，是谈不到的。"⑨但是通过"无产者组织起来（成为统治阶级）以全社会名义招雇'工人、监工和会计'"、"来逐步取消任何官吏，这并**不是**空想，这是公社的经验，这是革命无产阶级当前的直接任务"⑩。在"蓝皮笔记"《马克思主义论国家》中，列宁具体指出，"**取消官僚**，包括法官在内：（α）赶走……'国家高级官吏'；（β）使其他官吏成为纯粹的执行者；（γ）可以撤换；（δ）领取普通工人的工资"⑪。

---

① 《列宁选集》第3卷，北京：人民出版社2012年版，第216页。
② 同上。
③ 同上。
④ 同上。
⑤ 同上。
⑥ 同上书，第218页。
⑦ 同上书，第153页。
⑧ 同上书，第119页。
⑨ 同上书，第153页。
⑩ 同上。
⑪ 《列宁全集》第31卷，北京：人民出版社1985年版，第183—184页。

总之，只有积极行动，不断巩固和扩大无产阶级民主制度，从而彻底根除官僚制，"无产阶级的国家或半国家"① 才会"自行消亡"②。

另外，国家在现代语境中已经越来越被置于一种人类共同体（或人类社团）的地位来看待，例如，《布莱克维尔政治思想百科全书》的编者在把"国家作为普遍现象、作为现代现象和作为哲学概念"③ 来阐释时就认为，"'国家'一词可以指一种历史实体或一种哲学思想，一种人类共同体的持久形式或一种特定的当代现象"、"最一般的用法也许是把国家等同于政治实体或政治共同体，这类实体和共同体以各种不同形式存在于整个历史长河之中，其发展演变一直是历史科学的中心话题"、"国家作为普遍现象是一种行为或事业，历史表明它是强加于人的必然"、"把国家看做是在人与事之间建立一种有序关系的统治者和被统治者的独特总体这种定义，只是表达了作为人类行为的国家的最基本特征"④；"国家不仅是一种强加于人们的必然，亦即一种人们无论如何都不得不参与的活动形式，而且也是一个需要解决的恒久问题，亦即权利问题。国家涉及的斗争不仅是要在无政府状态下建立秩序，而且是要建立一个合法的、权威的和公正的秩序，而不是畸形的、空洞的和专制的秩序"⑤。

编者指出，"在柏拉图、亚里士多德、霍布斯和黑格尔等人的政治理论经典著作中，可以发现按其内在逻辑而必须提出的关于国家的许多种定义。他们的工作大多致力于区分国家同其他形式的人类社团，而在经验和历史的现实中，这二者却常常被混淆和混同"⑥，"在 18 世纪末和 19 世纪初，亦即法国大革命和工业革命之后，国家与社会间的差别变得明显起来，这时社会所指的不是由国家建立的人们之间的基本联

---

① 《列宁选集》第 3 卷，北京：人民出版社 2012 年版，第 124 页。
② 同上。
③ 戴维·米勒主编（英文版），邓正来主编（中文版）：《布莱克维尔政治思想百科全书》，北京：中国政法大学出版社 2011 年版，第 570 页。
④ 同上书，第 568 页。
⑤ 同上。
⑥ 同上。

合，而是由那些以各自的方式满足其特定需要之权利的个人所组成的相互影响和交换的网状系统。**黑格尔**第一个清楚地表达了这种区别，他在其《法哲学原理》(*Philosophy of Right*)中提出不应把国家本身同'**市民社会**'混为一谈";"20世纪的'极权主义'国家可以被看做是一种消灭这种历史上形成的差别的运动。作为自发行为领域的社会，被重新纳入了国家，而国家本身又从属于一个党，这个党不带任何宗教运动色彩，经常听命于一位家长式的领导者"①。目前有一种倾向，即"国家被许多人都看做是纯粹的统治机器，看做是以垄断强制权，或如**韦伯**所说的'垄断合法使用力量之权'为特征的机构。国家和专制国家的区别在这里变得极其微小"②。编者认为，产生这种倾向的一个重要因素就是"**马克思主义**，特别是其列宁主义形式"、"根据马克思主义理论，国家不是永恒现象，它是社会分裂为阶级的结果，并将在共产主义消灭阶级之日归于消亡。**列宁**坚持认为，国家只不过是一个阶级压迫另一个阶级的暴力机器，这个定义在区分其追随者与非共产主义政权中社会民主党人的政治策略方面一直起着决定性作用"③，而"俄国学者数十年来努力超越列宁简化的国家理论、寻找富有建设性分析的工作，也许是有重要意义的"④。

还有"相当多的历史学家和政治理论家"⑤把国家作为"具体的当代现象"⑥、"现代概念"⑦来加以分析，他们认为，"'国家'一词只应用于表示文艺复兴和宗教改革之后在欧洲发展起来的那种政治实体，认为国家理论是这种特定实体的理论，并且认为笼统地运用国家一词来表

---

① 戴维·米勒主编（英文版），邓正来主编（中文版）：《布莱克维尔政治思想百科全书》，北京：中国政法大学出版社2011年版，第569页。
② 同上。
③ 同上。
④ 同上。
⑤ 同上。
⑥ 同上。
⑦ 同上书，第570页。

示一切政治实体将会歪曲和混淆历史发展过程"①;"这种用法有其词源学根据。国家一词是在14世纪到17世纪末逐渐演变为表示政治实体的一般概念。根据梅杰(Mager)的说法,该词的主要根源看来是用以表示身份、权力、官职、收入或王者之尊的状态和表示政体形式和宪政形式之状况的"②,而且,现代意义上的"国家是与**主权**概念同时出现的,而无主权的国家则不是一个完整的国家。换句话说,按照**博丹**和霍布斯在16和17世纪提出的主权理论,国家必须具有公职人员或被赋予对极端情况作出决定的不可争议的权利和权力的人员。在这个意义上,它必须是个自决的实体"、"是由作为一个单一实体的人民或民族恰当地决定和组建的。这个思想在法国和美国革命中得到进一步发展。这两个革命建立了公共机构的代表制,也发展了下述观点,即这种机构的主要目标之一就是确保公民个人权利。因此,作为当代现象的国家可以定义为人民意志规范化的代表制,这种制度使它能在正常和非常情况下为确保全体人民的安全与幸福及部分人的权利,以及本身的主动性有效地行动"③。

《布莱克维尔政治制度百科全书》的编者认为,"国家作为主权国家体系中的一个实体,具有独特的领土性质;其权力具有特殊的性质(国家主权);它所支配的物质力量具有特别和日益扩充的资源;它的特色在于享有联络其成员的独特权力,以及它自身与众不同的目的",即"作为社会的国家究竟应当被看做是为保证纯粹理性法则所必要的法律上的人工产物(**康德**),还是一种取代那种人们各自行使其自由意志的'野蛮'世界的表达(**霍布斯**)?究竟是民族共同性的表达(**民族主义**),还是表明人类自我意识不断增长而显露在外的一种历史现象(**黑格尔**)?国家负责维护某些道德行为规范(康德)、提供安全和安定(博丹)、为臣民求幸福(莱布尼茨,Leibniz)、或是完成某种文化使命

---

① 戴维·米勒主编(英文版),邓正来主编(中文版):《布莱克维尔政治思想百科全书》,北京:中国政法大学出版社2011年版,第569页。
② 同上书,第569—570页。
③ 同上书,第570页。

［赫尔德（Herder）和此后的费希特（Fichte）］"①。编者详细分析了三个国家概念（"强权国家"②、"法律国家""合法性国家"③）和三种国家观（"反映等级社会秩序的国家观""反映个人主义社会秩序的国家观""体现社会共同体的国家观"④），同时，还区分了这样两种社会："一是认为国家是政治统治制度和公共权力载体的观念已根深蒂固的社会（欧洲大陆国家最为典型）；二是国家并非政治和法律话语之中心的社会（以英语国家最为典型）。"⑤ 最后，编者说："对国家一词下一个明确的定义仍然是困难的，因为它是一个有争议的概念：保守主义、自由主义、社会民主主义和马克思主义等各家各派的观点都交织于其中。特别是马克思主义者们对国家始终持有一种批评的观点，他们直接抨击国家理论的一个关键假设，便是认为国家和文明社会之间存在区别的观点。这个观点构成了国家能够公平对待公共利益和能够体现独一无二的权威的前提条件。马克思主义理论流派中也有不同，有些人否认国家的自主性，并将它看做仅仅是进行阶级统治的'上层建筑'；而另外一些人则认为国家有某种'相对自主性'。在20世纪，安东尼·葛兰西、法兰克福学派［如哈贝马斯（Habermas）］和法国结构主义者［如阿尔都塞（Althusser）和普朗查斯（Poulantzas）］对国家作出了有重要影响的马克思主义分析：葛兰西强调国家作为一种意识形态行为主体的'霸权'作用（而不仅仅是一种强制力）；哈贝马斯承认，国家尽管脆弱，但仍可以利用彼此冲突的特定的资本主义利益集团；普朗查斯将国家看做组织和协调不同社会力量的'统一的社会结构'。这类新马克思主义理论的重要性在于它们对现代国家的职能做出了更有力的分析。"⑥

---

① 韦农·波格丹诺主编（英文版），邓正来主编（中文版）：《布莱克维尔政治制度百科全书》，北京：中国政法大学出版社2011年版，第636页。
② 同上。
③ 同上书，第637页。
④ 同上。
⑤ 同上书，第638页。
⑥ 同上。

编者指出,"马克思主义认为,国家消亡是社会演变的最终阶段。这时,国家这一阶级统治的工具将不再作为独立的机构而存在。**马克思**指出,当通过**无产阶级专政**消灭了一切阶级差别,最终出现一个无阶级社会时,国家将丧失其'政治性'。当所有的人有同等机会参与由社会所控制的生产时,对维持一个控制权力分配的特殊政治机构的需要也将不复存在";"在历史上,马克思曾把1871年的巴黎公社视作向国家消亡过渡的可能样板,即实行**直接民主**,打碎旧的等级官僚制,人民直接选举官员并有权随时撤换不称职的官员,官员的薪金不得高于工人的工资。在马克思看来,所有这一切将代替现存的国家机器。**列宁**最初把**苏维埃**视作这样一种国家机构的替代物。但随着高度集中化的党垄断了权力,苏联的发展改变了方向"[①]。

以上这些关于"国家"的观点仅供学界参考。我们始终认为,马列主义国家观是人类认识"国家"这一历史现象的真理性钥匙。

二 论革命

作为《国家与革命》一书的另一个核心概念,"革命"一词共出现过287次,其中,"无产阶级革命"一词29次,"无产阶级的革命"一词5次,"资产阶级革命"一词8次,"社会主义革命"一词12次,其中,"无产阶级社会主义革命"一词2次。列宁在《国家与革命》中恢复了马克思主义的革命灵魂,捍卫了马克思主义的革命精神。

(一) 关于暴力与革命

在《国家与革命》一书中,"暴力"一词出现过35次,其中,"暴力革命"一词12次。关于暴力,《布莱克维尔政治思想百科全书》的编者认为,"就其最基本的含义来说,暴力意味着以杀戮、摧残或伤害

---

① 韦农·波格丹诺主编(英文版),邓正来主编(中文版):《布莱克维尔政治制度百科全书》,北京:中国政法大学出版社2011年版,第691页。

而对人们造成威胁。暴力的含义可以扩展到包括这种损害造成的威胁，以及延伸到心理和生理方面的危害。对暴力的定义还可以包括对财产的侵害。有些政治著作家把暴力概念延伸至危害人民生活的各种压迫性政治制度、社会制度和经济制度"；"在政治理论中，人们所关心的是国家对于有组织的暴力的运用，或者是对于国家的暴力反抗。通常来讲，警察负责平息内部纷争，军队抵御外部敌患。反国家的暴力包括暴乱、巷战、谋杀、游击战、内战和革命。因此，对待多种暴力的政治态度，受着对于国家的态度或对于特定类型的国家的态度的影响"。"在西方政治思想的主要流派中，暴力被视为实现政治目的的不适当的，但有时却是必要的手段"、"暴力反叛也可能具有合理性，但是，当反抗一种暴政时才是这样"①。如果人们"把整个政治和社会制度描述为一种暴力，常常意味着为反对它而进行的暴力革命是合理的"②。关于革命，《布莱克维尔政治思想百科全书》的编者指出，"革命是政治变革的戏剧性插曲。任何革命都不是一个单独的事件，而是一个复杂的过程。在革命中，一个社会的中央政府对其领土或人口中的一大部分丧失实施法律的能力。不同的集团，其中包括前政府，都力争使自己成为中央权力执掌者。这种权力斗争可能以各种形式出现，如大规模的内战，迅速的政变，或者是漫长的游击战争。不同势力均力图建立起新的政治（常常还有经济）制度以取代旧制度"，而"革命的三个方面——国家崩溃、对中央权力的争夺以及建立新制度——并不发生在明显分开的阶段上，或者说也不是连续有序地发生的。这三者是相互影响的"；"国家崩溃、对中央权力的竞争和建立新制度就像挂毯中的毛线或分子中的原子一样，构成了一场革命：它由形成一个整体的各个部分之间相互依赖地组合而成"。虽然"这三个方面也可以以单独或部分的组合形式发生"，

---

① 戴维·米勒主编（英文版），邓正来主编（中文版）：《布莱克维尔政治思想百科全书》，北京：中国政法大学出版社2011年版，第609页。
② 同上书，第610页。

但"使革命得以同其他形式的政治暴动①相区分的正是这三方面的紧密交织"②。《布莱克维尔政治制度百科全书》的编者则认为,"现代社会科学家往往把革命 revoluzione 这一术语用来专指其间发生了政权更替并伴随着政治、社会和经济秩序大规模重建的历史时期。这类'伟大的革命'[这一术语的提出理应归功于美国作家列奥福德·爱德华兹(Lyford P. Edwards)]极其罕见,而且也是与巨大的社会变化和变革联系在一起的,例如英国内战(1642—1649年),美国革命(1775—1789年),**法国大革命**(1789—1815年),1917年的**俄国革命**以及1949年的中国革命"③。"革命这一术语在15世纪末的意大利开始为人所用,专指用暴力突然推翻统治者一事,即现在已普遍称之为**政变**的事件。它源出于占星术家在行星处在某种特定位置所预言的命运之突然转折的看法。这一术语在英语中第一次出现是在1662年,克拉伦登(Clarendon)伯爵(第一)爱德华·海德(Edward Hyde)用它来形容国王查理(Charles)二世的复位。而此词稍后又用来指詹姆士二世(James Ⅱ)的退位,由此例首创了这样的概念,即通过这类革命性的变化可以获得一种理想的秩序,这也是雅各宾主义不可缺少的一个概念。卡尔·**马克思**(1818—1883年)赋予这一术语以现代的、更具技术性的含义。尽管就一般的用法而言,它们常常被用来特指政治革命,即通过使用暴力或令人信服地威胁使用暴力来推翻政府(或政治制度)"④。

总之,"革命"的基本含义是以暴力推翻旧政权,并引入新思想和

---

① 例如,"国家崩溃而没有伴随对中央权力的竞争,这种情况出现在分裂运动、农民起义和城市暴动中;国家崩溃和对中央权力的争夺却不伴随建立新制度的企图,发生在王朝内战中(如玫瑰战争);对中央权力的竞争和制度建立,但没有国家崩溃,出现在政变和精英人物的改革运动中"(戴维·米勒主编(英文版),邓正来主编(中文版):《布莱克维尔政治思想百科全书》,北京:中国政法大学出版社2011年版,第493页)。

② 戴维·米勒主编(英文版),邓正来主编(中文版):《布莱克维尔政治思想百科全书》,北京:中国政法大学出版社2011年版,第493页。

③ 韦农·波格丹诺主编(英文版),邓正来主编(中文版):《布莱克维尔政治制度百科全书》,北京:中国政法大学出版社2011年版,第579—580页。

④ 同上书,第580页。

新制度①。英国学者彼得·卡尔佛特在《革命与反革命》一书中，总结了所有革命模型都具有的一些共同特征："首先，革命是**突发的**。所有社会缓慢发生的政治、社会和经济变革都能，且确实引起了重大的变化，但是它们都不是革命"②；"其次，革命是暴力**性质的**。所有政治系统最终都依赖武力的运用（学术上称为'物质强迫'），而且在定义上政治系统就是享有对物质强迫手段运用的合法垄断。但是在革命中暴力并非最终的手段，而且保证变革进行的关键手段。所有被广泛认可的革命都伴随高度的物质暴力"③；"第三，革命是**政治演替**。它要求一个统治集团为另一统治集团所取代。因此，革命属于那种其本质需要在发生之后才能被确定的事件。任何旨在推翻政府、掌握政治系统、进行带来长远影响的变革的不成功的尝试都不能算是革命"④；"第四，革命是**变革**。如果没有什么变化，那就也不是革命。但对于革命之后将发生什么变化、或多大变化却基本没有共识。变革的本质很大程度上是政治主导的，因此革命是一个本质上充满争议的概念（Gallie，1955—1956）⑤，也就是说，一个在定义上就是不可能有共识的概念"⑥。

法国大革命作为近代革命的原型⑦，它所展示的新观念、新制度，以及与过去决裂的姿态，使革命具有了近代政治内涵。法国大革命的

---

① "革命"一词被用于政治、经济、文化艺术和科学领域，意指带戏剧性的、根本性的变革，或者事物的发展转向一个完全不同的新方向，或者范式革新。"革命就是对一个社会据主导地位的价值观念和神话，及其政治制度、社会结构、领导体系、政治活动和政策，进行一场急速的、根本性的、暴烈的变革"，参见塞缪尔·亨廷顿：《变化社会中的政治秩序》，王冠华、刘为等译，生活·读书·新知三联书店 1996 年版，第 241 页。

② 彼得·卡尔佛特：《革命与反革命》，张长东译，长春：吉林人民出版社 2005 年版，第 19 页。

③ 同上。

④ 同上书，第 19—20 页。

⑤ Gallie, W.B.(1955-1956)，"Essentially-contested concepts", *Proceedings of the Aristotelian Society*, 56, pp.167-198.

⑥ 彼得·卡尔佛特：《革命与反革命》，张长东译，长春：吉林人民出版社 2005 年版，第 20 页。

⑦ R. R. Palmer, *The Age of the Democratic Revolutions*, 2 vols, Princeton: Princeton Univeraity Press, 1970. 该书论述了 18 世纪"民主"革命的世界意义。

"革命"思想被广泛传播和借用,激励了后来的许多革命①。在当代大多数国家致力于经济发展和渐进式变革时,在世界的一些角落,如中东和北非,仍有革命在发生②。

齐泽克在《为列宁主义的不宽容辩护》③一文中认为,当今世界最大的威胁是议会民主制的潜在思想控制。从根本上超越资本主义,需要重新激活列宁的观点。而重新激活列宁的观点,并不是要重现逝去的革命时代,也不是将旧纲领进行机会主义和实用主义的调整,以便适应新的条件,而是在当今全球化的条件下重复列宁,重复他那种在帝国主义和殖民主义条件下制定革命规划的态度;重复列宁,是承认他的具体解决方案已经过时,但其理想火花却弥足珍贵;重复列宁,是区别列宁已经做过的事和可能去做的事,进而发现"在列宁之中,又超越列宁的列宁"④。齐泽克还写了一篇名为《回到列宁》(*Repeat Lenin*)的文章,张一兵在《回到列宁》一书中评价说:"与我的研究不同,他要回到的列宁,是作为永不妥协的激进革命家的列宁。一说到这一点,他就十分激动,因为并不是所有人都能理解他的立场。齐泽克告诉我,为此,他的老朋友拉克劳甚至与他翻了脸。"⑤

一般说来,革命的对象是国家,但是对于资产阶级国家,"考茨基主义"⑥认为,不一定要进行暴力革命,不一定要消灭国家政权机构。列宁认为,"既然国家是阶级矛盾不可调和的产物,既然它是凌驾于社会之上并且'日益同社会相异化'的力量,那么很明显,被压迫阶级

---

① Krishan Kumar(ed.), *Revolution: The Theory and Practice of a European Idea*, London: Weidenfeld and Nicolson, 1971. 该书包含有关"革命"概念历史演变的一手文献。
② 何平:《革命的模式、背景和结局》,载《史学理论研究》2013年第3期,第42页。
③ Slavoj Zizek, "A Plea for Leninist Intolerance", in *Critical Inquiry*, Winter 2002.
④ 轩传树、马丽雅、门小军:《当代西方左翼学者"列宁主义"研究中的几个问题》,载《当代世界与社会主义》2011年第2期,第18页。
⑤ 张一兵:《回到列宁——关于"哲学笔记"的一种后文本学解读》,南京:江苏人民出版社2008年版,"作者的话"第17页。
⑥ 《列宁选集》第3卷,北京:人民出版社2012年版,第115页。

要求得解放，不仅非进行暴力革命不可，**而且非消灭**统治阶级所建立的、体现这种'异化'的国家政权机构不可"①。换句话说，社会要实现对自身"异化"的扬弃，就必须通过暴力革命来消灭体现这种"异化"的国家政权机构。但是，"这个在理论上不言而喻的结论"② 却"被考茨基……'忘记'和歪曲了"③。列宁说："马克思和恩格斯关于暴力革命不可避免的学说是针对资产阶级国家说的。资产阶级国家由无产阶级国家（无产阶级专政）代替，**不能**通过'自行消亡'，根据一般规律，只能通过暴力革命。"④ 列宁还说："无产阶级国家代替资产阶级国家，非通过暴力革命不可。"⑤ 比较这两句话，我们会发现，列宁的后一句话更具有理论宣传和政治鼓动的力量和意蕴。当代列宁主义研究专家、左翼学者 L. 利赫有这样一个观点：列宁和考茨基之间有着直接的承续关系，他的思想直接来自一战前的考茨基和第二国际其他正统思想家的思想，即使在列宁称考茨基为"叛徒"时，他也仍然认为自己遵循了考茨基在 1914 年前所倡导的原则。因此，L.利赫认为，改变道路的不是列宁，而是考茨基。⑥

　　进行暴力革命，就要拿起武器。列宁指责"臭名昭著的俄国马克思主义叛徒普列汉诺夫"⑦ 出尔反尔、"固执己见，学究式地非难运动'不合时宜'"⑧。列宁说："普列汉诺夫在 1905 年 11 月曾写文章鼓励工人农民进行斗争，而在 1905 年 12 月以后却自由派式地大叫什么'本

---

① 《列宁选集》第 3 卷，北京：人民出版社 2012 年版，第 115 页。
② 同上。
③ 同上。
④ 同上书，第 127 页。
⑤ 同上书，第 128 页。
⑥ See Lars T.Lih, Lenin Rediscovered, "What is to be Done" in *Context*, Brill Academic Publishers, Dec.2005.
⑦ 《列宁选集》第 3 卷，北京：人民出版社 2012 年版，第 141 页。
⑧ 同上。

来就用不着拿起武器'①。"② 其实，早在《莫斯科起义的教训》（1906年8月29日［9月11日］）一文中，列宁就对普列汉诺夫的这个"本来就用不着拿起武器"的观点进行了回击，他说："普列汉诺夫的那个得到一切机会主义者支持的观点是再近视不过的了。他认为，本来就用不着举行那次不合时宜的罢工，'本来就用不着拿起武器'。正好相反，本来应该向群众说明不能单靠和平罢工，必须进行英勇无畏和毫不留情的武装斗争。因此现在我们也就应当公开地大声承认举行政治罢工是不够的了，应当在最广大的群众中鼓动武装起义，而不要用任何'预备阶段'来掩盖这个问题，一点也不要模糊这个问题。向群众隐瞒必须进行你死我活的流血的歼灭性的战争这个未来行动的直接任务，就是欺骗自己，又欺骗人民。"③

列宁在《国家与革命》中引用马克思《致路德维希·库格曼（1871年4月12日）》的信时，提到了自己写的《卡·马克思致路·库格曼书信集俄译本序言（1907年2月5日［18日］）》（以下简称《序言》）。在《序言》中，列宁对马克思《致路德维希·库格曼（1871年4月12日）》这封信给予了非常高地评价，他说："马克思在1871年4月12日给库格曼写了一封**热情洋溢的**信，我们希望每个俄国社会民主党人，每个识字的俄国工人都把这封信当作座右铭。"④ 在这篇不到7000字⑤的《序言》里，列宁竟7次引用了普列汉诺夫的话，即"本来就用不着拿起武器"，大加挖苦、嘲讽和驳斥，可见列宁对这句话是多么反感和痛恨。

---

① 这句话出自格·瓦·普列汉诺夫的《再论我们的处境（给X同志的信）》一文（载于1905年12月《社会民主党人日志》第4期）。普列汉诺夫在这篇文章里说："不合时宜地发动起来的政治罢工导致了莫斯科、索尔莫沃、巴赫穆特等地的武装起义。在这些起义中我们的无产阶级表现得强大、勇敢和具有献身精神。但是他们的力量总还不足以取得胜利。这种情况本来是不难预见到的。因此本来就用不着拿起武器。"（见《普列汉诺夫全集》1926年俄文版第15卷第12页）

② 《列宁选集》第3卷，北京：人民出版社2012年版，第141页。
③ 《列宁选集》第1卷，北京：人民出版社2012年版，第682页。
④ 同上书，第704页。
⑤ 按照中文字数统计。

列宁在《序言》中指责俄国的知识分子"因怀疑论而软弱无能，因书呆子气而麻木不仁，他们惯于念忏悔词，很快就厌倦革命，像盼望节日似的盼望葬送革命，渴望用宪法条文来代替革命。他们应该向无产者的这位理论家和领袖学习对革命的信心，学习号召工人阶级把自己的直接的革命任务坚持到底的本领，学习那种决不因革命暂时失利而灰心丧气的坚韧不拔的精神"①。列宁这里所提倡的"三个学习"，恰恰是他作为一名无产阶级革命家的最真实的写照，而"马克思主义的学究们以为这全是伦理的空谈，全是浪漫主义，缺乏现实主义！不，先生们，这是革命理论和革命政策的结合，不把这两者结合起来，马克思主义就会变成布伦坦诺主义②、司徒卢威主义③和桑巴特主义④。马克思的学说把阶级斗争的理论和实践结成一个不可分割的整体"⑤。列宁指出："谁把冷静地肯定客观情况的理论曲解为替现状辩护，以至于尽快地使自己去适应每次革命的暂时低潮，尽快地抛弃'革命幻想'而去从事'现实主义的'小事，那他就不是马克思主义者。"⑥

在《序言》中，列宁对比了马克思对待巴黎公社的态度和普列汉诺夫对待俄国1905年革命的态度，强调马克思始终是满腔热情地支持

---

① 《列宁选集》第1卷，北京：人民出版社2012年版，第703页。
② 布伦坦诺主义是指19世纪70年代德国资产阶级经济学家、讲坛社会主义学派重要代表人物路·布伦坦诺的改良主义学说。布伦坦诺鼓吹可以通过工厂立法和组织工会在资本主义范围内克服社会矛盾，实现社会平等，解决工人的问题。列宁称布伦坦诺主义是一种只承认无产阶级的非革命的"阶级"斗争的自由派资产阶级学说。
③ 司徒卢威主义即合法马克思主义，是19世纪90年代出现在俄国自由派知识分子中的一种思想政治流派，其主要代表人物是彼·伯·司徒卢威。司徒卢威主义利用马克思经济学说中能为资产阶级所接受的个别论点为俄国资本主义的发展作论证。在批判小生产的维护者民粹派的同时，司徒卢威赞美资本主义，号召人们"承认自己的不文明并向资本主义学习"，而抹杀资本主义的阶级矛盾。列宁锐敏地看出司徒卢威主义是国际修正主义的萌芽，它必然要发展成为资产阶级的民族自由主义。
④ 桑巴特主义是自由派资产阶级的一个思想流派，因德国资产阶级庸俗经济学家韦·桑巴特得名。桑巴特在其活动初期是个涂上了薄薄一层马克思主义色彩的社会自由主义的活动家，后来成为资本主义的辩护士。列宁曾指出，桑巴特之流"利用马克思的术语，引证马克思的个别论点，伪造马克思主义，从而用布伦坦诺主义偷换了马克思主义"（见《列宁全集》第12卷，北京：人民出版社1987年版，第303页）。
⑤ 《列宁选集》第1卷，北京：人民出版社2012年版，第703页。
⑥ 同上。

工人阶级的英勇斗争,"马克思最重视的是群众的**历史主动性**"①,"他**最重视**的是工人阶级英勇地奋不顾身地积极地**创造**世界历史"②,"马克思观察世界历史,是从正在**创造**历史,但无法事先**绝对准确地**估计成功机会的那些人们的观点出发的,而不是从瞎说'本来容易预见到……本来就用不着拿起……'等等的小市民知识分子的观点出发的"、"同时,马克思能够理解到历史上常有这种情形,即**群众**进行殊死的斗争甚至是为了一件没有胜利希望的事业,但对于进一步教育这些群众,对于训练这些群众去作**下一次**斗争却**是必需的**"③。关于马克思和普列汉诺夫两人对待无产阶级革命的态度上的差异以及上述观点,列宁在 10 年之后所写的《国家与革命》中再次进行了对比、总结和强调。

(二) 关于暴力革命与合法斗争

关于无产阶级夺取政权的道路问题,即走暴力革命的非和平道路,还是走合法斗争的和平道路的问题,不能不提一下恩格斯的《卡·马克思〈1848 年至 1850 年的法兰西阶级斗争〉一书导言》(1895 年 2 月 14 日—3 月 6 日,以下简称《导言》)。列宁在"蓝皮笔记"即《马克思主义论国家》中 12 次提到了这篇著名的《导言》。

列宁指出,伯恩施坦竟然把"1895 年恩格斯的导言""解释成放弃革命!!!"④ 实际上,伯恩施坦并没有否认革命、放弃革命的权利,他反而认为革命就像呼吸一样,是人的一种与生俱来的自然权利、绝对权利,并不会因为人们站在改良的立场上而受到丝毫影响。在《社会主义的前提和社会民主党的任务》一书中,伯恩施坦指出:"问题不在于发誓放弃所谓革命的权利,这一纯粹思辨的权利是任何宪法也不能把它写成条款,世界上任何法典也不能加以禁止的。如果我们放弃了呼吸的权利,自然规律就要强迫我们死亡,——只要这种情况还存在,革命的权

---

① 《列宁选集》第 1 卷,北京:人民出版社 2012 年版,第 705 页。
② 同上书,第 707 页。
③ 同上。
④ 《列宁全集》第 31 卷,北京:人民出版社 1985 年版,第 133 页。

利就将存在。这一不成文的并且无法规定的权利不会因为人们站在改良的立场上而受到影响，如同防卫的权利不会因为我们制定了调整我们的个人争执和财产争执的法律而被废除一样。"① 在选择走向社会主义的道路问题上，伯恩施坦坚持主张改良，因为他坚信："如果社会民主党有勇气从实际上已经过时的一套惯用语中解放出来，并且**愿意表现为它今天实际上的那个样子，即一个民主的社会主义的改良政党**，那它的影响将比今天更加大得多。"② 伯恩施坦在这里还特意加了一个补注："这句话受到了最大的攻击。但是凡是不拘泥于文字（这是可以作种种解释的）而是按照这里阐发的精神来理解这些话的人，就会懂得为什么尽管已经发生了1917、1918和1919年的多次革命，我仍旧宣称坚持它。"③ 而列宁强烈反对和批判的，也恰恰正是由伯恩施坦这句话所引申出来的那种放弃革命权利、放弃暴力革命、"**只走和平道路、只走合法道路**的幻想"④。

列宁摘录了恩格斯给考茨基的信（写于1895年4月1日）和给拉法格的信（写于1895年4月3日）中对歪曲恩格斯观点的做法的批评，并斥责伯恩施坦与考茨基是"骗子和无赖!!"⑤ 是"他们自己伪造了遗嘱"⑥。该"政治遗嘱"⑦ 指的就是恩格斯的这篇《导言》。而且，列宁在《〈国家与革命〉一书的提纲和纲要》中的第3个提纲中，把第六章分为四节的内容，其中，他打算在第4节"革命的'**准备**'"⑧ 中阐释"恩格斯论和平道路（1895年的导言）"⑨ 的思想。后来，他又把第4节的内容即"恩格斯论革命的'准备'"⑩ 划入了第七章的最后一节

---

① 殷叙彝编：《伯恩施坦读本》，北京：中央编译出版社2008年版，第331页。
② 同上。
③ 同上。
④ 《列宁全集》第31卷，北京：人民出版社1985年版，第146页。
⑤ 同上书，第216页。
⑥ 同上。
⑦ 同上。
⑧ 同上书，第229页。
⑨ 同上书，第230页。
⑩ 同上书，第231页。

（第 9 节）。最终，《国家与革命》一书的第六章只有三节的内容，而第七章并没有写成，因此，恩格斯这篇著名的《导言》也就令人遗憾地没有出现在《国家与革命》一书中。

其实，列宁早在 1901 年 6 月间写成的、刊登于《火星报》第 5 号的《新的激战》一文中就明确指出，"那些自作聪明的'批评家'""曲解恩格斯的话，其实恩格斯当时所谈的（而且是有保留地谈到的）只是德国社会民主党人暂时的策略"①。由该《导言》引爆的关于"暴力革命的非和平道路 VS 合法斗争的和平道路"问题，也成为《国家与革命》一书所讨论的焦点问题。

恩格斯在该《导言》中指出，"我们是'革命者'、'颠覆者'，但是我们用合法手段却比用不合法手段和用颠覆的办法获得的成就多得多"②，同时，他明确提出了无产阶级颠覆国家政权、夺取国家政权的两种手段、途径和策略：第一种是合法的手段、和平的途径和议会的策略；第二种是不合法的手段、暴力的途径和革命的策略。恩格斯认为，第一种是"暂时的策略""具有相对意义的策略"③，第二种则是"永久的策略""具有绝对意义的策略"④。

1. 合法手段、和平途径与议会策略——"用合法手段"⑤，"靠遵守法律来从事颠覆"⑥，即利用普选权和议会民主这一"致命的合法性"⑦的"欺骗的工具"从事颠覆和夺取国家政权的活动。恩格斯指出，作为"无产阶级的一种崭新的斗争方式"、"有成效地利用普选权"⑧是德国工人阶级作出的重大贡献，"他们给了世界各国的同志们一件新的武器——最锐利的武器中的一件武器，向他们表明了应该怎样

---

① 《列宁全集》第 5 卷，北京：人民出版社 2013 年第 2 版增订版，第 15 页。
② 《马克思恩格斯文集》第 4 卷，北京：人民出版社 2009 年版，第 552 页。
③ 《马克思恩格斯文集》第 10 卷，北京：人民出版社 2009 年版，第 687 页。
④ 同上。
⑤ 《马克思恩格斯文集》第 4 卷，北京：人民出版社 2009 年版，第 552 页。
⑥ 同上书，第 553 页。
⑦ 同上书，第 552 页。
⑧ 同上书，第 545 页。

使用普选权"①，它使"人们发现，在资产阶级用来组织其统治的国家机构中，也有一些东西是工人阶级能够用来对这些机构本身作斗争的。工人参加各邦议会、市镇委员会以及工商业仲裁法庭的选举；他们同资产阶级争夺每一个职位，只要在确定该职位的人选时有足够的工人票数参加表决。结果弄得资产阶级和政府害怕工人政党的合法活动更甚于害怕它的不合法活动，害怕选举成就更甚于害怕起义成就"②；"德国人作出的利用选举权夺取我们所能夺取的一切阵地的榜样，到处都有人效法；无准备的攻击，到处都退到次要地位"；"参加议会""进入帝国议会"、"我们是一定要进去的，现在争论的问题只是从哪一个门进去"③。因此，"耐心的宣传工作和议会活动，在这里也被认为是党的当前任务"④。因此，利用普选权积极参与议会活动，成了工人阶级用来与旧国家机构本身，特别是议会本身作斗争的新的最锐利武器之一，也就是把普选权和议会民主"由向来是欺骗的工具变为解放的工具"⑤。

恩格斯十分强调运用这一手段、途径和策略所具有的具体环境和条件，在该《导言》完稿后的第二天（1895年3月8日），他就给德国社会民主党的《前进报》出版社经理查·费舍写信，他说："长条校样第10页：'**现在**社会民主党是靠……⑥来从事颠覆的'，你们想去掉'**现在**'一词，也就是把暂时的策略变成永久的策略，把具有相对意义的策略变成具有绝对意义的策略。我不会这样做，也不能这样做，以免使自己永世蒙受耻辱。因此我拒绝写什么相反的东西，我说：'正是现在遵守法律对社会民主党从事颠覆**十分有利**'。"⑦ 可见，恩格斯只是把合法手段、和平途径和议会策略，作为一种"暂时的策略"和"具有相对

---

① 《马克思恩格斯文集》第 4 卷，北京：人民出版社 2009 年版，第 544 页。
② 同上书，第 545 页。
③ 同上书，第 550 页。
④ 同上。
⑤ 同上书，第 545 页。
⑥ 该省略号代表的文字是"遵守法律"，见《马克思恩格斯文集》第 4 卷，北京：人民出版社 2009 年版，第 553 页。
⑦ 《马克思恩格斯文集》第 10 卷，北京：人民出版社 2009 年版，第 687 页。

意义的策略"加以强调的。

但是，在该《导言》出版之前，《前进报》（主编是李卜克内西）在3月30日发表的社论《目前革命应当怎样进行》中只摘引了《导言》内对保存党的合法地位有利的几段话语，删去了恩格斯关于"没有放弃自己的革命权"① 等重要观点。这引起了恩格斯的不满，他在4月1日致函《新时代》主编考茨基："今天我惊讶地发现，《前进报》**事先不通知我就发表了**我的《导言》的摘录，在这篇经过修饰整理的摘录中，我成了一个温顺平和、无论如何都要守法的人。我特别希望《导言》现在能全文发表在《新时代》上，以消除这个可耻印象。我将非常明确地把我关于此事的意见告诉李卜克内西，也告诉那些（不管是谁）事先对我只字未提而给他这种机会来歪曲我的观点的人。"② 他在4月3日又写信给拉法格说："李卜克内西刚刚和我开了一个很妙的玩笑。他从我给马克思关于1848—1850年的法国的几篇文章写的导言中，摘引了所有能为他的、无论如何是和平的和反对使用暴力的策略进行辩护的东西。近来，特别是目前在柏林正在准备非常法的时候，他喜欢宣传这个策略。但我谈的这个策略仅仅是针对**今天的德国**，而且**还有重要的附带条件**。对法国、比利时、意大利、奥地利来说，这个策略就不能整个采用。就是对德国，明天它也可能就不适用了……可惜李卜克内西看到的只是白或黑，色调的差别对他来说是不存在的……"③《导言》全文被刊登在了1895年4月出版的《新时代》杂志第13卷第2册第27期和第28期。这里所说的全文是恩格斯同意删改后的全文。可见，在《导言》发表前后，恩格斯既坚持了斗争的原则性，又强调了斗争的灵活性，而德国党的领导人只强调了斗争的灵活性，却没有坚持斗争的原则性。

关于走和平道路的可能性，恩格斯在1886年11月5日为马克思的《资本论》英文版第一卷撰写序言时，就再次重申了马克思关于英国革

---

① 《马克思恩格斯文集》第4卷，北京：人民出版社2009年版，第550页。
② 《马克思恩格斯文集》第10卷，北京：人民出版社2009年版，第699页。
③ 同上书，第700页。

命可能会走和平道路的观点,他说:"毫无疑问,在这样的时刻,应当倾听这样一个人的声音,这个人的全部理论是他毕生研究英国的经济史和经济状况的结果,他从这种研究中得出这样的结论:至少在欧洲,英国是唯一可以完全通过和平的和合法的手段来实现不可避免的社会革命的国家。当然,他从来没有忘记附上一句话:他并不指望英国的统治阶级会不经过'维护奴隶制的叛乱'而屈服于这种和平的和合法的革命。"① 这里所谓"不可避免的社会革命",既包括了暴力革命,也包括了和平革命。恩格斯提醒无产阶级,在具体的革命实践中,既要积极采取"和平的和合法的手段"争取和平革命的可能性,同时,一定不要放弃使用非法手段进行暴力革命的权利。

2. 不合法手段、暴力途径与革命策略——"用不合法手段"② 从事"非破坏法律不可的颠覆"③,即利用"密谋、起义和其他各种革命行动"④ 从事颠覆和夺取国家政权的活动。恩格斯认为,这是一种"永久的策略"和"具有绝对意义的策略"⑤,并始终与反对这种策略的倾向和苗头作斗争。例如,恩格斯在 1890 年 3 月 9 日写给威廉·李卜克内西的信中说:"我们不应当妨碍我们的敌人为我们工作。因此,我同意你的意见:**在当前**,我们应当尽可能以和平的和合法的方式进行活动,避免可以引起冲突的任何借口。但是,毫无疑问,你那样愤慨地反对任何形式的和任何情况下的暴力,我认为是不恰当的。"⑥ 在写给查·费舍的信(1895 年 3 月 8 日)中,恩格斯严厉批评了"宣扬绝对放弃暴力行为"⑦ 和"否定革命"⑧ 的倾向,他说:"我认为,如果你们宣扬绝对放弃暴力行为,是决捞不到一点好处的。没有人会相信这一点,也

---

① 《马克思恩格斯文集》第 5 卷,北京:人民出版社 2009 年版,第 35 页。
② 《马克思恩格斯文集》第 4 卷,北京:人民出版社 2009 年版,第 552 页。
③ 同上书,第 553 页。
④ 同上书,第 550 页。
⑤ 《马克思恩格斯文集》第 10 卷,北京:人民出版社 2009 年版,第 687 页。
⑥ 同上书,第 582 页。
⑦ 同上书,第 686 页。
⑧ 同上。

没有一个国家的**任何一个**政党会走得这么远,竟然放弃拿起武器对抗不法行为这一权利。"①

为了反对无产阶级通过合法途径最终达到颠覆、夺取国家政权的目的,作为统治阶级的资产阶级"最后只有一条出路:自己去破坏这个致命的合法性",即"破坏宪法,实行独裁,恢复专制,以君主的意志为最高的法律"②。这种"不法行为"是"用来对付那些不愿被人骗入巷战的工人们的唯一手段"③。关于这一点,马克思早在《1848年至1850年的法兰西阶级斗争》一文中就已经明确指出,"宪法的基础是**普选权**。**废除普选权**——这就是秩序党的最后结论,资产阶级专政的最后结论"④;"普选权已经完成了自己的使命。大多数人民都上了有教育意义的一课,普选权在革命时期所能起的作用不过如此而已。它必然会被革命或者反动所废除"⑤。

对于资产阶级的这种"不法行为""唯一手段"和最后的出路,无产阶级最终也只能用而且必须用自己的"不法行为""唯一手段"和最后的出路——"暴力行为"加以反击和对抗,这就是无产阶级政党和革命者们所不能放弃的"自己的革命权"⑥。革命权作为一种"人民权利"⑦,"是唯一的**真正**'历史权利'——是所有现代国家无一例外都以它为基础建立起来的唯一权利"⑧,因此,对于无产阶级政党和广大人民群众来说,"没有放弃自己的革命权"⑨意味着以暴易暴,即:当资产阶级最终对他们实施不法行为时,他们能够自觉地拿起武器,积极对抗这一不法行为。

---

① 《马克思恩格斯文集》第10卷,北京:人民出版社2009年版,第686页。
② 《马克思恩格斯文集》第4卷,北京:人民出版社2009年版,第553页。
③ 同上。
④ 《马克思恩格斯选集》第1卷,北京:人民出版社2012年版,第536页。
⑤ 同上书,第543页。
⑥ 《马克思恩格斯文集》第4卷,北京:人民出版社2009年版,第550页。
⑦ 同上书,第551页。
⑧ 同上书,第550—551页。
⑨ 同上书,第550页。

恩格斯把"**一支社会主义者的国际大军**"[①]的"**突击队**"[②]颠覆、夺取国家政权的那一历史性时刻,称之为"决战的那一天"[③]。在这一天,"人数、组织性、纪律性、觉悟程度和胜利信心都与日俱增"[④]的"国际无产阶级大军的决定性的'突击队'"[⑤]将与该国的官僚军事机构进行"决定性的战斗"[⑥]。但是,在这一天到来之前,那些所谓的"前哨战"[⑦],例如,巴黎公社这"一次胜利的起义",即"1871年的送上来的胜利,也和1848年的突然袭击一样,都没有什么成果"[⑧],"不可能取得持久的胜利"[⑨]。虽然在资本主义社会中"始终存在突发暴力事件的威胁"[⑩],但是"这种突发事件无论如何也不能提供任何最终解决问题的希望"、"要以一次简单的突然袭击来实现社会改造,是多么不可能的事情"[⑪]。恩格斯指出,阶级斗争的条件已经变化,"实行突然袭击的时代,由自觉的少数人带领着不自觉的群众实现革命的时代,已经过去。凡是要把社会组织完全加以改造的地方,群众自己就一定要参加进去,自己就一定要弄明白这为的是什么,他们为争取什么而去流血牺牲。近50年来的历史,已经教会了我们认识这一点"[⑫]。

恩格斯在这里并没有否定巴黎公社的伟大意义和历史价值,他只是强调,一定要积极地引导广大群众自觉进行斗争的意识,而且要灵活机动地运用具体的斗争环境。恩格斯认为,在当时条件下,"像1871年在巴黎那样流血"[⑬]的起义和突然袭击等暴力行为是不合时宜的,因为它

---

① 《马克思恩格斯文集》第4卷,北京:人民出版社2009年版,第541页。
② 同上书,第551页。
③ 同上。
④ 同上书,第541页。
⑤ 同上书,第551页。
⑥ 同上书,第552页。
⑦ 同上书,第551页。
⑧ 同上书,第542页。
⑨ 同上书,第550页。
⑩ 同上书,第541页。
⑪ 同上。
⑫ 同上书,第549页。
⑬ 同上书,第552页。

们所引发的"冲突会阻碍正常的发展进程,我们临到紧急关头也许就会没有突击队,决定性的战斗就会推迟、拖延并且会造成更大的牺牲"①,而且,在"伟大的决战"② 来临之前,在"少数人的革命变成多数人的革命"③ 之前,"我们不愿贸然走上我们预先知道必遭失败的街头"④,在那些"枪鸣剑啸的地方""去当炮灰"⑤;"一个革命者,如果自愿选择柏林北部和东部的新建工人街区来进行街垒战,那他一定是疯了"⑥。所以,恩格斯提醒当时的"'革命者'、'颠覆者'"⑦ 们,在真正采取暴力革命这个"永久的""具有绝对意义的策略"⑧ 和革命权这个"唯一的**真正**'历史权利'"⑨ 的时候,一定要慎重、慎重、再慎重。

总之,恩格斯明确坚持两点论,他既肯定了德国社会民主党当时利用议会(即合法斗争)走和平道路的现实合理性,又强调了未来进行决战(即暴力革命)走非和平道路的不可避免性。但是,伯恩施坦认为,不能只把"合法工作""看成一种 pis aller⑩,一种纯粹暂时的对策"⑪,因为"是合法道路还是革命道路更为有效,关键完全在于措施的性质,在于这些措施与不同的人民阶级和人民习惯的关系"、"在这里大体可以说,革命的道路(始终是在革命暴力的意义上说的)就排除少数特权者在社会进步的道路上设置的障碍来说,工作完成得较快;它的长处在于消极方面";"根据宪法的立法在这一方面通常是工作得较慢的。它所遵循的通常是妥协的道路,不是废除既得权利,而是赎买既得权利。但是当广大群众的偏见,当他们的狭隘眼界成为社会进步的

---

① 《马克思恩格斯文集》第4卷,北京:人民出版社2009年版,第552页。
② 同上书,第538页。
③ 同上书,第540页。
④ 同上书,第549页。
⑤ 同上。
⑥ 同上书,第548页。
⑦ 同上书,第552页。
⑧ 《马克思恩格斯文集》第10卷,北京:人民出版社2009年版,第687页。
⑨ 《马克思恩格斯文集》第4卷,北京:人民出版社2009年版,第551页。
⑩ 法文,意为"权宜之计"。
⑪ 殷叙彝编:《伯恩施坦读本》,北京:中央编译出版社2008年版,第351页。

障碍时,它就比革命强了,而当问题在于创造有持久生命力的经济制度时,它就表现出更大的优越性,换句话说,就是积极的社会政策工作的优越性";"在立法中,智力在平静时期驾驭感情,在革命中则是感情驾驭智力。但是如果说感情经常是有缺点的指挥者,那么智力就是迟钝的发动机。革命失之于过急的地方,日常立法失之于拖拉。立法作为**有计划**的暴力起作用,革命则作为**自然发生**的暴力起作用"①。考茨基虽然一开始反对伯恩施坦,但他后来也没有走出恩格斯在《导言》中所讲的利用议会民主的框子,他否定暴力革命,反对俄国工农苏维埃。十月革命胜利后,这场争论进一步引发了各国社会民主党的分化和分裂,其中,左派纷纷建立各国的共产党。1919年成立的第三国际,正式名称为共产国际。第三国际及其所属各国共产党奉行暴力革命、武装斗争的非和平路线。第二国际于1922年又恢复活动,正式名称为社会主义工人国际,其所属各国社会党、社会民主党推崇合法斗争、议会斗争的和平路线。

应该说,这种分化和分裂既是一种历史的遗憾,又是一种历史的幸运,因为现实中的真理和谬误总是历史的、具体的、有条件的,伟大的革命者本人也会犯错误,而在对待自身所犯错误的态度上,列宁给我们树立了光辉的榜样。列宁并没有回避或绝口不提自己在革命中所犯的错误,也没有回避或绝口不提马克思和恩格斯所犯的错误,恰恰相反,他完全承认自己、也完全承认马克思和恩格斯"有很多错误,常常犯错误"②。例如,在1907年4月6日《对社会民主党内的知识分子机会主义派的经典评价》一文中,列宁就明确指出:"是的,马克思和恩格斯在估计革命时机很快到来这一点上,在希望革命(例如1848年的德国革命)获得胜利这一点上,在相信德意志'共和国'很快成立这一点上('为共和国捐躯',——恩格斯回忆他1848—1849年期间参加维护

---

① 殷叙彝编:《伯恩施坦读本》,北京:中央编译出版社2008年版,第352页。
② 《列宁选集》第1卷,北京:人民出版社2012年版,第728页。

帝国宪法的运动的情绪时这样称呼那个时代①），有很多错误，常常犯错误。他们在1871年也犯了错误——当时他们一心一意想'把法国南部发动起来，他们〈贝克尔写的是'我们'，这是指他自己和他的亲密朋友，见1871年7月21日的第14封信〉为此而牺牲了一个人所能牺牲的一切，冒了一个人所能冒的一切危险……'在同一封信里还说：'如果我们能在三四月间多筹集一些钱，我们也许就能把整个法国南部发动起来，使巴黎公社得到挽救。'（第29页）但是两位伟大的革命思想家在努力提高（并且确实提高了）全世界无产阶级的水平，使他们摆脱日常的琐碎的任务时所犯的**这种**错误，同官气十足的自由派在宣扬、喊叫和诉说他们的谬论（说革命是无谓忙碌，革命斗争是徒劳，反革命的"立宪"幻想妙不可言）时所表现的平庸智慧比较起来，要千倍地高尚，千倍地伟大，千倍地**有历史价值**，千倍地**正确**……"②

错误是革命的一部分，是革命行动本身不可避免的。列宁认为，只有那些逃避革命和放弃革命的行为，才是一种不可饶恕的错误。列宁始终相信，"俄国工人阶级一定能用他们充满错误的革命行动来争得自由，推动欧洲前进。让那些在革命方面没有行动的庸人以没有错误而自夸吧"③。以"没有革命行动""没有错误"为耻，以"充满错误的革命行动"为荣，这就是伟大的革命者对待自身错误、对待革命中的错误的态度。正如列宁所说，他们在革命行动中所犯的错误，以及无产阶级及其政党在革命行动中所犯的错误，要比"告别革命"、否定革命、反对革命的庸人们的平庸言行，高尚得多，伟大得多，有历史价值得多，正确得多。

---

① 恩格斯写的《德国维护帝国宪法的运动》中的一章题为"为共和国捐躯！"（见《马克思恩格斯全集》第7卷，北京：人民出版社1959年版，第190—235页）。
② 《列宁选集》第1卷，北京：人民出版社2012年版，第728页。
③ 同上。

三 论无产阶级专政与民主

（一）论无产阶级专政

在《国家与革命》一书中，"专政"一词共出现过 37 次，其中，"无产阶级专政"一词 19 次，"无产阶级的专政"一词 1 次，"革命专政"一词 6 次，"资产阶级专政"一词 2 次，"资产阶级的专政"一词 3 次。列宁指出，"革命无产阶级应利用国家政权"①，实行"无产阶级的革命专政"②，而这个专政"对介于资本主义和'无阶级社会'即共产主义之间的整整一个**历史时期**都是必要的，——只有懂得这一点的人，才算掌握了马克思国家学说的实质"③。关于无产阶级专政，列宁还提出了三个著名论断：一是无产阶级专政是"马克思主义在国家问题上一个最卓越最重要的思想"④；二是"无产阶级在历史上的革命作用的""最高表现就是无产阶级实行专政，无产阶级实行政治统治"⑤；三是"只有承认阶级斗争、**同时也**承认**无产阶级专政**的人，才是马克思主义者"⑥。

列宁指出，实行无产阶级专政，是人类阶级社会发展的必然。人类阶级社会中的成员可以分为剥削阶级和被剥削阶级，其中，"剥削阶级需要政治统治是为了维持剥削，也就是为了极少数人的私利，去反对绝大多数人。被剥削阶级需要政治统治是为了彻底消灭一切剥削，也就是为了绝大多数人的利益，去反对极少数的现代奴隶主——地主和资本家"⑦，而"无产阶级如果不先夺取政权，不取得政治统治，不把国家

---

① 《列宁选集》第 3 卷，北京：人民出版社 2012 年版，第 214 页。
② 同上。
③ 同上书，第 140 页。
④ 同上书，第 129 页。
⑤ 同上书，第 132 页。
⑥ 同上书，第 139 页。
⑦ 同上书，第 130 页。

变为'组织成为统治阶级的无产阶级',就不能推翻资产阶级"①,因此,"无产阶级必须采取政治行动,必须把实行无产阶级专政作为达到废除阶级并和阶级一起废除国家的过渡"②;"向共产主义发展,必须经过无产阶级专政,不可能走别的道路,因为再没有其他人也没有其他道路能够**粉碎**剥削者资本家的**反抗**"③。

实行无产阶级专政,是阶级斗争尖锐化的集中体现。列宁认为,"从资本主义向共产主义**过渡**的时期,**贯彻**到**推翻**资产阶级并完全**消灭**资产阶级的时期","必然是阶级斗争空前残酷、阶级斗争的形式空前尖锐的时期","这个时期的国家就不可避免地应当是**新型**民主的(对无产者和一般穷人是民主的)和**新型**专政的(对资产阶级是专政的)国家"④。"无产阶级专政,即被压迫者先锋队组织成为统治阶级来镇压压迫者"⑤,就是"由大多数人——工人和农民用**共同的力量**来镇压压迫者"⑥。

实行无产阶级专政,是建立新经济结构的内在要求。"只有使无产阶级转化成**统治阶级**,从而能把资产阶级必然要进行的拼死反抗镇压下去,并组织**一切**被剥削劳动群众去建立新的经济结构,才能推翻资产阶级"⑦;"无产阶级需要国家政权,中央集权的强力组织,暴力组织,既是为了镇压剥削者的反抗,也是为了**领导**广大民众即农民、小资产阶级和半无产者来'调整'社会主义经济"⑧;"无产者组织起来(成为统治阶级)以全社会名义招雇'工人、监工和会计'"⑨。

实行无产阶级专政,是革命转变时期的暂时性和过渡性手段。"在资本主义社会和共产主义社会之间,有一个从前者变为后者的革命转变

---

① 《列宁选集》第 3 卷,北京:人民出版社 2012 年版,第 134 页。
② 同上书,第 162 页。
③ 同上书,第 190 页。
④ 同上书,第 140 页。
⑤ 同上书,第 190 页。
⑥ 同上书,第 148 页。
⑦ 同上书,第 131 页。
⑧ 同上。
⑨ 同上书,第 153 页。

时期。同这个时期相适应的也有一个政治上的过渡时期，这个时期的国家只能是**无产阶级的革命专政**"①；"无产阶级为了求得自身的解放，应当推翻资产阶级，夺取政权，建立自己的革命专政"②；为了废除国家，"就必须暂时利用国家权力的工具、手段、方法去**反对**剥削者，正如为了消灭阶级，就必须实行被压迫阶级的暂时专政一样"③；"从向着共产主义发展的资本主义社会过渡到共产主义社会，非经过一个'政治上的过渡时期'不可，而这个时期的国家只能是无产阶级的革命专政"④；"只有懂得**一个**阶级的专政不仅对一般阶级社会是必要的，不仅对推翻了资产阶级的**无产阶级**是必要的，而且对介于资本主义和'无阶级社会'即共产主义之间的整整一个**历史时期**都是必要的，——只有懂得这一点的人，才算掌握了马克思国家学说的实质。资产阶级国家的形式虽然多种多样，但本质是一样的：所有这些国家，不管怎样，归根到底一定都是**资产阶级专政**。从资本主义向共产主义过渡，当然不能不产生非常丰富和多样的政治形式，但本质必然是一样的：都是**无产阶级专政**"⑤。

列宁在这里明确提出了"两个必要"论：（1）无产阶级专政对推翻了资产阶级的无产阶级是必要的；（2）无产阶级专政对资本主义和共产主义之间的整个历史时期都是必要的。如果我们把列宁的"两个必要"论与马克思在1952年3月5日给魏德迈的信中提出的"两点"论（即"（2）阶级斗争必然导致**无产阶级专政**；（3）这个专政不过是达到**消灭一切阶级**和进入**无阶级社会**的过渡"⑥ 这两点论述）对照一下可以看出，列宁的"两个必要"论与马克思的"两点"论是一一对应的关系，前者是对后者的阐释。马克思在《哥达纲领批判》（即1875年5

---

① 《马克思恩格斯文集》第3卷，北京：人民出版社2009年版，第445页。
② 《列宁选集》第3卷，北京：人民出版社2012年版，第188页。
③ 同上书，第164页。
④ 同上书，第188页。
⑤ 同上书，第140页。
⑥ 《马克思恩格斯文集》第10卷，北京：人民出版社2009年版，第106页；另见《马克思恩格斯选集》第4卷，北京：人民出版社2012年版，第425—426页。

月5日给威廉·白拉克的信）中指出："在资本主义社会和共产主义社会之间，有一个从前者变为后者的革命转变时期。同这个时期相适应的也有一个政治上的过渡时期，这个时期的国家只能是**无产阶级的革命专政**。"①"无产阶级的革命专政"一词强调了无产阶级专政在革命转变时期（即政治上的过渡时期）的革命性作用。我们知道，共产主义社会可以分为两个阶段，即"共产主义社会第一阶段"和"共产主义社会高级阶段"②，而革命转变时期（即政治上的过渡时期）应该在资本主义社会和"共产主义社会第一阶段"即社会主义社会之间。那么，从理论逻辑上说，进入到社会主义社会阶段，包括社会主义社会的初级阶段之后，"无产阶级的革命专政"就不再需要了。但是，从现实情况来看，在我们国家的社会主义社会初级阶段中，依然存在、也依然需要"无产阶级的革命专政"来维护。理由是，此社会主义社会非彼社会主义社会，马克思和列宁的社会主义社会是从世界范围内的、人类社会整体推进的角度来说的，而我们现在所处的社会主义社会（包括社会主义社会初级阶段）是从一国建设社会主义、社会主义国家与资本主义国家共生并存的角度来说的；理论中的社会主义社会阶段，是已经完成了无产阶级的革命任务的阶段，所以就不再需要"无产阶级的革命专政"了，而我们现实中的社会主义社会阶段，并没有真正完成理论中所提出的无产阶级的全部革命任务，因为列宁明确指出，"无产阶级革命的任务是：'**打碎**'这个机器，即摧毁这个机器，在下面即在地方上用最完全的自治，而在上面用武装的无产阶级的**直接**政权即无产阶级专政来代替"③，即"无产阶级专政+取消地方自治机关中由国家任命的官吏"④。这两个革命任务是互为条件、互为前提的。显然，我们现在仅仅是初步完成了"在上面"的革命任务——实行了无产阶级专政（人民民主专

---

① 《马克思恩格斯文集》第3卷，北京：人民出版社2009年版，第445页；另见《马克思恩格斯选集》第3卷，北京：人民出版社2012年版，第373页。
② 《马克思恩格斯文集》第3卷，北京：人民出版社2009年版，第435页；另见《马克思恩格斯选集》第3卷，北京：人民出版社2012年版，第364页。
③ 《列宁全集》第31卷，北京：人民出版社1985年版，第147页。
④ 同上书，第150页。

政），而尚未真正完成"在下面"的革命任务——实行最完全的地方自治。在我们还没有完成这个"在下面"的革命任务时，就断定我们的无产阶级专政已经实现了，不再需要了，就把它取消了，试问，我们用什么来保障和实行最完全的地方自治呢？如果认为实行最完全的地方自治并不需要什么无产阶级专政，从而把这两个革命任务简单地割裂开来、区别对待，这种做法和看法是与列宁这句话（即"无产阶级专政+取消地方自治机关中由国家任命的官吏"）的本意相背离的。

实际上，无产阶级专政本身具有两种属性：一种是不断革命的暴力性，它作为不断摧毁奴役人民的资本和国家机器、防止其死灰复燃的暴力工具而起作用；另一种是民主推进的改良性，它作为有序实现地方完全自治和人民当家做主、防止其异化变质的改良工具而起作用。如果只强调革命性，只追求狂风暴雨、摧枯拉朽式的不断革命，而忽视改良性，忽视和风细雨、滴水穿石式的民主推进，就会违背马克思的"两点论"和列宁的"两个必要"论，结果只能重蹈"文化大革命"的覆辙。

列宁认为，早在1848年革命前夜，马克思和恩格斯就明确表述了"无产阶级专政"这个思想。在《哲学的贫困》中，马克思指出，"劳动阶级在发展进程中将创造一个消除阶级和阶级对抗的联合体来代替旧的市民社会；从此再不会有原来意义的政权了。因为政权正是资产阶级社会内部阶级对立的正式表现"①。在这段话之前，还有这样一段话，"劳动阶级解放的条件就是要消灭一切阶级；正如第三等级即市民等级解放的条件就是消灭一切等级一样"②。而且，恩格斯还在1885年德文版上给这段话加了一个注："这里所谓等级是指历史意义上的封建国家的等级，这些等级有一定的和有限的特权。资产阶级革命消灭了这些等级及其特权。资产阶级社会只有**阶级**，因此，谁把无产阶级称为'第四等级'，他就完全违背了历史。——弗·恩·"③ 可见，资产阶级革命的历史进步性就在于，资本具有"消灭一切等级"及其特权的强大力

---

① 《马克思恩格斯文集》第1卷，北京：人民出版社2009年版，第655页。
② 同上。
③ 同上。

量。如果在资本的这种强大力量还没有完全发挥出来之前,也就是说,如果在"等级及其特权"还没有完全被资本的革命性力量消灭掉之前,就把资本作为革命的对象完全消灭掉,也似乎是"完全违背了历史",因为在马克思和恩格斯看来,无产阶级社会所代替的那个资产阶级社会只有阶级,没有等级。如果在资产阶级社会中还有等级存在,就说明这样的资产阶级社会还是"不够格的资产阶级社会"。按理说,取代了资产阶级社会的无产阶级社会更不会存在等级了,顶多还存在着阶级,即是"不够格的社会主义社会"或者"社会主义初级阶段"。但是,如果现实中的社会主义社会,不仅还存在着阶级,而且还存在着等级,那么,我们该用什么方法来消灭它们呢?这是现实社会主义国家所无法回避的重大历史课题。在无产阶级专政理论的视域下,可以通过彻底根除官僚制、不断扩大民主制、建立新型经济结构的方式来消灭等级和阶级。列宁在十月革命之后所提出的一系列恢复和振兴国家经济的政策中,就包括了利用资本的历史进步性力量,试图创造性地完成人类历史上前所未有的"双重革命":既要进行"消灭一切等级"的民主主义革命,又要进行"消灭一切阶级"的无产阶级革命,而且要把历史演化中的"接力革命"转化为现实运动中的"同步革命";既要通过充分利用资本来逐步"消灭一切等级",又要通过有效节制资本来逐步"消灭一切阶级",这就构成了现实社会主义国家难度最高超、意义最重大的革命与建设的双重任务,构成了当代中国伟大改革浪潮的绮丽景观。"两个消灭"的革命任务与"振兴中华"的建设任务交织在一起,无产阶级的革命事业与社会主义的建设事业交融在一起,同生死、共存亡。

《布莱克维尔政治制度百科全书》的编者认为,无产阶级专政"是马克思主义的传统术语,用来描述从**资本主义**向**社会主义**的过渡。**马克思**主要用于他的私人信件,并且没有特别地加以详细地阐释。由于马克思设想无产阶级将逐渐地成为现代工业社会的多数派,这个术语就暗含着这样的意思:将由人民的多数建立起一种专政。对马克思来说,所有的统治都是阶级统治,所以,就像资本主义统治是一种'资本家的专政'一样,无产阶级的统治也是一种'无产阶级的专政'。不同之处在于无产阶级的统治是第一次由大多数人实行的专政。因此,马克思称它正在'赢得民主的胜利'";"在1848年的《共产党宣言》(*Communist Manifesto*)中,马克思详细阐释了这种形式的政府要素,认为它构成了对所有权和资产阶级产生的条件的强制性干预。这包括土地、运输和金融的国有化,累进税制和世袭权的废除,还有公共工业部门的发展。所有这些都将逐渐地剥夺资产阶级的全部资本。在像英国和美国这样的社会里,马克思没有排除通过投票选举得到这一切的可能性,而在法国和德国拥有大量农民和官僚独裁传统的国家,使用暴力是必然的";"在俄国革命运动中,'无产阶级专政'一词经历了重大变化。由于俄国无产阶级的弱小和发育不充分,**列宁**主张俄国无产阶级没有机会通过议会多数获得政权。1917年以后,由于共产党的执政,这一术语就意味着由党的组织代表无产阶级实行权力的垄断"①。这些论断虽然不具有实质性的意义,却有一定的学术价值,仅供参照和批判。

  无产阶级专政是马克思主义国家学说的精髓,"必须用这块试金石来检验是否**真正**理解和承认马克思主义"②。可以说,《国家与革命》一书的核心思想就是对无产阶级专政的阐释,而考茨基于1918年写成的《无产阶级专政》,其核心思想也是对无产阶级专政的阐释,我们可以对这两个文献进行比较阅读,"这两个主要以马克思的《法兰西内战》为主要文本和理论依据的历史文献在今天看来似乎具有同等重要的历史价值。前者作为一种俄国十月革命及其社会主义革命和建设的重要理论依据,其重要性是不言而喻的。后者则在这个革命刚刚成功,就同样依据马克思《法兰西内战》中的思想对这个革命成功后建立起来的新政权进行了批判和否定,并且预言了它后来的失败结局"③。

  面对考茨基的"批判和否定",列宁在《无产阶级革命和叛徒考茨

---

① 韦农·波格丹诺主编(英文版),邓正来主编(中文版):《布莱克维尔政治制度百科全书》,北京:中国政法大学出版社2011年版,第185页。
② 《列宁选集》第3卷,北京:人民出版社2012年版,第139页。
③ 李惠斌:《马克思〈法兰西内战〉研究读本》,北京:中央编译出版社2013年版,第46页。

基》(1918年10—11月)一文中对考茨基进行了彻底批判,他说:"我在1917年8月和9月间,即在俄国无产阶级革命(1917年10月25日)前夜,写了《国家与革命。马克思主义关于国家的学说与无产阶级在革命中的任务》一书(1918年初在彼得格勒出版)。在该书第6章《马克思主义被机会主义者庸俗化》中,我着重谈了考茨基,证明他完全歪曲了马克思的学说,把它篡改成了机会主义,'口头上承认革命而实际上背弃革命'。"① "其实,考茨基在论无产阶级专政的小册子中所犯的基本理论错误,就是我在《国家与革命》一书中已经详细揭露过的对马克思的国家学说所作的机会主义歪曲。"② 考茨基把无产阶级民主和无产阶级专政对立起来,用无产阶级民主来反对无产阶级专政,同时把马克思主义的科学性和革命性对立起来,用马克思主义的科学性来反对马克思主义的革命性,这种机会主义倾向和非辩证的逻辑是显而易见、毋庸置疑的;当然,在考茨基的"理论错误"中也存在着"真理碎片",例如,对民主与改良的强调和重视等,也是显而易见、毋庸置疑的。

另外,列宁在1916年11月18日以后写的《〈关于国家的作用问题〉一文提纲》(该提纲夹在《马克思主义论国家》这本笔记中)中指出,无产阶级专政具有四个方面的作用和任务——"利用国家反对资产阶级"、"反击资产阶级的复辟尝试"、"革命战争"、"实行和维护民主"③——无产阶级专政只有彻底完成了这四个任务,才会"自行消亡"。可见,实行和维护无产阶级民主,乃是无产阶级专政的题中应有之义。

(二)论无产阶级民主

在《国家与革命》一书中,"民主"一词共出现过210次,其中,"无产阶级民主"一词6次,"资产阶级民主"一词15次。民主[Democracy]一词的意义由希腊语demos(人民)与kratia(统治或权威)

---

① 《列宁选集》第3卷,北京:人民出版社2012年版,第589页。
② 同上。
③ 《列宁全集》第31卷,北京:人民出版社1985年版,第127页。

派生出来,意为"由人民进行统治"①。由于民主意味着人民是拥有最高权力的统治者,因此,"把民主与少数人的统治[**贵族制**(Aristocracy)或**寡头制**(Oligarchy)]或一个人的统治[**君主制**(Monarchy)或**僭主制**(Tyranny)]区分开来,也就成了普遍的做法"②。不过,"应当由谁来构成人民是一个问题。对此,民主的拥护者们做出过各种极为不同的回答。无论在古希腊还是在近代,公民群体总是把一些人视为没有资格而将其排除在外"③,"直到20世纪,民主才不仅在理论上而且在实践中都开始意指选举权及其他全部公民权利都应该对在一个国家永久定居的每一个人或差不多所有的人开放"④。"在早期,区分政体的某些标准是:一人统治(君主制度)、一些人统治(贵族制度)和多数人统治(民主制度)。这三种政体还可以细分为六种:君主制度的蜕变形式是独裁统治,贵族制度的蜕变形式是寡头统治,民主制度的蜕变形式是暴民统治。因而民主政体有时是指一种普通政体,有时是指蜕变的民众统治"⑤。"随着20世纪初西方国家争取普选权的斗争的胜利,民主政治的理论和实践转向建设民主制国家的问题。这个问题的提出是由原来的殖民地国家要求独立引起的。他们要求国家独立的主张是用民主的词汇重新提出的,将民主制等同于集体自决权而不是实际上的自治。结果,那些从殖民者手中解放的国家即使其新组成的政府与民主体制相去甚远,也自称为民主政体或者人民共和国"⑥。"一部分社会主义者认为民主国家可以作为他们达到所要实现的目标的新工具,另一部分社会主义者认为它更多是一种过渡制度,这两者之间也存在着区别。马克思主张后一种看法,因此,纯粹的社会民主纲领是不确

---

① 韦农·波格丹诺主编(英文版),邓正来主编(中文版):《布莱克维尔政治制度百科全书》,北京:中国政法大学出版社2011年版,第174页。
② 同上。
③ 同上。
④ 同上。
⑤ 戴维·米勒主编(英文版),邓正来主编(中文版):《布莱克维尔政治思想百科全书》,北京:中国政法大学出版社2011年版,第131页。
⑥ 同上书,第132页。

切的,因为对于马克思来说——而且尤其对于像列宁(Lenin)这样的马克思信徒来说——民主的方法无论如何不可能造成工人阶级对于国家机器的控制,因为国家机器由于具有它在其中运行的宪法结构而成为资本主义的特定机构";"在英国,费边社最明确地表达了社会民主。在德国,这种民主是由伯恩施坦(Edward Bernstein)予以表达的。特别如同费边社所鼓吹的那样,社会民主的内容并不仅仅在于对国家的民主控制,而且还在于运用这种控制扩展人民权力,超出社会政治制度而达到社会和经济领域"①。

但是,在列宁看来,"民主是国家形式,是国家形态的一种。因此,它同任何国家一样,也是有组织有系统地对人们使用暴力"②;"民主**也**是国家、因而在国家消失时民主也会消失"③,国家的自行停止和消亡也就是"**民主**的'自行停止'和'自行消亡'"④;"国家的消灭也就是民主的消灭,国家的消亡也就是民主的消亡。"⑤列宁认为,从资产阶级的民主转变为无产阶级的民主,就是"从压迫者的民主转变为被压迫阶级的民主,从国家这个对一定阶级实行镇压的'**特殊力量**'转变为由大多数人——工人和农民用**共同的力量**来镇压压迫者"⑥。

在《国家与革命》一书中,列宁探讨了"民主在从资本主义向共产主义过渡时是怎样变化的"⑦,他说:"在资本主义社会里,在它最顺利的发展条件下,比较完全的民主制度就是民主共和制。但是这种民主制度始终受到资本主义剥削制度狭窄框子的限制,因此它实质上始终是少数人的即只是有产阶级的、只是富人的民主制度。资本主义社会的自由始终与古希腊共和国的自由即奴隶主的自由大致相同。由于资本主义

---

① 戴维·米勒主编(英文版),邓正来主编(中文版):《布莱克维尔政治思想百科全书》,北京:中国政法大学出版社 2011 年版,第 549 页。
② 《列宁选集》第 3 卷,北京:人民出版社 2012 年版,第 201 页。
③ 同上书,第 125 页。
④ 同上。
⑤ 同上书,第 184 页。
⑥ 同上书,第 148 页。
⑦ 同上书,第 189 页。

剥削制度的条件，现代的雇佣奴隶被贫困压得喘不过气，结果都'无暇过问民主'，'无暇过问政治'，大多数居民在通常的平静的局势下都被排斥在社会政治生活之外。"①

列宁强调，"民主和少数服从多数的原则**不是**一个东西。民主就是承认少数服从多数的**国家**，即一个阶级对另一个阶级、一部分居民对另一部分居民使用有系统的暴力的组织"②。但是，列宁也没有简单地否定民主，因为"在工人阶级反对资本家以争取自身解放的斗争中，民主具有巨大的意义。但是民主决不是不可逾越的极限，它只是从封建主义到资本主义和从资本主义到共产主义的道路上的阶段之一"③。列宁只是认为，"资本主义社会里的民主是一种残缺不全的、贫乏的和虚伪的民主，是只供富人、只供少数人享受的民主"④；"极少数人享受民主，富人享受民主，——这就是资本主义社会的民主制度"⑤，而"无产阶级专政，向共产主义过渡的时期，将第一次提供人民享受的、大多数人享受的民主，同时对少数人即剥削者实行必要的镇压"⑥。"凡是实行镇压和使用暴力的地方，也就没有自由，没有民主"⑦，因此，不论是在资本主义社会，还是在无产阶级国家，都存在着这种"没有自由，没有民主"的情况，而"人民这个大多数享有民主，对人民的剥削者、压迫者实行强力镇压，即把他们排斥于民主之外，——这就是民主在从资本主义向共产主义**过渡**时改变了的形态"⑧。

真正完全的民主什么时候才会有呢？列宁指出，"只有在共产主义社会中，当资本家的反抗已经彻底粉碎，当资本家已经消失，当阶级已经不存在（即社会各个成员在同社会生产资料的关系上已经没有差别）

---

① 《列宁选集》第 3 卷，北京：人民出版社 2012 年版，第 189 页。
② 同上书，第 184 页。
③ 同上书，第 200 页。
④ 同上书，第 191 页。
⑤ 同上书，第 189 页。
⑥ 同上书，第 191—192 页。
⑦ 同上书，第 190 页。
⑧ 同上书，第 191 页。

的时候，——**只有**在那个时候，'国家才会消失，才**有**可能谈自由'。只有在那个时候，真正完全的、真正没有任何例外的民主才有可能，才会实现。也只有在那个时候，民主才开始**消亡**"①。也就是说，"只有共产主义才能提供真正完全的民主，而民主愈完全，它也就愈迅速地成为不需要的东西，愈迅速地自行消亡"②。

为什么说民主愈完全，就愈迅速地消亡呢？列宁说："道理很简单：人们既然摆脱了资本主义奴隶制，摆脱了资本主义剥削制所造成的无数残暴、野蛮、荒谬和丑恶的现象，也就会逐渐**习惯于**遵守多少世纪以来人们就知道的、千百年来在一切行为守则上反复谈到的、起码的公共生活规则，而不需要暴力，不需要强制，不需要服从，**不需要**所谓国家这种实行强制的**特殊机构**。"③ 总之，列宁认为，"在资本主义下彻底的民主制度是不可能的，而在社会主义下则任何民主都是会**消亡**的"④。

在民主与平等的关系问题上，列宁说："民主意味着平等。很明显，如果把平等正确地理解为消灭**阶级**，那么无产阶级争取平等的斗争以及平等的口号就具有极伟大的意义。但是，民主仅仅意味着**形式上的**平等。一旦社会全体成员**在**占有生产资料**方面**的平等即劳动平等、工资平等实现以后，在人类面前不可避免地立即就会产生一个问题：要更进一步，从形式上的平等进到事实上的平等，即实现'各尽所能，按需分配'的原则。至于人类会经过哪些阶段，通过哪些实际措施达到这个最高目的，那我们不知道，也不可能知道。可是，必须认识到：通常的资产阶级观念，即把社会主义看成一种僵死的、凝固的、一成不变的东西的这种观念，是非常荒谬的；实际上，**只是**从社会主义实现时起，社会生活和个人生活的各个领域才会开始出现迅速的、真正的、确实是群众性的即有**大多数**居民参加然后有全体居民参加的前进运动。"⑤

---

① 《列宁选集》第3卷，北京：人民出版社2012年版，第191页。
② 同上书，第192页。
③ 同上书，第191页。
④ 同上书，第181页。
⑤ 同上书，第201页。

列宁认为，民主具有两种功能：暴力本质功能与平等形式功能。一方面，"民主是国家形式，是国家形态的一种。因此，它同任何国家一样，也是有组织有系统地对人们使用暴力"①；"另一方面，民主意味着在形式上承认公民一律平等，承认大家都有决定国家制度和管理国家的平等权利"②。列宁并不否认一般人所推崇的民主的形式平等功能，因为列宁知道，"民主在其发展的某个阶段"③ 会把"无产阶级团结起来，使他们有可能去打碎、彻底摧毁、彻底铲除资产阶级的（哪怕是共和派资产阶级的）国家机器即常备军、警察和官吏"④，然后用"武装的工人群众（然后是人民普遍参加民兵）这样一种**更**民主的……国家机器"⑤ 来代替。这是一种"量转化为质"⑥ 的代替，"因为**这样**高度的民主制度，是同越出资产阶级社会的框子、开始对社会进行社会主义的改造相联系的"⑦。

在列宁眼中，能够保障"**所有的人**都参加国家管理"⑧ 的民主制度，才是真正的民主制度，难能可贵的是，"资本主义的发展又为真是'所有的人'**能够**参加国家管理创造了**前提**。这种前提就是：在一些最先进的资本主义国家中已经做到的人人都识字，其次是千百万工人已经在邮局、铁路、大工厂、大商业企业、银行业等等巨大的、复杂的、社会化的机构里'受了训练并养成了遵守纪律的习惯'"⑨。"当社会全体成员或者哪怕是大多数成员**自己**学会了管理国家，自己掌握了这个事业，对极少数资本家、想保留资本主义恶习的先生们和深深受到资本主义腐蚀的工人们'调整好'监督的时候，对任何管理的需要就开始消失。民主愈完全，它成为多余的东西的时候就愈接近。由武装工人组成

---

① 《列宁选集》第3卷，北京：人民出版社2012年版，第201页。
② 同上。
③ 同上。
④ 同上。
⑤ 同上。
⑥ 同上。
⑦ 同上。
⑧ 同上。
⑨ 同上书，第201—202页。

的、'已经不是原来意义上的国家'的'国家'愈民主，则**任何**国家就会愈迅速地开始消亡"①。

民主与专政矛盾吗？在列宁看来，民主与专政并不矛盾。不管是资产阶级国家，还是无产阶级国家，民主都是专政的组成部分，都是统治阶级实行的工具。而在那些"公开否认无产阶级专政，实行露骨的机会主义"②的"先生们看来，无产阶级'专政'是与民主'矛盾'的"③。列宁指责考茨基在《社会革命》一书中，"**关于民主和无产阶级专政的独特的结合，只字未提！！**"④而且，他"一个字也没有提到""1871年在以无产阶级民主代替资产阶级民主的问题上所提出的一些新东西"⑤。"考茨基回避这个问题，**实际上就是在这个最重要的问题上向机会主义让步**"⑥。"考茨基完全不理解资产阶级议会制与无产阶级民主制度的区别，资产阶级议会制是把民主（**不是人民享受的**）同官僚制（**反人民的**）结合在一起，而无产阶级民主制度则立即采取措施来根除官僚制，它能够把这些措施实行到底，直到官僚制完全消灭，人民的民主完全实现"⑦。也就是说，资产阶级议会制是与官僚制结合在一起的民主制度，具有反人民的性质；无产阶级民主制度则是完全消灭和根除官僚制的民主制度，具有人民的性质。

为什么说资产阶级议会制是把民主同官僚制结合在一起的民主制呢？列宁回答说："我们**在资本主义下，在资产阶级统治**下是非有官吏不可的。无产阶级受资本主义的压迫，劳动群众受资本主义的奴役。在资本主义下，由于雇佣奴隶制和群众贫困的整个环境，民主制度受到束缚、限制、阉割和弄得残缺不全。因为这个缘故，而且仅仅因为这个缘故，我们政治组织和工会组织内的公职人员是受到了资本主义环境的腐

---

① 《列宁选集》第3卷，北京：人民出版社2012年版，第203页。
② 同上书，第220页。
③ 同上。
④ 《列宁全集》第31卷，北京：人民出版社1985年版，第207页。
⑤ 《列宁选集》第3卷，北京：人民出版社2012年版，第209页。
⑥ 同上。
⑦ 同上书，第211页。

蚀（确切些说，有被腐蚀的趋势），是有变为官僚的趋势，也就是说，是有变为脱离群众、凌驾于群众之上、享有特权的人物的趋势。"① 列宁认为，取消并取代这种"普通的民主制度，即与官僚制相结合的议会制"②的，将是彻底根除官僚制而实行巴黎公社式的、完全地方自治的"原始的民主制度"③，因为"在社会主义下，'原始'民主的许多东西都必然会复活起来，因为人民**群众**在文明社会史上破天荒第一次站起来了，不仅**独立地**参加投票和选举，**而且独立地**参加**日常管理**。在社会主义下，**所有的人**将轮流来管理，因此很快就会习惯于不要任何人来管理"④。可见，无产阶级民主是从资产阶级民主向社会主义民主过渡的必然形式。只要官僚制还没有彻底根除，社会主义民主就不可能真正实现，就仍然需要不断巩固和完善无产阶级民主。取消和取代议会制，是列宁在《国家与革命》一书中通过分析所得出的一个大胆的、必然的结论。

列宁通过分析马克思和恩格斯论述巴黎公社的文本，发现了摆脱议会制的出路和代替议会的代表机构，解答了"怎样才可以不要议会制"⑤这一问题，他说："摆脱议会制的出路，当然不在于取消代表机构和选举制，而在于把代表机构由清谈馆变为'实干的'机构。'公社是一个实干的而不是议会式的机构，它既是行政机关，同时也是立法机关。'"⑥"在公社用来代替资产阶级社会贪污腐败的议会的那些机构中，发表意见和讨论的自由不会流为骗局，因为议员必须亲自工作，亲自执行自己通过的法律，亲自检查实际执行的结果，亲自对自己的选民直接负责。代表机构仍然存在，然而议会制这种特殊的制度，这种立法和行政的分工，这种议员们享有的特权地位，在这里**是不存在的**。"⑦

---

① 《列宁选集》第3卷，北京：人民出版社2012年版，第216页。
② 同上书，第217页。
③ 同上。
④ 同上。
⑤ 同上书，第151页。
⑥ 同上。
⑦ 同上书，第152页。

列宁认为，要取消议会制而保留代表机构，就要"把**整个**国民经济组织得像邮政一样，做到在武装的无产阶级的监督和领导下使技术人员、监工和会计，如同**所有**公职人员一样，都领取不超过'工人工资'的报酬，这就是我们最近的目标。这样的国家，在这样的经济基础上的国家，才是我们所需要的"①，而且，只有"这样才能使劳动阶级的这些机构免除资产阶级的糟蹋"②。这里所谓"劳动阶级的这些机构"，指的是苏维埃，以及在公社中代替了"资产阶级社会贪污腐败的议会的那些机构"③。

当考茨基做出关于"工人选出代表来组成某种类似议会的东西，由这个议会制定工作条例并监督官僚机构的管理工作"④ 这一论断时，列宁便指出了该论断的错误之处，即"工人当然要'选出代表来组成**某种类似议会的东西**'"、"但是关键就在于这个'某种类似议会的东西'**不会**是资产阶级议会机构式的议会。关键就在于，这个'某种类似议会的东西'**不会**仅仅'制定条例和监督官僚机构的管理工作'，像思想没有超出资产阶级议会制框子的考茨基所想象的那样"⑤，因为"在社会主义社会里，由工人代表组成的'某种类似议会的东西'当然会'制定条例和监督''机构的''管理工作'，**可是**这个机构却**不会**是'官僚的'机构。工人在夺得政权之后，就会把旧的官僚机构打碎，把它彻底摧毁，彻底粉碎，而用仍然由这些工人和职员组成的新机构来代替它；为了**防止**这些人变成官僚，就会立即采取马克思和恩格斯详细分析过的措施：（1）不但选举产生，而且随时可以撤换；（2）薪金不得高于工人的工资；（3）立刻转到使**所有的人**都来执行监督和监察的职能，使**所有的人**暂时都变成'官僚'，因而使**任何人**都不能成为'官僚'"⑥。

列宁认为，这三项公社措施，作为导致类似议会的代表机构发生根

---

① 《列宁选集》第3卷，北京：人民出版社2012年版，第154页。
② 同上书，第155页。
③ 同上书，第152页。
④ 同上书，第210页。
⑤ 同上。
⑥ 同上。

本改变的强力手段,是可以彻底根除官僚制、实现真正民主制的。列宁指责考茨基看不出"官僚制的**实质**"①,彻底忘记了巴黎公社的这些宝贵经验,而"马克思正是以公社为例指出,在社会主义下,公职人员将不再是'官僚'或'官吏',其所以能如此,那是**因为**除了选举产生,**还**可以随时撤换,**并且还**把薪金减到工人平均工资的水平,**并且还**以'实干的即既是行政的,同时也是立法的'机构去代替议会式的机构"②,因此,"普通的民主制度,即与官僚制相结合的议会制"③必须被打碎和取代,而且一定会被打碎和取代。但是,考茨基仍然主张,"我们政治斗争的目的,和从前一样,仍然是以取得议会多数的办法来夺取国家政权,并且使议会变成政府的主宰"④。在列宁看来,这种"为'取得议会多数和争取一个主宰政府的全权议会'而斗争"⑤的"极为崇高的目的"⑥,并没有超出资产阶级议会制共和国的框子;相反,无产阶级革命的具体任务,就是要"以大无畏的精神"⑦,"为破坏全部旧的国家机器而斗争,使武装的无产阶级自己**成为政府**"⑧。而且、革命的真正目的,就是要超出资产阶级议会制共和国的框子,"去**推翻资产阶级,破坏**资产阶级的议会制,建立公社类型的民主共和国或工兵代表苏维埃共和国,建立无产阶级的革命专政"⑨。

(三) 关于普选与地方自治

列宁指出,"民主实行到一般所能想象的最完全最彻底的程度,就由资产阶级民主转化成无产阶级民主,即由国家(=对一定阶级的特殊

---

① 《列宁选集》第 3 卷,北京:人民出版社 2012 年版,第 216 页。
② 同上。
③ 同上书,第 217 页。
④ 同上书,第 218 页。
⑤ 同上书,第 219 页。
⑥ 同上。
⑦ 同上书,第 218 页。
⑧ 同上书,第 219 页。
⑨ 同上。

的镇压力量）转化成一种已经不是原来意义上的国家的东西"①。资产阶级民主转化成无产阶级民主是一种质变，而普选制就是这种"量转化为质"②的真正起点。在《国家与革命》一书中，"普选"一词共出现了9次，其中，"普选权"一词1次；"普选制"一词6次。

关于普选、普选权和普选制，列宁指出，恩格斯在《家庭、私有制和国家的起源》中"十分肯定地认为，普选制是资产阶级统治的工具。他显然是考虑到了德国社会民主党的长期经验，说普选制是'测量工人阶级成熟性的标尺。在现今的国家里，普选制不能而且永远不会提供更多的东西'"③。期待从普选制中得到"更多的东西"④的想法是一种"荒谬的想法"⑤，更不要相信这样一种说法，即"普选制'**在现今的**国**家里**'能够真正体现大多数劳动者的意志，并保证实现这种意志"⑥。

但是，如果是在巴黎公社里，通过选民普选，就能选出真正代表劳动人民的市政委员，正如马克思所说，"公社是由巴黎各区通过普选选出的市政委员组成的。这些委员对选民负责，随时可以罢免。其中大多数自然都是工人或公认的工人阶级代表"⑦，而"普选权不是为了每三年或六年决定一次由统治阶级中什么人在议会里当人民的假代表，而是为了服务于组织在公社里的人民"⑧。列宁认为，资本主义民主的实质就是用这种"每三年或六年决定一次由统治阶级中什么人在议会里当人民的假代表"⑨的方式去镇压人民、压迫人民，而"资本主义民主的这**一实质**"⑩意味着"把穷人排斥和推出政治生活之外，使他们不能积极

---

① 《列宁选集》第3卷，北京：人民出版社2012年版，第147页。
② 同上。
③ 同上书，第120—121页。
④ 同上书，第121页。
⑤ 同上。
⑥ 同上。
⑦ 《马克思恩格斯文集》第3卷，人民出版社2009年版，第154页。
⑧ 同上书，第156页。
⑨ 同上。
⑩ 《列宁选集》第3卷，北京：人民出版社2012年版，第190页。

参加民主生活"①。可见，普选、普选权和普选制，作为阶级统治的一种工具，既可以选出"人民的假代表"②，为资产阶级民主服务，也可以选出人民的真代表和勤务员，为无产阶级民主服务。

主张走议会制道路的人会说：国家和国家机器既然是一种工具性的存在，那么，它们既可以被用来欺骗人、镇压人，也可以被用来解放人、服务人，为什么欺骗人、镇压人的机器与解放人、服务人的机器不可以是同一个机器呢？

列宁提醒这些人不要忘记，"每隔几年决定一次由统治阶级中什么人在议会里镇压人民、压迫人民"③，这就是议会制的真正本质。彻底揭露它、批评它、利用它，努力摆脱它、取消它、代替它，这是列宁对待议会制的态度，也是他对"革命的辩证法"④的具体运用。

列宁认为，在"任何一个议会制的国家"⑤中，都有一个"千真万确的事实"⑥，即"议会专门为了愚弄'老百姓'而从事空谈"、"真正的'国家'工作是在幕后做的，是由各部、官厅和司令部进行的"⑦，这就是资产阶级议会制国家的现实权力运作模式。而在公社用来代替议会的机构中，议员们"发表意见和讨论的自由不会流为骗局"、"因为议员必须亲自工作，亲自执行自己通过的法律，亲自检查实际执行的结果，亲自对自己的选民直接负责"⑧。此议员非彼议员，这里的议员已经不再是议会中从事空谈的议员了，而是公社用来代替议会的机构中实干的、能够践行"四个亲自"（即亲自工作，亲自执行自己通过的法律，亲自检查实际执行的结果，亲自对自己的选民直接负责）的勤务员了。但是列宁并没有具体说明，公社是如何来规范、保障和监督他们自

---

① 《列宁选集》第3卷，北京：人民出版社2012年版，第190页。
② 《马克思恩格斯文集》第3卷，人民出版社2009年版，第156页。
③ 《列宁选集》第3卷，北京：人民出版社2012年版，第150页。
④ 同上。
⑤ 同上书，第151页。
⑥ 同上。
⑦ 同上。
⑧ 同上书，第152页。

觉履行这"四个亲自"的。资产阶级即使不用议会这种形式"镇压人民、压迫人民"①，它也会用另外的形式"镇压人民、压迫人民"，议会不过是资产阶级可以任意摆弄，甚至可以替换的一种统治工具罢了。谁利用它，操纵它，它就为谁服务。换句话说，既然资产阶级可以在议会里压迫人民，那么，人民同样也可以以其人之道还治其人之身，在议会里压迫资产阶级，而那些"带有腐朽的市侩习气的英雄们，如斯柯别列夫和策列铁里之流，切尔诺夫和阿夫克森齐耶夫之流"②，也会"把苏维埃糟蹋成最卑鄙的资产阶级的议会，把它变成了清谈馆。在苏维埃里，'社会党人'部长先生们用空谈和决议来愚弄轻信的农民"③。本来可以取代议会、真正代表人民的苏维埃，也会被人利用而变成议会式的清谈馆。

马克思的原话是这样的："普选权不是为了每三年或六年决定一次由统治阶级中什么人**在议会里当人民的假代表**，而是为了**服务于组织在公社里的人民**，正如个人选择权服务于任何一个为自己企业招雇工人和管理人员的雇主一样。"④ 在阶级社会中，议会与其他国家机器一样，是非人民性的统治工具，这一点毋庸置疑，但是，那些真正代表人民的人是不可能会在取消议会、打碎其他国家机器之后，自然而然地大量涌现出来的。

关于普选制，恩格斯在《家庭、私有制和国家的起源》中"十分肯定地认为，普选制是资产阶级统治的工具"⑤。不过，列宁在这里并没有全部引用恩格斯关于无产阶级如何运用普选制的重要论述，只引用了其中的一句话："普选制是测量工人阶级成熟性的标尺。在现今的国家里，普选制不能而且永远不会提供更多的东西；不过，这也就足够了。"⑥ 而且也只是引用了这句话的前半句，而分号后面的半句（"不

---

① 《列宁选集》第 3 卷，北京：人民出版社 2012 年版，第 150 页。
② 同上书，第 151 页。
③ 同上。
④ 《马克思恩格斯文集》第 3 卷，北京：人民出版社 2009 年版，第 154 页。
⑤ 《列宁选集》第 3 卷，北京：人民出版社 2012 年版，第 120 页。
⑥ 《马克思恩格斯文集》第 4 卷，北京：人民出版社 2009 年版，第 193 页。

过，这也就足够了"）并没有引用。在这句话的后面，恩格斯还说了一句更重要的、列宁没有引用的话："在普选制的温度计标示出工人的沸点的那一天，他们以及资本家同样都知道该怎么办了。"① 列宁并没有像恩格斯这么肯定和赞同普选制，这是有原因的。首先，列宁认为恩格斯"显然是考虑到了德国社会民主党的长期经验"②，才对普选制给予了这样的肯定和赞许之词；其次，列宁尖锐地指出："小资产阶级民主派，如我国的社会革命党人和孟什维克，以及他们的同胞兄弟西欧一切社会沙文主义者和机会主义者，却正是期待从普选制中得到'更多的东西'。他们自己相信而且要人民也相信这种荒谬的想法：普选制'在**现今的**国家里'能够真正体现大多数劳动者的意志，并保证实现这种意志。"③ 其实资产阶级完全可以通过操纵选举的方式挑选自己满意的掌权者，也可以打着体现人民意志的旗号，通过更换人员、机构和政党来转移人民的不满情绪。在资产阶级民主共和国这种资产阶级剥削和压迫无产阶级的"国家的最高形式"④ 中，普选制永远不会提供更多的东西给人民，人们对普选制幻想越多，则失望越多。

马克思也明确肯定了普选权的价值和意义，在《法国工人党纲领导言（草案）》（写于1880年5月10日前后）中，马克思"用短短的几行说明了共产主义的目的"⑤，即"生产者阶级的解放是不分性别和种族的全人类的解放"⑥；"生产者只有在占有生产资料之后才能获得自由"⑦；"生产资料属于生产者只有两种形式"⑧，"（1）个体形式"⑨；"（2）集体形式"⑩，"这种集体占有只有通过组成为独立政党的生产者

---

① 《马克思恩格斯文集》第 4 卷，北京：人民出版社 2009 年版，第 192—193 页。
② 《列宁选集》第 3 卷，北京：人民出版社 2012 年版，第 120 页。
③ 同上书，第 121 页。
④ 《马克思恩格斯文集》第 4 卷，北京：人民出版社 2009 年版，第 192 页。
⑤ 《马克思恩格斯文集》第 10 卷，北京：人民出版社 2009 年版，第 453 页。
⑥ 《马克思恩格斯文集》第 3 卷，北京：人民出版社 2009 年版，第 568 页。
⑦ 同上。
⑧ 同上。
⑨ 同上。
⑩ 同上。

阶级或无产阶级的革命活动才能实现"①；"要建立上述组织，就必须使用无产阶级所拥有的一切手段，包括借助于由向来是欺骗的工具变为解放工具的普选权"②，把"参加选举""作为组织和斗争的手段"③。马克思在《法兰西内战》中指出，"公社是由巴黎各区通过普选选出的市政委员组成的"④；"事实上，公社体制是把农村的生产者置于他们所在地区中心城市的精神指导之下，使他们在中心城市有工人作为他们利益的天然代表者。公社的存在本身自然而然会带来地方自治，但这种地方自治已经不是用来牵制现在已被取代的国家政权的东西了"⑤；"如果用等级授职制去代替普选制，那是最违背公社精神不过的"⑥，而"公社精神"就体现在通过普选制而实行的完全地方自治上。

恩格斯也坚持完全地方自治的观点，正如列宁所说，恩格斯在"为实现单一制的、民主集中制的共和国而最坚决地进行宣传和斗争"⑦的过程中，并没有"像资产阶级思想家和包括无政府主义者在内的小资产阶级思想家那样，从官僚制度的意义上去了解民主集中制。在恩格斯看来，集中制丝毫不排斥这样一种广泛的地方自治，这种自治在各个市镇和省自愿坚持国家统一的同时，绝对能够消除任何官僚制度和任何来自上面的'发号施令'"⑧。只有在彻底消除官僚制度的基础上，把集中制与完全的地方自治有机地统一起来，才能实现真正的"民主集中制的共和国"⑨。在《国家与革命》一书中，列宁承认，"关于地方自治"、"无论过去和现在，我们党的宣传鼓动工作都没有充分注意"⑩。

在《国家与革命》一书中，"自治"一词出现了16次，其中，"地

---

① 《马克思恩格斯文集》第3卷，北京：人民出版社2009年版，第568页。
② 同上。
③ 同上。
④ 同上书，第154页。
⑤ 同上书，第157页。
⑥ 同上。
⑦ 《列宁选集》第3卷，北京：人民出版社2012年版，第175页。
⑧ 同上书，第176页。
⑨ 同上书，第175页。
⑩ 同上书，第177页。

方自治"一词7次;"集中制"一词出现了26次,其中,"民主集中制"一词4次。列宁指出,马克思与蒲鲁东的相同之处在于"两人都主张'打碎'现代国家机器"①,不同之处在于马克思"主张集中制"②,反对"破坏民族的统一、废除中央政权"③,而蒲鲁东则主张联邦制,强调各村社的独立自由,不要任何权威和法律,不要集中统一的中央政权。列宁批评机会主义者对国家的迷信,以及"把消灭资产阶级国家机器看成是消灭集中制"④的偏见,强调马克思在以上论述中"**丝毫也没有离开集中制**"⑤。列宁对无产阶级的"最彻底的民主集中制"⑥进行了界定,即"无产阶级和贫苦农民把国家政权掌握在自己手中,十分自由地按公社体制组织起来,把所有公社的行动**统一**起来去打击资本,粉碎资本家的反抗,把铁路、工厂、土地以及其他私有财产交给**整个**民族、整个社会"⑦。民主集中制中的"民主",既体现为人的自主——人民(无产阶级和贫苦农民)掌握国家政权、当家做主,也体现为人的自由——通过人民的自由联合,组织成一个个公社(共同体)。民主集中制中的"集中",既体现为行动的集中——"把所有公社的行动统一起来去打击资本",也体现为财富的集中——剥夺私有财产,增加民族和社会的财富,即"把铁路、工厂、土地以及其他私有财产交给整个民族、整个社会"。因此,民主集中制就体现在人民通过当家做主和统一行动,组织成自由联合体和财富共同体的过程中。

列宁指责机会主义者"充耳不闻消灭国家政权、铲除寄生物这样的话"⑧,只是简单否定集中制,"根本不会想到"⑨实际上存在着两种相互对立、性质不同的集中制:一种是新的无产阶级民主集中制,即"自

---

① 《列宁选集》第3卷,北京:人民出版社2012年版,第157页。
② 同上。
③ 同上。
④ 同上。
⑤ 同上。
⑥ 同上。
⑦ 同上。
⑧ 同上书,第158页。
⑨ 同上书,第157页。

党的、民主的、无产阶级的集中制"①；另一种是旧的资产阶级官吏集中制，即"资产阶级的、军阀的、官吏的集中制"②。列宁指出，这两种集中制有着根本的区别：新的无产阶级民主集中制具有自愿性，这种"自愿的集中制"可以"使各公社自愿统一为一个民族"、"使无产阶级的公社在破坏资产阶级统治和资产阶级国家机器的事业中自愿融合在一起"③；旧的资产阶级官吏集中制具有强迫性，这种"集中制是只能从上面、只能由官吏和军阀强迫实行和维持的东西"④。因此，无产阶级革命不是要消灭集中制，而是以新的无产阶级的民主集中制为革命的组织原则，通过夺取国家政权，铲除旧政权中的压迫机关，同时把旧政权中的合理职能，特别是"仍须留待中央政府履行的为数不多但很重要的职能"、"归还给社会的负责的公仆"⑤，即"由公社的因而是严格承担责任的勤务员来行使"⑥。

《布莱克维尔政治思想百科全书》的编者认为，"民主集中制[Democratic centralism]"是"最早由**列宁**创立的学说，后来成为**苏联共产主义**的核心内容。民主集中制有两个主要命题：其一，在政治权力结构（无论是党的权力结构还是国家的权力结构）中，每一机构的成员都是由其下级机构投票选举产生的；其二，虽然在政策形成的初期阶段鼓励自由讨论，可是，一旦最高机构做出决定，该政治权力结构中的各级下属机构就必须严格执行。因此，民主集中制是排斥任何政治**多元主义**思想的"⑦。在《布莱克维尔政治制度百科全书》中，民主集中制是指："苏联共产党和同类型的马克思—列宁主义（Marxist—Leninist）政党的组织原则。从原则上讲，它允许在党的各级组织中选举党的领导

---

① 《列宁选集》第3卷，北京：人民出版社2012年版，第158页。
② 同上书，第158页。
③ 同上书，第157页。
④ 同上。
⑤ 同上书，第155页。
⑥ 《马克思恩格斯文集》第3卷，北京：人民出版社2009年版，第155页。
⑦ 戴维·米勒主编（英文版），邓正来主编（中文版）：《布莱克维尔政治思想百科全书》，北京：中国政法大学出版社2011年版，第136页。

人和对政策进行自由的讨论，直到做出民主性的决定。一旦决定做出、讨论终止，这种政策就成为一种被全体党员绝对接受的东西，而不论他们的个人意见如何。"① 编者认为，"如果**共产主义政党**严格遵循民主集中制原则，那么它们内部的运作方式与自由民主型政党几无二致了。然而，民主集中制的实践与它的宗旨之间，差距很大。列宁主义类型的共产党按严格的等级制度运作，下级服从上级，以军事化的纪律约束普通成员。高层领导通过任命而不是选举产生，下级干部不是由有正式任命权的机构任命，而是由上级任命；在这种制度安排下，共产主义政党严格遵循自上而下的治理原则，鲜有自下而上的动议空间。这也就意味着，在实践中，'集中'是民主集中制的主导特征"②。另外，对列宁的"民主集中制"思想的解读，可以参看张慕良的专著《列宁民主集中制奥秘初探》（中央编译出版社 2012 年版），以及吴晶晶和贺瑞撰写的《再论列宁民主集中制思想的基本内涵》（载《内蒙古师范大学学报（哲学社会科学版）》2005 年第 9 期）等文章。

列宁特别重视恩格斯在《1891 年社会民主党纲领草案批判》中提出的一条充分体现"公社精神"的、原则性和纲领性的建议，即：建议把"省、县和市镇通过依据普选制选出的官员实行完全的自治。取消由国家任命的一切地方的和省的政权机关"③ 这一项具体要求写入纲领中。列宁在《国家与革命》一书中说："在被克伦斯基和其他'社会党人'部长的政府封闭的《真理报》（1917 年 5 月 28 日第 68 号）上我已经指出过，在这一点上（自然远不止这一点），我国所谓革命民主派的所谓社会党人代表们是如何令人气愤地**背弃民主主义**。"④ 列宁这里所指的，就是自己撰写的《一个原则问题（关于民主制的一段"被忘记的言论"）》一文。在该文中，列宁同样引用了恩格斯在《1891 年社

---

① 韦农·波格丹诺主编（英文版），邓正来主编（中文版）：《布莱克维尔政治制度百科全书》，北京：中国政法大学出版社 2011 年版，第 177 页。
② 同上书，第 177—178 页。
③ 《马克思恩格斯文集》第 4 卷，北京：人民出版社 2009 年版，第 417 页。
④ 《列宁选集》第 3 卷，北京：人民出版社 2012 年版，第 176 页。

会民主党纲领草案批判》中提出的这条建议,明确回答了这样一个问题,即"中央政权对地方居民选出的公职人员有没有**批准**权的问题"①。列宁认为,这是"一个非常重要的、原则性的、纲领性的问题,任何一个正直的民主主义者,更不必说社会主义者,都不能对此漠不关心"②,而且,"马克思主义对待整个民主制的问题一向是十分慎重的"③。马克思主义在对这个"有没有批准权"问题的回答是很明确的:没有批准权,而策列铁里和斯柯别列夫这两位部长却认为:有批准权,"他们通过决议,认为喀琅施塔得居民选出的公职人员应由临时政府'批准'"④。这种"由上面任命官吏的权利""不合乎民主主义"⑤,也不合乎马克思主义,因为这样"建立的共和国,其实不是共和国,而是没有**君主的君主国**"⑥。列宁所强调的关于居民通过普选实行完全地方自治、取消"由上面任命官吏的权利"⑦ 的这个"非常重要的、原则性的、纲领性的问题"⑧,在今天看来依然具有重大的理论价值和时代意义。

另外,列宁在"蓝皮笔记"即《马克思主义论国家》一文中更加具体地论述了地方自治的问题。首先,他把"恩格斯在1891年(1891年6月29日)评论社会民主党的政治纲领"⑨ 即《1891年社会民主党纲领草案批判》中的内容概括为五个要点:"(1)直接同**机会主义**进行了斗争,指出了它在党内的增长,认为它是'忘记重大的根本(对比关系)"观点'";(2)重申了'无产阶级专政'的定义;(3)坚决主张建立共和国(作为'无产阶级专政的特殊形式');(4)坚决主张取消地方自治机关中一切由国家任命的官吏;(5)反对**只走和平道路**、

---

① 《列宁全集》第30卷,北京:人民出版社1985年版,第181页。
② 同上书,第180—181页。
③ 同上书,第181页。
④ 同上。
⑤ 同上书,第182页。
⑥ 同上书,第183页。
⑦ 同上书,第182页。
⑧ 同上书,第180—181页。
⑨ 《列宁全集》第31卷,北京:人民出版社1985年版,第146页。

只走合法道路的幻想"①。然后,列宁强调,"理论上值得特别**注意**的是把无产阶级专政同最完全的地方自治结合起来"②。他明确提出,在国家问题上,"无产阶级革命的任务是:'**打碎**'这个机器,即摧毁这个机器,在下面即在地方上用最完全的自治,而在上面用武装的无产阶级的**直接**政权即无产阶级专政来代替"③,即"无产阶级专政+取消地方自治机关中由国家任命的官吏"④。这个无产阶级革命的整体思路和任务公式,是"蓝皮笔记"中最鲜活、最宝贵的思想,它简单而明确地指出,无产阶级在国家问题上的革命任务是由互为条件、不可分割的两个分任务构成的:

Ⅰ."在上面"的国家革命任务:武装工人夺取国家政权,实行无产阶级专政

Ⅱ."在下面"的国家革命任务:彻底根除官僚制度,实行最完全的地方自治

要建立一个真正的"民主集中制的共和国"⑤,必须是在完成了"在上面"和"在下面"这两个国家革命的分任务之后才有可能。实行无产阶级专政与实行最完全的地方自治是有机联系的,两者不可分割、互为条件、唇齿相依,仅仅实行无产阶级专政而不实行地方自治,或者仅仅实行地方自治而不实行无产阶级专政,都不是真正的无产阶级专政和真正的地方自治。关于二者如何结合的问题,列宁主张,要把集中制与地方自治有机统一起来,把集中领导与民主管理有机统一起来,即"(以革命的烈火、革命的积极性)唤起劳动群众,即**大多数**居民,使**他们代替**官吏积极参与国家事务,——无产阶级领导,必须由组织起来

---

① 《列宁全集》第31卷,北京:人民出版社1985年版,第146页。
② 同上。
③ 同上书,第147页。
④ 同上书,第150页。
⑤ 《列宁选集》第3卷,北京:人民出版社2012年版,第175页。

的、集中的无产者来领导他们"①；把民主生产与民主管理有机统一起来，即"把人人参加生产劳动同人人参加'国家'管理结合起来"②。

我们不应该割裂无产阶级国家革命的整体思路和任务公式——"把无产阶级专政同最完全的地方自治结合起来"③；无产阶级国家＝"无产阶级专政+取消地方自治机关中由国家任命的官吏"④。在列宁看来，议会制只是一种"普通的民主制度，即与官僚制相结合的议会制"⑤，它仅仅是少数人的民主工具；那种由"欺骗的工具变为解放工具"⑥ 的普选权、体现"公社精神"⑦ 的普选制，以及根除官僚制而"最完全的地方自治"⑧，才是真正多数人的民主工具。

---

① 《列宁全集》第 31 卷，北京：人民出版社 1985 年版，第 184 页。
② 同上。
③ 同上书，第 146 页。
④ 同上书，第 150 页。
⑤ 《列宁选集》第 3 卷，北京：人民出版社 2012 年版，第 217 页。
⑥ 《马克思恩格斯文集》第 3 卷，北京：人民出版社 2009 年版，第 568 页。
⑦ 同上书，第 157 页。
⑧ 《列宁全集》第 31 卷，北京：人民出版社 1985 年版，第 146 页。

第四部分　经典著作选编

列　宁

国家与革命

马克思主义关于国家的学说与无产阶级在革命中的任务
（1917年8—9月）

第一版序言

国家问题，现在无论在理论方面或在政治实践方面，都具有特别重大的意义。帝国主义战争大大加速和加剧了垄断资本主义变为国家垄断资本主义的过程。国家同势力极大的资本家同盟日益密切地融合在一起，它对劳动群众的骇人听闻的压迫愈来愈骇人听闻了。各先进国家（我们指的是它们的"后方"）变成了工人的军事苦役监狱。

旷日持久的战争造成的空前惨祸和灾难，使群众生活痛苦不堪，使他们更加愤慨。国际无产阶级革命正在显著地发展。这个革命对国家的态度问题，已经具有实践的意义了。

在几十年较为和平的发展中积聚起来的机会主义成分，造成了在世界各个正式的社会党内占统治地位的社会沙文主义流派。这个流派（在俄国有普列汉诺夫、波特列索夫、布列什柯夫斯卡娅、鲁巴诺维维奇以及以稍加掩饰的形式出现的策列铁里先生、切尔诺夫先生之流；在德国有谢德曼、列金、大卫等；在法国和比利时有列诺得尔、盖得、王德威尔得；在英国有海德门和费边派，等等）是口头上的社会主义、实际上的沙文主义,其特点就在于这些"社会主义领袖"不仅对于"自己"民族的资产阶级的利益,而且正是对于"自己"国家的利益,采取卑躬屈膝的迎合态度,因为大多数所谓大国早就在剥削和奴役很多弱小民族。而帝国主义战争正是为了瓜分和重新瓜分这种赃物而进行的战争。如果不同"国家"问题上的机会主义偏见作斗争,使劳动群众摆脱资产阶级影响、特别是摆脱帝国主义资产阶级影响的斗争就无法进行。

首先,我们要考察一下马克思和恩格斯的国家学说,特别详细地谈谈这个学说被人忘记或遭到机会主义歪曲的那些方面。其次,我们要专门分析一下歪曲这个学说的主要代表人物,即在这次战争中如此可悲地遭到破产的第二国际(1889—1914 年)的最著名领袖卡尔·考茨基。最后,我们要给俄国 1905 年革命、特别是 1917 年革命的经验,作一个基本的总结。后面这次革命的第一个阶段看来现在(1917 年 8 月初)正在结束,但整个这次革命只能认为是帝国主义战争引起的无产阶级社会主义革命的链条中的一个环节。因此,无产阶级社会主义革命对国家的态度问题不仅具有政治实践的意义,而且具有最迫切的意义,这个问题是要向群众说明,为了使自己从资本的枷锁下解放出来,他们在最近的将来应当做些什么。

作　者
1917 年 8 月

第二版序言

本版,即第 2 版,几乎没有变动,仅在第 2 章中增加了第 3 节。

作　者
1918 年 12 月 17 日于莫斯科

第一章　阶级社会和国家

1. 国家是阶级矛盾不可调和的产物

马克思的学说在今天的遭遇，正如历史上被压迫阶级在解放斗争中的革命思想家和领袖的学说常有的遭遇一样。当伟大的革命家在世时，压迫阶级总是不断迫害他们，以最恶毒的敌意、最疯狂的仇恨、最放肆的造谣和诽谤对待他们的学说。在他们逝世以后，便试图把他们变为无害的神像，可以说是把他们偶像化，赋予他们的**名字**某种荣誉，以便"安慰"和愚弄被压迫阶级，同时却阉割革命学说的**内容**，磨去它的革命锋芒，把它庸俗化。现在资产阶级和工人运动中的机会主义者在对马克思主义作这种"加工"的事情上正一致起来。他们忘记、抹杀和歪曲这个学说的革命方面，革命灵魂。他们把资产阶级可以接受或者觉得资产阶级可以接受的东西放在第一位来加以颂扬。现在，一切社会沙文主义者都成了"马克思主义者"，这可不是说着玩的！那些德国的资产阶级学者，昨天还是剿灭马克思主义的专家，现在却愈来愈频繁地谈论起"德意志民族的"马克思来了，似乎马克思培育出了为进行掠夺战争而组织得非常出色的工人联合会！

在这种情况下，在对马克思主义的种种歪曲空前流行的时候，我们的任务首先就是要**恢复**真正的马克思的国家学说。为此，必须大段大段地引证马克思和恩格斯本人的著作。当然，大段的引证会使文章冗长，并且丝毫无助于通俗化。但是没有这样的引证是绝对不行的。马克思和恩格斯著作中所有谈到国家问题的地方，至少一切有决定意义的地方，一定要尽可能完整地加以引证，使读者能够独立地了解科学社会主义创始人的全部观点以及这些观点的发展，同时也是为了确凿地证明并清楚地揭示现在占统治地位的"考茨基主义"对这些观点的歪曲。

我们先从传播最广的弗·恩格斯的《家庭、私有制和国家的起源》一书讲起，这本书已于1894年在斯图加特出了第6版。我们必须根据德文原著来译出引文，因为俄文译本虽然很多，但多半不是译得不全，就是译得很糟。

恩格斯在总结他所作的历史的分析时说："国家决不是从外部强加于社会的一种力量。国家也不像黑格尔所断言的是'伦理观念的现实'，'理性的形象和现实'。确切地说，国家是社会在一定发展阶段上的产物；国家是承认：这个社会陷入了不可解决的自我矛盾，分裂为不可调和的对立面而又无力摆脱这些对立面。而为了使这些对立面，这些经济利益互相冲突的阶级，不致在无谓的斗争中把自己和社会消灭，就需要有一种表面上凌驾于社会之上的力量，这种力量应当缓和冲突，把冲突保持在'秩序'的范围以内；这种从社会中产生但又自居于社会之上并且日益同社会相异化的力量，就是国家。"（德文第6版第177—178页）①

这一段话十分清楚地表达了马克思主义关于国家的历史作用和意义这一问题的基本思想。国家是阶级矛盾**不可调和**的产物和表现。在阶级矛盾客观上**不能调和**的地方、时候和条件下，便产生国家。反过来说，国家的存在证明阶级矛盾不可调和。

对马克思主义的歪曲正是从这最重要的和根本的一点上开始的，这种歪曲来自两个主要方面。

一方面，资产阶级的思想家，特别是小资产阶级的思想家——他们迫于无可辩驳的历史事实不得不承认，只有存在阶级矛盾和阶级斗争的地方才有国家——这样来"稍稍纠正"马克思，把国家说成是阶级**调和**的机关。在马克思看来，如果阶级调和是可能的话，国家既不会产生，也不会保持下去。而照市侩和庸人般的教授和政论家们说来（往往还善意地引用马克思的话作根据！），国家正是调和阶级的。在马克思看来，国家是阶级**统治**的机关，是一个阶级**压迫**另一个阶级的机关，是建立一种"秩序"来抑制阶级冲突，使这种压迫合法化、固定化。在小资产阶级政治家看来，秩序正是阶级调和，而不是一个阶级对另一个阶

---

① 见《马克思恩格斯文集》2009年人民出版社版第4卷第189页。——编者注

级的压迫；抑制冲突就是调和，而不是剥夺被压迫阶级用来推翻压迫者的一定的斗争手段和斗争方式。

例如，在1917年革命中，当国家的意义和作用问题正好显得极为重要，即作为立刻行动而且是大规模行动的问题在实践上提出来的时候，全体社会革命党人和孟什维克一下子就完全滚到"国家""调和"阶级这种小资产阶级理论方面去了。这两个政党的政治家写的无数决议和文章，都浸透了这种市侩的庸俗的"调和"论。至于国家是一定阶级的统治机关，这个阶级**不可能**与同它对立的一方（同它对抗的阶级）调和，这是小资产阶级民主派始终不能了解的。我国社会革命党人和孟什维克根本不是社会主义者（我们布尔什维克一直都在这样证明），而是唱着准社会主义的高调的小资产阶级民主派，他们对国家的态度就是最明显的表现之一。

另一方面，"考茨基主义"对马克思主义的歪曲要巧妙得多。"在理论上"，它既不否认国家是阶级统治的机关，也不否认阶级矛盾不可调和。但是，它忽视或抹杀了以下一点：既然国家是阶级矛盾不可调和的产物，既然它是凌驾于社会**之上**并且"**日益**同社会**相异化**"的力量，那么很明显，被压迫阶级要求得解放，不仅非进行暴力革命不可，**而且非消灭**统治阶级所建立的、体现这种"异化"的国家政权机构不可。这个在理论上不言而喻的结论，下面我们会看到，是马克思对革命的任务作了具体的历史的分析后十分明确地得出来的。正是这个结论被考茨基……"忘记"和歪曲了，这一点我们在下面的叙述中还要详细地证明。

2. 特殊的武装队伍，监狱等等

恩格斯继续说："……国家和旧的氏族〈或克兰〉组织不同的地方，第一点就是它按地区来划分它的国民。……"

我们现在觉得这种划分"很自然"，但这是同血族或氏族的旧组织进行了长期的斗争才获得的。"……第二个不同点，是公共权力的设立，这种公共权力已经不再直接就是自己组织为武装力量的居民了。这个特殊的公共权力之所以需要，是因为自从社会分裂为阶级以后，居民的自动的武装组织已经成为不可能了。……这种公共权力在每一个国家里都存在。构成这种权力的，不仅有武装的人，而且还有物质的附属物，如监狱和各种强制设施，这些东西都是以前的氏族〈克兰〉社会所没有的。……"①

恩格斯在这里阐明了被称为国家的那种"力量"的概念，即从社会中产生但又自居于社会之上并且日益同社会相异化的力量的概念。这种力量主要是什么呢？主要是拥有监狱等等的特殊的武装队伍。

应该说这是特殊的武装队伍，因为任何国家所具有的公共权力已经"不再直接就是"武装的居民，即居民的"自动的武装组织"了。

同一切伟大的革命思想家一样，恩格斯也竭力促使有觉悟的工人去注意被流行的庸俗观念认为最不值得注意、最习以为常的东西，被根深蒂固的甚至可说是顽固不化的偏见奉为神圣的东西。常备军和警察是国家政权的主要强力工具，但是，难道能够不是这样吗？

19世纪末，大多数欧洲人认为只能是这样。恩格斯的话正是对这些人说的。他们没有经历过，也没有亲眼看到过一次大的革命。他们完全不了解什么是"居民的自动的武装组织"。对于为什么要有特殊的、居于社会之上并且同社会相异化的武装队伍（警察、常备军）这个问题，西欧和俄国的庸人总是喜欢借用斯宾塞或米海洛夫斯基的几句话来答复，说这是因为社会生活复杂化、职能分化等等。

这种说法似乎是"科学的"，而且很能迷惑一般人；它掩盖了社会分裂为不可调和地敌对的阶级这个主要的基本的事实。

如果没有这种分裂，"居民的自动的武装组织"，就其复杂程度、技术水平等等来说，固然会不同于拿着树棍的猿猴群或原始人或组成克兰社会的人们的原始组织，但这样的组织是可能有的。

这样的组织所以不可能有，是因为文明社会已分裂为敌对的而且是不可调和地敌对的阶级。如果这些阶级都有"自动的"武装，就会导致它们之间的武装斗争。于是国家形成了，特殊的力量即特殊的武装队

---

① 见《马克思恩格斯文集》2009年人民出版社版第4卷第189—190页。——编者注

伍建立起来了。每次大革命在破坏国家机构的时候,我们都看到赤裸裸的阶级斗争,我们都清楚地看到,统治阶级是如何力图恢复替它服务的特殊武装队伍,被压迫阶级又是如何力图建立一种不替剥削者服务,而替被剥削者服务的新型的同类组织。

恩格斯在上面的论述中从理论上提出的问题,正是每次大革命实际地、明显地而且是以大规模的行动提到我们面前的问题,即"特殊的"武装队伍同"居民的自动的武装组织"之间的相互关系问题。我们在下面会看到,欧洲和俄国历次革命的经验是怎样具体地说明这个问题的。

现在我们再来看恩格斯的论述。

他指出,有时,如在北美某些地方,这种公共权力极其微小(这里指的是资本主义社会中罕见的例外,指的是帝国主义以前时期北美那些自由移民占多数的地方),但一般说来,它是在加强:

"……随着国内阶级对立的尖锐化,随着彼此相邻的各国的扩大和它们人口的增加,公共权力就日益加强。就拿我们今天的欧洲来看吧,在这里,阶级斗争和争相霸占已经把公共权力提升到大有吞食整个社会甚至吞食国家之势的高度。……"①

这段话至迟是在上一世纪90年代初期写的。恩格斯最后的序言②注明的日期是1891年6月16日。当时向帝国主义的转变,无论就托拉斯的完全统治或大银行的无限权力或大规模的殖民政策等等来说,在法国还是刚刚开始,在北美和德国更要差一些。此后,"争相霸占"进了一大步,尤其是到了20世纪第二个10年的初期,世界已被这些"争相霸占者",即进行掠夺的大国瓜分完了。从此陆海军备无限增长,1914—1917年由于英德两国争夺世界霸权即由于瓜分赃物而进行的掠夺战争,使贪婪的国家政权对社会一切力量的"吞食"快要酿成大灾大难了。

---

① 见《马克思恩格斯文集》2009年人民出版社版第4卷第190页。——编者注
② 指恩格斯的《家庭、私有制和国家的起源》一书德文第4版序言(见《马克思恩格斯文集》2009年人民出版社版第4卷第18—31页)。——编者注

恩格斯在1891年就已指出,"争相霸占"是各个大国对外政策最重要的特征之一,但是在1914—1917年,即正是这个争相霸占加剧了许多倍而引起了帝国主义战争的时候,社会沙文主义的恶棍们却用"保卫祖国""保卫共和国和革命"等等词句来掩盖他们维护"自己"资产阶级强盗利益的行为!

3. 国家是剥削被压迫阶级的工具

为了维持特殊的、凌驾于社会之上的公共权力,就需要捐税和国债。

恩格斯说:"……官吏既然掌握着公共权力和征税权,他们就作为社会机关而凌驾于社会*之上*。从前人们对于氏族〈克兰〉制度的机关的那种自由的、自愿的尊敬,即使他们能够获得,也不能使他们满足了……"于是制定了官吏神圣不可侵犯的特别法律。"一个最微不足道的警察"却拥有比克兰代表还要大的"权威",然而,即使是文明国家掌握军权的首脑,也可能会对"不是用强迫手段获得"社会"尊敬"的克兰首领表示羡慕。①

这里提出了作为国家政权机关的官吏的特权地位问题。指出了这样一个基本问题:究竟什么东西使他们居于社会*之上*?我们在下面就会看到,这个理论问题在1871年如何被巴黎公社实际地解决了,而在1912年又如何被考茨基反动地抹杀了。

"……由于国家是从控制阶级对立的需要中产生的,由于它同时又是在这些阶级的冲突中产生的,所以,它照例是最强大的、在经济上占统治地位的阶级的国家,这个阶级借助于国家而在政治上也成为占统治地位的阶级,因而获得了镇压和剥削被压迫阶级的新手段。……"不仅古代国家和封建国家是剥削奴隶和农奴的机关,"现代的代议制的国家"也"是资本剥削雇佣劳动的工具。但也例外地有这样的时期,那时互相斗争的各阶级达到

---

① 参看《马克思恩格斯文集》2009年人民出版社版第4卷第191页。——编者注

了这样势均力敌的地步，以致国家权力作为表面上的调停人而暂时得到了对于两个阶级的某种独立性。……"① 17 世纪和 18 世纪的专制君主制，法兰西第一帝国和第二帝国的波拿巴主义，德国的俾斯麦，都是如此。

我们还可以补充说，在开始迫害革命无产阶级以后，在苏维埃由于小资产阶级民主派的领导而**已经**软弱无力，资产阶级又**还**没有足够的力量来直接解散它的时候，共和制俄国的克伦斯基政府也是如此。

恩格斯继续说，在民主共和国内，"财富是间接地但也是更可靠地运用它的权力的"，它所采用的第一个方法是"直接收买官吏"（美国），第二个方法是"政府和交易所结成联盟"（法国和美国）②。

目前，在任何民主共和国中，帝国主义和银行统治都把这两种维护和实现财富的无限权力的方法"发展"到了非常巧妙的地步。例如，在俄国实行民主共和制的头几个月里，也可以说是在社会革命党人和孟什维克这些"社会党人"同资产阶级在联合政府中联姻的蜜月期间，帕尔钦斯基先生暗中破坏，不愿意实施遏止资本家、制止他们进行掠夺和借军事订货盗窃国库的种种措施，而在帕尔钦斯基先生退出内阁以后（接替他的自然是同他一模一样的人），资本家"奖赏"给他年薪 12 万卢布的肥缺，这究竟是怎么一回事呢？是直接的收买，还是间接的收买？是政府同辛迪加结成联盟，还是"仅仅"是一种友谊关系？切尔诺夫、策列铁里、阿夫克森齐耶夫、斯柯别列夫之流究竟起着什么作用？他们是盗窃国库的百万富翁的"直接"同盟者，还是仅仅是间接的同盟者？

"财富"的无限权力在民主共和制下**更可靠**，是因为它不依赖政治机构的某些缺陷，不依赖资本主义的不好的政治外壳。民主共和制是资本主义所能采用的最好的政治外壳，所以资本一掌握（通过帕尔钦斯

---

① 参看《马克思恩格斯文集》2009 年人民出版社版第 4 卷第 191 页。——编者注
② 同上书，第 192 页。——编者注

基、切尔诺夫、策列铁里之流）这个最好的外壳，就能十分巩固十分可靠地确立自己的权力，以致在资产阶级民主共和国中，无论人员、无论机构、无论政党的**任何**更换，都不会使这个权力动摇。

还应该指出，恩格斯十分肯定地认为，普选制是资产阶级统治的工具。他显然是考虑到了德国社会民主党的长期经验，说普选制是

"测量工人阶级成熟性的标尺。在现今的国家里，普选制不能而且永远不会提供更多的东西"①。

小资产阶级民主派，如我国的社会革命党人和孟什维克，以及他们的同胞兄弟西欧一切社会沙文主义者和机会主义者，却正是期待从普选制中得到"更多的东西"。他们自己相信而且要人民也相信这种荒谬的想法：普选制"在**现今的**国家里"能够真正体现大多数劳动者的意志，并保证实现这种意志。

我们在这里只能指出这种荒谬的想法，只能指出，恩格斯这个十分明白、准确而具体的说明，经常在"正式的"（即机会主义的）社会党的宣传鼓动中遭到歪曲。至于恩格斯在这里所唾弃的这种想法的全部荒谬性，我们在下面谈到马克思和恩格斯对"**现今的**"国家的看法时还会详细地加以阐明。

恩格斯在他那部流传最广的著作中，把自己的看法总结如下：

"所以，国家并不是从来就有的。曾经有过不需要国家，而且根本不知国家和国家权力为何物的社会。在经济发展到一定阶段而必然使社会分裂为阶级时，国家就由于这种分裂而成为必要了。现在我们正在以迅速的步伐走向这样的生产发展阶段，在这个阶段上，这些阶级的存在不仅不再必要，而且成了生产的直接障碍。阶级不可避免地要消失，正如它们从前不可避免地产生一样。随着阶级的消失，国家也不可避免地要消失。在生产者自由平等的联合体的基础上按新方式来组织生产的社会，将把全部国家机器放到它应

---

① 见《马克思恩格斯文集》2009年人民出版社版第4卷第193页。——编者注

该去的地方，即放到古物陈列馆去，同纺车和青铜斧陈列在一起。"①

这一段引文在现代社会民主党的宣传鼓动书刊中很少遇到，即使遇到，这种引用也多半好像是对神像鞠一下躬，也就是为了例行公事式地对恩格斯表示一下尊敬，而丝毫不去考虑，先要经过多么广泛而深刻的革命，才能"把全部国家机器放到古物陈列馆去"。他们甚至往往不懂恩格斯说的国家机器究竟是什么。

4. 国家"自行消亡"和暴力革命

恩格斯所说的国家"自行消亡"这句话是这样著名，这样经常地被人引证，又这样清楚地表明了通常那种把马克思主义篡改为机会主义的手法的实质，以致对它必须详细地考察一下。现在我们把谈到这句话的整段论述援引如下：

"无产阶级将取得国家政权，并且首先把生产资料变为国家财产。但是这样一来，它就消灭了作为无产阶级的自身，消灭了一切阶级差别和阶级对立，也消灭了作为国家的国家。到目前为止在阶级对立中运动着的社会，都需要有国家，即需要一个剥削阶级的组织，以便维护这个社会的外部生产条件，特别是用暴力把被剥削阶级控制在当时的生产方式所决定的那些压迫条件下（奴隶制、农奴制或依附农制、雇佣劳动制）。国家是整个社会的正式代表，是社会在一个有形的组织中的集中表现，但是，说国家是这样的，这仅仅是说，它是当时独自代表整个社会的那个阶级的国家：在古代是占有奴隶的公民的国家，在中世纪是封建贵族的国家，在我们的时代是资产阶级的国家。当国家终于真正成为整个社会的代表时，它就使自己成为多余的了。当不再有需要加以镇压的社会阶级的时候，当阶级统治和根源于至今的生产无

---

① 见《马克思恩格斯文集》2009年人民出版社版第4卷第193页。——编者注

政府状态的个体生存斗争已被消除,而由此二者产生的冲突和极端行动也随着被消除了的时候,就不再有什么需要镇压了,也就不再需要国家这种特殊的镇压力量了。国家真正作为整个社会的代表所采取的第一个行动,即以社会的名义占有生产资料,同时也是它作为国家所采取的最后一个独立行动。那时,国家政权对社会关系的干预在各个领域中将先后成为多余的事情而自行停止下来。那时,对人的统治将由对物的管理和对生产过程的领导所代替。国家不是'被废除'的,**它是自行消亡的**。应当以此来衡量'自由的人民国家'这个用语,这个用语在鼓动的意义上暂时有存在的理由,但归根到底是没有科学根据的;同时也应当以此来衡量所谓无政府主义者提出的在一天之内废除国家的要求。"(《反杜林论(欧根·杜林先生在科学中实行的变革)》德文第3版第301—303页)①

我们可以确有把握地说,在恩格斯这一段思想极其丰富的论述中,被现代社会党的社会主义思想实际接受的只有这样一点:和无政府主义的国家"废除"说不同,按马克思的观点,国家是"自行消亡"的。这样来削剪马克思主义,无异是把马克思主义变成机会主义,因为这样来"解释",就只会留下一个模糊的观念,似乎变化就是缓慢的、平稳的、逐渐的,似乎没有飞跃和风暴,没有革命。对国家"自行消亡"的普遍的、流行的、大众化的(如果能这样说的话)理解,无疑意味着回避革命,甚至是否定革命。

实际上,这样的"解释"是对马克思主义最粗暴的、仅仅有利于资产阶级的歪曲,所以产生这种歪曲,从理论上说,是由于忘记了我们上面完整地摘引的恩格斯的"总结性"论述中就已指出的那些极重要的情况和想法。

第一,恩格斯在这段论述中一开始就说,无产阶级将取得国家政

---

① 见《马克思恩格斯文集》2009年人民出版社版第9卷第297—298页。——编者注

权，"这样一来也消灭了作为国家的国家"。这是什么意思，人们是"照例不"思索的。通常不是完全忽略这一点，就是认为这是恩格斯的一种"黑格尔主义的毛病"。其实这句话扼要地表明了最伟大的一次无产阶级革命的经验，即1871年巴黎公社的经验，关于这一点，我们在下面还要详细地加以论述。实际上恩格斯在这里所讲的是以无产阶级革命来"消灭"**资产阶级的**国家，而他讲的自行消亡是指社会主义革命**以后无产阶级**国家制度残余。按恩格斯的看法，资产阶级国家不是"自行消亡"的，而是由无产阶级在革命中来"**消灭**"的。在这个革命以后，自行消亡的是无产阶级的国家或半国家。

第二，国家是"镇压的特殊力量"。恩格斯这个出色的极其深刻的定义在这里说得十分清楚。从这个定义可以得出这样的结论：资产阶级对无产阶级，即一小撮富人对千百万劳动者的"镇压的特殊力量"，应该由无产阶级对资产阶级的"镇压的特殊力量"（无产阶级专政）来代替。这就是"消灭作为国家的国家"。这就是以社会的名义占有生产资料的"行动"。显然，以一种（无产阶级的）"特殊力量"来代替另一种（资产阶级的）"特殊力量"，**这样一种**更替是决不能通过"自行消亡"来实现的。

第三，恩格斯所说的"自行消亡"，甚至更突出更鲜明地说的"自行停止"，是十分明确而肯定地指"国家以整个社会的名义占有生产资料"**以后**即社会主义革命**以后**的时期。我们大家都知道，这时"国家"的政治形式是最完全的民主。但是那些无耻地歪曲马克思主义的机会主义者，却没有一个人想到恩格斯在这里所说的就是**民主**的"自行停止"和"自行消亡"。乍看起来，这似乎是很奇怪的。但是，只有那些没有想到民主**也**是国家、因而在国家消失时民主也会消失的人，才会觉得这是"不可理解"的。资产阶级的国家只有革命才能"消灭"。国家本身，就是说最完全的民主，只能"自行消亡"。

第四，恩格斯在提出"国家自行消亡"这个著名的原理以后，立刻就具体地说明这个原理是既反对机会主义者又反对无政府主义者的。

而且恩格斯放在首位的，是从"国家自行消亡"这个原理中得出的反对机会主义者的结论。

可以担保，在 1 万个读过或听过国家"自行消亡"论的人中，有 9990 人完全不知道或不记得恩格斯从这个原理中得出的结论**不仅**是反对无政府主义者的。其余的 10 个人中可能有 9 个人不知道什么是"自由的人民国家"，不知道为什么反对这个口号就是反对机会主义者。历史竟然被写成这样！伟大的革命学说竟然这样被人不知不觉地篡改成了流行的庸俗观念。反对无政府主义者的结论被千百次地重复，庸俗化，极其简单地灌到头脑中去，变成固执的偏见。而反对机会主义者的结论，却被抹杀和"忘记了"！

"自由的人民国家"是 70 年代德国社会民主党人的纲领性要求和流行口号。这个口号除了对于民主概念的市侩的、夸张的描写，没有任何政治内容。由于当时是在合法地用这个口号暗示民主共和国，恩格斯也就从鼓动的观点上同意"暂时"替这个口号"辩护"。但这个口号是机会主义的，因为它不仅起了粉饰资产阶级民主的作用，而且表现出不懂得社会主义对任何国家的批评。我们赞成民主共和国，因为这是在资本主义制度下对无产阶级最有利的国家形式。但是，我们决不应该忘记，即使在最民主的资产阶级共和国里，人民仍然摆脱不了当雇佣奴隶的命运。其次，任何国家对被压迫阶级都是"镇压的特殊力量"。因此**任何**国家都**不是**自由的，都**不是**人民的。在 70 年代，马克思和恩格斯一再向他们党内的同志解释这一点。

第五，在恩格斯这同一本著作中，除了大家记得的关于国家自行消亡的论述，还有关于暴力革命意义的论述。恩格斯从历史上对于暴力革命的作用所作的评述变成了对暴力革命的真正的颂扬。但是，"谁都不记得"这一点，这个思想的意义在现代社会党内是照例不谈、甚至照例不想的，这些思想在对群众进行的日常宣传鼓动中也不占任何地位。其实，这些思想同国家"自行消亡"论是紧紧联在一起的，是联成一个严密的整体的。

请看恩格斯的论述：

"……暴力在历史中还起着另一种作用〈除作恶以外〉，革命的作用；暴力，用马克思的话说，是每一个孕育着新社会的旧社会的助产婆①；它是社会运动借以为自己开辟道路并摧毁僵化的垂死的政治形式的工具——关于这些，杜林先生一个字也没有提到。他只是在叹息和呻吟中承认这样一种可能性：为了推翻进行剥削的经济，也许需要暴力，这很遗憾！因为在他看来，暴力的任何使用都会使暴力使用者道德堕落。他说这话竟不顾每一次革命的胜利带来的道德上和精神上的巨大跃进！而且这话是在德国说的，在那里，人民可能被迫进行的暴力冲突至少有一个好处，即扫除三十年战争的屈辱在民族意识中造成的奴才气。而这种枯燥的、干瘪的、软弱无力的传教士的思维方式，竟要强加给历史上最革命的政党！"（德文第3版第193页；第2编第4章末）②

怎样才能把恩格斯从1878年起至1894年即快到他逝世的时候为止，一再向德国社会民主党人提出的这一颂扬暴力革命的论点，同国家"自行消亡"的理论结合在一个学说里呢？

人们通常是借助折中主义把这两者结合起来，他们随心所欲（或者为了讨好当权者），无原则地或诡辩式地时而抽出这个论述时而抽出那个论述，而且在100次中有99次（如果不是更多的话）正是把"自行消亡"论摆在首位。用折中主义代替辩证法，这就是目前正式的社会民主党书刊中在对待马克思主义的态度上最常见最普遍的现象。这种做法，自然并不新鲜，甚至在希腊古典哲学史上也是可以见到的。把马克思主义篡改为机会主义的时候，用折中主义冒充辩证法最容易欺骗群众，能使人感到一种似是而非的满足，似乎考虑到了过程的一切方面、发展的一切趋势、一切相互矛盾的影响等等，但实际上并没有对社会发展过程作出任何完整的革命的解释。

---

① 见《马克思恩格斯文集》2009年人民出版社版第5卷第861页。——编者注
② 见《马克思恩格斯文集》2009年人民出版社版第9卷第191—192页。——编者注

我们在前面已经说过，在下面还要更详尽地说明，马克思和恩格斯关于暴力革命不可避免的学说是针对资产阶级国家说的。资产阶级国家由无产阶级国家（无产阶级专政）代替，**不能**通过"自行消亡"，根据一般规律，只能通过暴力革命。恩格斯对暴力革命的颂扬同马克思的屡次声明完全符合（我们可以回忆一下，《哲学的贫困》和《共产党宣言》这两部著作的结尾部分①，曾自豪地公开声明暴力革命不可避免；我们还可以回忆一下，约在30年以后，马克思在1875年批判哥达纲领的时候，曾无情地抨击了这个纲领的机会主义），这种颂扬决不是"过头话"，决不是夸张，也决不是论战伎俩。必须系统地教育群众**这样**来认识而且正是这样来认识暴力革命，这就是马克思和恩格斯**全部**学说的基础。现在占统治地位的社会沙文主义流派和考茨基主义流派对马克思和恩格斯学说的背叛，最突出地表现在这两个流派都把**这方面的**宣传和鼓动忘记了。

无产阶级国家代替资产阶级国家，非通过暴力革命不可。无产阶级国家的消灭，即任何国家的消灭，只能通过"自行消亡"。

马克思和恩格斯在研究每一个革命形势，分析每一次革命的经验教训时，都详细而具体地发展了他们的这些观点。我们现在就来谈谈他们学说中这个无疑是最重要的部分。

第二章 国家与革命。1848—1851年的经验

1. 革命的前夜

成熟的马克思主义的头两部著作《哲学的贫困》和《共产党宣言》，恰巧是在1848年革命前夜写成的。由于这种情况，这两部著作除了叙述马克思主义的一般原理，还在一定程度上反映了当时具体的革命

---

① 参看《马克思恩格斯文集》2009年人民出版社版第1卷第655—656页，第2卷第66页。——编者注

形势。因此，我们来研究一下这两部著作的作者从1848—1851年革命的经验作出结论以前不久关于国家问题的言论，也许更为恰当。

马克思在《哲学的贫困》中写道："……劳动阶级在发展进程中将创造一个消除阶级和阶级对抗的联合体来代替旧的市民社会；从此再不会有原来意义的政权了。因为政权正是市民社会内部阶级对抗的正式表现。"（1885年德文版第182页）①

拿马克思和恩格斯在几个月以后（1847年11月）写的《共产党宣言》中的下面的论述，同这一段关于国家在阶级消灭之后消失的思想的一般论述对照一下，是颇有教益的：

"……在叙述无产阶级发展的最一般的阶段的时候，我们循序探讨了现存社会内部或多或少隐蔽着的国内战争，直到这个战争爆发为公开的革命，无产阶级用暴力推翻资产阶级而建立自己的统治……

……前面我们已经看到，工人革命的第一步就是使无产阶级转化成〈直译是上升为〉统治阶级，争得民主。

无产阶级将利用自己的政治统治，一步一步地夺取资产阶级的全部资本，把一切生产工具集中在国家即组织成为统治阶级的无产阶级手里，并且尽可能快地增加生产力的总量。"（1906年德文第7版第31页和第37页）②

在这里我们看到马克思主义在国家问题上一个最卓越最重要的思想即"无产阶级专政"（马克思和恩格斯在巴黎公社以后开始这样说）这个思想的表述，其次我们还看到给国家下的一个非常引人注意的定义，这个定义也属于马克思主义中"被忘记的言论"：**"国家即组织成为统治阶级的无产阶级。"**

国家的这个定义，在正式社会民主党的占支配地位的宣传鼓动书刊中不仅从来没有解释过，而且恰巧被人忘记了，因为它同改良主义是根

---

① 见《马克思恩格斯文集》2009年人民出版社版第1卷第655页。——编者注
② 参看《马克思恩格斯文集》2009年人民出版社版第2卷第43、52页。——编者注

本不相容的,它直接打击了"民主的和平发展"这种常见的机会主义偏见和市侩的幻想。

无产阶级需要国家,——一切机会主义者,社会沙文主义者和考茨基主义者,都这样重复,硬说马克思的学说就是如此,但是"**忘记**"补充:马克思认为,第一,无产阶级所需要的只是逐渐消亡的国家,即组织得能立刻开始消亡而且不能不消亡的国家;第二,劳动者所需要的"国家"、"即组织成为统治阶级的无产阶级"。

国家是特殊的强力组织,是镇压某一个阶级的暴力组织。无产阶级要镇压的究竟是哪一个阶级呢?当然只是剥削阶级,即资产阶级。劳动者需要国家只是为了镇压剥削者的反抗,而能够领导和实行这种镇压的只有无产阶级,因为无产阶级是唯一彻底革命的阶级,是唯一能够团结一切被剥削劳动者对资产阶级进行斗争、把资产阶级完全铲除的阶级。

剥削阶级需要政治统治是为了维持剥削,也就是为了极少数人的私利,去反对绝大多数人。被剥削阶级需要政治统治是为了彻底消灭一切剥削,也就是为了绝大多数人的利益,去反对极少数的现代奴隶主——地主和资本家。

小资产阶级民主派,这些用阶级妥协的幻想来代替阶级斗争的假社会主义者,对社会主义改造也想入非非,他们不是把改造想象为推翻剥削阶级的统治,而是想象为少数和平地服从那已经理解到本身任务的多数。这种小资产阶级空想同认为国家是超阶级的观点有密切的联系,它在实践中导致出卖劳动阶级的利益,法国1848年革命和1871年革命的历史就表明了这一点,19世纪末和20世纪初英、法、意和其他国家的"社会党人"参加资产阶级内阁的经验也表明了这一点。

马克思一生都在反对这种小资产阶级社会主义,即目前在俄国由社会革命党和孟什维克党复活起来的这种小资产阶级社会主义。马克思把阶级斗争学说一直贯彻到政权学说、国家学说之中。

只有无产阶级才能推翻资产阶级的统治,因为无产阶级是一个特殊阶级,它的生存的经济条件为它推翻资产阶级的统治作了准备,使它有可能、有力量达到这个目的。资产阶级在分离和分散农民及一切小资产阶级阶层的同时，却使无产阶级团结、联合和组织起来。只有无产阶级，由于它在大生产中的经济作用，才能成为**一切**被剥削劳动群众的领袖，这些被剥削劳动群众受资产阶级的剥削、压迫和摧残比起无产阶级来往往有过之而无不及，可是他们不能为自己的解放**独立地**进行斗争。

阶级斗争学说经马克思运用到国家和社会主义革命问题上，必然导致承认无产阶级的**政治统治**，无产阶级的专政，即不与任何人分掌而直接依靠群众武装力量的政权。只有使无产阶级转化成**统治阶级**，从而能把资产阶级必然要进行的拼死反抗镇压下去，并组织**一切**被剥削劳动群众去建立新的经济结构，才能推翻资产阶级。

无产阶级需要国家政权，中央集权的强力组织，暴力组织，既是为了镇压剥削者的反抗，也是为了**领导**广大民众即农民、小资产阶级和半无产者来"调整"社会主义经济。

马克思主义教育工人的党，也就是教育无产阶级的先锋队，使它能够夺取政权并**引导全体人民**走向社会主义，指导并组织新制度，成为所有被剥削劳动者在不要资产阶级并反对资产阶级而建设自己社会生活的事业中的导师、领导者和领袖。反之，现在占统治地位的机会主义却把工人的党教育成为一群脱离群众而代表工资优厚的工人的人物，只图在资本主义制度下"苟且偷安"，为了一碗红豆汤而出卖自己的长子权，也就是放弃那领导人民反对资产阶级的革命领袖作用。

"国家即组织成为统治阶级的无产阶级"，——马克思的这个理论同他关于无产阶级在历史上的革命作用的全部学说，有不可分割的联系。这种作用的最高表现就是无产阶级实行专政，无产阶级实行政治统治。

既然无产阶级需要国家这样一个**反对**资产阶级的**特殊**暴力组织，那么自然就会得出一个结论：不预先消灭和破坏资产阶级为**自己**建立的国家机器，根本就不可能建立这样一个组织！在《共产党宣言》中已接近于得出这个结论，马克思在总结1848—1851年革命的经验时也就谈到了这个结论。

2. 革命的总结

关于我们感到兴趣的国家问题，马克思在《路易·波拿巴的雾月十八日》一书中总结1848—1851年的革命时写道：

"……然而革命是彻底的。它还处在通过涤罪所的历程中。它在有条不紊地完成自己的事业。1851年12月2日〈路易·波拿巴政变的日子〉以前，它经完成了前一半准备工作，现在它在完成另一半。它先使议会权力臻于完备，为的是能够推翻这个权力。现在，当它已达到这一步时，它就来使**行政权**臻于完备，使行政权以其最纯粹的形式表现出来，使之孤立，使之成为和自己对立的唯一的对象，**以便集中自己的一切破坏力量来反对行政权**〈黑体是我们用的〉。而当革命完成自己这后一半准备工作的时候，欧洲就会从座位上跳起来欢呼：掘得好，老田鼠！

这个行政权有庞大的官僚机构和军事机构，有复杂而巧妙的国家机器，有50万人的官吏大军和50万人的军队。这个俨如密网一般缠住法国社会全身并阻塞其一切毛孔的可怕的寄生机体，是在专制君主时代，在封建制度崩溃时期产生的，同时这个寄生机体又加速了封建制度的崩溃。"第一次法国革命发展了中央集权，"但是它同时也就扩大了政府权力的容量、属性和走卒数目。拿破仑完成了这个国家机器"。正统王朝和七月王朝"并没有增添什么东西，不过是扩大了分工……

……最后，议会制共和国在它反对革命的斗争中，除采用高压手段而外，还不得不加强政府权力的工具和中央集权。**一切变革都是使这个机器更加完备，而不是把它摧毁**〈黑体和着重号是我们用的〉。那些相继争夺统治权的政党，都把这个庞大国家建筑物的夺得视为胜利者的主要战利品。"（《路易·波拿巴的雾月十八日》1907年汉堡第4版第98—99页）①

马克思主义在这一段精彩的论述里，与《共产党宣言》相比，向

---

① 见《马克思恩格斯文集》2009年人民出版社版第2卷第564—565页。——编者注

前迈进了一大步。在那里，国家问题还提得非常抽象，只用了最一般的概念和说法。在这里，问题提得具体了，并且作出了非常准确、明确、实际而具体的结论：过去一切革命都是使国家机器更加完备，而这个机器是必须打碎，必须摧毁的。

这个结论是马克思主义国家学说中主要的基本的东西。正是这个基本的东西，不仅被占统治地位的正式社会民主党完全**忘记了**，而且被第二国际最著名的理论家卡·考茨基公然**歪曲了**（这点我们在下面就会看到）。

在《共产党宣言》中对历史作了一般的总结，使人们认识到国家是阶级统治的机关，还使人们得出这样一个必然的结论：无产阶级如果不先夺取政权，不取得政治统治，不把国家变为"组织成为统治阶级的无产阶级"，就不能推翻资产阶级；这个无产阶级国家在它取得胜利以后就会立刻开始消亡，因为在没有阶级矛盾的社会里，国家是不需要的，也是不可能存在的。在这里还没有提出究竟应当怎样（从历史发展的观点来看）以无产阶级国家来代替资产阶级国家的问题。

马克思在1852年提出并加以解决的正是这个问题。马克思忠于自己的辩证唯物主义哲学，他以1848—1851伟大革命年代的历史经验作为依据。马克思的学说在这里也像其他任何时候一样，是用深刻的哲学世界观和丰富的历史知识阐明的**经验总结**。

国家问题现在提得很具体：资产阶级的国家，资产阶级统治所需要的国家机器在历史上是怎样产生的？在历次资产阶级革命进程中和面对着各被压迫阶级的独立行动，国家机器如何改变，如何演变？无产阶级在对待这个国家机器方面的任务是什么？

资产阶级社会所特有的中央集权的国家政权，产生于专制制度崩溃的时代。最能表明这个国家机器特征的有两种机构，即官吏和常备军。马克思和恩格斯的著作中屡次谈到，这两种机构恰巧同资产阶级有千丝万缕的联系。每个工人的经验都非常清楚非常有力地说明了这种联系。工人阶级是根据亲身的体验来学习领会这种联系的，正因为这样，工人阶级很容易懂得并且很深刻地理解这种联系不可避免的道理，而小资产阶级民主派不是无知地、轻率地否认这个道理，便是更轻率地加以"一般地"承认而忘记作出相应的实际结论。

官吏和常备军是资产阶级社会身上的"寄生物"，是使这个社会分裂的内部矛盾所产生的寄生物，而且正是"堵塞"生命的毛孔的寄生物。目前在正式的社会民主党内占统治地位的考茨基机会主义，认为把国家看作**寄生机体**是无政府主义独具的特性。当然，这样来歪曲马克思主义，对于那些空前地玷污社会主义、竟把"保卫祖国"的概念应用于帝国主义战争来替这个战争辩护和粉饰的市侩，是大有好处的，然而这毕竟是无可置疑的歪曲。

经过从封建制度崩溃以来欧洲所发生的为数很多的各次资产阶级革命，这个官吏和军事机构逐渐发展、完备和巩固起来。还必须指出，小资产阶级被吸引到大资产阶级方面去并受它支配，在很大程度上就是通过这个机构，这个机构给农民、小手工业者、商人等等的上层分子以比较舒适、安闲和荣耀的职位，使这些职位的占有者居于人民**之上**。看一看俄国在1917年2月27日以后这半年中发生的情况吧：以前优先给予黑帮分子的官吏位置，现已成为立宪民主党人、孟什维克和社会革命党人猎取的对象。实际上他们根本不想进行任何认真的改革，力图把这些改革推迟"到立宪会议召集的时候"，而且又把立宪会议慢吞吞地推迟到战争结束再举行！至于瓜分战利品，攫取部长、副部长、总督等等职位，却没有延期，没有等待任何立宪会议！玩弄联合组阁的把戏，其实不过是全国上下一切中央和地方管理机关中瓜分和重新瓜分"战利品"的一种表现。各种改革都延期了，官吏职位已经瓜分了，瓜分方面的"错误"也由几次重新瓜分纠正了，——这无疑就是1917年2月27日—8月27日这半年的总结，客观的总结。

但是在各资产阶级政党和小资产阶级政党之间（拿俄国的例子来讲，就是在立宪民主党、社会革命党和孟什维克之间）"重新瓜分"官吏机构的次数愈多，各被压迫阶级，以无产阶级为首，就会愈清楚地认识到自己同**整个**资产阶级社会不可调和的敌对性。因此，一切资产阶级政党，其至包括最民主的和"革命民主的"政党，都必须加强高压手段来对付革命的无产阶级，巩固高压机构，也就是巩固原有的国家机器。这样的事变进程迫使革命"**集中自己的一切破坏力量**"去反对国家政权，迫使革命提出这样的任务：不是去改善国家机器，而是**破坏它、消灭它**。

这样提出任务，不是根据逻辑的推论，而是根据事变的实际发展，根据1848—1851年的生动经验。马克思在1852年还没有具体提出**用什么东西**来代替这个必须消灭的国家机器的问题，从这里可以看出，马克思是多么严格地以实际的历史经验为依据。那时在这个问题上，经验还没有提供材料，后来在1871年，历史才把这个问题提到日程上来。在1852年，要以观察自然历史那样的精确性下断语，还只能说，无产阶级革命已**面临**"集中自己的一切破坏力量"来反对国家政权的任务，即"摧毁"国家机器的任务。

这里可能会发生这样的问题：把马克思的经验、观察和结论加以推广，用到比1848—1851年这三年法国历史更广阔的范围上去是否正确呢？为了分析这个问题，我们先重温一下恩格斯的一段话，然后再来研究实际材料。

恩格斯在《雾月十八日》第3版序言里写道："……法国是这样一个国家，在那里历史上的阶级斗争，比起其他各国来每一次都达到更加彻底的结局；因而阶级斗争借以进行、阶级斗争的结果借以表现出来的变换不已的政治形式，在那里也表现得最为鲜明。法国在中世纪是封建制度的中心，从文艺复兴时代起是统一的等级君主制的典型国家，它在大革命中粉碎了封建制度，建立了纯粹的资产阶级统治，这种统治所具有的典型性是欧洲任何其他国家所没有的。而正在上升的无产阶级反对占统治地位的资产阶级的斗争，在这里也以其他各国所没有的尖锐形式表现出来。"（1907年版第4页）①

---

① 见《马克思恩格斯文集》2009年人民出版社版第2卷第468—469页。——编者注

最后一句评语已经过时了，因为从 1871 年起，法国无产阶级的革命斗争就停顿了，虽然这种停顿（无论它会持续多久）丝毫不排除法国在将来的无产阶级革命中有可能成为使阶级斗争达到彻底的结局的典型国家。

现在我们来概括地看一看 19 世纪末 20 世纪初各先进国家的历史。我们可以看到，这里更缓慢地、更多样地、范围更广阔得多地进行着那同一个过程：一方面，无论在共和制的国家（法国、美国、瑞士），还是在君主制的国家（英国、一定程度上的德国、意大利、斯堪的纳维亚国家等），都逐渐形成"议会权力"；另一方面，在不改变资产阶级制度基础的情况下，各资产阶级政党和小资产阶级政党瓜分着和重新瓜分着官吏职位这种"战利品"，为争夺政权进行着斗争；最后，"行政权"，它的官吏和军事机构，日益完备和巩固起来。

毫无疑问，这是一般资本主义国家现代整个演变过程的共同特征。法国在 1848—1851 年这三年内迅速地、鲜明地、集中地显示出来的，就是整个资本主义世界所特有的那种发展过程。

特别是帝国主义，即银行资本时代，资本主义大垄断组织的时代，垄断资本主义转变为国家垄断资本主义的时代表明，无论在君主制的国家，还是在最自由的共和制的国家，由于要加强高压手段来对付无产阶级，"国家机器"就大大强化了，它的官吏和军事机构就空前膨胀起来了。

现在，全世界的历史无疑正在较之 1852 年广阔得无比的范围内，把无产阶级革命引向"集中自己的一切力量"去"破坏"国家机器。

至于无产阶级将用什么东西来代替这个国家机器，关于这一点，巴黎公社提供了极有教益的材料。

3. 1852 年马克思对问题的提法①

1907 年，梅林把 1852 年 3 月 5 日马克思给魏德迈的信摘要登在《新时代》杂志上（第 25 年卷第 2 册第 164 页）。在这封信里有这样一

---

① 第 2 版增加的一节。

段精彩的论述：

"至于讲到我，无论是发现现代社会中阶级存在还是发现各阶级间的斗争，都不是我的功劳。在我以前很久，资产阶级历史编纂学家就已经叙述过阶级斗争的历史发展，资产阶级经济学家也已经对各个阶级作过经济上的分析。我所加上的新内容就是证明了下列几点：（1）阶级的存在仅仅同生产发展的一定历史阶段相联系；（2）阶级斗争必然导致无产阶级专政；（3）这个专政不过是达到消灭一切阶级和进入无阶级社会的过渡。……"①

在这一段话里，马克思极其鲜明地表达了两点：第一，他的学说同先进的和最渊博的资产阶级思想家的学说之间的主要的和根本的区别；第二，他的国家学说的实质。

马克思学说中的主要之点是阶级斗争。人们时常这样说，这样写。但这是不正确的。根据这个不正确的看法，往往会对马克思主义进行机会主义的歪曲，把马克思主义篡改为资产阶级可以接受的东西。因为阶级斗争学说**不是**由马克思**而是**由资产阶级**在**马克思**以前**创立的，一般说来是资产阶级**可以接受的**。谁要是**仅仅**承认阶级斗争，那他还不是马克思主义者，他还可以不超出资产阶级思想和资产阶级政治的范围。把马克思主义局限于阶级斗争学说，就是阉割马克思主义，歪曲马克思主义，把马克思主义变为资产阶级可以接受的东西。只有承认阶级斗争、**同时也**承认**无产阶级专政**的人，才是马克思主义者。马克思主义者同平庸的小资产者（以及大资产者）之间的最深刻的区别就在这里。必须用这块试金石来检验是否**真正**理解和承认马克思主义。无怪乎当欧洲的历史**在实践**上向工人阶级提出这个问题时，不仅一切机会主义者和改良主义者，而且所有"考茨基主义者"（动摇于改良主义和马克思主义之间的人），都成了**否认**无产阶级专政的可怜的庸人和小资产阶级民主派。1918 年 8 月即本书第 1 版刊行以后很久出版的考茨基的小册子《无产阶级专政》，就是**口头上**假意承认马克思主义而**实际上**市侩式地歪曲马

---

① 见《马克思恩格斯文集》2009 年人民出版社版第 10 卷第 106 页。——编者注

克思主义和卑鄙地背弃马克思主义的典型（见我的小册子《无产阶级革命和叛徒考茨基》1918年彼得格勒和莫斯科版①）。

以过去的马克思主义者卡·考茨基为主要代表的现代机会主义，完全符合马克思对**资产阶级**立场所作的上述评语，因为这种机会主义把承认阶级斗争的领域局限于资产阶级关系的领域。（而在这个领域内，在这个领域的范围内，任何一个有知识的自由主义者都不会拒绝"在原则上"承认阶级斗争！）机会主义恰巧**不把**承认阶级斗争**贯彻**到最主要之点，**贯彻**到从资本主义向共产主义**过渡**的时期，**贯彻**到**推翻**资产阶级并完全**消灭**资产阶级的时期。实际上，这个时期必然是阶级斗争空前残酷、阶级斗争的形式空前尖锐的时期，因而这个时期的国家就不可避免地应当是**新型**民主的（对无产者和一般穷人是民主的）和**新型**专政的（对资产阶级是专政的）国家。

其次，只有懂得**一个**阶级的专政不仅对一般阶级社会是必要的，不仅对推翻了资产阶级的**无产阶级**是必要的，而且对介于资本主义和"无阶级社会"即共产主义之间的整整一个**历史时期**都是必要的，——只有懂得这一点的人，才算掌握了马克思国家学说的实质。资产阶级国家的形式虽然多种多样，但本质是一样的：所有这些国家，不管怎样，归根到底一定都是**资产阶级专政**。从资本主义向共产主义过渡，当然不能不产生非常丰富和多样的政治形式，但本质必然是一样的：都是**无产阶级专政**。

第三章 国家与革命。1871年巴黎公社的经验。马克思的分析

1. 公社战士这次尝试的英雄主义何在？

大家知道，在巴黎公社出现以前几个月，即1870年秋，马克思曾经告诫巴黎工人说，推翻政府的企图将是绝望的蠢举②。但是，当1871

---

① 见《列宁选集》2012年人民出版社版第3卷第587—682页。——编者注
② 参看《马克思恩格斯文集》2009年人民出版社版第3卷第127页。——编者注

年3月工人**被迫**进行决战的时候,当起义已经成为事实的时候,尽管当时有种种恶兆,马克思还是以极其欢欣鼓舞的心情来迎接无产阶级革命。马克思并没有固执己见,学究式地非难运动"不合时宜",像臭名昭彰的俄国马克思主义叛徒普列汉诺夫那样:普列汉诺夫在1905年11月曾写文章鼓励工人农民进行斗争,而在1905年12月以后却自由派式地大叫什么"本来就用不着拿起武器"。

然而,马克思不仅是为"冲天的"(他的用语)公社战士的英雄主义感到欢欣鼓舞,他还从这次群众性的革命运动(虽然它没有达到目的)中看到了有极重大意义的历史经验,看到了全世界无产阶级革命的一定进步,看到了比几百种纲领和议论更为重要的实际步骤。分析这个经验,从这个经验中得到策略教训,根据这个经验来重新审查自己的理论,这就是马克思为自己提出的任务。

马克思认为对《共产党宣言》必须作的唯一"修改",就是他根据巴黎公社战士的革命经验作出的。

在《共产党宣言》德文新版上由两位作者署名的最后一篇序言,注明的日期是1872年6月24日。在这篇序言中,作者卡尔·马克思和弗里德里希·恩格斯说,《共产党宣言》这个纲领"现在有些地方已经过时了"。

接着他们说:"……**特别是公社已经证明:'工人阶级不能简单地掌握现成的国家机器,并运用它来达到自己的目的。'**……"①

这段引文中单引号内的话,是两位作者从马克思的《法兰西内战》一书中借用来的。②

总之,马克思和恩格斯认为巴黎公社的这个基本的主要的教训具有非常重大的意义,所以他们把这个教训加进《共产党宣言》,作为一个极其重要的修改。

非常值得注意的是,正是这个极其重要的修改被机会主义者歪曲

---

① 见《马克思恩格斯文集》2009年人民出版社版第2卷第6页。——编者注
② 见《马克思恩格斯文集》2009年人民出版社版第3卷第151页。——编者注

了，而《共产党宣言》的读者有十分之九，甚至有百分之九十九，大概都不知道这个修改所包含的意思。我们在下面专论歪曲的那一章里，还要对这种歪曲加以详细说明。现在只须指出，对于我们所引证的马克思的这句名言，流行的庸俗的"理解"就是认为马克思在这里是强调缓慢发展的思想，不主张夺取政权等等。

实际上**恰巧相反**。马克思的意思是说工人阶级应当**打碎**、**摧毁**"现成的国家机器"，而不只是简单地夺取这个机器。

1871年4月12日，即正当巴黎公社存在的时候，马克思在给库格曼的信中写道：

"……如果你查阅一下我的《雾月十八日》的最后一章，你就会看到，我认为法国革命的下一次尝试不应该再像以前那样把官僚军事机器从一些人的手里转到另一些人的手里，而应该把它**打碎**〈黑体和着重号是马克思用的；原文是 zerbrechen〉，这正是大陆上任何一次真正的人民革命的先决条件。这也正是我们英勇的巴黎党内同志们的尝试。"（《新时代》杂志第20年卷（1901—1902）第1册第709页）①（马克思给库格曼的书信至少有两种俄文版本，其中有一种是由我编辑和作序②的。）

"把官僚军事国家机器打碎"这几个字，已经简要地表明了马克思主义关于无产阶级在革命中在对待国家方面的任务问题的主要教训。而正是这个教训，不仅被人完全忘记了，而且被现时对马克思主义所作的流行的即考茨基主义的"解释"公然歪曲了！

至于马克思提到的《雾月十八日》中的有关地方，我们在前面已经全部引用了。

在以上引证的马克思的这段论述中，有两个地方是值得特别指出的。第一，他把他的结论只限于大陆。这在1871年是可以理解的，那时英国还是一个纯粹资本主义的、但是没有军阀并在很大程度上没有官

---

① 见《马克思恩格斯文集》2009年人民出版社版第10卷第352页。——编者注
② 见《列宁选集》2012年人民出版社版第1卷第699—708页。——编者注

僚的国家的典型。所以马克思把英国除外，当时在英国，革命，甚至是人民革命，被设想有可能而且确实有可能**不以**破坏"现成的国家机器"为先决条件。

现在，在1917年，在第一次帝国主义大战时期，马克思的这个限制已经不能成立了。英国和美国这两个全世界最大的和最后的盎格鲁撒克逊"自由制"（从没有军阀和官僚这个意义来说）的代表，已经完全滚到官僚和军阀支配一切、压迫一切这样一种一般欧洲式的污浊血腥的泥潭中去了。现在，无论在英国或美国，都要以**打碎**、**破坏**"现成的"（是1914—1917年间在这两个国家已制造出来而达到了"欧洲式的"、一般帝国主义的完备程度的）"国家机器"，作为"任何一次真正的人民革命的先决条件"。

第二，马克思说破坏官僚军事国家机器是"任何一次真正的**人民**革命的先决条件"，这个非常深刻的见解是值得特别注意的。"人民"革命这一概念出自马克思的口中似乎是很奇怪的，俄国的普列汉诺夫分子和孟什维克，这些愿意以马克思主义者自命的司徒卢威信徒，也许会说马克思是"失言"。他们把马克思主义歪曲成了非常贫乏的自由主义：在他们看来，除了资产阶级革命和无产阶级革命的对立，再没有任何东西，而且他们对这种对立的理解也是非常死板的。

如果以20世纪的革命为例，那么无论葡萄牙革命或土耳其革命，当然都应该算是资产阶级革命。但是无论前者或后者，都不是"人民"革命，因为人民群众，人民的大多数，在这两次革命中都没有很积极地、独立地起来斗争，都没有明显地提出自己的经济要求和政治要求。反之，1905—1907年的俄国资产阶级革命，虽然没有取得象葡萄牙革命和土耳其革命某些时候得到的那些"辉煌"成绩，但无疑是一次"真正的人民"革命，因为人民群众，人民的大多数，惨遭压迫和剥削的社会最"底层"，曾经独立奋起，给整个革命进程打上了自己的烙印：提出了**自己的**要求，**自己**尝试着按照自己的方式建立新社会来代替正被破坏的旧社会。

1871年，欧洲大陆上任何一个国家的无产阶级都没有占人民的大多数。当时只有把无产阶级和农民都包括进来的革命,才能成为真正把大多数吸引到运动中来的"人民"革命。当时的"人民"就是由这两个阶级构成的。这两个阶级因为都受"官僚军事国家机器"的压迫、摧残和剥削而联合起来。**打碎**这个机器,**摧毁**这个机器,——这就是"人民",人民的大多数,即工人和大多数农民的真正利益,这就是贫苦农民同无产者自由联盟的"先决条件",而没有这个联盟,民主就不稳固,社会主义改造就没有可能。

大家知道,巴黎公社曾力求为自己开辟实现这个联盟的道路,但是,由于许多内部和外部的原因,没有达到目的。

所以马克思在谈到"真正的人民革命"时,极严格地估计到了1871年欧洲大陆上多数国家中实际的阶级对比关系,但他丝毫没有忘记小资产阶级的特点(关于这些特点,他说得很多而且常常说)。另一方面,他又确认,"打碎"国家机器是工人和农民双方的利益所要求的,这个要求使他们联合起来,在他们面前提出了铲除"寄生物"、用一种新东西来代替的共同任务。

究竟用什么东西来代替呢?

2. 用什么东西来代替被打碎的国家机器呢?

1847年,马克思在《共产党宣言》中对这个问题的回答还十分抽象,确切些说,只是指出了任务,而没有指出解决任务的方法。以"无产阶级组织成为统治阶级"来代替,以"争得民主"来代替,这就是《共产党宣言》的回答。①

无产阶级组织成为统治阶级会采取什么样的具体形式,究竟怎样才能组织得同最完全最彻底地"争得民主"这点相适应,对于这个问题,马克思并没有陷于空想,而是期待群众运动的**经验**来解答。

马克思在《法兰西内战》一书中对公社的经验(尽管经验很少)作了极仔细的分析。现在我们把该书中最重要的地方摘录下来:

---

① 参看《马克思恩格斯文集》2009年人民出版社版第2卷第52页。——编者注

起源于中世纪的"中央集权的国家政权连同其遍布各地的机关，即常备军、警察局、官僚机构、僧侣和法官"，在19世纪发展起来了。随着资本和劳动之间阶级对抗的发展，"国家政权在性质上也越来越变成了压迫劳动的社会权力，变成了阶级统治的机器。每经过一场标志着阶级斗争前进一步的革命以后，国家政权的纯粹压迫性质就暴露得更加突出"。在1848—1849年革命以后，国家政权就成为"资本对劳动作战的全国性武器"。第二帝国把这种情况固定下来了。

"帝国的直接对立物就是公社。""公社正是""一个不但取代阶级统治的君主制形式、而且取代阶级统治本身的共和国的""毫不含糊的形式"。……

无产阶级社会主义共和国的这个"毫不含糊的"形式究竟是怎样的呢？它已开始建立的国家是怎样的呢？

"……公社的第一个法令就是废除常备军而代之以武装的人民。……"

现在一切愿意以社会党自命的政党的纲领中都载有这个要求。但是它们的纲领究竟有什么价值，这从我国社会革命党人和孟什维克的行径中看得最清楚，因为他们恰巧是在2月27日革命以后就已在实际上拒绝实现这个要求！

"公社是由巴黎各区通过普选选出的市政委员组成的。这些委员对选民负责，随时可以罢免。其中大多数自然都是工人或公认的工人阶级代表。……

"……警察不再是中央政府的工具，他们立刻被免除了政治职能，而变为公社的承担责任的、随时可以罢免的工作人员。其他各行政部门的官吏也是一样。从公社委员起，自上至下一切公职人员，都只能领取相当于**工人工资**的报酬。从前国家的高官显宦所享有的一切特权以及公务津贴，都随着这些人物本身的消失而消失了。……公社在铲除了常备军和警察这两支旧政府手中的物质力量以后，便急切地着手摧毁作为压迫工具的精神力量，即僧侣势力……法官的虚假的独立性被取消……今后均由选举产生，对选民负责，并且可以罢免。……"①

由此可见，公社用来代替被打碎的国家机器的，似乎"仅仅"是更完全的民主：废除常备军，一切公职人员完全由选举产生并完全可以罢免。但是这个"仅仅"，事实上意味着两类根本不同的机构的大更替。在这里恰巧看到了一个"量转化为质"的例子：民主实行到一般所能想象的最完全最彻底的程度，就由资产阶级民主转化成无产阶级民主，即由国家（＝对一定阶级的特殊的镇压力量）转化成一种已经不是原来意义上的国家的东西。

镇压资产阶级及其反抗，仍然是必要的。这对公社尤其必要，公社失败的原因之一就是在这方面做得不够坚决。但是实行镇压的机关在这里已经是居民的多数，而不像过去奴隶制、农奴制、雇佣奴隶制时代那样总是居民的少数。既然是人民这个大多数自己镇压他们的压迫者，实行镇压的"特殊力量"也就不需要了！国家就在这个意义上开始消亡。大多数人可以代替享有特权的少数人（享有特权的官吏、常备军长官）的特殊机构，自己来直接行使这些职能，而国家政权职能的行使愈是全民化，这个国家政权就愈不需要了。

在这方面特别值得注意的是马克思着重指出的公社所采取的一项措施：取消支付给官吏的一切公务津贴和一切金钱上的特权，把国家所有公职人员的报酬减到"工人工资"的水平。这里恰巧最明显地表现出一种转变：从资产阶级的民主转变为无产阶级的民主，从压迫者的民主转变为被压迫阶级的民主，从国家这个对一定阶级实行镇压的"特殊力量"转变为由大多数人——工人和农民用共同的力量来镇压压迫者。正是在这特别明显的一点上，也许是国家问题的最重要的一点上，人们把马克思的教训忘得最干净！通俗的解释（这种解释多不胜数）是不提这一点的。人们把这一点看做已经过时的"幼稚的东西"、"照例"不讲它，正如基督教徒在获得国教地位以后，把带有民主精神和革命精神

---

① 参看《马克思恩格斯文集》2009年人民出版社版第3卷第151—155页。——编者注

的早期基督教的种种"幼稚的东西""忘记了"一样。

降低国家的高官显宦的报酬,看来"不过"是幼稚的原始的民主制度的要求。现代机会主义的"创始人"之一,以前的社会民主主义者爱·伯恩施坦曾不止一次地重复资产阶级那种嘲笑"原始的"民主制度的庸俗做法。他同一切机会主义者一样,同现在的考茨基主义者一样,完全不懂得:第一,如果不在某种程度上"返回"到"原始的"民主制度,从资本主义过渡到社会主义**是不可能的**(因为,不这样做,怎么能够过渡到由大多数居民以至全体居民行使国家职能呢?);第二,以资本主义和资本主义文化为基础的"原始民主制度"同原始时代或资本主义以前时代的原始民主制度是不一样的。资本主义文化**创立了**大生产——工厂、铁路、邮政、电话等等,**在这个基础上**,旧的"国家政权"的大多数职能已经变得极其简单,已经可以简化为登记、记录、检查这样一些极其简单的手续,以致每一个识字的人都完全能够胜任这些职能,行使这些职能只须付给普通的"工人工资",并且可以(也应当)把这些职能中任何特权制、"长官制"的痕迹铲除干净。

一切公职人员毫无例外地完全由选举产生并可以**随时撤换**,把他们的报酬减到普通的"工人工资"的水平,这些简单的和"不言而喻"的民主措施使工人和大多数农民的利益完全一致起来,同时成为从资本主义通向社会主义的桥梁。这些措施关系到对社会进行的国家的即纯政治的改造,但是这些措施自然只有同正在实行或正在准备实行的"剥夺剥夺者"联系起来,也就是同变生产资料资本主义私有制为公有制联系起来,才会显示出全部意义和作用。

马克思写道:"公社实现了所有资产阶级革命都提出的廉价政府这一口号,因为它取消了两项最大的开支项目,即军队和国家官吏。"[①]

农民同小资产阶级其他阶层一样,他们当中只有极少数人能够"上升",能够"出人头地"(从资产阶级的意义来说),即变成富人,变成

---

① 参看《马克思恩格斯文集》2009年人民出版社版第3卷第157页。——编者注

资产者，或者变成生活富裕和享有特权的官吏。在任何一个有农民的资本主义国家（这样的资本主义国家占大多数），大多数农民是受政府压迫而渴望推翻这个政府、渴望有一个"廉价"政府的。能够实现这一要求的**只有**无产阶级，而无产阶级实现了这一要求，也就是向国家的社会主义改造迈进了一步。

3. 取消议会制

马克思写道："公社是一个实干的而不是议会式的机构，它既是行政机关，同时也是立法机关。……

……普选权不是为了每三年或六年决定一次由统治阶级中什么人在议会里代表和镇压（ver-und zertreten）人民，而是为了服务于组织在公社里的人民，正如个人选择权服务于任何一个为自己企业招雇工人、监工和会计的雇主一样。"①

由于社会沙文主义和机会主义占了统治地位，这个在1871年对议会制提出的精彩的批评，现在也属于马克思主义中"被忘记的言论"之列。部长和职业议员们，现今的无产阶级叛徒和"专讲实利的"社会党人，把批评议会制完全让给无政府主义者去做，又根据这个非常正当的理由宣布，对议会制的**任何**批评都是"无政府主义"!! 难怪"先进的"议会制国家的无产阶级一看到谢德曼、大卫、列金、桑巴、列诺得尔、韩德逊、王德威尔得、斯陶宁格、布兰亭、比索拉蒂之流的"社会党人"就产生恶感，而日益同情无政府工团主义，尽管无政府工团主义是机会主义的同胞兄弟。

但是，马克思从来没有像普列汉诺夫和考茨基等人那样，把革命的辩证法看做是一种时髦的空谈或动听的词藻。马克思善于无情地摒弃无政府主义，鄙视它甚至不会利用资产阶级议会这个"畜圈"，特别是在显然不具备革命形势的时候，但同时马克思又善于给议会制一种真正革命无产阶级的批评。

---

① 参看《马克思恩格斯文集》2009年人民出版社版第3卷第154、156页。——编者注

每隔几年决定一次由统治阶级中什么人在议会里镇压人民、压迫人民——这就是资产阶级议会制的真正本质，不仅在议会制的立宪君主国内是这样，而且在最民主的共和国内也是这样。

但是，如果提出国家问题，如果把议会看做国家的一种机构，从无产阶级在这方面的任务的角度加以考察，那么摆脱议会制的出路何在呢？怎样才可以不要议会制呢？

我们不得不一再指出，马克思从研究公社得出的教训竟被忘得这样干净，以致对议会制的批评，除了无政府主义的或反动的批评，任何其他的批评都简直为现代的"社会民主党人"（应读做：现代的社会主义叛徒）所不知道了。

摆脱议会制的出路，当然不在于取消代表机构和选举制，而在于把代表机构由清谈馆变为"实干的"机构。"公社是一个实干的而不是议会式的机构，它既是行政机关，同时也是立法机关。"

"是一个实干的而不是议会式的"机构，这正好击中了现代的议员和社会民主党的议会"哈巴狗"的要害！请看一看任何一个议会制的国家，从美国到瑞士，从法国到英国和挪威等等，那里真正的"国家"工作是在幕后做的，是由各部、官厅和司令部进行的。议会专门为了愚弄"老百姓"而从事空谈。这是千真万确的事实，甚至在俄罗斯共和国这个资产阶级民主共和国里，在还没有来得及建立真正的议会以前，议会制的所有这些弊病就已经显露出来了。带有腐朽的市侩习气的英雄们，如斯柯别列夫和策列铁里之流，切尔诺夫和阿夫克森齐耶夫之流，竟把苏维埃糟蹋成最卑鄙的资产阶级的议会，把它变成了清谈馆。在苏维埃里，"社会党人"部长先生们用空谈和决议来愚弄轻信的农民。在政府里，不断地更换角色，一方面为的是依次让更多的社会革命党人和孟什维克尝尝高官厚禄的"甜头"，另一方面为的是"转移"人民的"视线"。而在官厅里，在司令部里，却在"干着""国家"工作！

执政的"社会革命党"的机关报《人民事业报》不久以前在一篇社论中，用"大家"都以政治卖淫为业的"上流社会"中的人物的无比坦率的口吻自供说，甚至在"社会党人"（请原谅我用这个名词！）

主管的各部中，整个官吏机构实际上还是旧的，还在按旧的方式行使职权，十分"自由地"暗中破坏革命的创举！即使没有这个自供，社会革命党人和孟什维克参加政府的实际情况不也证明了这一点吗？这里值得注意的只是，同立宪民主党人一起待在官场里的切尔诺夫、鲁萨诺夫、晋季诺夫之流以及《人民事业报》的其他编辑先生，是这样的不知羞耻，竟满不在乎地在公众面前像谈小事情一样厚着脸皮说，在"他们的"各部中一切照旧！！革命民主的词句是用来愚弄乡下佬的，官吏的官厅的拖拉作风则是为了博得资本家的"欢心"，这就是"真诚"联合的**实质**。

在公社用来代替资产阶级社会贪污腐败的议会的那些机构中，发表意见和讨论的自由不会流为骗局，因为议员必须亲自工作，亲自执行自己通过的法律，亲自检查实际执行的结果，亲自对自己的选民直接负责。代表机构仍然存在，然而议会制这种特殊的制度，这种立法和行政的分工，这种议员们享有的特权地位，在这里**是不存在的**。没有代表机构，我们不可能想象什么民主，即使是无产阶级民主；而没有议会制，我们却能够想象和**应该**想象，除非我们对资产阶级社会的批评是空谈，除非推翻资产阶级统治的愿望不是我们真正的和真诚的愿望，而是像孟什维克和社会革命党人，像谢德曼、列金、桑巴、王德威尔得之流的那种骗取工人选票的"竞选"词句。

非常有教益的是：马克思在谈到既为公社需要、又为无产阶级民主需要的**那种**官吏的职能时，拿"任何一个雇主"招雇的人员来作比喻，即拿招雇"工人、监工和会计"的普通资本主义企业来作比喻。

马克思没有丝毫的空想主义，就是说，他没有虚构和幻想"新"社会。相反，他把**从**旧社会**诞生**新社会的过程、从前者进到后者的过渡形式，作为一个自然历史过程来研究。他以无产阶级群众运动的实际经验为依据，竭力从这个经验中取得实际教训。他向公社"学习"，就像一切伟大的革命思想家不怕向被压迫阶级的伟大运动的经验学习而从来不对这些运动作学究式的"训诫"（像普列汉诺夫说"本来就用不着拿起武器"，或者像策列铁里说"阶级应当自己约束自己"）一样。

要一下子、普遍地、彻底地取消官吏，是谈不到的。这是空想。但是一下子**打碎**旧的官吏机器，立刻开始建立一个新的机器来逐步取消任何官吏，这并**不是**空想，这是公社的经验，这是革命无产阶级当前的直接任务。

资本主义使"国家"管理的职能简化了，使我们有可能抛弃"长官职能"，把全部问题归结为无产者组织起来（成为统治阶级）以全社会名义雇用"工人、监工和会计"。

我们不是空想主义者。我们并不"幻想"**一下子**就可以不要任何管理，不要任何服从；这种由于不懂得无产阶级专政的任务而产生的无政府主义幻想，与马克思主义根本不相容，实际上只会把社会主义革命拖延到人们变成另一种人的时候。我们不是这样，我们希望由现在的人来实行社会主义革命，而现在的人没有服从、没有监督、没有"监工和会计"是不行的。

但是所需要的服从，是对一切被剥削劳动者的武装先锋队——无产阶级的服从。国家官吏的特殊"长官职能"可以并且应该立即开始、在一天之内就开始用"监工和会计"的简单职能来代替，这些职能现在只要有一般市民的水平就完全能够胜任，行使这些职能只须付给"工人工资"就完全可以了。

我们工人**自**己将以资本主义创造的成果为基础，依靠自己的工人的经验，建立由武装工人的国家政权维护的最严格的铁的纪律，来组织大生产，把国家官吏变成我们的委托的简单执行者，变成对选民负责的、可以撤换的、领取微薄薪金的"监工和会计"（当然还要用各式各样的和各种等级的技术人员），——这就是**我们**无产阶级的任务，无产阶级革命实现时就可以而且应该从这里**开始**做起。在大生产的基础上，这个开端自然会导致任何官吏逐渐"消亡"，使一种不带引号的、与雇佣奴隶制不同的秩序逐渐建立起来，在这种秩序下，日益简化的监督职能和填制表报的职能将由所有的人轮流行使，然后将成为一种习惯，最后就不再成其为特殊阶层的**特殊**职能了。

19世纪70年代，有一位聪明的德国社会民主党人认为**邮政**是社会主义经济的模型。这是非常正确的。目前邮政是按国家**资本主义**垄断组织的样式组成的一种经济。帝国主义逐渐把所有托拉斯都变为这种样式的组织。这里压在那些工作繁重、忍饥挨饿的"粗笨的"劳动者头上的仍然是那个资产阶级的官僚机构。但是管理社会事务的机构在这里已经准备好了。只要推翻资本家,用武装工人的铁拳粉碎这些剥削者的反抗,摧毁现代国家的官僚机器,我们就会有一个除掉了"寄生物"而技术装备程度很高的机构,这个机构完全可以由已经联合起来的工人自己使用,招雇一些技术人员、监工和会计,对**所有**这些人的工作如同对**所有**"国家"官吏的工作一样,付给工人的工资。这就是在对待一切托拉斯方面具体、实际而且立即可行的任务,它使劳动者免除剥削,并考虑到了实际上已经由公社开始了的尝试(特别是在国家建设方面)。

把**整个**国民经济组织得像邮政一样,做到在武装的无产阶级的监督和领导下使技术人员、监工和会计,如同**所有**公职人员一样,都领取不超过"工人工资"的报酬,这就是我们最近的目标。这样的国家,在这样的经济基础上的国家,才是我们所需要的。这样才能取消议会制而保留代表机构,这样才能使劳动阶级的这些机构免除资产阶级的糟蹋。

4. 组织起民族的统一

"……在公社没有来得及进一步加以发挥的全国组织纲要上说得十分清楚,公社将成为甚至最小村落的政治形式……"巴黎的"全国代表会议"也应当由各个公社选举出来。

"……仍须留待中央政府履行的为数不多但很重要的职能,则不会像有人故意胡说的那样加以废除,而应该交给公社的官吏,即交给那些严格负责的官吏。

民族的统一不是应该破坏,相反地应该借助于公社制度组织起来,应该通过这样的办法来实现,即消灭以民族统一的体现者自居同时却脱离民族、凌驾于民族之上的国家政权,这个国家政权只不过是民族躯体上的寄生赘瘤。旧政府权力的纯属压迫性质的机关予以铲除,而旧政府权力的合理职能则从僭越或凌驾于社会之上的当局那里夺取过来,归还给社会的负责的公仆。"①

叛徒伯恩施坦所著的有赫罗斯特拉特名声的《社会主义的前提和社会民主党的任务》一书,再清楚不过地表明现代社会民主党内的机会主义者是多么不理解,或者更确切些说,是多么不愿意理解马克思的这些论述。伯恩施坦正是在谈到马克思的上述这些话时写道,这个纲领"就其政治内容来说,在一切要点上都十分类似蒲鲁东主张的联邦制……尽管马克思和'小资产者'蒲鲁东〈伯恩施坦把"小资产者"这几个字放在引号内,想必他是表示讽刺〉之间有其他种种分歧,可是在这几点上,他们的思路是再接近不过的"。伯恩施坦接着又说:自然,地方自治机关的意义在增长,但是"民主的第一个任务是不是就像马克思和蒲鲁东所想象的那样是废除〈Auflösung——直译是解散、融解〉现代国家和完全改变〈Umwandlung——变革〉其组织(由各省或各州的会议选出代表组织全国会议,而各省或各州的会议则由各公社选出代表组成),从而使全国代表机关的整个旧形式完全消失,对此我是有怀疑的"。(伯恩施坦《前提》1899 年德文版第 134 页和第 136 页)

把马克思关于"消灭国家政权——寄生物"的观点同蒲鲁东的联邦制混为一谈,这简直是骇人听闻的事!但这不是偶然的,因为机会主义者从来没有想到,马克思在这里谈的根本不是同集中制对立的联邦制,而是要打碎在一切资产阶级国家里都存在的旧的资产阶级的国家机器。

机会主义者所想到的,只是在自己周围、在充满市侩的庸俗习气和"改良主义的"停滞现象的环境中他所看到的东西,即只是"地方自治机关"!至于无产阶级革命,机会主义者连想都不会去想了。

这是很可笑的。但值得注意的是,在这一点上竟没有人同伯恩施坦进行过争论。许多人都曾驳斥过伯恩施坦,特别是俄国著作界的普列汉

---

① 参看《马克思恩格斯文集》2009 年人民出版社版第 3 卷第 155—156 页。——编者注

诺夫和欧洲著作界的考茨基,但是,无论前者或后者都**没有**谈到伯恩施坦对马克思的**这一**歪曲。

机会主义者根本不会革命地思考,根本不会思考革命,他们竟把"联邦制"强加在马克思头上,把他同无政府主义的始祖蒲鲁东混为一谈。而想成为正统派马克思主义者、想捍卫革命的马克思主义学说的考茨基和普列汉诺夫却对此默不做声!这就是考茨基主义者和机会主义者极端庸俗地认识马克思主义同无政府主义的区别的根源之一。关于这种庸俗的观点,我们以后还要讲到。

在上述的马克思关于公社经验的论述中根本没有一点联邦制的痕迹。马克思和蒲鲁东相同的地方,恰巧是机会主义者伯恩施坦看不到的。而马克思和蒲鲁东不同的地方,恰巧是伯恩施坦认为相同的。

马克思和蒲鲁东相同的地方,就在于他们两人都主张"打碎"现代国家机器。马克思主义同无政府主义(不管是蒲鲁东或巴枯宁)这一相同的地方,无论机会主义者或考茨基主义者都不愿意看见,因为他们在这一点上离开了马克思主义。

马克思同蒲鲁东和巴枯宁不同的地方,恰巧就在联邦制问题上(更不用说无产阶级专政的问题了)。联邦制在原则上是从无政府主义的小资产阶级观点产生出来的。马克思是主张集中制的。在他上述的论述中,丝毫也没有离开集中制。只有对国家充满市侩"迷信"的人们,才会把消灭资产阶级国家机器看成是消灭集中制!

无产阶级和贫苦农民把国家政权掌握在自己手中,十分自由地按公社体制组织起来,把所有公社的行动**统一**起来去打击资本,粉碎资本家的反抗,把铁路、工厂、土地以及其他私有财产交给**整个**民族、整个社会,难道这不是集中制吗?难道这不是最彻底的民主集中制、而且是无产阶级的集中制吗?

伯恩施坦根本不会想到可能有自愿的集中制,可能使各公社自愿统一为一个民族,可能使无产阶级的公社在破坏资产阶级统治和资产阶级国家机器的事业中自愿融合在一起。伯恩施坦同其他所有的庸人一样,以为集中制是只能从上面、只能由官吏和军阀强迫实行和维持的东西。

马克思似乎预料到会有人歪曲他的这些观点，所以特意着重指出，如果非难公社要破坏民族的统一、废除中央政权，那就是故意捏造。马克思特意使用"组织起民族的统一"这样的说法，以便提出自觉的、民主的、无产阶级的集中制来同资产阶级的、军阀的、官吏的集中制相对立。

但是……充耳不闻比聋子还糟。现代社会民主党内的机会主义者正是充耳不闻消灭国家政权、铲除寄生物这样的话。

5. 消灭寄生物——国家

我们已经引用了马克思有关的言论，现在还应当补充几段。

马克思写道："……全新的历史创举都要遭到被误解的命运，即只要这种创举与旧的、甚至已经死亡的社会生活形式可能有某些相似之处，它就会被误认为是那些社会生活形式的翻版。所以，这个新的、摧毁〈bricht——打碎〉了现代国家政权的公社，就恰恰被误认为是……中世纪公社的再现。……是……许多小邦的联盟〈孟德斯鸠，吉伦特派〉……是反对过分集权这一古老斗争的被夸张了的形式。……

……公社体制会把靠社会供养而又阻碍社会自由发展的'国家'这个寄生赘瘤迄今所夺去的一切力量，归还给社会机体。仅此一举就会把法国的复兴推动起来。……

……公社制度是把农村的生产者置于他们所在地区中心城市的精神指导之下，使他们在中心城市有工人作为他们利益的天然代表者。公社的存在本身自然而然会带来地方自治，但这种地方自治已经不是用来牵制现在已被取代的国家政权的东西了。"①

"消灭国家政权"这个"寄生赘瘤"、"铲除"它，"破坏"它；"国家政权现在已被取代"，——这就是马克思评价和分析公社的经验时在国家问题上使用的说法。

---

① 参看《马克思恩格斯文集》2009年人民出版社版第3卷第156—157页。——编者注

所有这些都是在将近半世纪以前写的,现在必须把这些话发掘出来,使广大群众能够认识马克思主义的本来面目。马克思观察了他经历的最后一次大革命之后作出的结论,恰巧在新的无产阶级大革命时代到来的时候被人忘记了。

"……人们对公社有多种多样的解释,多种多样的人把公社看成自己利益的代表者,这证明公社是一个高度灵活的政治形式,而一切旧有的政府形式都具有非常突出的压迫性。公社的真正秘密就在于:它实质上是**工人阶级的政府**,是生产者阶级同占有者阶级斗争的产物,是终于发现的可以使劳动在经济上获得解放的政治形式。

如果没有最后这个条件,公社体制就没有存在的可能,就是欺人之谈。……"①

空想主义者致力于"发现"可以对社会进行社会主义改造的各种政治形式。无政府主义者根本不考虑政治形式问题。现代社会民主党内的机会主义者则把议会制民主国家的资产阶级政治形式当做不可逾越的极限,对这个"典范"崇拜得五体投地,宣布**摧毁**这些形式的任何意图都是无政府主义。

马克思从社会主义和政治斗争的全部历史中得出结论:国家一定会消失;国家消失的过渡形式(从国家到非国家的过渡),将是"组织成为统治阶级的无产阶级"。但是,马克思并没有去**发现**这个未来的政治**形式**。他只是对法国历史作了精确的观察,对它进行了分析,得出了1851 年所导致的结论:事情已到了**破坏**资产阶级的国家机器的地步。

当无产阶级的群众革命运动已经爆发的时候,马克思就来研究这个运动究竟**发现**了什么样的形式,虽然这个运动遭到了挫折,虽然这个运动为期很短而且有显著的弱点。

公社就是无产阶级革命"终于发现的"可以使劳动在经济上获得解放的形式。

---

① 参看《马克思恩格斯文集》2009 年人民出版社版第 3 卷第 157—158 页。——编者注

公社就是无产阶级革命**打碎**资产阶级国家机器的第一次尝试和"终于发现的"、可以而且应该用来**代替**已被打碎的国家机器的政治形式。

我们往下就会看到,俄国1905年革命和1917年革命在另一个环境和另一种条件下继续着公社的事业,证实着马克思这种天才的历史的分析。

第四章 续前。恩格斯的补充说明

马克思对公社经验的意义问题指出了基本的要点。恩格斯不止一次地谈到这个问题,说明马克思的分析和结论,并且有时非常有力非常突出地阐明这个问题的**其他**方面,因此我们必须特别来谈谈这些说明。

1.《住宅问题》

恩格斯在他论住宅问题的著作(1872年)[①]中,已经考虑到了公社的经验,几次谈到了革命在对待国家方面的任务。很有意思的是,他在谈到这个具体问题时,一方面明显地说明了无产阶级国家同现今的国家相似的地方,根据这些相似的地方我们可以把两者都称为国家;另一方面又明显地说明了两者不同的地方,或者说,说明了向消灭国家的过渡。

"那么怎样解决住宅问题呢?在现代社会里,这个问题同其他一切社会问题的解决办法是完全一样的,这就是靠经济上供求的逐渐均衡来加以解决。这样解决了之后,问题又会不断产生,所以也就等于没有解决。社会革命将怎样解决这个问题呢?这不仅要以当时的情况为转移,而且也同一些意义深远的问题有关,其中最重要的问题之一就是消灭城乡对立。既然我们不必为构建未来社会臆造种种空想方案,探讨这个问题也就是完全多余的了。但有一点是肯定的,现在各大城市中有足够的住房,只要合理使用,就可以立即

---

① 见《马克思恩格斯文集》2009年人民出版社版第3卷第235—334页。——编者注

解决现实的住房**短缺**问题。当然,要实现这一点,就必须剥夺现在的房主,或者让没有房子住或现在住得很挤的工人搬进这些房主的房子中去住。只要无产阶级取得了政权,这种具有公共福利形式的措施就会像现代国家剥夺其他东西和征用民宅那样容易实现了。"(1887年德文版第22页)①

这里没有考察国家政权形式的改变,只谈到国家政权活动的内容。剥夺和占据住宅是根据现今国家的命令进行的。无产阶级的国家,从形式上来讲,也会"下令"占据住宅和剥夺房屋。但是很明显,旧的执行机构,即同资产阶级相联系的官吏机构,是根本不能用来执行无产阶级国家的命令的。

"……必须指出,由劳动人民实际占有全部劳动工具和拥有全部工业,是同蒲鲁东主义的'赎买'完全相反的。如果采用后一种办法,单个劳动者将成为住房、农民田园、劳动工具的所有者;如果采用前一种办法,则'劳动人民'将成为房屋、工厂和劳动工具的总所有者。这些房屋、工厂等等,至少在过渡时期难以无偿地转让给个人或协作社。同样,消灭地产并不要求消灭地租,而是要求把地租——虽然形式发生变化——转交给社会。所以,由劳动人民实际占有全部劳动工具,决不排除保存租赁关系。"(第68页)②

我们在下一章将要考察在这段论述中触及的问题,即关于国家消亡的经济基础的问题。恩格斯非常谨慎,他说无产阶级国家"至少在过渡时期难以"免费分配住宅。把属于全民的住宅租给单个家庭就既要征收租金,又要实行一定的监督,还要规定分配住宅的某种标准。这一切都需要有一定的国家形式,但决不需要那种公职人员享有特权地位的特殊的军事和官僚机构。至于过渡到免费分配住宅,那是与国家的完全"消亡"联系着的。

---

① 参看《马克思恩格斯文集》2009年人民出版社版第3卷第264页。——编者注
② 同上书,第328页。——编者注

恩格斯谈到布朗基主义者在公社以后因受到公社经验的影响而转到马克思主义的原则立场上的时候,曾顺便把这个立场表述如下:

"……无产阶级必须采取政治行动,必须把实行无产阶级专政作为达到废除阶级并和阶级一起废除国家的过渡……"(第55页)①

一些喜欢咬文嚼字的批评家或者"从事剿灭马克思主义"的资产阶级分子大概以为,在这里承认"废除国家",在上述《反杜林论》的一段论述中又把这个公式当做无政府主义的公式加以否定,是矛盾的。如果机会主义者把恩格斯也算做"无政府主义者",那并没有什么奇怪,因为社会沙文主义者给国际主义者加上无政府主义的罪名现在是愈来愈时行了。

国家会随着阶级的废除而废除,马克思主义向来就是这样教导我们的。《反杜林论》的那段人所共知的关于"国家消亡"的论述,并不是简单地斥责无政府主义者主张废除国家,而是斥责他们鼓吹可以"在一天之内"废除国家。

现在占统治地位的"社会民主主义"学说把马克思主义在消灭国家问题上对无政府主义的态度完全歪曲了,因此我们来回忆一下马克思和恩格斯同无政府主义者的一次论战,是特别有益的。

2. 同无政府主义者的论战

这次论战发生在1873年。马克思和恩格斯曾经把驳斥蒲鲁东主义者即"自治论者"或"反权威主义者"的文章②寄给意大利的一个社会主义文集。这些文章在1913年才译成德文发表在《新时代》杂志上。

马克思讥笑无政府主义者否认政治时写道:"……如果工人阶级的政治斗争采取暴力的形式,如果工人建立起自己的革命专政来代替资产阶级专政,那他们就犯了违反原则的滔天大罪,因为工人

---

① 参看《马克思恩格斯文集》2009年人民出版社版第3卷第310页。——编者注
② 指马克思的《政治冷淡主义》和恩格斯的《论权威》这两篇文章(见《马克思恩格斯文集》2009年人民出版社版第3卷第339—345、335—338页)。——编者注

为了满足自己低微的平凡的日常需要,为了粉碎资产阶级的反抗,竟不放下武器,不废除国家,而赋予国家以一种革命的暂时的形式。……"(《新时代》杂志第 32 年卷(1913—1914)第 1 册第 40 页)①

请看,马克思在驳斥无政府主义者时,仅仅是反对这样地"废除"国家!马克思完全不是反对国家将随阶级的消失而消失,或国家将随阶级的废除而废除,而是反对要工人拒绝使用武器,拒绝使用有组织的暴力,**即拒绝**使用应为"粉碎资产阶级的反抗"这一目的服务的**国家**。

马克思故意着重指出无产阶级所必需的国家具有"革命的**暂时的形式**",以免人们歪曲他同无政府主义斗争的真正意思。无产阶级需要国家只是暂时的。在废除国家是**目**的这个问题上,我们和无政府主义者完全没有分歧。我们所断言的是,为了达到这个目的,就必须暂时利用国家权力的工具、手段、方法去**反对**剥削者,正如为了消灭阶级,就必须实行被压迫阶级的暂时专政一样。马克思在驳斥无政府主义者时,把问题提得非常尖锐,非常明确:工人在推翻资本家的压迫时,应当"放下武器"呢,还是应当利用它来反对资本家以粉碎他们的反抗?一个阶级有系统地利用武器反对另一个阶级,这不是国家的"暂时的形式"又是什么呢?

每一个社会民主党人都应该问问自己:他在同无政府主义者论战时是**这样**提出国家问题的吗?第二国际大多数正式的社会党是**这样**提出国家问题的吗?

恩格斯更加详尽更加通俗地阐明了这同一个思想。他首先讥笑了蒲鲁东主义者的糊涂观念,讥笑他们把自己称为"反权威主义者",也就是否认任何权威、任何服从、任何权力。恩格斯说,试拿工厂、铁路、在汪洋大海上航行的轮船来说吧,这是一些使用机器的、很多人有计划地共同工作的复杂技术设施,如果没有一定的服从,因而没有一定的权威或权力,那就没有一样能够开动起来,这难道还不明显吗?

---

① 见《马克思恩格斯文集》2009 年人民出版社版第 3 卷第 339—340 页。——编者注

恩格斯写道:"……如果我拿这种论据来反对最顽固的反权威主义者,那他们就只能给我如下的回答:'是的!这是对的,但是这里所说的并不是我们赋予我们的代表以某种权威,**而是某种委托**。'这些先生以为,只要改变一下某一事物的名称,就可以改变这一事物本身。……"①

恩格斯指出,权威和自治都是相对的概念,它们的应用范围是随着社会发展阶段的不同而改变的,把它们看做绝对的东西是荒谬的;并且补充说,使用机器和大规模生产的范围在日益扩大。然后恩格斯从权威问题的一般论述转到国家问题。

他写道:"……如果自治论者仅仅是想说,未来的社会组织将只在生产条件所必然要求的限度内允许权威存在,那也许还可以同他们说得通。但是,他们闭眼不看使权威成为必要的种种事实,只是拼命反对字眼。

为什么反权威主义者不只限于高喊反对政治权威,反对国家呢?所有的社会主义者都认为,国家以及政治权威将由于未来的社会革命而消失,这就是说,公共职能将失去其政治性质,而变为维护真正社会利益的简单的管理职能。但是,反权威主义者却要求在产生政治国家的各种社会条件消除以前,一举把政治国家废除。他们要求把废除权威作为社会革命的第一个行动。

这些先生见过革命没有?革命无疑是天下最权威的东西。革命就是一部分人用枪杆、刺刀、大炮,即用非常权威的手段强迫另一部分人接受自己的意志。获得胜利的政党迫于必要,不得不凭借它以武器对反动派造成的恐惧,来维持自己的统治。要是巴黎公社面对资产者没有运用武装人民这个权威,它能支持哪怕一天吗?反过来说,难道我们没有理由责备公社把这个权威用得太少了吗?总之,二者必居其一。或者是反权威主义者自己不知所云,如果是这样,那他们只是在散布糊涂观念;或者他们是知道的,如果是这

---

① 见《马克思恩格斯文集》2009年人民出版社版第3卷第337页。——编者注

样，那他们就背叛了无产阶级的事业。在这两种情况下，他们都只是为反动派效劳。"（第39页）①

在这些论述中涉及了在考察国家消亡时期的政治与经济的相互关系（下一章要专门论述这个问题）时应该考察的问题。那就是关于公共职能由政治职能变为简单管理职能的问题和关于"政治国家"的问题。后面这个说法（它特别容易引起误会）指出了国家消亡有一个过程：正在消亡的国家在它消亡的一定阶段，可以叫做非政治国家。

恩格斯这些论述中最精彩的地方，仍然是他用来反驳无政府主义者的问题提法。愿意做恩格斯的学生的社会民主党人，从1873年以来同无政府主义者争论过无数次，但他们在争论时所采取的态度，恰巧**不是**马克思主义者可以而且应该采取的。无政府主义者关于废除国家的观念是糊涂的，而且是**不革命的**，恩格斯就是这样提问题的。无政府主义者不愿看见的，正是革命的产生和发展，正是革命在对待暴力、权威、政权、国家方面的特殊任务。

现代社会民主党人通常对无政府主义的批评，可以归结为一种十足的市侩式的庸俗论调："我们承认国家，而无政府主义者不承认！"这样的庸俗论调自然不能不使那些稍有头脑的革命的工人感到厌恶。恩格斯就不是这样谈问题的。他着重指出，所有的社会主义者都承认国家的消失是社会主义革命的结果。然后他具体地提出革命的问题，这个问题恰巧是机会主义的社会民主党人通常避而不谈而可以说是把它留给无政府主义者去专门"研究"的。恩格斯一提出这个问题就抓住了关键：公社难道不应该**更多地**运用**国家**即武装起来并组织成为统治阶级的无产阶级这个**革命**政权吗？

现在占统治地位的正式的社会民主党，对于无产阶级在革命中的具体任务问题，通常是简单地用庸人的讥笑来敷衍，至多也不过是含糊地用诡辩来搪塞，说什么"将来再看吧"。因此无政府主义者有权责备这样的社会民主党，责备他们背弃了对工人进行革命教育的任务。恩格斯

---

① 参看《马克思恩格斯文集》2009年人民出版社版第3卷第337—338页。——编者注

运用最近这次无产阶级革命的经验，正是为了十分具体地研究一下无产阶级无论在对待银行方面还是在对待国家方面应该做什么和怎样做。

3. 给倍倍尔的信

恩格斯在1875年3月18—28日给倍倍尔的信中有下面这样一段话，这段话在马克思和恩格斯关于国家问题的著作中，如果不算是最精彩的论述，也得算是最精彩的论述之一。附带说一下，据我们所知，倍倍尔第一次发表这封信是在他1911年出版的回忆录（《我的一生》）第2卷里，也就是在恩格斯写好并发出这封信的36年之后。

恩格斯在给倍倍尔的信里批判了也被马克思在给白拉克的有名的信里批判过的哥达纲领草案，并且特别谈到了国家问题，他写道：

……自由的人民国家变成了自由国家。从字面上看，自由国家就是可以自由对待本国公民的国家，即具有专制政府的国家。应当抛弃这一切关于国家的废话，特别是出现了已经不是原来意义上的国家的巴黎公社以后。无政府主义者用"人民国家"这个名词把我们挖苦得很够了，虽然马克思驳斥蒲鲁东的著作①和后来的《共产主义宣言》②都已经直接指出，随着社会主义社会制度的建立，国家就会自行解体和消失。既然国家只是在斗争中、在革命中用来对敌人实行暴力镇压的一种暂时的设施，那么，说自由的人民国家，就纯粹是无稽之谈了：当无产阶级还**需要**国家的时候，它需要国家不是为了自由，而是为了镇压自己的敌人，一到有可能谈自由的时候，国家本身就不再存在了。因此，我们建议把**国家**一词全部改成"共同体"（Gemeinwesen），这是一个很好的古德文词，相当于法文的"公社"。（德文原版第321—322页）③

应当指出：这封信是谈党纲的，这个党纲马克思在离这封信仅仅几星期以后的一封信（马克思的信写于1875年5月5日）里曾作过批判；

---

① 指马克思《哲学的贫困》。——编者注
② 即《共产党宣言》。——编者注
③ 见《马克思恩格斯文集》2009年人民出版社版第3卷第414页。——编者注

当时恩格斯和马克思一起住在伦敦。因此,恩格斯在最后一句话里用"我们"二字,无疑是以他自己和马克思的名义向德国工人党的领袖建议,把"国家"一词**从党纲中去掉**,用"**共同体**"来代替。

如果向为了迁就机会主义者而伪造出来的现代"马克思主义"的首领们建议这样来修改党纲,那他们该会怎样狂吠,骂这是"无政府主义"啊!

让他们狂吠吧。资产阶级会因此称赞他们的。

我们还是要做我们自己的事情。在修改我们的党纲时,绝对必须考虑恩格斯和马克思的意见,以便更接近真理,以便清除对马克思主义的歪曲而恢复马克思主义,以便更正确地指导工人阶级争取自身解放的斗争。在布尔什维克当中大概不会有人反对恩格斯和马克思的建议。困难也许只是在用词上。德文中有两个词都作"共同体"解释,恩格斯用的那个词**不是**指单个的共同体,而是指共同体的总和即共同体体系。俄文中没有这样一个词,也许只好采用法文中的"公社"一词,虽然这也有它的不足之处。

"巴黎公社已经不是原来意义上的国家",——这是恩格斯在理论上最重要的论断。看了上文以后,这个论断是完全可以理解的。公社已经**不再是**国家了,因为公社所要镇压的不是大多数居民,而是少数居民(剥削者);它已经打碎了资产阶级的国家机器;居民已经自己上台来**代替特殊**的镇压力量。所有这一切都已经不是原来意义上的国家了。如果公社得到巩固,那么公社的国家痕迹就会自行"消亡",它就用不着"废除"国家机构,因为国家机构将无事可做而逐渐失去其作用。

"无政府主义者用'人民国家'这个名词挖苦我们",——恩格斯的这句话首先是指巴枯宁和他对德国社会民主党人的攻击说的。恩格斯认为这种攻击有正确之处,**因为**"人民国家"像"自由的人民国家"一样,都是无稽之谈,都是背离社会主义的。恩格斯竭力纠正德国社会民主党人反对无政府主义者的斗争,使这个斗争在原则上正确,使它摆脱在"国家"问题上的种种机会主义偏见。真可惜!恩格斯的这封信竟被搁置了36年。我们在下面可以看到,即使在这封信发表以后,考茨基实际上还是顽固地重犯恩格斯告诫过的那些错误。

倍倍尔在1875年9月21日写回信给恩格斯，信中也谈到他"完全同意"恩格斯对纲领草案的意见，并说他责备了李卜克内西的让步态度（倍倍尔的回忆录德文版第2卷第334页）。但是把倍倍尔的《我们的目的》这本小册子拿来，我们却可以看到国家问题上一种完全错误的论调：

"国家应当由基于**阶级统治**的国家变成**人民国家**。"（《我们的目的》1886年德文版第14页）

这就是倍倍尔那本小册子**第9版**（第9版！）中的话！难怪德国社会民主党竟听任一些人如此顽固地重复关于国家问题的机会主义论调，特别是在恩格斯所作的革命解释被搁置起来而整个生活环境又长期使人"忘记"革命的时候。

4. 对爱尔福特纲领草案的批判

在分析马克思主义的国家学说时，不能不提到恩格斯在1891年6月29日寄给考茨基而过了10年以后才在《新时代》杂志上发表的对爱尔福特纲领草案的批判，因为这篇文章主要就是批判社会民主党在**国家**结构问题上的**机会主义**观点的。

顺便指出，恩格斯还对经济问题作了一个非常宝贵的指示，这说明恩格斯是如何细心、如何深刻地考察了现代资本主义的形态的变化，因而他才能在一定程度上预先想到当前帝国主义时代的任务。这个指示是恩格斯由于该纲领草案用"无计划性"这个词来说明资本主义的特征而作的，他写道：

"……如果我们从股份公司进而来看那支配着和垄断着整个工业部门的托拉斯，那么，那里不仅没有了私人生产，而且也没有了无计划性。"（《新时代》杂志第20年卷（1901—1902）第1册第8页）①

---

① 见《马克思恩格斯文集》2009年人民出版社版第4卷第410页。——编者注

这里抓住了对现代资本主义即帝国主义的理论评价中最主要的东西，即资本主义转化为**垄断资本主义**。后面这四个字必须用黑体加以强调，因为目前最普遍的一种错误就是资产阶级改良主义者所断言的什么垄断资本主义或国家垄断资本主义**已经不**是资本主义，已经可以称为"国家社会主义"，如此等等。完全的计划性当然是托拉斯所从来没有而且也不可能有的。但是尽管托拉斯有计划性，尽管资本大王们能预先考虑到一国范围内甚至国际范围内的生产规模，尽管他们有计划地调节生产，我们还是处在**资本主义**下，虽然是在它的新阶段，但无疑还是处在资本主义下。在无产阶级的真正代表看来，**这种**资本主义之"接近"社会主义，只是证明社会主义革命已经接近，已经不难实现，已经可以实现，已经刻不容缓，而决不是证明可以容忍一切改良主义者否认社会主义革命和粉饰资本主义。

现在我们回过来讲国家问题。恩格斯在这里作了三方面的特别宝贵的指示：第一是关于共和国问题；第二是关于民族问题同国家结构的联系；第三是关于地方自治。

关于共和国，恩格斯把这点作为批判爱尔福特纲领草案的重点。如果我们还记得当时爱尔福特纲领在整个国际社会民主党中具有怎样的意义，它怎样成了整个第二国际的典范，那么可以毫不夸大地说，恩格斯在这里是批判了整个第二国际的机会主义。

恩格斯写道："草案的政治要求有一个很大的缺点。**这里没有**〈黑体是恩格斯用的〉本来应当说的东西。"①

接着，恩格斯解释道：德国的宪法实质上是1850年最反动的宪法的抄本；帝国国会，正如威廉·李卜克内西所说的，只是"专制制度的遮羞布"；想在把各小邦的存在合法化、把德意志各小邦的联盟合法化的宪法的基础上实现"将一切劳动资料转变成公有财产"、"显然毫无意义"。

"谈论这个问题是危险的"，——恩格斯补充说，因为他深知在德国不能在纲领中公开提出建立共和国的要求。但是，恩格斯并

---

① 见《马克思恩格斯文集》2009年人民出版社版第4卷第413页。——编者注

不因为这个理由很明显,"大家"都满意,就这样算了。他接着说:"但是,无论如何,事情总要着手去解决。这样做多么有必要,正好现在由在很大一部分社会民主党报刊中散布的机会主义证明了。现在有人因害怕恢复反社会党人法,因为回想起在这项法律统治下发表的一些草率的言论,就忽然认为,德国目前的法律状况就足以使党通过和平方式实现自己的一切要求。……"①

德国社会民主党人那样行事是害怕恢复非常法,——恩格斯把这个主要事实提到首位,毫不犹豫地称之为机会主义,而且指出,正是因为在德国没有共和制和自由,所以幻想走"和平"道路是十分荒谬的。恩格斯非常谨慎,没有束缚自己的手脚。他承认,在有共和制或有充分自由的国家里,和平地向社会主义发展是"可以设想"(仅仅是"设想"!)的,但是在德国,他重复说:

"……在德国,政府几乎有无上的权力,帝国国会及其他一切代议机关毫无实权,因此,在德国宣布要这样做,而且在没有任何必要的情况下宣布要这样做,就是揭去专制制度的遮羞布,自己去遮盖那赤裸裸的东西。……"②

德国社会民主党把这些指示"束之高阁",党的大多数正式领袖果然就成了专制制度的遮羞者。

"……这样的政策长此以往只能把党引入迷途。人们把一般的抽象的政治问题提到首要地位,从而把那些在重大事件一旦发生,政治危机一旦来临就会自行提到日程上来的紧迫的具体问题掩盖起来。其结果就是使党在决定性的时刻突然不知所措,使党在具有决定意义的问题上由于从未进行过讨论而认识模糊和意见不一。……

为了眼前暂时的利益而忘记根本大计,只图一时的成就而不顾后果,为了运动的现在而牺牲运动的未来,这种做法可能也是出于

---

① 见《马克思恩格斯文集》2009年人民出版社版第4卷第413页。——编者注
② 见《马克思恩格斯文集》2009年人民出版社版第4卷第414页。——编者注

'真诚的'动机。但这是机会主义,始终是机会主义,而且'真诚的'机会主义也许比其他一切机会主义更危险。……

如果说有什么是毋庸置疑的,那就是,我们的党和工人阶级只有在民主共和国这种形式下,才能取得统治。民主共和国甚至是无产阶级专政的特殊形式,法国大革命已经证明了这一点。……"①

恩格斯在这里特别明确地重申了贯穿在马克思的一切著作中的基本思想,这就是:民主共和国是走向无产阶级专政的捷径。因为这样的共和国虽然丝毫没有消除资本的统治,因而也丝毫没有消除对群众的压迫和阶级斗争,但是,它必然会使这个斗争扩大、展开、明朗化和尖锐化,以致一旦出现满足被压迫群众的根本利益的可能性,这种可能性就必然通过而且只有通过无产阶级专政即无产阶级对这些群众的领导得到实现。对于整个第二国际来说,这也是马克思主义中"被忘记的言论",而孟什维克党在俄国1917年革命头半年的历史则把这种忘却揭示得再清楚不过了。

恩格斯在谈到同居民的民族成分有关的联邦制共和国问题时写道:

"应当用什么东西来取代现在的德国呢?〈它拥有反动的君主制宪法和同样反动的小邦分立制,这种分立制把'普鲁士主义'的种种特点固定下来,而不是使它们在德国的整体中被融解掉〉在我看来,无产阶级只能采取单一而不可分的共和国的形式。联邦制共和国一般说来现在还是美国广大地区所必需的,虽然在它的东部已经成为障碍。在英国,联邦制共和国将是一个进步,因为在这里,两个岛上居住着四个民族,议会虽然是统一的,但是却有三种法律体系同时并存。在小国瑞士,联邦制共和国早已成为一种障碍,之所以还能被容忍,只是因为瑞士甘愿充当欧洲国家体系中纯粹消极的一员。对德国说来,实行瑞士式的联邦制,那就是一大退步。联邦制国家和单一制国家有两点区别,这就是:每个加盟的邦,每个州都有它自己的民事立法、刑事立法和法院组织;其次,

---

① 见《马克思恩格斯文集》2009年人民出版社版第4卷第414—415页。——编者注

与国民议院并存的还有联邦议院,在联邦议院中,每一个州不分大小,都以州为单位参加表决。"在德国,联邦制国家是向单一制国家的过渡,所以不是要使1866年和1870年的"从上面进行的革命"又倒退回去,而是要用"从下面进行的运动"来加以补充。①

恩格斯对国家形式问题不但不抱冷淡态度,相反,他非常细致地努力去分析的正是过渡形式,以便根据每一个别场合的具体历史特点来弄清各该场合的过渡形式是**从什么到什么**的过渡。

恩格斯同马克思一样,从无产阶级和无产阶级革命的观点出发坚持民主集中制,坚持单一而不可分的共和国。他认为联邦制共和国或者是一种例外,是发展的障碍,或者是由君主国向集中制共和国的过渡,是在一定的特殊条件下的"一个进步"。而在这些特殊条件中,民族问题占有突出的地位。

恩格斯同马克思一样,虽然无情地批判了小邦制的反动性和在一定的具体情况下用民族问题来掩盖这种反动性的行为,但是他们在任何地方都丝毫没有忽视民族问题的倾向,而荷兰和波兰两国的马克思主义者在反对"自己"小国的狭隘市侩民族主义的极正当的斗争中,却常常表现出这种倾向。

在英国,无论从地理条件、从共同的语言或从数百年的历史来看,似乎已经把各个小地区的民族问题都"解决了"。可是,甚至在这个国家里,恩格斯也注意到一个明显的事实,即民族问题还没有完全消除,因此他承认建立联邦制共和国是"一个进步"。自然,这里他丝毫没有放弃批评联邦制共和国的缺点,丝毫没有放弃为实现单一制的、民主集中制的共和国而最坚决地进行宣传和斗争。

但是,恩格斯绝对不像资产阶级思想家和包括无政府主义者在内的小资产阶级思想家那样,从官僚制度的意义上去了解民主集中制。在恩格斯看来,集中制丝毫不排斥这样一种广泛的地方自治,这种自治在各个市镇和省自愿坚持国家统一的同时,绝对能够消除任何官僚制度和任

---

① 参看《马克思恩格斯文集》2009年人民出版社版第4卷第415—416页。——编者注

何来自上面的"发号施令"。

恩格斯在发挥马克思主义对于国家问题的纲领性观点时写道:"……因此,需要统一的共和国,但并不是像现在法兰西共和国那样的共和国,因为它同1798年建立的没有皇帝的帝国没有什么不同。从1792年到1798年,法国的每个省、每个市镇,都有美国式的完全的自治,这是我们也应该有的。至于应当怎样安排自治和怎样才可以不要官僚制,这已经由美国和法兰西第一共和国给我们证明了,而现在又有澳大利亚、加拿大以及英国的其他殖民地给我们证明了。这种省〈州〉的和市镇的自治远比例如瑞士的联邦制更自由,在瑞士的联邦制中,州对 Bund〈即对整个联邦国家〉而言固然有很大的独立性,但它对专区和市镇也具有很大的独立性。州政府任命专区区长和市镇长官,这在讲英语的国家里是绝对没有的,而我们将来也应该断然消除这种现象,就像消除普鲁士的 Landrat 和 Regierungsrat〈专员、县长、省长以及所有由上面任命的官吏〉那样。"根据这一点,恩格斯建议把党纲关于自治问题的条文表述如下:"省〈省或州〉、县和市镇通过依据普选制选出的官员实行完全的自治。取消由国家任命的一切地方的和省的政权机关。"①

在被克伦斯基和其他"社会党人"部长的政府封闭的《真理报》(1917年5月28日第68号)上我已经指出过,在这一点上(自然远不止这一点),我国所谓革命民主派的所谓社会党人代表们是如何令人气愤地**背弃民主主义**②。自然,这些通过"联合"而把自己同帝国主义资产阶级拴在一起的人,对我指出的这些是充耳不闻的。

必须特别指出的是,恩格斯用事实和最确切的例子推翻了一种非常流行的、特别是在小资产阶级民主派中间非常流行的偏见,即认为联邦制共和国一定要比集中制共和国自由。这种看法是不正确的。恩格斯所

---

① 参看《马克思恩格斯文集》2009年人民出版社版第4卷第416—417页。——编者注
② 参看《列宁全集》第2版第30卷第180—183页。——编者注

举的1792—1798年法兰西集中制共和国和瑞士联邦制共和国的事实推翻了这种偏见。真正民主的集中制共和国赋予的自由比联邦制共和国要**多**。换句话说，在历史上，地方、州等等能够享有**最多**自由的是**集中制共和国**，而不是联邦制共和国。

对于这个事实，以及关于联邦制共和国与集中制共和国和关于地方自治这整个问题，无论过去和现在，我们党的宣传鼓动工作都没有充分注意。

5. 1891年为马克思的《内战》所写的导言

恩格斯在为《法兰西内战》第3版写的导言中（导言注明的日期是1891年3月18日，最初刊载在《新时代》杂志上），除了顺便就有关对国家的态度的问题提出一些值得注意的意见，还对公社的教训作了极其鲜明的概括。这个概括，由于考虑到了公社以后20年的全部经验而作得非常深刻，并且是专门用来反对流行于德国的"对国家的迷信"的，完全可以称为马克思主义在国家问题上的**最高成就**。

恩格斯指出：法国每次革命以后工人总是武装起来了；"因此，掌握国家大权的资产者的第一个信条就是解除工人的武装。于是，在每次工人赢得革命以后就产生新的斗争，其结果总是工人失败……"①

对各次资产阶级革命的经验作出的这个总结，真是又简短，又明了。这里正好抓住了问题的实质，也是国家问题的实质（**被压迫阶级有没有武装**？）。正是这个实质却是那些受资产阶级思想影响的教授以及小资产阶级民主派常常避而不谈的。在1917年的俄国革命中，泄露资产阶级革命的这个秘密的荣幸（卡芬雅克式的荣幸）落到了"孟什维克""也是马克思主义者"的策列铁里身上。他在6月11日的"具有历史意义的"演说中，脱口说出了资产阶级要解除彼得格勒工人武装的决定，当然，他把这个决定既说成是他自己的决定，又说成这就是"国家

---

① 见《马克思恩格斯文集》2009年人民出版社版第3卷第101页。——编者注

的"需要！

策列铁里在6月11日发表的具有历史意义的演说，当然会成为每一个研究1917年革命的历史学家都要援引的一个最明显的例证，证明策列铁里先生所率领的社会革命党人同孟什维克的联盟如何转到资产阶级方面来**反对**革命的无产阶级。

恩格斯顺便提出的另外一个也是有关国家问题的意见是谈宗教的。大家知道，德国社会民主党随着它的日益腐化而愈来愈机会主义化，愈来愈对"宣布宗教为私事"这个有名的公式进行庸俗的歪曲。就是说，把这个公式歪曲成似乎宗教问题**对于革命无产阶级政党也**是私事！！恩格斯起来反对的就是这种对无产阶级革命纲领的完全背叛，但恩格斯在1891年还只看到自己党内机会主义的**最小的**萌芽，因此他说得很谨慎：

"因为公社委员几乎全都是工人或公认的工人代表，所以公社所通过的决议也都带有鲜明的无产阶级性质。这些决议，要么是规定实行共和派资产阶级只是由于怯懦才不敢实行的、然而却是工人阶级自由行动的必要前提的那些改革，例如实行宗教**对国家而言**纯属私事的原则；要么就是直接代表工人阶级的利益，有时还深深地触动了旧的社会制度。……"①

恩格斯故意强调"对国家而言"这几个字，目的是要击中德国机会主义的要害，因为德国机会主义宣布宗教**对党而言**是私事，这样也就把革命无产阶级政党降低到最庸俗的"自由思想派"那班市侩的水平，这种市侩可以容许不信宗教，但是拒绝执行对麻醉人民的宗教鸦片进行**党**的斗争的任务。

将来研究德国社会民主党的历史学家在探讨该党1914年遭到可耻的破产的根源时，会找到许多关于这个问题的有趣的材料：从该党思想领袖考茨基的论文中为机会主义打开大门的暧昧言论起，直到党对1913年的与教会分离的运动的态度止。

---

① 见《马克思恩格斯文集》2009年人民出版社版第3卷第105—106页。——编者注

现在我们来看一看恩格斯在公社以后20年是怎样为斗争的无产阶级总结公社教训的。

下面就是恩格斯认为最重要的教训：

"……在此以前，中央集权政府进行压迫所凭借的力量是军队、政治警察、官僚机构。正是这支由拿破仑在1798年建立、后来每届新政府都乐于接过去用以反对自己敌人的力量，在一切地方都必须消除，就像在巴黎已经消除那样。

公社一开始想必就认识到，工人阶级一旦取得统治权，就不能继续运用旧的国家机器来进行管理；工人阶级为了不致失去刚刚争得的统治，一方面应当铲除全部旧的、一直被利用来反对工人阶级的压迫机器，另一方面还应当保证本身能够防范自己的代表和官吏，即宣布他们毫无例外地可以随时撤换。……"①

恩格斯一再着重指出，不仅在君主国，而且**在民主共和国**，国家依然是国家，也就是说仍然保留着它的基本特征：把公职人员，"社会公仆"，社会机关，变为社会的**主人**。

"……为了防止国家和国家机关由社会公仆变为社会主人——这种现象在至今所有的国家中都是不可避免的——公社采取了两个可靠的办法。第一，它把行政、司法和国民教育方面的一切职位交给由普选选出的人担任，而且规定选举者可以随时撤换被选举者。第二，它对所有公职人员，不论职位高低，都只付给跟其他工人同样的工资。公社所曾付过的最高薪金是6 000法郎②。这样，即使公社没有另外给代表机构的代表签发限权委托书，也能可靠地防止人们去追求升官发财了。……"③

恩格斯在这里接触到了一个有趣的界限，在这个界限上，彻底的民

---

① 见《马克思恩格斯文集》2009年人民出版社版第3卷第109—110页。——编者注
② 名义上约等于2 400卢布，但按现在的汇率计算，约等于6 000卢布。有些布尔什维克提议，例如在市杜马内，给9 000卢布的薪金，而不提议全国以6 000卢布（这个数目是足够的）**为最高薪金，这是完全不可饶恕的**。——列宁注
③ 见《马克思恩格斯文集》2009年人民出版社版第3卷第110—111页。——编者注

主**变成了**社会主义,同时也**要求**实行社会主义。因为,要消灭国家就必须把国家机关的职能变为非常简单的监督和计算的手续,使大多数居民,而后再使全体居民,都能够办理,都能够胜任。而要完全消除升官发财的思想,就必须使国家机关中那些无利可图但是"荣耀的"职位**不**能成为在银行和股份公司内找到肥缺的桥梁,像在一切最自由的资本主义国家内所**经常**看到的那样。

但是,恩格斯并没有犯有些马克思主义者在民族自决权问题上所犯的那种错误:他们说民族自决权在资本主义下是不可能实现的,而在社会主义下则是多余的。这种似乎很巧妙但实际上并不正确的论断,对于**任何一种**民主制度,包括给官吏发微薄薪金的办法在内,都可以套得上,因为在资本主义下彻底的民主制度是不可能的,而在社会主义下则任何民主都是会**消亡**的。

这是一种诡辩,正像一句古老的笑话所说的:一个人掉了一根头发,他是否就成了秃子呢?

彻底发展民主,找出彻底发展的种种**形式**,用**实践**来检验这些形式等等,这一切都是为社会革命进行斗争的基本任务之一。任何单独存在的民主制度都不会产生社会主义,但在实际生活中民主制度永远不会是"单独存在",而总是"共同存在"的,它也会影响经济,推动**经济的**改造,受经济发展的影响等等。这就是活生生的历史辩证法。

恩格斯继续写道:

"……这种炸毁(Sprengung)旧的国家政权而以新的真正民主的国家政权来代替的情形,《内战》第三章已经作了详细的描述。但是这里再一次简单扼要地谈谈这个问题还是有必要的,因为正是在德国,来自哲学的对国家的迷信,已经进入到资产阶级甚至很多工人的一般意识之中。按照哲学概念,国家是'观念的实现',或是译成了哲学语言的尘世的上帝王国,也就是永恒的真理和正义所借以实现或应当借以实现的场所。由此就产生了对国家以及一切同国家有关的事物的盲目崇拜。尤其是人们从小就习惯于认为,全社会的公共事务和公共利益只能像迄今为止那样,由国家和国家的地位优越的官吏来处理和维护,所以这种崇拜就更容易产生。人们以为,如果他们不再迷信世袭君主制而坚信民主共和制,那就已经是非常大胆地向前迈进了一步。实际上,国家无非是一个阶级镇压另一个阶级的机器,而且在这一点上民主共和国家并不亚于君主国。国家再好也不过是在争取阶级统治的斗争获胜的无产阶级所继承下来的一个祸害;胜利了的无产阶级也将同公社一样,不得不立即尽量除去这个祸害的最坏方面,直到在新的自由的社会条件下成长起来的一代有能力把这国家废物全部抛掉。"①

恩格斯告诫德国人,叫他们在以共和制代替君主制的时候不要忘记社会主义关于一般国家问题的原理。他的告诫现在看起来好像是直接对策列铁里和切尔诺夫之流先生们的教训,因为他们在"联合的"实践中正好表现出对国家的迷信和盲目崇拜!

还应当指出两点:(1)恩格斯说,在民主共和国,国家之为"一个阶级压迫另一个阶级的机器"、"丝毫不亚于"在君主国,但这决不等于说,压迫的**形式**对于无产阶级是无所谓的,像某些无政府主义者所"教导"的那样。阶级斗争和阶级压迫采取更广泛、更自由、更公开的**形式**,能够大大便于无产阶级为消灭一切阶级而进行的斗争。

(2)为什么只有新的一代才有能力把这国家废物全部抛掉呢?这个问题是同民主的消除问题联系着的,现在我们就来谈这个问题。

6. 恩格斯论民主的消除

恩格斯在谈到"社会民主党人"这个名称**在科学上**不正确的时候,曾连带说到这一点。

恩格斯在给自己那本19世纪70年代主要是论述"国际"问题的文集(《〈人民国家报〉国际问题论文集》)作序(1894年1月3日,即恩格斯逝世前一年半)的时候写道,在所有的文章里,他都用"共产

---

① 参看《马克思恩格斯文集》2009年人民出版社版第3卷第111页。——编者注

党人"这个名词，**而不用**"社会民主党人"，因为当时法国的蒲鲁东派和德国的拉萨尔派都自称为社会民主党人。

恩格斯接着写道："……因此，对马克思和我来说，选择如此有伸缩性的名称来表示我们特有的观点，是绝对不行的。现在情况不同了，这个词〈"社会民主党人"〉也许可以过得去（mag passieren），但是对于经济纲领不单纯是一般社会主义的而直接是共产主义的党来说，对于政治上的最终目的是消除整个国家因而也消除民主的党来说，这个词还是不确切的〈unpassend，不恰当的〉。然而，对**真正的**〈黑体是恩格斯用的〉政党说来，名称总是不完全符合的；党在发展，名称却不变。"①

辩证法家恩格斯到临终时仍然忠于辩证法。他说：马克思和我有过一个很好的科学上很确切的党的名称，可是当时没有一个真正的即群众性的无产阶级政党。现在（19世纪末）真正的政党是有了，可是它的名称在科学上是不正确的。但这不要紧，"可以过得去"，只要党**在发展**，只要党意识到它的名称在科学上不确切，不让这一点妨碍它朝着正确的方向发展就行！

也许哪一位爱开玩笑的人会用恩格斯的话来安慰我们布尔什维克说：我们有真正的政党，它在很好地发展；就连"布尔什维克"这样一个毫无意义的奇怪的名词，这个除了表示我们在1903年布鲁塞尔—伦敦代表大会上占多数这一完全偶然的情况外并没有什么其他意思的名词，也还"可以过得去"……现在，由于共和党人和"革命"市侩民主派在7、8月间对我党实行迫害，"布尔什维克"这个名词获得了全民的荣誉，除此而外，这种迫害还表明我党在**真正的**发展过程中迈进了多么巨大的具有历史意义的一步，在这个时候，也许连我自己也对我在4月间提出的改变我党名称的建议②表示怀疑了。也许我要向同志们提出一个"妥协办法"：把我们党称为共产党，而把布尔什维克这个名词

---

① 见《马克思恩格斯文集》2009年人民出版社版第4卷第449页。——编者注
② 参看《列宁全集》第2版第29卷第101、110页；《列宁选集》2012年人民出版社版第3卷第16页。——编者注

放在括号内……

但是党的名称问题远不及革命无产阶级对国家的态度问题重要。

人们通常在谈论国家问题的时候，老是犯恩格斯在这里所告诫的而我们在前面也顺便提到的那个错误。这就是：老是忘记国家的消灭也就是民主的消灭，国家的消亡也就是民主的消亡。

乍看起来，这样的论断似乎是极端古怪而难于理解的；甚至也许有人会担心，是不是我们在期待一个不遵守少数服从多数的原则的社会制度，因为民主也就是承认这个原则。

不是的。民主和少数服从多数的原则**不是**一个东西。民主就是承认少数服从多数的**国家**，即一个阶级对另一个阶级、一部分居民对另一部分居民使用有系统的**暴力**的组织。

我们的最终目的是消灭国家，也就是消灭任何有组织有系统的暴力，消灭任何加在人们头上的暴力。我们并不期待一个不遵守少数服从多数的原则的社会制度。但是，我们在向往社会主义的同时深信：社会主义将发展为共产主义，而对人们使用暴力，使一个人**服从**另一个人、使一部分居民**服从**另一部分居民的任何必要也将随之消失，因为人们**将习惯于**遵守公共生活的起码规则，而**不需要暴力和服从**。

为了强调这个习惯的因素，恩格斯就说到了新的**一代**，他们是"在新的自由的社会条件下成长起来的一代，有能力把这国家废物全部抛掉"，——这里所谓国家是指任何一种国家，其中也包括民主共和制的国家。

为了说明这一点，就必须分析国家消亡的经济基础问题。

第五章 国家消亡的经济基础

马克思在他的《哥达纲领批判》（即 1875 年 5 月 5 日给白拉克的信，这封信直到 1891 年才在《新时代》杂志第 9 年卷第 1 册上发表，有俄文单行本）① 中对这个问题作了最详尽的说明。在这篇出色的著作

---

① 见《马克思恩格斯文集》2009 年人民出版社版第 3 卷第 425—450 页。——编者注

中，批判拉萨尔主义的论战部分可以说是遮盖了正面论述的部分，即遮盖了对共产主义发展和国家消亡之间的联系的分析。

1. 马克思如何提出问题

如果把马克思在 1875 年 5 月 5 日给白拉克的信同我们在前面研究过的恩格斯在 1875 年 3 月 28 日给倍倍尔的信粗略地对照一下，也许会觉得马克思比恩格斯带有浓厚得多的"国家派"色彩，也许会觉得这两位著作家对国家的看法有很大差别。

恩格斯建议倍倍尔根本抛弃关于国家的废话，把国家一词从纲领中完全去掉而用"共同体"一词来代替；恩格斯甚至宣布公社已经不是原来意义上的国家。而马克思却谈到"未来共产主义社会的国家制度"①，这就是说，似乎他认为就是在共产主义下也还需要国家。

但这种看法是根本不对的。如果仔细研究一下就可以知道，马克思和恩格斯对国家和国家消亡问题的看法是完全一致的，上面所引的马克思的话指的正是**正在消亡的**国家制度。

很清楚，确定**未来的**"消亡"的日期，这是无从谈起的，何况它显然还是一个很长的过程。马克思和恩格斯之间仿佛存在差别，是因为他们研究的题目不同，要解决的任务不同。恩格斯的任务是要清楚地、尖锐地、概括地向倍倍尔指明，当时流行的（也是拉萨尔颇为赞同的）关于国家问题的偏见是十分荒谬的。而马克思只是在论述另一个题目即共产主义社会的**发展**时，顺便提到了**这个**问题。

马克思的全部理论，就是运用最彻底、最完整、最周密、内容最丰富的发展论去考察现代资本主义。自然，他也就要运用这个理论去考察资本主义的**即将到来的**崩溃和**未来**共产主义的**未来的**发展。

究竟根据什么**材料**可以提出未来共产主义的未来发展问题呢？

这里所根据的是，共产主义是从资本主义中**产生出来**的，它是历史地从资本主义中发展出来的，它是资本主义所**产生**的那种社会力量发生

---

① 见《马克思恩格斯文集》2009 年人民出版社版第 3 卷第 445 页。——编者注

作用的结果。马克思丝毫不想制造乌托邦，不想凭空猜测无法知道的事情。马克思提出共产主义的问题，正像一个自然科学家已经知道某一新的生物变种是怎样产生以及朝着哪个方向演变才提出该生物变种的发展问题一样。

马克思首先扫除了哥达纲领在国家同社会的相互关系问题上造成的糊涂观念。

> 他写道："……现代社会就是存在于一切文明国度中的资本主义社会，它或多或少地摆脱了中世纪的杂质，或多或少地由于每个国度的特殊的历史发展而改变了形态，或多或少地有了发展。'现代国家'却随国境而异。它在普鲁士德意志帝国同在瑞士不一样，在英国同在美国不一样。所以，'现代国家'是一种虚构。
>
> 但是，不同的文明国度中的不同的国家，不管它们的形式如何纷繁，却有一个共同点：它们都建立在现代资产阶级社会的基础上，只是这种社会的资本主义发展程度不同罢了。所以，它们具有某些根本的共同特征。在这个意义上可以谈'现代国家制度'，而未来就不同了，到那时'现代国家制度'现在的根基即资产阶级社会已经消亡了。
>
> 于是就产生了一个问题：在共产主义社会中国家制度会发生怎样的变化呢？换句话说，那时有哪些同现在的国家职能相类似的社会职能保留下来呢？这个问题只能科学地回答；否则，即使你把'人民'和'国家'这两个词联接一千次，也丝毫不会对这个问题的解决有所帮助。……"①

马克思这样讥笑了关于"人民国家"的一切空话以后，就来提出问题，并且好像是告诫说：要对这个问题作出科学的解答，只有依靠确实肯定了的科学材料。

由整个发展论和全部科学十分正确地肯定了的首要的一点，也是从前被空想主义者所忘记、现在又被害怕社会主义革命的现代机会主义者

---

① 参看《马克思恩格斯文集》2009年人民出版社版第3卷第444—445页。——编者注

所忘记的那一点，就是在历史上必然会有一个从资本主义向共产主义**过渡**的特殊时期或特殊阶段。

2. 从资本主义到共产主义的过渡

马克思继续写道："……在资本主义社会和共产主义社会之间，有一个从前者变为后者的革命转变时期。同这个时期相适应的也有一个政治上的过渡时期，这个时期的国家只能是**无产阶级的革命专政**。……"①

这个结论是马克思根据他对无产阶级在现代资本主义社会中的作用的分析，根据关于这个社会发展情况的材料以及关于无产阶级与资产阶级对立的利益不可调和的材料所得出的。

从前，问题的提法是这样的：无产阶级为了求得自身的解放，应当推翻资产阶级，夺取政权，建立自己的革命专政。

现在，问题的提法已有些不同了：从向着共产主义发展的资本主义社会过渡到共产主义社会，非经过一个"政治上的过渡时期"不可，而这个时期的国家只能是无产阶级的革命专政。

这个专政和民主的关系又是怎样的呢？

我们看到，《共产党宣言》是干脆把"无产阶级转化成统治阶级"和"争得民主"② 这两个概念并列在一起的。根据上述一切，可以更准确地断定民主在从资本主义向共产主义过渡时是怎样变化的。

在资本主义社会里，在它最顺利的发展条件下，比较完全的民主制度就是民主共和制。但是这种民主制度始终受到资本主义剥削制度狭窄框子的限制，因此它实质上始终是少数人的即只是有产阶级的、只是富人的民主制度。资本主义社会的自由始终与古希腊共和国的自由即奴隶主的自由大致相同。由于资本主义剥削制度的条件，现代的雇佣奴隶被贫困压得喘不过气，结果都"无暇过问民主"、"无暇过问政治"，大多

---

① 见《马克思恩格斯文集》2009 年人民出版社版第 3 卷第 445 页。——编者注
② 参看《马克思恩格斯文集》2009 年人民出版社版第 2 卷第 52 页。——编者注

数居民在通常的平静的局势下都被排斥在社会政治生活之外。

德国可以说是证实这一论断的最明显的例子，因为在这个国家里，宪法规定的合法性保持得惊人地长久和稳定，几乎有半世纪之久（1871—1914年），而在这个时期内，同其他国家的社会民主党相比，德国社会民主党又做了多得多的工作来"利用合法性"，来使工人参加党的比例达到举世未有的高度。

这种在资本主义社会里能看到的有政治觉悟的积极的雇佣奴隶所占的最大的百分比究竟是多少呢？1500万雇佣工人中有100万是社会民主党党员！1500万雇佣工人中有300万是工会会员！

极少数人享受民主，富人享受民主，——这就是资本主义社会的民主制度。如果仔细地考察一下资本主义民主的结构，那么无论在选举权的一些"微小的"（似乎是微小的）细节上（居住年限、妇女被排斥等等），或是在代表机构的办事手续上，或是在行使集会权的实际障碍上（公共建筑物不准"叫花子"使用！），或是在纯粹资本主义的办报原则上，等等，到处都可以看到对民主制度的重重限制。用来对付穷人的这些限制、例外、排斥、阻碍，看起来似乎是很微小的，特别是在那些从来没有亲身体验过贫困、从来没有接近过被压迫阶级群众的生活的人（这种人在资产阶级的政论家和政治家中，如果不占百分之九十九，也得占十分之九）看起来是很微小的，但是这些限制加在一起，就把穷人排斥和推出政治生活之外，使他们不能积极参加民主生活。

马克思正好抓住了资本主义民主的这一**实质**，他在分析公社的经验时说：这就是容许被压迫者每隔几年决定一次究竟由压迫阶级中什么人在议会里代表和镇压他们！①

但是从这种必然是狭隘的、暗中排斥穷人的、因而也是彻头彻尾虚伪骗人的资本主义民主向前发展，并不像自由派教授和小资产阶级机会主义者所想象的那样，是简单地、直线地、平稳地走向"日益彻底的民主"。不是的。向前发展，即向共产主义发展，必须经过无产阶级专政，

---

① 参看《马克思恩格斯文集》2009年人民出版社版第3卷第156页。——编者注

不可能走别的道路，因为再没有其他人也没有其他道路能够**粉碎**剥削者资本家的**反抗**。

而无产阶级专政，即被压迫者先锋队组织成为统治阶级来镇压压迫者，不能仅仅只是扩大民主。**除了**把民主制度大规模地扩大，使它**第一次**成为穷人的、人民的而不是富人的民主制度**之外**，无产阶级专政还要对压迫者、剥削者、资本家采取一系列剥夺自由的措施。为了使人类从雇佣奴隶制下面解放出来，我们必须镇压这些人，必须用强力粉碎他们的反抗，——显然，凡是实行镇压和使用暴力的地方，也就没有自由，没有民主。

读者总还记得，恩格斯在给倍倍尔的信中很好地阐明了这一点，他说："无产阶级需要国家不是为了自由，而是为了镇压自己的敌人，一到有可能谈自由的时候，国家本身就不再存在了。"①

人民这个大多数享有民主，对人民的剥削者、压迫者实行强力镇压，即把他们排斥于民主之外，——这就是民主在从资本主义向共产主义**过渡**时改变了的形态。

只有在共产主义社会中，当资本家的反抗已经彻底粉碎，当资本家已经消失，当阶级已经不存在（即社会各个成员在同社会生产资料的关系上已经没有差别）的时候，——**只有**在那个时候，"国家才会消失，**才有可能谈自由**"。只有在那个时候，真正完全的、真正没有任何例外的民主才有可能，才会实现。也只有在那个时候，民主才开始**消亡**，道理很简单：人们既然摆脱了资本主义奴隶制，摆脱了资本主义剥削制所造成的无数残暴、野蛮、荒谬和丑恶的现象，也就会逐渐**习惯**于遵守多少世纪以来人们就知道的、千百年来在一切行为守则上反复谈到的、起码的公共生活规则，而不需要暴力，不需要强制，不需要服从，**不需要**所谓国家这种实行强制的**特殊机构**。

"国家**消亡**"这个说法选得非常恰当，因为它既表明了过程的渐进性，又表明了过程的自发性。只有习惯才能够发生而且一定会发生这样

---

① 参看《马克思恩格斯文集》2009年人民出版社版第3卷第414页。——编者注

的作用，因为我们在自己的周围千百万次地看到，如果没有剥削，如果根本没有令人气愤、引起抗议和起义而使**镇压**成为必要的现象，那么人们是多么容易习惯于遵守他们所必需的公共生活规则。

总之，资本主义社会里的民主是一种残缺不全的、贫乏的和虚伪的民主，是只供富人、只供少数人享受的民主。无产阶级专政，向共产主义过渡的时期，将第一次提供人民享受的、大多数人享受的民主，同时对少数人即剥削者实行必要的镇压。只有共产主义才能提供真正完全的民主，而民主愈完全，它也就愈迅速地成为不需要的东西，愈迅速地自行消亡。

换句话说，在资本主义下存在的是原来意义上的国家，即一个阶级对另一个阶级、而且是少数人对多数人实行镇压的特殊机器。很明显，剥削者少数要能有系统地镇压被剥削者多数，就必须实行极凶狠极残酷的镇压，就必须造成大量的流血，而人类在奴隶制、农奴制和雇佣劳动制下就是这样走过来的。

其次，在从资本主义向共产主义**过渡**的时候镇压**还是**必要的，但这已经是被剥削者多数对剥削者少数的镇压。实行镇压的特殊机构，特殊机器，即"国家"，**还是**必要的，但这已经是过渡性质的国家，已经不是原来意义上的国家，因为由**昨天**还是雇佣奴隶的多数人去镇压剥削者少数人，相对来说，还是一件很容易、很简单和很自然的事情，所流的血会比镇压奴隶、农奴和雇佣工人起义流的少得多，人类为此而付出的代价要小得多。而且在实行镇压的同时，还把民主扩展到绝大多数居民身上，以致对实行镇压的**特殊机器**的需要就开始消失。自然，剥削者没有极复杂的实行镇压的机器就镇压不住人民，但是**人民**镇压剥削者却只需要有很简单的"机器"，即几乎可以不要"机器"，不要特殊的机构，而只需要有简单的**武装群众的组织**（如工兵代表苏维埃，——我们先在这里提一下）。

最后，只有共产主义才能够完全不需要国家，因为**没有人**需要加以镇压了，——这里所谓"没有人"是指**阶级**而言，是指对某一部分居民进行有系统的斗争而言。我们不是空想主义者，我们丝毫也不否认**个别人**采取极端行动的可能性和必然性，同样也不否认有镇压**这种**行动的必要性。但是，第一，做这件事情用不着什么实行镇压的特殊机器，特殊机构，武装的人民自己会来做这项工作，而且做起来非常简单容易，就像现代社会中任何一群文明人强行拉开打架的人或制止虐待妇女一样。第二，我们知道，产生违反公共生活规则的极端行动的根本社会原因是群众受剥削和群众贫困。这个主要原因一消除，极端行动就必然开始"消亡"。虽然我们不知道消亡的速度和过程怎样，但是，我们知道这种行动一定会消亡。而这种行动一消亡，国家也就随之**消亡**。

关于这个未来，马克思并没有陷入空想，他只是较详细地确定了**现在**所能确定的东西，即共产主义社会低级阶段和高级阶段之间的差别。

3. 共产主义社会的第一阶段

马克思在《哥达纲领批判》中，详细地驳斥了拉萨尔关于劳动者在社会主义下将领取"不折不扣的"或"全部的劳动产品"的思想。马克思指出，从整个社会的全部社会劳动中，必须扣除后备基金、扩大生产的基金和机器"磨损"的补偿等等，然后从消费品中还要扣除用作管理费用以及用于学校、医院、养老院等等的基金。

马克思不像拉萨尔那样说些含糊不清的笼统的话（"全部劳动产品归劳动者"），而是对社会主义社会必须怎样管理的问题作了冷静的估计。马克思**具体地**分析了这种没有资本主义存在的社会的生活条件，他说：

"我们这里所说的〈在分析工人党的纲领时〉是这样的共产主义社会，它不是在它自身基础上已经**发展了的**，恰好相反，是刚刚从资本主义社会中**产生出来的**，因此它在各方面，在经济、道德和精神方面都还带着它脱胎出来的那个旧社会的痕迹。"①

就是这个刚刚从资本主义脱胎出来的在各方面还带着旧社会痕迹的

---

① 见《马克思恩格斯文集》2009年人民出版社版第3卷第434页。——编者注

共产主义社会，马克思称之为共产主义社会的"第一"阶段或低级阶段。

生产资料已经不是个人的私有财产。它们已归全社会所有。社会的每个成员完成一定份额的社会必要劳动，就从社会领得一张凭证，证明他完成了多少劳动量。他根据这张凭证从消费品的社会储存中领取相应数量的产品。这样，扣除了用做社会基金的那部分劳动量，每个劳动者从社会领回的正好是他给予社会的。

似乎"平等"就实现了。

但是，当拉萨尔把这样的社会制度（通常叫做社会主义，而马克思称之为共产主义的第一阶段）说成是"公平的分配"，说成是"每人有获得同等劳动产品的平等的权利"的时候，他是错误的，于是马克思对他的错误进行了分析。

马克思说：这里确实有"平等的权利"，但这**仍然是**"资产阶级权利"，这个"资产阶级权利"同任何权利一样，**是以不平等为前提的**。任何权利都是把同一标准应用在不同的人身上，即应用在事实上各不相同、各不同等的人身上，因而"平等的权利"就是破坏平等，就是不公平。的确，每个人付出与别人同等份额的社会劳动，就能领取同等份额的社会产品（作了上述各项扣除之后）。

然而各个人是不同等的：有的强些，有的弱些；有的结了婚，有的没有结婚，有的子女多些，有的子女少些，如此等等。

马克思总结说："……因此，在提供的劳动相同，从而由社会消费基金中分得的份额相同的条件下，某一个人事实上所得到的比另一个人多些，也就比另一个人富些，如此等等。要避免所有这些弊病，权利就不应当是平等的，而应当是不平等的。……"①

可见，在共产主义第一阶段还不能做到公平和平等，因为富裕的程度还会不同，而不同就是不公平。但是人**剥削**人已经不可能了，因为已经不能把工厂、机器、土地等**生产资料**攫为私有了。马克思通过驳斥拉

---

① 见《马克思恩格斯文集》2009 年人民出版社版第 3 卷第 435 页。——编者注

萨尔泛谈**一般**"平等"和"公平"的含糊不清的小资产阶级言论,指出了共产主义社会的**发展进程**,说明这个社会最初**只能**消灭私人占有生产资料这一"不公平"现象,却**不能**立即消灭另一不公平现象:"按劳动"(而不是按需要)分配消费品。

庸俗的经济学家,包括资产阶级教授,包括"我们的"杜冈在内,经常谴责社会主义者,说他们忘记了人与人的不平等,说他们"幻想"消灭这种不平等。我们看到,这种谴责只能证明资产阶级思想家先生们的极端无知。①

马克思不仅极其准确地估计到了人们不可避免的不平等,而且还估计到:仅仅把生产资料转归全社会公有(通常所说的"社会主义")还**不能消除**分配方面的缺点和"资产阶级权利"的不平等,只要产品"按劳动"分配,"资产阶级权利"就会**继续通行**。

马克思继续说道:"……但是这些弊病,在经过长久阵痛刚刚从资本主义社会产生出来的共产主义社会第一阶段,是不可避免的。权利决不能超出社会的经济结构以及由经济结构制约的社会的文化发展。……"②

因此,在共产主义社会的第一阶段(通常称为社会主义),"资产阶级权利"**没有**完全取消,而只是部分地取消,只是在已经实现的经济变革的限度内取消,即只是在同生产资料的关系上取消。"资产阶级权利"承认生产资料是个人的私有财产。而社会主义则把生产资料变为**公有财产**。**在这个范围内**,也只是在这个范围内,"资产阶级权利"才不存在了。

但是它在它的另一部分却依然存在,依然是社会各个成员间分配产品和分配劳动的调节者(决定者)。"不劳动者不得食"这个社会主义原则**已经**实现了;"对等量劳动给予等量产品"这个社会主义原则也**已经**实现了。但是,这还不是共产主义,还没有消除对不同等的

---

① 对杜冈的批判,还可参看《列宁全集》第 2 版第 24 卷第 390—393 页。——编者注
② 见《马克思恩格斯文集》2009 年人民出版社版第 3 卷第 435 页。——编者注

人的不等量（事实上是不等量的）劳动给予等量产品的"资产阶级权利"。

马克思说，这是一个"弊病"，但在共产主义第一阶段是不可避免的，因为，如果不愿陷入空想主义，那就不能认为，在推翻资本主义之后，人们立即就能学会**不要任何权利准则**而为社会劳动，况且资本主义的废除**不能立即为这种变更创造**经济前提。

可是，除了"资产阶级权利"以外，没有其他准则。所以就这一点说，还需要有国家在保卫生产资料公有制的同时来保卫劳动的平等和产品分配的平等。

国家正在消亡，因为资本家已经没有了，阶级已经没有了，因而也就没有什么**阶级**可以**镇压**了。

但是，国家还没有完全消亡，因为还要保卫那个确认事实上的不平等的"资产阶级权利"。要使国家完全消亡，必须有完全的共产主义。

4. 共产主义社会的高级阶段

马克思接着说：

"……在共产主义社会高级阶段，在迫使个人奴隶般地服从分工的情形已经消失，从而脑力劳动和体力劳动的对立也随之消失之后；在劳动已经不仅仅是谋生的手段，而且本身成了生活的第一需要之后；在随着个人的全面发展，生产力也增长起来，而集体财富的一切源泉都充分涌流之后，——只有在那个时候，才能完全超出资产阶级权利的狭隘眼界，社会才能在自己的旗帜上写上：'各尽所能，按需分配'！"①

只是现在我们才可以充分地认识到，恩格斯无情地讥笑那种把"自由"和"国家"这两个名词连在一起的荒谬见解，是多么正确。还有国家的时候就没有自由。到有自由的时候就不会有国家了。

国家完全消亡的经济基础就是共产主义的高度发展，那时脑力劳动

---

① 参看《马克思恩格斯文集》2009年人民出版社版第3卷第435—436页。——编者注

和体力劳动的对立已经消失,因而现代社会不平等的最重要的根源之一也就消失,而这个根源光靠把生产资料转为公有财产,光靠剥夺资本家,是决不能立刻消除的。

这种剥夺会使生产力有蓬勃发展的**可能**。我们看到,资本主义目前已经在令人难以置信地**阻碍**这种发展,而在现代已经达到的技术水平的基础上本来是可以大有作为的,因此我们可以绝对有把握地说,剥夺资本家一定会使人类社会的生产力蓬勃发展。但是,生产力将以什么样的速度向前发展,将以什么样的速度发展到打破分工、消灭脑力劳动和体力劳动的对立、把劳动变为"生活的第一需要",这都是我们所不知道而且也**不可能**知道的。

因此,我们只能谈国家消亡的必然性,同时着重指出这个过程是长期的,指出它的长短将取决于共产主义**高级阶段**的发展速度,而把消亡的日期或消亡的具体形式问题作为悬案,因为现在还**没有**可供解决这些问题的材料。

当社会实现"各尽所能,按需分配"的原则时,也就是说,当人们已经十分习惯于遵守公共生活的基本规则,他们的劳动生产率已经极大地提高,以致他们能够自愿地**尽其所能**来劳动的时候,国家才会完全消亡。那时,就会超出"资产阶级权利的狭隘眼界",超出这种使人像夏洛克那样冷酷地斤斤计较,不愿比别人多做半小时工作,不愿比别人少得一点报酬的狭隘眼界。那时,分配产品就无需社会规定每人应当领取的产品数量;每人将"按需"自由地取用。

从资产阶级的观点看来,很容易把这样的社会制度说成是"纯粹的乌托邦",并冷嘲热讽地说社会主义者许诺每个人都有权利向社会领取任何数量的巧克力糖、汽车、钢琴等等,而对每个公民的劳动不加任何监督。就是今天,大多数资产阶级"学者"也还在用这样的嘲讽来搪塞,他们这样做只是暴露他们愚昧无知和替资本主义进行自私的辩护。

说他们愚昧无知,是因为没有一个社会主义者想到过要"许诺"共产主义高级发展阶段的到来,而伟大的社会主义者在**预见**这个阶段将会到来时所设想的前提,既不是现在的劳动生产率,也**不是现在的**庸人,这种庸人正如波米亚洛夫斯基作品①中的神学校学生一样,很会"无缘无故地"糟蹋社会财富的储存和提出不能实现的要求。

在共产主义的"高级"阶段到来以前,社会主义者要求社会**和国家**对劳动量和消费量实行**极严格的**监督,不过这种监督应当从剥夺资本家和由工人监督资本家**开始**,并且不是由官吏的国家而是由**武装工人**的国家来实行。

说资产阶级思想家(和他们的走卒,如策列铁里先生、切尔诺夫先生之流)替资本主义进行自私的辩护,正是因为他们一味争论和空谈遥远的未来,而**不谈目前**政治上的迫切问题:剥夺资本家,把**全体公民变为一个**大"辛迪加"即整个国家的工作者和职员,并使这整个辛迪加的全部工作完全服从真正民主的国家,即**工兵代表苏维埃国家**。

其实,当博学的教授,以及附和教授的庸人和策列铁里先生、切尔诺夫先生之流谈到荒诞的乌托邦,谈到布尔什维克的蛊惑人心的许诺,谈到"实施"社会主义不可能做到的时候,他们指的正是共产主义的高级阶段,但是无论是谁都不仅没有许诺过,而且连想也没有想到过"实施"共产主义的高级阶段,因为这根本无法"实施"。

这里我们也就接触到了社会主义和共产主义在科学上的差别问题,这个问题在上面引用的恩格斯说"社会民主党人"这个名称不正确的一段话里已经谈到。共产主义第一阶段或低级阶段同共产主义高级阶段之间的差别在政治上说将来也许很大,但现在在资本主义下来着重谈论它就很可笑了,把这个差别提到首要地位的也许只有个别无政府主义者(在克鲁泡特金之流、格拉弗、科尔纳利森和其他无政府主义"大师"们已经"像普列汉诺夫那样"变成了社会沙文主义者,或者如少数没有丧失廉耻和良心的无政府主义者之一格耶所说,变成了无政府主义卫国战士以后,如果无政府主义者当中还有人丝毫没有

---

① 指19世纪俄国民主主义作家尼·格·波米亚洛夫斯基于1862—1863年所写的《神学校特写》。——编者注

学到什么东西的话）。

但是社会主义同共产主义在科学上的差别是很明显的。通常所说的社会主义，马克思把它称做共产主义社会的"第一"阶段或低级阶段。既然生产资料已成为**公有**财产，那么"共产主义"这个名词在这里也是可以用的，只要不忘记这还**不**是完全的共产主义。马克思的这些解释的伟大意义，就在于他在这里也彻底地运用了唯物主义辩证法，即发展学说，把共产主义看成是**从资本主义中**发展出来的。马克思没有经院式地臆造和"虚构"种种定义，没有从事毫无意义的字面上的争论（什么是社会主义，什么是共产主义），而是分析了可以称为共产主义在经济上成熟程度的两个阶段的东西。

在第一阶段，共产主义在经济上还**不**可能完全成熟，完全摆脱资本主义的传统或痕迹。由此就产生一个有趣的现象，这就是在共产主义第一阶段还保留着"**资产阶级权利**的狭隘眼界"。既然在**消费品**的分配方面存在着资产阶级权利，那当然一定要有**资产阶级国家**，因为如果没有一个能够**强制**人们遵守权利准则的机构，权利也就等于零。

可见，在共产主义下，在一定的时期内，不仅会保留资产阶级权利，甚至还会保留资产阶级国家，——但没有资产阶级！

这好像是奇谈怪论，或只是一种玩弄聪明的辩证把戏，那些没有花过一点功夫去研究马克思主义的极其深刻的内容的人，就常常这样来谴责马克思主义。

其实，无论在自然界或在社会中，实际生活随时随地都使我们看到新事物中有旧的残余。马克思并不是随便把一小块"资产阶级"权利塞到共产主义中去，而是抓住了**从资本主义脱胎**出来的社会里那种在经济上和政治上不可避免的东西。

在工人阶级反对资本家以争取自身解放的斗争中，民主具有巨大的意义。但是民主决不是不可逾越的极限，它只是从封建主义到资本主义和从资本主义到共产主义的道路上的阶段之一。

民主意味着平等。很明显，如果把平等正确地理解为消灭**阶级**，那么无产阶级争取平等的斗争以及平等的口号就具有极伟大的意义。但是，民主仅仅意味着**形式上的**平等。一旦社会全体成员**在**占有生产资料**方面**的平等即劳动平等、工资平等实现以后，在人类面前不可避免地立即就会产生一个问题：要更进一步，从形式上的平等进到事实上的平等，即实现"各尽所能，按需分配"的原则。至于人类会经过哪些阶段，通过哪些实际措施达到这个最高目的，那我们不知道，也不可能知道。可是，必须认识到：通常的资产阶级观念，即把社会主义看成一种僵死的、凝固的、一成不变的东西的这种观念，是非常荒谬的；实际上，**只是**从社会主义实现时起，社会生活和个人生活的各个领域才会开始出现迅速的、真正的、确实是群众性的即有**大多数**居民参加然后有全体居民参加的前进运动。

民主是国家形式，是国家形态的一种。因此，它同任何国家一样，也是有组织有系统地对人们使用暴力，这是一方面。但另一方面，民主意味着在形式上承认公民一律平等，承认大家都有决定国家制度和管理国家的平等权利。而这一点又会产生如下的结果：民主在其发展的某个阶段首先把对资本主义进行革命的阶级——无产阶级团结起来，使他们有可能去打碎、彻底摧毁、彻底铲除资产阶级的（哪怕是共和派资产阶级的）国家机器即常备军、警察和官吏，代之以武装的工人群众（然后是人民普遍参加民兵）这样一种**更**民主的机器，但这仍然是国家机器。

在这里，"量转化为质"，因为**这样**高度的民主制度，是同越出资产阶级社会的框子、开始对社会进行社会主义的改造相联系的。如果真是**所有的人**都参加国家管理，那么资本主义就不能支持下去。而资本主义的发展又为真是"所有的人"**能够**参加国家管理创造了**前提**。这种前提就是：在一些最先进的资本主义国家中已经做到的人人都识字，其次是千百万工人已经在邮局、铁路、大工厂、大商业企业、银行业等等巨大的、复杂的、社会化的机构里"受了训练并养成了遵守纪律的习惯"。

在这种**经济**前提下，完全有可能在推翻了资本家和官吏之后，在一天之内立刻着手由武装的工人、普遍武装的人民代替他们去**监督**生产和分配，**计算**劳动和产品。（不要把监督和计算的问题同具有科学知识的工程师和农艺师等等的问题混为一谈，这些先生今天在资本家的支配下工作，明天在武装工人的支配下会更好地工作。）

计算和监督，——这就是把共产主义社会**第一阶段**"调整好"，使它能正常地运转所必需的**主要条件**。在这里，**全体**公民都成了国家（武装工人）雇用的职员。**全体**公民都成了**一个**全民的、国家的"辛迪加"的职员和工人。全部问题在于要他们在正确遵守劳动标准的条件下同等地劳动，同等地领取报酬。对这些事情的计算和监督已被资本主义**简化**到了极点，而成为非常简单、任何一个识字的人都能胜任的手续——进行监察和登记，算算加减乘除和发发有关的字据。①

当**大多数人**对资本家（这时已成为职员）和保留着资本主义恶习的知识分子先生们开始独立进行和到处进行这种计算即这种监督的时候，这种监督就会成为真正包罗万象的、普遍的和全民的监督，对它就绝对无法逃避、"无处躲藏"了。

整个社会将成为一个管理处，成为一个劳动平等和报酬平等的工厂。

但是，无产阶级在战胜资本家和推翻剥削者以后在全社会推行的这种"工厂"纪律，决不是我们的理想，也决不是我们的最终目的，而只是为了彻底肃清社会上资本主义剥削制造成的卑鄙丑恶现象**和为了继续**前进所必需的一个**阶段**。

当社会全体成员或者哪怕是大多数成员**自己**学会了管理国家，自己掌握了这个事业，对极少数资本家、想保留资本主义恶习的先生们和深深受到资本主义腐蚀的工人们"调整好"监督的时候，对任何管理的需要就开始消失。民主愈完全，它成为多余的东西的时候就愈接近。由武装工人组成的、"已经不是原来意义上的国家"的"国家"愈民主，**则任何**国家就会愈迅速地开始消亡。

---

① 当国家的最主要职能简化为由工人自己来进行的这样一种计算和监督的时候，国家就不再是"政治国家"，"公共职能就由政治职能变为简单的管理职能"（参看上面第4章第2节恩格斯同无政府主义者的论战）。

因为当**所有的人**都学会了管理，都来实际地独立地管理社会生产，对寄生虫、老爷、骗子等等"资本主义传统的保持者"独立地进行计算和监督的时候，逃避这种全民的计算和监督就必然会成为极难得逞的、极罕见的例外，可能还会受到极迅速极严厉的惩罚（因为武装工人是重实际的人，而不是重感情的知识分子；他们未必会让人跟自己开玩笑），以致人们对于人类一切公共生活的简单的基本规则就会很快从**必须**遵守变成**习惯于**遵守了。

到那时候，从共产主义社会的第一阶段过渡到它的高级阶段的大门就会敞开，国家也就随之完全消亡。

第六章　马克思主义被机会主义者庸俗化

国家对社会革命的态度和社会革命对国家的态度问题，像整个革命问题一样，是第二国际（1889—1914年）最著名的理论家和政论家们很少注意的。但是，在机会主义逐渐滋长而使第二国际在1914年破产的过程中，最突出的一点就是：甚至当他们直接遇到这个问题的时候，他们还是**竭力回避**或者不加理会。

总的看来可以说，由于在无产阶级革命对国家的态度问题上采取了有利于机会主义和助长机会主义的**躲躲闪闪的态度**，结果就产生了对马克思主义的**歪曲**和对马克思主义的完全庸俗化。

为了说明（哪怕是简要地说明）这个可悲的过程，我们就拿最著名的马克思主义理论家普列汉诺夫和考茨基来说吧。

1. 普列汉诺夫与无政府主义者的论战

普列汉诺夫写了一本专门论述无政府主义对社会主义的态度问题的小册子，书名叫《无政府主义和社会主义》，于1894年用德文出版。

普列汉诺夫竟有这样的本事，能够论述这个主题而完全回避反对无政府主义的斗争中最现实、最迫切、政治上最重要的问题，即革命对国家的态度和整个国家问题！他的这本小册子有两部分特别突出：一部分是历史文献,其中有关于施蒂纳和蒲鲁东等人思想演变的宝贵材料;另一部分是庸俗的,其中有关于无政府主义者与强盗没有区别这样拙劣的议论。

这两个主题拼在一起十分可笑,很足以说明普列汉诺夫在俄国革命前夜以及革命时期的全部活动,因为在1905—1917年,普列汉诺夫正是这样表明自己是在政治上充当资产阶级尾巴的半学理主义者,半庸人。

我们已经看到,马克思和恩格斯在同无政府主义者论战时,怎样极其详尽地说明了自己在革命对国家的态度问题上的观点。恩格斯在1891年出版马克思的《哥达纲领批判》时写道:"那时〈第一〉国际海牙代表大会①闭幕才两年,我们〈即恩格斯和马克思〉正在同巴枯宁和他的无政府主义派进行最激烈的斗争。"②

无政府主义者正是企图把巴黎公社宣布为所谓"自己的",说它证实了他们的学说,然而他们根本不懂得公社的教训和马克思对这些教训的分析。对于是否需要**打碎**旧的国家机器以及**用什么东西**来代替这两个具体政治问题,无政府主义者连一个比较接近真理的答案都没有提出过。

但是在谈"无政府主义和社会主义"时回避整个国家问题,**不理会**马克思主义在公社以前和以后的全部发展,那就必然会滚到机会主义那边去。因为机会主义求之不得的,正是完全**不提**我们刚才所指出的那两个问题。光是这一点,**已经**是机会主义的胜利了。

2. 考茨基与机会主义者的论战

考茨基的著作译成俄文的无疑比译成其他各国文字的要多得多。难怪有些德国社会民主党人开玩笑说,在俄国读考茨基著作的人比在德国还多(附带说一说,在这个玩笑里含有比开这个玩笑的人所料到

---

① 即国际工人协会第五次代表大会,于1872年9月2—7日在海牙举行。——编者注
② 见《马克思恩格斯文集》2009年人民出版社版第3卷第424页。——编者注

的更深刻得多的历史内容：俄国工人在1905年对世界最优秀的社会民主主义文献中的最优秀的著作表现了空前强烈的、前所未见的需求，他们得到的这些著作的译本和版本也远比其他各国多，这样就把一个比较先进的邻国的丰富经验加速地移植到我国无产阶级运动这块所谓新垦的土地上来了）。

考茨基在俄国特别出名，是因为他除了对马克思主义作了通俗的解释，还同机会主义者及其首领伯恩施坦进行了论战。但是有一个事实几乎是没有人知道的，而如果想要考察一下考茨基在1914—1915年危机最尖锐时期怎样堕落到最可耻地表现出张皇失措和替社会沙文主义辩护的地步，那又不能放过这个事实。这个事实就是：考茨基在起来反对法国最著名的机会主义代表（米勒兰和饶勒斯）和德国最著名的机会主义代表（伯恩施坦）之前，表现过很大的动摇。1901—1902年在斯图加特出版的、捍卫革命无产阶级观点的、马克思主义的《曙光》杂志，曾不得不同考茨基进行**论战**，把他在1900年巴黎国际社会党代表大会上提出的决议叫做"橡皮性"决议，因为这个决议对机会主义者的态度是暧昧的，躲躲闪闪的，调和的。在德国的书刊中还刊载过一些考茨基的信件，这些信件也表明他在攻击伯恩施坦之前有过很大的动摇。

但是另一件事情的意义更重大得多，这就是：现在，当我们来研究考茨基最近背叛马克思主义的**经过**的时候，就从他同机会主义者的论战本身来看，从他提问题和解释问题的方法来看，我们也看到，他恰恰是在国家问题上一贯倾向于机会主义。

我们拿考茨基反对机会主义的第一部大作《伯恩施坦与社会民主党的纲领》来说。考茨基详细地驳斥了伯恩施坦。但是下面的情况值得注意。

伯恩施坦在他著的有赫罗斯特拉特名声的《社会主义的前提》一书中，指责马克思主义为"**布朗基主义**"（此后，俄国机会主义者和自由派资产者千百次地重复这种指责，用以攻击革命马克思主义的代表布尔什维克）。而且伯恩施坦还特别谈到马克思的《法兰西内战》，企图（我们已经看到，这是枉费心机）把马克思对公社的教训的观点同蒲鲁东的观点混为一谈。伯恩施坦特别注意马克思在《共产党宣言》的1872年序言中着重指出的结论，这个结论说："工人阶级不能简单地掌握现成的国家机器，并运用它来达到自己的目的。"①

伯恩施坦非常"喜爱"这句名言，所以他在自己那本书里至少重复了三遍，并且把它完全歪曲成机会主义的见解。

我们已经看到，马克思是想说工人阶级应当**打碎**、**摧毁**、**炸毁**（Sprengung——炸毁，是恩格斯用的字眼）全部国家机器。但在伯恩施坦看来，似乎马克思说这句话是告诫工人阶级**不要**在夺取政权时采取过激的革命手段。

不能想象对马克思思想的歪曲还有比这更严重更不像样的了。

而考茨基在详尽驳斥伯恩施坦主义的时候是怎样做的呢？

他不去分析机会主义在这一点上对马克思主义的彻头彻尾的歪曲。他引证了我们在前面引证过的恩格斯为马克思的《内战》所写的导言中的一段话，然后就说：根据马克思的意见，工人阶级不能**简单地**掌握**现成的**国家机器，但一般说来它是**能够**掌握这个机器的。仅此而已。至于伯恩施坦把同马克思的真正思想**完全相反的东西**硬加在马克思的身上，以及马克思从1852年起就提出无产阶级革命负有"打碎"国家机器的任务，考茨基却只字不提。

结果是：马克思主义同机会主义在无产阶级革命的任务问题上的最本质的差别被考茨基抹杀了！

考茨基在"**反驳**"伯恩施坦时写道："关于无产阶级专政问题，我们可以十分放心地留待将来去解决。"（德文版第172页）

这不是**反驳**伯恩施坦，同他进行论战，实际上是向他**让步**，是把阵地让给机会主义，因为机会主义者现在所需要的，恰恰是把关于无产阶级革命的任务的一切根本问题都"十分放心地留待将来去解决"。

马克思和恩格斯在1852年到1891年这40年当中，教导无产阶级

---

① 见《马克思恩格斯文集》2009年人民出版社版第2卷第6页。——编者注

应当打碎国家机器。而考茨基在 1899 年，当机会主义者在这一点上完全背叛马克思主义的时候，却用打碎国家机器的具体形式问题来**偷换**要不要打碎这个机器的问题，把我们无法预先知道具体形式这种"无可争辩的"（也是争不出结果的）庸俗道理当做护身符！！

在马克思和考茨基之间，在他们对无产阶级政党组织工人阶级进行革命准备这一任务所持的态度上，存在着一条不可逾越的鸿沟。

我们再拿考茨基后来一部更成熟的、在很大程度上也是为了驳斥机会主义的错误而写的著作来说。这就是他那本论"社会革命"的小册子。作者在这里把"无产阶级革命"和"无产阶级制度"的问题作为自己专门的研究课题。作者发表了许多极宝贵的见解，但是恰恰**回避了**国家问题。在这本小册子里，到处都在谈夺取国家政权，并且只限于此，也就是说，考茨基选择的说法是向机会主义者让步的，因为他认为**不破坏**国家机器也**能**夺得政权。恰巧马克思在 1872 年认为《共产党宣言》这个纲领中已经"过时的"东西①，考茨基却在 1902 年把它**恢复**了。

在这本小册子里，专门有这样一节："社会革命的形式与武器"。其中既讲到群众性的政治罢工，又讲到国内战争，又讲到"现代大国的强力工具即官僚和军队"，但是一个字也没有提到公社已经给了工人什么教训。可见，恩格斯告诫人们特别是告诫德国社会党人不要"盲目崇拜"国家，不是没有原因的。

考茨基把问题说成这样：胜利了的无产阶级"将实现民主纲领"。接着他叙述了纲领的各条。至于 1871 年在以无产阶级民主代替资产阶级民主的问题上所提出的一些新东西，他却一个字也没有提到。考茨基用下面这种听起来好像"冠冕堂皇"的陈词滥调来搪塞：

"不言而喻，在现行制度下我们是不能取得统治的。革命本身要求先要进行持久的和深入的斗争来改变我们目前的政治结构和社会结构。"

---

① 指 1872 年 6 月 24 日马克思和恩格斯写的《〈共产党宣言〉1872 年德文版序言》（见《马克思恩格斯文集》2009 年人民出版社版第 2 卷第 5—6 页）。——编者注

毫无疑义，这是"不言而喻"的，正如马吃燕麦和伏尔加河流入里海的真理一样。所可惜的是他通过"深入的"斗争这种空洞而浮夸的言词**回避**了革命无产阶级的迫切问题：**无产阶级革命对国家、对民主的态度与以往非无产阶级革命不同的"深入的地方"究竟在哪里**。

考茨基回避这个问题，**实际上**就是在这个最重要的问题上向机会主义让步，但他**在口头上**却气势汹汹地向它宣战，强调"革命这个思想"的意义（如果怕向工人宣传革命的具体教训，那么试问这种"思想"还有多大价值呢？），或者说"革命的理想主义高于一切"，或者宣称英国工人现在"几乎与小资产者不相上下"。

考茨基写道："在社会主义社会里同时并存的可以有……各种形式上极不相同的企业：官僚的〈??〉、工会的、合作社的、个人的"……"例如，有些企业非有官僚〈??〉组织不可，铁路就是这样。在这里，民主组织可以采取这样的形式：工人选出代表来组成某种类似议会的东西，由这个议会制定工作条例并监督官僚机构的管理工作。有些企业可以交给工会管理，另外一些企业则可以按合作原则来组织。"（1903年日内瓦版俄译本第148页和第115页）

这种论断是错误的，它比马克思和恩格斯在70年代用公社的教训作例子来说明的倒退了一步。

从必须有所谓"官僚"组织这一点看来，铁路同大机器工业的一切企业，同任何一个工厂、大商店和大型资本主义农业企业根本没有区别。在所有这些企业中，技术条件都绝对要求严格地遵守纪律，要求每个人十分准确地执行给他指定的那一份工作，不然就会有完全停产或损坏机器和产品的危险。在所有这些企业中，工人当然要"选出代表来组成**某种类似议会的东西**"。

但是关键就在于这个"某种类似议会的东西"**不会**是资产阶级议会机构式的议会。关键就在于，这个"某种类似议会的东西"**不会**仅仅"制定条例和监督官僚机构的管理工作"，像思想没有超出资产阶级议会制框子的考茨基所想象的那样。在社会主义社会里，由工人代表组成的"某种类似议会的东西"当然会"制定条例和监督""机构的"

"管理工作",**可是**这个机构却**不**会是"官僚的"机构。工人在夺得政权之后,就会把旧的官僚机构打碎,把它彻底摧毁,彻底粉碎,而用仍然由这些工人和职员组成的新机构来代替它;为了**防止**这些人变成官僚,就会立即采取马克思和恩格斯详细分析过的措施:(1)不但选举产生,而且随时可以撤换;(2)薪金不得高于工人的工资;(3)立刻转到使**所有的人**都来执行监督和监察的职能,使**所有的人**暂时都变成"官僚",因而使**任何人**都不能成为"官僚"。

考茨基完全没有弄清楚马克思的话:"公社是一个实干的而不是议会式的机构,它既是行政机关,同时也是立法机关。"①

考茨基完全不理解资产阶级议会制与无产阶级民主制度的区别,资产阶级议会制是把民主(**不是人民享受的**)同官僚制(**反人民的**)结合在一起,而无产阶级民主制度则立即采取措施来根除官僚制,它能够把这些措施实行到底,直到官僚制完全消灭,人民的民主完全实现。

考茨基在这里暴露出来的仍然是那个对国家的"盲目崇拜",对官僚制的"迷信"。

现在来研究考茨基最后的也是最好的一部反对机会主义者的著作,即他的《取得政权的道路》的小册子(好像没有俄文版本,因为它是在1909年我们国内最反动的时期出版的②)。这本小册子是一个很大的进步,因为它不像1899年所写的反对伯恩施坦的小册子那样泛谈革命纲领,也不像1902年写的小册子《社会革命》那样不涉及社会革命到来的时间问题而泛谈社会革命的任务,它谈的是那些使我们不得不承认"革命纪元"**已经到来**的具体情况。

作者明确地指出,阶级矛盾一般都在尖锐化,而帝国主义在这方面起着特别巨大的作用。在西欧"1789—1871年的革命时期"之后,东方从1905年起也开始了同样的时期。世界大战已经迫在眉睫。"无产阶级已经不能再说革命为时过早了。""我们已经进入革命时期。""革命

---

① 见《马克思恩格斯文集》2009年人民出版社版第3卷第154页。——编者注
② 卡·考茨基的小册子《取得政权的道路(关于长入革命的政论)》的俄译本是1918年出版的。——编者注

的纪元开始了。"

这些话是说得非常清楚的。应当把考茨基的这本小册子当做一个尺度来衡量一下，看看德国社会民主党在帝国主义战争以前**答应要做**什么，在战争爆发时它（包括考茨基本人）又堕落到多么卑鄙的地步。考茨基在这本小册子里写道："目前的形势会引起这样一种危险：人们很容易把我们〈即德国社会民主党〉看得比实际上温和。"事实表明，德国社会民主党实际上比它表面看来要温和得多，要机会主义得多！

更值得注意的是，考茨基虽然如此明确地说革命纪元已经开始，但是就在他这本自称为专门分析"**政治**革命"问题的小册子里，却又完全回避了国家问题。

所有这些回避问题、保持缄默、躲躲闪闪的做法加在一起，就必然使他完全滚到机会主义那边去，这一点我们马上就要谈到。

德国社会民主党，以考茨基为代表，好像是在声明说：我仍然坚持革命观点（1899年）；我特别承认无产阶级的社会革命是不可避免的（1902年）；我承认革命的新纪元已经到来（1909年）；但是，一涉及无产阶级革命在对待国家方面的任务问题，我还是要从马克思在1852年所说的话向后倒退（1912年）。

在考茨基与潘涅库克的论战中，问题就是这样明摆着的。

2. 考茨基与机潘涅库克的论战

潘涅库克以"左翼激进"派的一个代表的资格出来反对考茨基，在这个派别内有罗莎·卢森堡、卡尔·拉狄克等人，这个派别坚持革命策略，一致确信考茨基已经转到"中派"立场而无原则地摇摆于马克思主义和机会主义之间。这个看法已经由战争充分证明是正确的，在战时，"中派"（有人称它为马克思主义的派别是错误的），即"考茨基派"，充分暴露了它的丑态。

潘涅库克在一篇谈到了国家问题的文章《群众行动与革命》（《新时代》杂志第30年卷（1912）第2册）里，说考茨基的立场是"消极的激进主义"立场，是"毫无作为的等待论"。"考茨基不愿看到革命的过程。"（第616页）潘涅库克这样提出问题，就接触到了我们所关心的关于无产阶级革命在对待国家方面的任务问题。

他写道："无产阶级的斗争不单纯是**为了**国家政权而反对资产阶级的斗争，而且是**反对**国家政权的斗争……无产阶级革命的内容，就是用无产阶级的强力工具去消灭和取消〈Auflösung——直译是解散〉国家的强力工具…… 只有当斗争的最后结果是国家组织的完全破坏时，斗争才告终止。多数人的组织的优越性的证明，就是它能消灭占统治地位的少数人的组织。"（第548页）

潘涅库克表达自己思想的时候在措辞上有很大的缺点，但是意思还是清楚的，现在来看一看考茨基**怎样**反驳这种思想倒是很有意思的。

考茨基写道："到现在为止，社会民主党人与无政府主义者之间的对立，就在于前者想夺取国家政权，后者却想破坏国家政权。潘涅库克则既想这样又想那样。"（第724页）

如果说潘涅库克的说法犯了不明确和不具体的毛病（他的文章中其他一些与本题无关的缺点，这里暂且不谈），那么考茨基倒恰恰是把潘涅库克指出的**具有原则意义**的实质抓住了，而就在这个**根本的具有原则意义**的问题上，他完全离开了马克思主义立场，完全转到机会主义那边去了。他对社会民主党人与无政府主义者的区别所作的说明是完全不对的，马克思主义完全被他歪曲和庸俗化了。

马克思主义者与无政府主义者之间的区别在于：（1）马克思主义者的目的是完全消灭国家，但他们认为，只有在社会主义革命把阶级消灭之后，即导向国家消亡的社会主义建立起来之后，这个目的才能实现；无政府主义者则希望在一天之内完全消灭国家，他们不懂得实现这个消灭的条件。（2）马克思主义者认为无产阶级在夺得政权之后，必须彻底破坏旧的国家机器，用武装工人的组织组成的、公社那种类型的新的国家机器来代替它；无政府主义者主张破坏国家机器，但是，他们完全没有弄清楚无产阶级将**用什么**来代替它以及无产阶级将**怎样**利用革命政权;无政府主义者甚至否定革命无产阶级应利用国家政权,否定无产阶级的革命专政。(3)马克思主义者主张通过利用现代国家来使无产阶级进行革命的准备;无政府主义者则否定这一点。

在这场争论中,代表马克思主义的恰恰是潘涅库克而不是考茨基,因为正是马克思教导我们说,无产阶级不能简单地夺取国家政权,也就是说,不能只是使旧的国家机构转到新的人手中,而应当打碎、摧毁这个机构,用新的机构来代替它。

考茨基离开马克思主义而转到机会主义者那边去了,因为正是机会主义者所完全不能接受的破坏国家机器的思想在他那里完全不见了,而他把"夺取"解释成简单地获得多数,这也给机会主义者留下了后路。

考茨基为了掩饰自己对马克思主义的歪曲,就采用了书呆子的办法:"引证"马克思本人的话。马克思在 1850 年曾说必须"坚决地把权力集中在国家政权手中"。考茨基就得意扬扬地问道:潘涅库克是不是想破坏"集中制"呢?

这不过是一种把戏,正像伯恩施坦说马克思主义和蒲鲁东主义都主张用联邦制代替集中制一样。

考茨基的"引证"是牛头不对马嘴。集中制无论在旧的国家机器或新的国家机器的条件下,都是可能实现的。工人们自愿地把自己的武装力量统一起来,这就是集中制,但这要以"完全破坏"常备军、警察和官僚这种集中制的国家机构为基础。考茨基采取了十足的欺骗手段,回避了大家都知道的马克思和恩格斯关于公社的言论,却搬出一些文不对题的引证来。

考茨基继续写道:"……也许是潘涅库克想要取消官吏的国家职能吧?但是,我们无论在党组织或在工会组织内都非有官吏不可,更不必说在国家管理机关内了。我们的纲领不是要求取消国家官吏,而是要求由人民选举官吏……现在我们谈的并不是'未来的国家'的管理机构将采取什么样的形式,而是**在我们夺取国家政权以前**〈黑体是考茨基用的〉我们的政治斗争要不要消灭〈auflöst——直译是解散〉国家政权。哪一个部和它的官吏可以取消呢?"他列举了教育部、司法部、财政部、陆军部。"不,现有各部中没有一个部是我们反政府的政治斗争要取消的……为了避免误会,我再说一遍:现在谈的不是获得胜利的社会民主党将赋予'未来的国家'以什么样的形式,而是我们作为反对党应该怎样去改变现今的国家。"(第725页)

这显然是故意歪曲。潘涅库克提出的正是**革命**问题。这无论在他那篇文章的标题上或在上面所引的那段话中都讲得很清楚。考茨基跳到"反对党"问题上去,正是以机会主义观点偷换革命观点。照他的意思:现在我们是反对党,到夺取政权**以后**我们再专门来谈。**革命不见了!**这正是机会主义者所需要的。

这里所说的不是反对党,也不是一般的政治斗争,而正是**革命**。革命就是无产阶级**破坏**"管理机构"和**整个**国家机构,用武装工人组成的新机构来代替它。考茨基暴露了自己对"各部"的"盲目崇拜",试问,为什么不可以由——譬如说——拥有全权的工兵代表苏维埃设立的各种专家委员会去代替"各部"呢?

问题的本质完全不在于将来是否保留"各部",是否设立"各种专家委员会"或其他什么机构,这根本不重要。问题的本质在于:是保存旧的国家机器(它与资产阶级有千丝万缕的联系,并且浸透了因循守旧的恶习)呢,还是**破坏**它并用**新的**来代替它。革命不应当是新的阶级利用**旧的**国家机器来指挥、管理,而应当是新的阶级**打碎**这个机器,利用**新的**机器来指挥、管理,——这就是考茨基所抹杀或者完全不理解的马克思主义的**基本**思想。

他提出的官吏问题,清楚地表明他不理解公社的教训和马克思的学说。他说:"我们无论在党组织或在工会组织内都非有官吏不可……"

我们在资本主义下,在**资产阶级统治**下是非有官吏不可的。无产阶级受资本主义的压迫,劳动群众受资本主义的奴役。在资本主义下,由于雇佣奴隶制和群众贫困的整个环境,民主制度受到束缚、限制、阉割和弄得残缺不全。因为这个缘故,而且仅仅因为这个缘故,我们政治组织和工会组织内的公职人员是受到了资本主义环境的腐蚀(确切些说,有被腐蚀的趋势),是有变为官僚的趋势,也就是说,是有变为脱离群众、凌驾于群众之上、享有特权的人物的趋势。

这就是官僚制的**实质**，在资本家被剥夺以前，在资产阶级被推翻以前，**甚至**无产阶级的公职人员也免不了在一定程度上"官僚化"。

在考茨基看来，既然选举产生的公职人员还会存在，那也就是说，官吏在社会主义下也还会存在，官僚还会存在！这一点恰恰是不对的。马克思正是以公社为例指出，在社会主义下，公职人员将不再是"官僚"或"官吏"，其所以能如此，那是**因为**除了选举产生，**还可以随时撤换，并且还把薪金减到工人平均工资的水平，并且还以**"实干的即既是行政的，同时也是立法的"机构去代替议会式的机构。①

实质上，考茨基用来反驳潘涅库克的全部论据，特别是考茨基说我们无论在工会组织或在党组织内都非有官吏不可这个绝妙的理由，证明考茨基是在重复过去伯恩施坦用来反对马克思主义的那一套"理由"。伯恩施坦在他那本背叛变节的作品《社会主义的前提》中，激烈反对"原始"民主的思想，反对他所称为"学理主义的民主制度"的东西，即实行限权委托书制度，公职人员不领报酬，中央代表机关软弱无力等等。为了证明这种"原始"民主制度的不中用，伯恩施坦就援引了韦伯夫妇所阐述的英国工联的经验。据说，工联根据自己70年来在"完全自由"（德文版第137页）的条件下发展的情形，确信原始的民主制度已不中用，因而用普通的民主制度，即与官僚制相结合的议会制代替了它。

其实，工联并不是在"完全自由"的条件下，**而是在完全的资本主义奴役下**发展的，在这种奴役下，对普遍存在的邪恶现象、暴虐、欺骗以及把穷人排斥在"最高"管理机关之外的现象，自然非作种种让步"不可"。在社会主义下，"原始"民主的许多东西都必然会复活起来，因为人民**群众**在文明社会史上破天荒第一次站起来了，不仅**独立地**参加投票和选举，**而且独立地**参加**日常管理**。在社会主义下，**所有的人**将轮流来管理，因此很快就会习惯于不要任何人来管理。

---

① 参看《马克思恩格斯文集》2009年人民出版社版第3卷第154页。——编者注

马克思以其天才的批判分析才能,从公社所采取的实际措施中看到了一个**转变**。机会主义者因为胆怯,因为不愿意与资产阶级断然决裂而害怕这个转变,不愿意承认这个转变;无政府主义者则由于急躁或由于根本不懂得大规模社会变动的条件而不愿意看到这个转变。"根本用不着考虑破坏旧的国家机器,我们没有各部和官吏可不行啊!"——机会主义者就是这样议论的,他们满身庸人气,实际上不但不相信革命和革命的创造力,而且还对革命害怕得要死(像我国孟什维克和社会革命党人害怕革命一样)。

"**只需要**考虑破坏旧的国家机器,用不着探究以往无产阶级革命的**具体**教训,用不着分析应当**用什么**来代替和**怎样**代替要破坏的东西。"——无政府主义者(当然是无政府主义者当中的优秀分子,而不是那些追随克鲁泡特金之流的先生去做资产阶级尾巴的无政府主义者)就是这样议论的;所以他们就采取**拼命**的策略,而不是为完成具体的任务以大无畏的精神同时考虑到群众运动的实际条件来进行革命的工作。

马克思教导我们要避免这两种错误,教导我们要以敢于舍身的勇气去破坏全部旧的国家机器,同时又教导我们要具体地提问题:看,公社就是通过实行上述种种措施来扩大民主制度和根绝官僚制,得以在数星期内**开始**建立**新的**无产阶级的国家机器。我们要学习公社战士的革命勇气,要把他们的实际措施看做是具有实际迫切意义并立即可行的那些措施的一个**轮廓**,如果**沿着这样的道路前进**,我们就一定能彻底破坏官僚制。

彻底破坏官僚制的可能性是有保证的,因为社会主义将缩短工作日,使**群众**能过新的生活,使**大多数**居民无一例外地**人人**都来执行"国家职能",这也就会使任何国家**完全消亡**。

考茨基继续写道:"……群众罢工的任务在任何时候都不能是**破坏**国家政权,而只能是促使政府在某个问题上让步,或用一个同情无产阶级的政府去代替敌视无产阶级的政府……可是,在任何时候,在任何条件下,这〈即无产阶级对敌对政府的胜利〉都不能导致国家政权的**破坏**,而只能引起**国家政权内部**力量对比的某种**变动**……因此,我们政治斗争的目的,和从前一样,仍然是以取得议会多数的办法来夺取国家政权,并且使议会变成政府的主宰。"(第 726、727、732 页)

这真是最纯粹最庸俗的机会主义,是口头上承认革命而实际上背弃革命。考茨基的思想仅限于要一个"同情无产阶级的政府",这与1847年《共产党宣言》宣告"无产阶级组织成为统治阶级"①比较起来,是倒退到了庸人思想的地步。

考茨基只得去同谢德曼、普列汉诺夫和王德威尔得之流实行他所爱好的"统一"了,因为他们都赞成为争取一个"同情无产阶级的"政府而斗争。

我们却要同这些社会主义的叛徒决裂,要为破坏全部旧的国家机器而斗争,使武装的无产阶级自己**成为政府**。这二者有莫大的区别。

考茨基只得成为列金和大卫之流,普列汉诺夫、波特列索夫、策列铁里和切尔诺夫之流的亲密伙伴了,因为他们完全赞同为争取"国家政权内部力量对比的变动"而斗争,为"取得议会多数和争取一个主宰政府的全权议会"而斗争,——这是一个极为崇高的目的,在这个目的下,一切都可以为机会主义者接受,一切都没有超出资产阶级议会制共和国的框子。

我们却要同机会主义者决裂;整个觉悟的无产阶级将同我们一起进行斗争,不是去争取"力量对比的变动",而是去**推翻资产阶级**,**破坏**资产阶级的议会制,建立公社类型的民主共和国或工兵代表苏维埃共和国,建立无产阶级的革命专政。

*　　　*　　　*

在国际社会主义运动中比考茨基更右的派别,在德国有《社会主义月刊》派(列金、大卫、科尔布以及其他许多人,其中还包括斯堪的纳维亚人斯陶宁格和布兰亭),在法国和比利时有饶勒斯派和王德威尔

---

① 参看《马克思恩格斯文集》2009年人民出版社版第2卷第52页。——编者注

得，在意大利党内有屠拉梯、特雷维斯以及其他右翼代表，在英国有费边派和"独立党人"（即"独立工党"，实际上始终依附于自由派的党），如此等等。所有这些无论在议会工作中或在党的政论方面都起着很大作用而且往往是主要作用的先生，都公开否认无产阶级专政，实行露骨的机会主义。在这些先生看来，无产阶级"专政"是与民主"矛盾"的！！他们在实质上跟小资产阶级民主派并没有重大的区别。

鉴于这种情况，我们有理由得出结论：第二国际的绝大多数正式代表已经完全滚到机会主义那边去了。公社的经验不仅被忘记了，而且被歪曲了。他们不仅没有教导工人群众说，工人们应当起来的时候快到了，应当打碎旧的国家机器、代之以新的国家机器从而把自己的政治统治变为对社会进行社会主义改造的基础的时候快到了，——他们不仅没有这样做，反而教导工人群众相反的东西，而他们对"夺取政权"的理解，则给机会主义留下无数的后路。

当着国家，当着军事机构由于帝国主义竞赛而强化的国家已经变成军事怪物，为着解决究竟由英国还是德国、由这个金融资本还是那个金融资本来统治世界的争执而去屠杀千百万人的时候，在这样的时候歪曲和避而不谈无产阶级革命对国家的态度问题，就不能不产生极大的影响。[①]

第一版跋

这本小册子是在1917年8、9月间写成的。我当时已经拟定了下一章即第7章《1905年和1917年俄国革命的经验》的提纲。但这一章除了题目以外，我连一行字也没有来得及写，因为1917年十月革命前夜

[①] 手稿上还有下面这一段：
"第七章 1905年和1917年俄国革命的经验
1905年和1917年俄国革命的经验这一章的题目非常大，可以而且应当写几卷书来论述它。这本小册子自然就只能涉及与无产阶级在革命中在对待国家政权方面的任务直接有关的最主要的经验教训了。"（手稿到此中断。）——俄文版编者注

的政治危机"妨碍"了我。对于这种"妨碍",只有高兴。但是本书第2册(《1905年和1917年俄国革命的经验》)看来只好长时间拖下去了;做出"革命的经验"是会比论述"革命的经验"更愉快、更有益的。

作 者

1917 年 11 月 30 日于彼得格勒

1918 年在彼得格勒印成单行本

选自《列宁全集》第 2 版第 31 卷第 1—116 页

选自《列宁选集》第 3 卷,北京:人民出版社 2012 年版,第 109—221 页。

第五部分　附　录

附录Ⅰ 研究文献精选[1]

一 李光灿：《学习列宁的国家学说——介绍列宁著〈国家与革命〉一书》[2]

一

列宁的国家学说，是马克思列宁主义中极其重要的部分。列宁关于阐述马克思主义国家学说的著作有许多，主要是《国家与革命》《布尔什维克能否保持政权》《苏维埃政权的当前任务》《无产阶级革命与叛徒考茨基》《论国家》《论无产阶级专政》《无产阶级专政时代的经济和政治》等，但其中最主要的也是列宁关于国家学说的代表著作就是《国家与革命》。列宁的《国家与革命》，与马克思和恩格斯合著的《共产党宣言》、马克思的《哥达纲领批判》、恩格斯的《家庭、私有制和国家的起源》，同是马克思主义国家学说的卓越的经典著作，是我们学习和研究马克思列宁主义关于国家基本问题理论的指南。

《国家与革命》在实际政治上的意义是特别重大的。首先，它对于无产阶级革命的世界意义是非常重大的。因为资本主义发展到帝国主义阶段，就使资本主义矛盾的紧张和深刻程度达到极点。帝国主义是无产

---

[1] 为保证文献性，该部分所收文献力求保持其历史原貌，包括其中的人名、地名、术语、引文、脚注等，均不作改动，以便读者进行考证之用，对于文中可能产生歧义的地方，以"编者注"的方式加以说明。——编者注

[2] 本文选自李光灿：《学习列宁的国家学说——介绍列宁著〈国家与革命〉一书》，载《法学研究》1955年第2期，第1—7页。

阶级革命的前夜。一九一四年所爆发的第一次帝国主义战争把所有一切矛盾都集合在一起，结果就非常地加速并加剧了垄断资本主义（帝国主义）变为国家垄断资本主义的过程，同时也就非常地加速并加剧了人民群众的空前的灾难和革命义愤的增长，结果就加速和便利了无产阶级的革命斗争。这就说明：国际无产阶级革命运动在生长着，无产阶级夺取资产阶级政权的时机已经成熟了。就是说，无产阶级直接组织武装起义以暴力夺取政权的无产阶级革命已经成为当前的实际行动问题了。这时，全世界的无产阶级，应当立刻澄清他们对于国家的看法，确定他们夺取政权的手段，并且计划怎样来实施镇压敌人和向社会主义过渡的无产阶级专政了。为了适应世界无产阶级革命运动的迫切需要，列宁所写的《国家与革命》一书，正是替无产阶级夺取和掌握政权所准备的关于国家与革命的理论，是建立无产阶级国家的纲领。

同时，《国家与革命》对俄国革命的意义是非常重大的。因为俄国是帝国主义的所有矛盾的集中点，二十世纪以来已经进行了两次大革命的斗争：第一次是一九○五年革命，第二次是一九一七年二月革命。当列宁写《国家与革命》的时候，俄国二月革命已经爆发并且已经推翻了沙皇专制政府，资产阶级民主革命业已取得了胜利，并且已经进入到准备和实行社会主义革命的决定关头。当时，正是在无产阶级面前已经提出夺取资产阶级政权的直接任务的时候，对于即将武装起义的工农群众，不仅有必要用枪炮来武装他们，同时有必要用马克思主义思想来武装他们，使他们明确认识国家的性质和当前任务，使他们充分理解到国家政权问题是革命的基本问题，使武装起义的行动有马克思主义理论的指导。因此，列宁在伟大的十月社会主义革命的前夕（一九一七年的八九月间）写成的《国家与革命》这部名著，对于俄国革命和世界革命在实际政治上的指导无产阶级革命斗争的意义，无疑地都是非常重大的。

《国家与革命》在理论上的意义同样是特别重大的。资产阶级和小资产阶级的思想家，对马克思主义学说，早在马克思和恩格斯在世时就进行了各种曲解。在恩格斯晚年，第二国际机会主义者，以资产阶级改良主义来曲解马克思主义,否定马克思主义关于无产阶级专政的学说,阉割了它的革命本质。而在恩格斯死后,机会主义便成为第二国际中的统治思潮。为了在理论上捍卫马克思主义的国家学说,粉碎机会主义的各种曲解,并且在新时代的无产阶级革命斗争丰富经验的基础上进一步发展马克思主义的国家学说,列宁就写成了《国家与革命》这部伟大的著作,不仅恢复了马克思和恩格斯关于国家学说被机会主义者作了曲解和庸俗化的部分,而且在关于无产阶级专政的国家形式问题上,还有无产阶级专政是工人阶级领导下的工农联盟问题上,关于无产阶级民主制是阶级社会内最高类型的民主制问题上,给马克思主义国家学说作了新的天才地发展。列宁的国家学说是马克思主义发展中的新阶段。

二

《国家与革命》共分六章,内容是极其丰富的。这里仅就其中的几个主要问题,扼要地加以说明。

一、关于国家的本质

国家是历史的产物,是阶级社会的产物,是在社会分裂为敌对阶级的基础上产生的,是出于统治阶级的压迫和剥削的需要而产生的。国家是阶级矛盾不可调和时的产物和表现。列宁在揭露了资产阶级的奴仆们——那些歪曲马克思主义的资产阶级和小资产阶级的思想家——硬说国家是阶级"调和"的机关的无耻谎言时说道:"在马克思看来,国家是阶级统治的机关,是一个阶级压迫另一个阶级的机关,是建立这样一种'秩序',既把这种压迫法定和巩固起来,同时又缓和阶级冲突。按小资产阶级政治家的意见,秩序正是阶级的调和而不是这一阶级对另一阶级的压迫;仿佛缓和冲突乃是调和,而不是剥夺被压迫阶级用以推翻压迫者的一定的斗争工具和斗争手段。"① 国家是阶级"调和"还是阶级压迫?是"调和"阶级冲突还是缓和阶级冲突?这是当时列宁和机会主义者对国家的性质及其历史作用和意义问题的基本分歧点。国家能

---

① 列宁:《国家与革命》,1953年人民出版社版,第7页。

够"调和"对立阶级的利益吗?请回顾一下历史吧!奴隶制国家何尝调和了奴隶主和奴隶的阶级利益呢?相反的,奴隶主掌握着国家机器,对奴隶施行了惨无人道的压迫,在纪元前一世纪,罗马帝国的奴隶主利用国家权力,派遣了他们的特别武装力量——罗马军队,对斯巴达克领导的奴隶起义所进行的疯狂屠杀,就是最好的证明。奴隶制国家不但没有使奴隶主和奴隶这两个对立阶级的利益得到调和,而且使他们在尖锐激烈的阶级斗争中同归于尽了。封建制国家何尝调和了地主和农民的阶级利益呢?相反的,地主掌握着国家机器,对农民施行了惨无人道的压迫。其结果,并没有使地主和农民这两个对立阶级的利益得到调和,而是势不两立的阶级斗争的结局使地主阶级的封建王朝倒台了。资产阶级国家又何尝调和了资本家和工人的阶级利益呢?相反的,资产阶级掌握着国家机器,对工人阶级施行残酷地镇压。美国帝国主义资产阶级利用他们的国家机器,对本国广大工农劳动群众和外国殖民地人民进行残酷地压迫和剥削。其结果也绝不是使对立阶级的利益和对立的民族的利益得到调和,而势必在阶级斗争日趋激烈的情况下,美国的工人阶级和全体劳动人民以及被美帝国主义所统治的殖民地人民推翻美国帝国主义资产阶级的统治,实现无产阶级专政。无产阶级国家自从建立的那天起就公开宣布:它的第一个任务就是镇压已经被推翻的剥削阶级反抗,不让他们复辟,直到完全消灭他们,当然不是什么阶级利益的调和。历史事实证明:敌对阶级的矛盾是不可调和的。毛泽东同志在《论人民民主专政》一文中把人民同反动派的矛盾,比作景阳冈上的武松同老虎,"或者把老虎打死,或者被老虎吃掉,二者必居其一"①,矛盾是不可调和的。在阶级斗争中,国家不会是以公正无私的仲裁者的姿态出现的,它不是什么阶级调和的机关,而是一个阶级对另一个阶级施行强力的工具,是统治阶级用以实行其不受任何法律限制的专政机关。资产阶级和小资产阶级的思想家把国家看成为调和阶级的机关,是完全错误的。另一方面,机会主义者考茨基,却巧妙地口头上也承认"国家是阶级统治

---

① 毛泽东:《论人民民主专政》,人民出版社版,第7页。

的机关"和"阶级矛盾不可调和"的命题,而同时又忽视或抹杀由这种命题所必然得出的关于暴力革命和破坏旧的国家机器的结论,这就是在维持资产阶级国家机器现存的条件下贩卖"阶级调和"论,结果就取消了无产阶级革命与无产阶级专政,变成投降资产阶级出卖无产阶级革命的叛徒。机会主义的考茨基,在进行曲解、反对马克思主义关于国家本质问题上,同资产阶级和小资产阶级的改良主义者,在实际上是一样的。

在反对各色各样的对马克思主义国家学说进行曲解的斗争中,列宁着重指明:正因为根据是阶级矛盾不可调和的产物,所以,它自然是和不能不是"特别的武装队伍,监狱等等"的社会权力机关和"剥削被压迫阶级的工具"。正因为国家是社会权力机关和"剥削被压迫阶级的工具",所以,国家只是在阶级社会中所特有的一种组织,它并不是代表社会全体的东西,而只是这一阶级压迫和统治另一阶级的工具,只是统治阶级所掌握的机器。也正因为国家并不是代表社会全体的东西,而只是阶级的国家,是统治阶级所掌握的机器,所以,国家是可以为人们所占有,可以为人们夺取来夺取去的东西。正如列宁在《论国家》里所说:"国家是维护一个阶级对另一个阶级的统治的机器。"[①] 这就是国家的本质。

二、关于革命必须破坏资产阶级的国家机器

在《国家与革命》一书中,列宁从原则上把国家分成意义不同的两大类:无产阶级国家和一切剥削阶级国家。这两类国家的根本不同点就是:无产阶级国家是绝对多数劳动者镇压少数剥削者的工具,是消灭剥削和阶级、建设社会主义和共产主义的工具;一切剥削阶级国家是少数剥削者镇压绝大多数劳动者的工具,是保存和巩固这种或那种剥削制度的工具。列宁教导说:对待资产阶级的国家,必须用强力革命来消灭,用无产阶级革命来消灭,而不能"自行消亡";对待无产阶级的国家,必然是"自行消亡",而不能用强力来消灭。照列宁的说法,这就

[①] 列宁:《论国家》,1953年人民出版社版,第7页。

是马克思和恩格斯全部学说的基础。恰恰在这个根本问题上，无政府主义者否认无产阶级需要国家，而把无产阶级国家和资产阶级国家的原则区别混淆不清，于是他们的主张是：通通用强力来消灭。第二国际机会主义者否认用强力革命来消灭资产阶级的国家，而有意识地把无产阶级国家和资产阶级国家的原则区别混淆不清，于是他们的主张是：对待资产阶级国家是使它自行消亡，使它和平转让给无产阶级，从而就取消了无产阶级革命与专政，取消了无产阶级国家。

在《国家与革命》一书中，列宁引证了马克思在《路易·波拿巴政变记》里的一段话，说明了当政权从一个剥削阶级过渡到另一个剥削阶级的时候，国家机器就成为胜利者主要的战利品。在为保持和巩固政权而斗争的过程中，他们常常把夺取来的旧国家机器保存下来加以改良，使它更臻于完备，这样以便使它为新的剥削的统治阶级服务。资产阶级就是这样来对待封建统治阶级的国家机器的。十八世纪末法国资产阶级，在由封建制向资本主义过渡当时虽然比其他各国的资产阶级较为革命和坚决些，但它仍然使用了和保存了那些过去为奴隶主和封建主服务的镇压机关来为自己服务。在一八三〇年和一八四八年的革命中，法国资产阶级虽然从革命中吸取了教训，而把这个镇压机关多少进行了一些变更，但它仍然被试用着和保存着。中国民族资产阶级当其进行资产阶级旧民主主义革命——辛亥革命时，是以同样的改良态度对待了旧的国家机器。辛亥革命固然推翻了清廷，结束了几千年来封建皇帝的专制统治，但是"辛亥革命并没有触动过旧封建专制统治的、年代久远的、压在人民头上的军阀官僚政治机构，这种机构几乎原封未动仅换些名称而已"①。法国资产阶级和中国资产阶级（一切国家中的资产阶级都是一样），当其革命时对待旧的国家机器都是采取了同样的改良主义态度，原因何在呢？就是他们都从其剥削性和自私自利性的阶级利益和阶级要求出发的。无论比较彻底的法国资产阶级的革命也好，也无论不彻底的中国资产阶级的革命也好，当其在革命时，利用了工农群众的革命积极

---

① 陈伯达：《窃国大盗袁世凯》，人民出版社版，第9页。

性,帮助他们推翻了封建统治者,但在革命过程中,由于工农群众革命力量的增长,直接威胁着资产阶级的利益,威胁着刚从封建阶级那儿夺取来的统治权,就使资产阶级趋于妥协和反动,使他们有必要利用现成的旧国家机器反转来去镇压劳动人民。这是中外资产阶级对革命和国家态度的共同点。因为资产阶级的利益同工农劳动人民的利益是根本不相容的,资产阶级和一切剥削的统治阶级对待旧国家机器之所以都采取保存和改良的态度,就是因为他们在保存和巩固剥削制度这一根本点上是相同的,虽然剥削者不同和剥削制度有新旧形式的不同,但横竖都是剥削制,因此,作为保障生产资料的私人占有这一内部条件的外部条件——国家机器,是同剥削制度基本相适应的,因此,资产阶级需要基本上保存封建国家机器,不过只是在旧的基础上加以改良和完善,以适应资本主义的统治而已。无产阶级对资产阶级国家机器的态度则完全相反,他们的任务是破坏、打碎这个镇压劳动人民的国家机器,即采取革命的态度。因为在消灭一切剥削制、消灭阶级这一根本问题上是不同的(而一切剥削者统治阶级都要保存和巩固剥削制),因此,作为保障生产资料的私人占有这一内部条件的外部条件——国家机器,是同消灭剥削制建设社会主义和共产主义社会的无产阶级的总要求根本相反的。因此,无产阶级必须从根本上破坏资产阶级国家机器,重新建立不是为剥削阶级服务而是镇压和消灭剥削阶级的新的无产阶级国家机器,以适应无产阶级的统治,达到它走向消灭阶级、实现共产主义的目的。这就是无产阶级革命为什么必须破坏资产阶级国家机器的根本道理。

根据了马克思和恩格斯对一八四八——一八五一年法国革命和一八七一年巴黎公社斗争经验的科学总结,根据了俄国一九○五年和一九一七年二月两次革命的经验,在粉碎各种机会主义的胜利斗争中,列宁最明确最坚定地肯定了无产阶级在革命中不能简单夺取"现成的国家机器",而必须打碎它。并且根据这一唯一正确的马克思主义原理,指导了俄国十月社会主义革命走向胜利。

马克思列宁主义关于革命必须破坏资产阶级的国家机器的这一真理

是放之四海而皆准的革命的科学，它被中国共产党运用在二十世纪的二十—五十年代的半封建半殖民地社会的中国环境中来，是在另一种新的条件下证实了它的绝对正确性。

我国新民主主义革命经过了长期、曲折和艰苦的斗争，于一九四九年终于取得了全国的胜利，推翻了蒋介石匪帮的大地主大资产阶级的政权，破坏了反动统治的全部国家机器：消灭了国民党反人民的八百万军队，打碎了他们庞大的官僚机构、警察机构和法庭、监狱等等旧的国家机器，废除了国民党反人民的法统和反动司法制度；建立了崭新的工人阶级领导的以工农联盟为基础的人民民主国家——中华人民共和国。毛泽东同志在《论人民民主专政》一文中写道："我们现在的任务是要强化人民的国家机器，这主要地是指人民的军队、人民的警察和人民的法庭，藉以保卫国防和保卫人民利益。以此作为条件，使中国有可能在工人阶级及共产党的领导之下稳步地由农业国进到工业国，由新民主主义社会进到社会主义社会与共产主义社会，消灭阶级和实现大同。"① 根据毛泽东同志这一英明的指示，建国五年多来在我们国家机关的许多部门，继续进行了肃清国民党反动统治在思想、观点和作风方面的残余影响的斗争，取得了伟大的胜利。再一次证实了革命必须破坏旧的国家机器的原理之绝对正确性。

三、关于无产阶级专政

无产阶级专政的学说是马克思列宁主义中的主要点。马克思在一八五二年三月五日致卫登麦尔的信中写道："我所作出的新贡献就在于证明了下列几点：（一）阶级的存在仅仅是与生产发展的一定历史阶段相联系的；（二）阶级斗争必然要引到无产阶级专政；（三）这个专政本身不过是进到根本消灭阶级和进到无阶级社会的过渡。"②

列宁在《国家与革命》一书中对马克思的上述论点阐明道："……谁仅仅承认阶级斗争，那他还不是马克思主义者，他还可以是没有离开

---

① 毛泽东：《论人民民主专政》，人民出版社版，第7页。
② 列宁：《国家与革命》，1953年人民出版社版，第34页。

资产阶级思想和资产阶级政策范围的人。……只有把承认阶级斗争扩展到承认无产阶级专政的人，才是马克思主义者。马克思主义者和庸俗小资产者（以及大资产者）之间的最深刻的区别，就在于此。必须用这块试金石来试验对马克思主义的真正了解和承认。"①

在这个问题上，列宁进行了反对"左"右派机会主义的斗争。他一方面，向着右派机会主义，向着伯恩斯坦派、马可诺夫派、普列哈诺夫派等在无产阶级专政问题上曲解马克思主义作斗争。我们知道，马克思和恩格斯在创立其关于无产阶级专政学说的时候，曾经反对过拉萨尔的改良主义思想，这种机会主义思想，就是主张经过所谓"自由的人民国家"过渡到社会主义，否认无产阶级专政的观点。列宁所反对的伯恩斯坦派等正是继承了拉萨尔的错误观点。考茨基的机会主义观点实质上是和他们相同的。另一方面，列宁也同样进行了反对"左"派机会主义的斗争。这就是反对那些无政府主义者，那些坚持妄想一举而消灭国家否认无产阶级专政的人们。对此列宁指明：如果掌握政权的无产阶级不是根据新的社会主义原则而比较长期地改造全社会，那么要想过渡到无国家的共产主义社会是不可能的。根据马克思和恩格斯的学说，正是为了这个改造起见，无产阶级就必须推翻资产阶级的统治，建立无产阶级专政。

列宁在《国家与革命》一书中，根据了马克思和恩格斯关于无产阶级专政的基本思想，具体阐明了无产阶级专政的必要和实质，用新的革命经验发展和丰富了这个原理。他指出："必须了解，一个阶级的专政不仅为一般阶级社会所必需，不仅为已推翻了资产阶级的那个无产阶级所必需，而且为从资本主义过渡到'无阶级社会'，过渡到共产主义的整个历史时代所必需，——只有了解了这一点的人，才算是领会了马克思关于国家学说的实质。……由资本主义过渡到共产主义，当然不能不产生很多的和很繁杂的政治形式，但在本质上却不免是同一的：无产

---

① 列宁：《国家与革命》，1953年人民出版社版，第35页。

阶级专政。"[1]

在《国家与革命》一书中，列宁不仅恢复了和精彩地阐明了马克思主义关于无产阶级专政的学说，而且在新的历史条件把它向前发展了。这些重要的创造性地发展，主要表现在：第一，进一步阐发了关于无产阶级专政的性质。列宁根据了马克思和恩格斯在《共产党宣言》中所论述的无产阶级专政国家"即组织成为统治阶级的无产阶级"的原理，明确指出只有无产阶级才能推翻资产阶级的统治，建立无产阶级专政。而这种无产阶级专政，就是无产阶级革命的工具、无产阶级对资产阶级的统治和在无产阶级领导下的工农联盟，就是"不与任何人分掌而直接凭借群众武装力量的政权"[2]。第二，阐发了关于无产阶级先锋队即无产阶级政党是无产阶级专政的领导力量的思想。无产阶级专政无产阶级的国家必须要有党的领导，这是《国家与革命》一书中的基本思想之一。列宁指出，在为争取无产阶级专政和建设社会主义的斗争中要使党"能做一切被剥削劳动者的导师，领导者和领袖"[3]。如果没有党的领导，无产阶级和劳动人民就不能推翻资产阶级、不能取得社会主义革命的胜利、不能建设社会主义。因此，争取无产阶级专政的斗争是同党的领导分不开的。第三，阐明了关于无产阶级专政的基本任务。这些基本任务就是：（一）镇压已被推翻的剥削者的反抗，并巩固自己的胜利；（二）在无产阶级领导下与农民、小资产阶级和半无产阶级建立联盟，并且巩固无产阶级同这些群众的联盟，吸收这些群众来参加社会主义建设事业，保证无产阶级对这些群众实行国家领导；（三）利用无产阶级政权来组织社会主义制度，"引导全体人民走向社会主义，指导并组织新制度"[4]。事实证明，列宁的这些创造性地发展了的关于无产阶级专政的理论，对于俄国十月社会主义革命的胜利和世界革命的开展，都有伟大的指导意义和作用。

---

[1] 列宁：《国家与革命》，1953年人民出版社版，第36页。
[2] 同上书，第26页。
[3] 同上。
[4] 同上。

列宁所阐发的关于无产阶级专政的这些原理，对于我国人民民主专政来说，虽然有其具体的表现形式、具体的斗争形式和组织形式的差异，但总的是完全适用的。毛泽东同志的《论人民民主专政》和其他有关著作，正是根据了中国的历史情况和革命的特点，理论地而又实际地正确运用和发挥了列宁的关于无产阶级专政的原理，把关于镇压反动阶级、团结国际革命力量、教育农民、稳步地走到目的地这些重要的原则，明确地写在了《论人民民主专政》这一名著里，成了建立中华人民共和国和巩固人民民主专政的理论指南和战斗纲领。

四、关于无产阶级的国家形式

无产阶级的国家形式问题，是马克思列宁主义关于无产阶级革命与无产阶级专政学说最后要回答的问题，也是具体解决无产阶级专政究竟采用什么国家形式来实现由资本主义到共产主义过渡的历史任务的问题。因而它是马克思列宁主义整个学说中的重要组成部分。列宁在《国家与革命》中指出了，从资本主义到共产主义的过渡时期中将建立无产阶级专政的苏维埃形式和其他各种不同的国家形式问题，就使得马克思主义关于国家与无产阶级专政的学说得到了划时代的发展。

马克思主义国家学说中关于无产阶级的国家形式问题，从一八四七年马克思和恩格斯写《共产党宣言》到一九一七年列宁写《国家与革命》的七十年间，以及直到现在一共是一百零八年的期间，它的形成和发展的情形是这样的：

最初，就是在一八四八年欧洲革命的前夜。在这一时期内马克思和恩格斯关于无产阶级专政的思想就充分地形成了。在他们成熟的早年著作《哲学的贫困》和《共产党宣言》里，明确地提出了关于国家和无产阶级专政的问题。特别在《共产党宣言》中提出"国家，即组织成为统治阶级的无产阶级"。列宁认为这个理论就是无产阶级专政。但是，既然无产阶级需要国家作为反对资产阶级的特别的强力组织，那么，由此就会得出结论：如不预先消灭和破坏资产阶级的国家机器，则创造这样的无产阶级组织是否可能呢？《共产党宣言》的思想会接近到这个结论，但是还没有具体地作出这个结论，这是时代的限制，因为在历史和无产阶级革命斗争的发展还没有给以充分材料来反映出必须打碎资产阶级国家机器的问题时，过早地作出抽象的逻辑结论也是没有意义的。等到马克思在总结一八四八年到一八五一年革命的经验时，就明确提出这个结论了。

在一八四八年——一八五一年法国革命到一八七一年巴黎公社以前的时期，马克思在《路易·波拿巴政变记》一书中总结了这次法国革命的历史经验，提出今后无产阶级进行革命必须"集中自己的一切破坏力量"来"破坏""打碎"旧的国家机器。这比在《共产党宣言》上所写的关于国家和无产阶级专政的抽象任务来说，是向前迈进了一大步。但究竟要用什么来代替那已被打碎的国家机器？究竟无产阶级所建立的国家形式是怎样的？当时的经验还没有给提出这些问题以充足的材料。直到一八七一年巴黎公社时，才给了这个问题以最可注意的材料。

从一八七一年巴黎公社直到二十世纪的俄国一九〇五年和一九一七年二月两次革命以前的时期，马克思、恩格斯对巴黎公社划时代的历史意义有着丰富的见解。他们从巴黎公社的经验中找到了代替资产阶级国家机器的无产阶级新国家形式的雏形。马克思在《法兰西内战》一书中对公社所作的基本结论是："公社的真正秘密，就在于它实质上是工人阶级的政府，是生产者阶级对占有者阶级进行斗争的结果，是终究发现了的可以使劳动在经济上获得解放的政治形式。"① 正如列宁所说，公社是无产阶级革命打碎资产阶级国家机器的第一次尝试，它应当是用来代替那已被打碎的国家机器。这比在一八四八——一八五一年革命中仅仅发现革命必须打碎资产阶级国家机器的理论又往前跃进了一大步。但是，巴黎公社只存在了短短地七十二天就失败了，由于这种历史条件的限制，在当时仅仅根据巴黎公社的经验，还不能形成关于无产阶级国家形式学说的完全的体系，因而在关于无产阶级国家形式的问题上，还

---

① 马克思：《法兰西内战》《马克思恩格斯文选》两卷集，1954年莫斯科中文版，第1卷第501页。

没有完全突破国会制民主共和国的旧圈子。在十九世纪的下半期，最先进的民主的国家形式是国会制的民主共和国，马克思、恩格斯和马克思主义者认为这种共和国很自然地适合于无产阶级革命的任务，认为它可以作为无产阶级专政的国家形式。虽然，马克思当时曾一度指示说，无产阶级专政最适宜的形式不是国会制的共和国，而是巴黎公社式的政治组织。但可惜马克思在自己的著作里没有把这一指示继续加以发挥，于是这一指示便被人遗忘了。在十九世纪八十年代和九十年代中，西欧无产阶级在国会斗争中取得了巨大的成绩，在国会中特别在地方自治机关中，工人代表的数目增长了，国会制的民主给了无产阶级政治组织的生长和巩固以很大的可能性。在这样的条件下，马克思主义者恩格斯在一八九一年《爱尔福特纲领草案批判》中曾说过："民主共和国甚至是施用于无产阶级专政的一种特有形式。"这样的观点在当时马克思主义者中占着统治地位，列宁在一九一七年以前也保持着这样的观点。这是完全合乎历史和革命发展的规律性的。

在俄国一九〇五年、一九一七年二月两次革命和建立起苏维埃政权的时期，列宁在帝国主义与无产阶级革命时代的新的历史情况下，以天才的智慧发现了苏维埃是无产阶级国家的新形式，他根据了俄国两次革命的新经验系统地研究了"巴黎公社"，将一九一七年的苏维埃和一九〇五年的苏维埃及巴黎公社之间建立了历史的联系，并从中发现了无产阶级专政。苏维埃是在新的历史情况下产生的比巴黎公社更高的更完备的一种无产阶级的国家形式。在此问题上列宁不仅粉碎了第二国际机会主义对马克思国家学说的曲解，而且否定了以前的马克思主义者所保持的旧原理，肯定了无产阶级最好的国家形式不是国会制的民主共和国，而是工农代表苏维埃共和国，形成了马克思列宁主义关于无产阶级国家形式的系统的、完整的理论。列宁关于苏维埃共和国是从资本主义到共产主义的过渡时期最适宜的国家形式的发现，是对马克思主义国家学说的极宝贵的贡献。自从苏维埃政权出现时起，资产阶级民主国会制度的旧时代完结了；全世界历史的新篇章——无产阶级专政的新时代就开始了。

第二次世界大战以后到现在，由于新的历史条件，在中欧和东南欧的许多国家内，出现了无产阶级新的国家形式——人民民主制，以后又在亚洲出现了中华人民共和国、朝鲜民主主义人民共和国和越南民主共和国等新的人民民主制度的国家形式。人民民主制是无产阶级国家形式在新的历史条件下的创造和发展，是列宁的国家学说进一步地发展和丰富。人民民主制和苏维埃制有着许多本质上相同的特点，因为人民民主制和苏维埃制是同一政权——工人阶级和城乡劳动者联盟的政权——的两种形式。经验证明：在现在的历史条件下，人民民主制度能够而且必须在消灭资本主义和建设社会主义上成功地起着无产阶级专政的作用。我国的国家形式——人民代表大会制度，虽然因为国家和民族的历史条件不同而与中欧和东南欧人民民主国家有着若干特异之点，但就其基本性质上说，是属于社会主义类型的人民民主制的国家形式。（本文不来具体论述这一问题）

无产阶级国家形式问题的理论，是列宁的国家学说的极重要和极富有创造性的一部分。

五、关于国家消亡的经济基础

关于国家消亡的经济基础，即根据消亡与共产主义发展的联系问题，是列宁的国家学说——《国家与革命》一书的主要内容之一。列宁根据马克思的理论，首先指出由资本主义过渡到共产主义，非经过一个"政治过渡时期"不可，而这个时期的国家则只能是无产阶级专政。列宁把无产阶级专政与无产阶级民主看做一个问题的两方面。列宁指出使绝大多数人享有民主，和用强力来镇压那些剥削和压迫人民的份子，这就是无产阶级民主制，就是从资本主义进到共产主义的过渡时期的政治形式。在发挥这一正确观点时，列宁严格批判了那种同无产阶级民主制根本对立的、虚伪的、形式的资产阶级民主制。批判了考茨基等机会主义者为资产阶级奴颜婢膝地宣扬什么"纯粹的民主"那些荒谬的胡说。列宁指出无产阶级的民主也就是无产阶级的国家制度。在社会主义——共产主义社会的低级阶段，为了镇压敌人、消灭剥削和阶级，国家不但不会消亡，而且还要强化它。这是非常必要的。只有到共产主义社会的高级阶段,当国内已经没有需要镇压的阶级,当社会已经实现了"各尽所能,各取所需"的原则时,国家和民主制才会完全消亡。至于国家和民主制消亡的日期和消亡的具体形式,列宁仍然强调指出,他要作为完全没有解决的问题。因为当时还没有可供解决这些问题的材料。但这样的材料,已经被后来苏联存在的实际经验提供出来了。就是在一九三九年联共(布)第十八次代表大会上斯大林同志所指出的,如果社会主义进到共产主义的阶段时资本主义包围还存在的条件下,国家还是会保存的。

三

列宁的《国家与革命》,是根据了马克思和恩格斯关于实现共产主义必须经由无产阶级革命与专政的基本思想,在帝国主义与无产阶级革命时代的新的条件下,恢复了并发展了马克思主义的国家学说,系统地全面地解决了马克思主义关于国家的学说与无产阶级在革命中的任务的问题。根据列宁的国家学说,就能将无产阶级革命与社会主义和共产主义的建设事业引向正确的道路。按照列宁的国家学说建设起来的苏维埃国家,是建成社会主义和共产主义的强大工具;它给了世界各国的无产阶级政党在进行革命和建设事业上以活的榜样、作了他们的典范。列宁的国家学说,是建成社会主义和共产主义的重要保证,是世界革命和中国革命的行动指南。

我们学习《国家与革命》——列宁的国家学说,必须注意领会和掌握列宁的科学创造精神,反对教条主义的学习态度。列宁的国家学说,同整个马克思列宁主义的学说一样,是世界无产阶级革命斗争经验的科学总结。《国家与革命》一书,通篇都贯穿了这种科学创造精神。从问题的提出到各个别问题的结论,都是占有了大量的实际材料、根据了革命运动丰富经验的总结,来一步一步地向前发展和丰富着关于国家问题的理论。

在《国家与革命》一书中这种例子是很多的。如提到对于一八四八年——一八五一年法国革命"革命的总结"问题时,列宁论述了马克思的学说就在总结这次革命经验上也同其他任何时候一样，是由深刻哲学的宇宙观和丰富的历史知识所阐明的经验总结。列宁在分析到马克思是非常严格地依据历史实际经验来提问题时，说马克思在一八五二年还没有具体提出用什么东西去代替那必须消灭的国家机器的问题，因为当时经验还没有给予提出这个问题的材料。又如在论述到社会主义怎样从资本主义中脱胎出来而是一个自然历史过程的问题时，列宁极精彩地阐述了马克思研究问题的科学态度。他写道："马克思的全部理论，就是运用最彻底，最完整，最周密，内容最丰富的发展论去考察现代资本主义。自然，他也就要运用这个理论去考察资本主义行将崩溃的问题，并运用这个理论去考察将来共产主义的将来发展问题。"[①] 列宁称赞马克思连丝毫空想主义痕迹也没有，说马克思并没有虚构和幻想一个"新"社会，恰恰相反，马克思是把从旧社会诞生新社会，从前者转到后者的过渡形式，作为一个自然历史过程来研究。马克思从无产阶级革命运动的经验的科学总结中来回答实际问题，来得出生气勃勃的革命理论。和马克思一样，列宁继承了他这种研究问题的科学态度，总结了全世界无产阶级革命的经验，不断地丰富着革命的理论，并把它提高到新的阶段。

　　正因为列宁是从无产阶级革命运动的经验中，从丰富的实际材料和理论材料的系统研究中，以实事求是的科学态度来对待客观事物、对待国家与革命的问题，所以，他才成为创造性的马克思主义者。

　　列宁在《国家与革命》一书中，光辉地创造和发展了马克思主义关于国家的学说，特别是光辉地创造和发展了无产阶级国家形式的学说，这是对马克思主义关于无产阶级革命与无产阶级专政理论的第二个重大的创造性地发展。（第一个是在一九一五年八月所写的《论欧洲联邦口号》一文和一九一六年秋所写的《无产阶级革命的军事纲领》一文中提出社会主义革命可能首先在少数或单独一个国家内获得胜利的理论。）

[①] 列宁：《国家与革命》，1953年人民出版社版，第88页。

学习《国家与革命》，必须学习列宁在研究国家问题上艰苦卓绝、实事求是的科学创造精神。用心去领会列宁写作《国家与革命》的方法并且努力学习使它变成我们研读《国家与革命》的学习方法，以培养我们的科学的思想方法。用心学习列宁对国家问题的正确的观点和方法，去联系地认识和观察现在的世界与中国，去解决当前的中国在进行社会主义革命中人民民主专政的新问题，去从事建设那为社会主义服务的强大工具——人民民主国家。这就是我们学习的任务。

二 〔法〕雅克·泰克西埃：《〈国家与革命〉的列宁主义历程》（节选）①

第一章 《国家与革命》第一章研究的导论（节选）

如果有一部著作能使我们谈论马克思、恩格斯思想的一个隐藏面，那就是《国家与革命》。这是一部在许多方面都很重要的著作。在布尔什维克党和列宁主义的历史上，这是一个决定性阶段。首先，当我们研究这部著作如何产生的时候，我们发现，这部著作的产生是因为在列宁看来必须在理论上阐明无产阶级革命和国家的关系。面对帝国主义，考茨基主义的正统理论的破产使列宁彻底重新检查了考茨基主义的"激进主义"的基础，尤其是重新检查直到1914年战争前夕他毫无困难地接受的国家和革命的"正统"学说②。考茨基转变为"中间派"，以及考茨基对战争的态度，使列宁从零开始重新考虑一切东西。在他看来，这是绝对必要的，因为在第二国际的左派中产生了像罗莎·卢森堡、潘涅库克、卡尔·李卜克内西那样的新激进主义者和从1912年起考茨基的

---

① 本文节选自泰克西埃：《马克思恩格斯论革命与民主》第四部分《马克思恩格斯政治思想的隐藏面·〈国家与革命〉的列宁主义历程》，姜志辉译，北京：社会科学文献出版社2012年版，第189—245页。

② 考茨基属于第二国际的左派，直到1910—1912年。在这方面，他关于1905年俄国革命的立场是意味深长的。

"中间主义"之间的分化。但是，促使列宁撰写这部著作的更直接原因是：从1916年起，开始了与主要以布哈林为代表的共产主义左派的争论，在列宁看来，在国家和面对国家的革命问题上，布哈林的"左倾主义"在列宁看来阻挠了对考茨基的立场的正确批判。在列宁于1917年撰写关于国家的"文章"做准备（尤其是从文献学的观点看）而写的《蓝皮笔记》①中，仍然有与布哈林争论的痕迹，使他与布哈林隔开的距离看来大大地缩小了，甚至可能完全不存在了。但与此同时，在国家问题上从此以后把他与考茨基隔开的沟壑却扩大了。《国家与革命》的撰写因十月革命而中断（列宁仅仅有时间撰写关于1905年和1917年俄国革命的章节的标题）。因此，这篇文章的重要性首先是它包含能为列宁的党指出如何面对与国家有关的革命任务的理论。

但是，可以说，《国家与革命》的重要性不止于此。它不仅涉及俄国革命，而且还涉及第三国际的整个马克思主义。总之，很可能，在1917年和他去世之间，由于在夺取政权的翌日他必须面对的困难，列宁关于国家的立场会发生变化。这是一个有待于研究的问题。但实际上，我们已经知道答案。在他生命的最后年代，《国家与革命》和非官僚的苏维埃国家的理论家却领导着一个最坏的官僚国家，他进行最后的拼命斗争，直到死亡才中断了这个斗争。在进行这个最后的斗争之前②，政权的经验所产生的思考素材积累起来了。研究这些素材可能是值得考虑的。但是，《国家与革命》的著作继续其书本生命，没有任何修改。从此以后，全世界的共产党人都从这本书里了解到马克思和恩格斯关于国家和革命的思想。它脱离了自身的历史背景，从此以后，它有一个理论著作的独立生命。也许，应该重新对它进行研究，把它放回到列宁的政治思想的发展过程中，使之历史化，使之相对化。但是，在第

---

① 弗·列宁：《蓝皮笔记（马克思主义论国家）》，Bruxelles, Ed. complexe, 1977。
② 参见莫什·勒温（Moshé Lewin）：《列宁的最后斗争》(*Le Dernier Combat de Lénine*)，Paris, Ed. deMinuit, 1978。

一时间，我们也能把它当做以某种方式继承马克思和恩格斯的理论—政治遗产的著作来研究，它是我们生活其中的一种传统，马克思和恩格斯的列宁主义解释的传统的根源。

也应该考虑列宁所使用的方法。对整个小册子的最初一瞥也许能告诉我们它的主要特点。我们可以从最后部分，即总体上关于考茨基的著作、标题叫做"马克思主义被机会主义者庸俗化"的第六章（除了关于普列汉诺夫的第一节）着手。这显然是重要的，因为它们向我们明确地指出小册子是针对哪一种学说的。它也表明列宁对考茨基和考茨基关于国家和革命的理论的批判。我们能这样来概述他的批判：考茨基忘记了砸碎或摧毁资产阶级国家机器的必要性的马克思主义论点。他实际上以为不必砸碎资产阶级的国家机器，或至少能用德国社会民主党的《爱尔福特纲领》中的一些反官僚措施来利用资产阶级的国家机器。但是，他其实没有理解砸碎资产阶级国家机器的马克思理论，或拒绝把这个理论看成是自己的。

马克思主义和无政府主义之间的关系、它们关于国家和革命的理论的问题也提了出来。根据列宁的看法，无政府主义的单方面批判支配着第二国际的整个历史，由此导致无政府主义和马克思主义之间针锋相对的对立，而这种对立促进了革命党在对国家的态度问题上的机会主义的产生。"机会主义"的实质就是忘记了为顺利地进行无产阶级革命而砸碎资产阶级国家机器的绝对必要性。但确实，在一些基本问题上，马克思主义与无政府主义分道扬镳，而列宁首先针对上面提到的"机会主义的遗忘"，最终彻底地用马克思主义来反对机会主义，并强调无政府主义和革命马克思主义之间的一个共同点。这就是《国家与革命》在马克思主义历史上的伟大创新之一：列宁在书中（部分地）为无政府主义的国家理论恢复声誉；他在书中接受一种为反对机会主义而与无政府主义在理论上的部分联盟。这就是列宁从1916年到1917年的政治思想发展过程的结果。当阅读那个时代的文章时，我们看到，为什么它首先因布哈林使用的具有无政府主义色彩的措辞而大为震惊,为什么他最终逐渐认为,就本质而言,布哈林有理由反对考茨基。

我们现在来快速浏览其他各章。第一章确定了列宁认为在马克思主义的国家理论中最基本的东西,依据恩格斯的两部主要著作。首先是《家庭、私有制和国家的起源》,其第一版是在1884年:关于国家的起源、发展和终结,摘自这部著作的冗长引文占据了第一、二、三节。然后是1877—1878年陆续发表的《反杜林论》,他借用其中的两段引文,一段引文是关于国家的消亡,另一段引文是关于暴力在历史上的肯定作用。我们能说,在古老的意义上,第一章是"教条主义的":它阐述了作为相互一致的所有论点的"马克思主义"关于国家的学说,列宁用这些论点来反对人们对这个学说的歪曲,在列宁看来,这是机会主义的各种修正所造成的歪曲。

只要采取一些预防措施来避免把仅仅是学说的一个局部方面的东西当做学说的一个绝对原则,或者把在一段时间里坚持的,但随后被抛弃的一种立场当做马克思和恩格斯的一个不变论点,原则上就不能对为重建马克思主义关于国家(和革命)的所有论点所做的努力提出异议。从这个双重的观点看,我们将发现,人们能严厉地批判第一章。它依据某些实在的文本,但仅仅靠这些文本远不能穷尽马克思和恩格斯关于这些被涉及的问题所说的一切。

也应该问列宁与他所使用的文本建立了何种关系。他的目的不应该被忘记:问题在于与一切形式的机会主义,包括在他看来以更微妙的形式,即考茨基主义的正统理论的机会主义作斗争。因此,问这种批判是否与考虑到这些理论的复杂性的文本(《家庭、私有制和国家的起源》的文本)有关,在这种情况下,力图确定其他文本(例如,关于国家消亡的《反杜林论》的文本)经过了何种再加工,并不是不合理的。

教条主义性质的第一章的对称物是在著作的另一端,在第五章"国家消亡的经济基础",第五章的四节几乎都涉及马克思在1875年撰写的、恩格斯在1891年发表在考茨基的《新时代》上的《哥达纲领批判》的评论。第五章的标题只是稍微有一点限定，因为列宁不仅限于讨论标题所指定的问题，而且也讨论无产阶级专政和无产阶级专政所规定的国家类型的问题。他顺便讨论关于俄国政治现状的各种棘手问题，所有这些问题都归结为这种新型国家将是什么样子的和它的作用是什么。关于列宁对他准备领导的苏维埃国家的看法，他在这里给出了十分重要的详细说明①。

因此，第一章和第五章具有系统性，主要针对国家②，当然，人们从来没有把国家问题和革命在国家方面的任务问题真正地分离开来。这些任务是第二章和第三章探讨的主要问题。第二章和第三章有一个部分相同的标题：《国家与革命》。第二章的补充标题是："1848—1851年的经验"，第三章的补充标题是："1871年巴黎公社的经验——马克思的分析"。

在谈论了著作的系统性部分之后，我要讨论关于学说的历史发展的各章。1848年革命的经验使马克思提出砸碎资产阶级国家机器的必要性的问题，但是，我们还不知道用什么来代替资产阶级的国家机器。巴黎公社的历史和经验给出了马克思记在心里的回答：民主共和国是能使无产阶级获得解放的"最终找到的政治形式"。在《宣言》1872年德文版序言中，法国革命的经验使马克思和恩格斯做出在《宣言》纲领的一个问题上的"更正"：无产阶级不能简单地掌握现成的国家机器，并运用它来达到自己的目的，无产阶级必须砸碎国家机器，用一个已经不再是半国家的新型国家来替代它。在"理论考虑"或系统考虑之后，

---

① 我已经有机会来检查第五章的一些重要方面，尤其是列宁的平等主义论点，在这个论点中，他认为共产主义高级阶段是真正平等的实现。参见雅克·泰克西埃：《马克思是平等主义的思想家吗?》(*Marx penseur égalitaire?*), in *Egalité? /Inégalité*, a cura di Alberto, Domenico Losurbo et Jacques Texier, Urbino, Quattro, 1990. 该文也见于 *Liberté*, *Egalité*, *Différences*, Actuel Marx, n°8, 2esem, 1990。但是，关于列宁对《哥达纲领批判》的评论的中心部分没有在那里发表。

② 我们可以看到在恩格斯和列宁看来的国家消亡结束的第一章和重新讨论这个问题和通过《哥达纲领批判》研究国家消亡的经济基础的第五章之间的连续性。

是"历史考虑"①。人们可能指出,《国家与革命》涉及的就是唯一的历史变革。我们可能会问,给予历史的地位是不是完全充分的,这最终是不是会构造一种属于列宁权限范围的行为的人为现象(artefact),一种其系统性被大大夸张了的国家和革命的理论。

这是方法论的问题。但是,问题还有一个理论性成分少得多的方面:问题在于列出所有的文献资料,而这些文献资料无论如何是没有受到列宁重视的。或者他取消了和平过渡的论点,因为他认为这个论点已经被历史的演变(帝国主义)超越了;或者他不重视发生在1848年革命(比如说)期间十分重要的所有历史演变,这些历史演变造成马克思和恩格斯的政治思想的一个更加复杂、变动不居和强烈反差的形象;或者他对使他感到不安的诸如恩格斯的《法兰西内战》"导言"(1895年)的文章保持沉默②;或者他粗暴地对待像《爱尔福特纲领草案批判》(1891年)那样的文章,恩格斯在那里提出全新的论点,即非官僚化的民主共和国是无产阶级专政的特殊形式。为了任意地重建一个体系而抛开历史在第四章"续前——恩格斯的补充说明"中尤其明显。体系是用唯一的历史变革建立起来的。可以说,这种历史变革内在于作为在1872年被主题化的更正的体系。可以补充的全部东西就是"补充说明",在那里,恩格斯的众所周知的教育才华真是不可思议。

事实不是这样的,一旦事实被复原,我们就会问,为什么列宁重建的马克思主义"理论体系"简化和歪曲了马克思和恩格斯的实际思想及其发展。我们要提出一个假设:在1917年9月,列宁需要一种马克思主义的国家和革命理论,这个理论差不多与马克思和恩格斯在1850年为欧洲"大陆"提出的理论是一致的。我们能给它一个名称:不断

---

① 我从卡·马克思的基本概念中借用这些表达方式,在他看来,"系统考虑"指出"历史考虑"介入其中的问题。

② 当我说"保持沉默"的时候,这不是一个修辞法。问题完全不在于《国家与革命》中的恩格斯的这篇文章。当然,我的意思也不是说,问题不在于列宁的其他文章。

革命的理论①。

第二章　恩格斯和列宁著作中的国家和阶级斗争（节选）

列宁的著作一开始就引用《反杜林论》，然后引用《家庭、私有制和国家的起源》的一些文本②。因此，我们要思考几个具有决定性的问题。列宁的结论是否考虑到了这个事实：在一个时期（在1877年和1884年之间），马克思和恩格斯不断地捍卫革命在"大陆"的必要性和和平过渡在英国和其他国家的可能性的两种或然判断呢？如果列宁没有考虑到——他没有考虑到，只是暗示地作了解释——那么我们就有理由认为，关于暴力革命不可避免的结论不符合马克思和恩格斯的复杂性。

关于他在第三节讨论的普选权的问题，我们也能这样说。如果在"大陆"国家，普选权不能代替暴力革命，那么这个结论显然不适用于英国，因为在英国，在获得普选权之后，应该能进行社会革命了。更一般地说，普选权和民主制度的问题是根据形势我们能进行最大限度变化的同一个问题。因此，重要的是，如果我们不想把一种仅仅作为权宜之计的立场当做马克思主义的国家和革命理论的一个不变论点，那么就能进行最大限度的变化。

民主共和国是一个同样的问题。我已经试图证明，在1891年，恩格斯在这个问题上做出了革新，他肯定像法兰西第一共和国那样的民主共和国是无产阶级专政的特殊形式。如果在第一章，列宁把以前的论点，即民主共和国只是现代社会的两个阶级在其中最后决战的战场，当做一种不变的和最终的立场，那么他就忽略了在1891年，在准备爱尔福特代表大会时发生的、人们后来多次看到的重要变化。

---

① 在本部分的续篇中，我们仅限于研究《国家与革命》的第一章。我在经过许多讨论之后作出这个决定，为了能说明问题和使人信服，这样做是绝对必要的。因此，我把我为乌尔比诺关于列宁的讨论会写的学术报告放入抽屉，写了这篇新的文章。

② 引自《家庭、私有制和国家的起源》的第一段文本是很长的，占据了第一章的最初三节。在第四节，他使用了引自《反杜林论》的两段较短的文本。

同样，在我们看来，为了克服和解阶级对抗的"机会主义意识形态"，当恩格斯提到建立一种"秩序"来"抑制冲突"和"限制冲突"的必要性时，列宁把看来并不是恩格斯所主张的立场归于恩格斯。由于我的基本目的不是讨论克服机会主义问题，而是强调出现在马克思和恩格斯著作中、能使我们谈论他们的思想的丰富性和复杂性的所有基本概念，所以我能提出一些批判性评论。为了不使列宁的仰慕者感到震惊，我可能不会谈论恩格斯的思想所受到的歪曲，但是，我要谈论使列宁把这个"秩序"概念搁在一边的某种单纯工具化（instrumentalisation），因为在我看来，这个秩序概念是值得关注的。

最后，关于恩格斯在两部著作中所捍卫的国家消亡的著名论点，我致力于证明，即使列宁在第一章第四节提出的理论构造也许并非不合理，指出列宁的阐释完全独立于恩格斯关于国家消亡的理论也仍然是一件重要的事情。关于我们在马克思和恩格斯著作中发现有显著的细微差别的这个论点，重要的是强调指出，在十月革命前夕，与竭尽全力最大限度地限制这个论点的范围的考茨基相反，列宁不仅限于重复他在恩格斯的著作找到的东西，他还是在这个领域里的一位本义上的创新者：他详细论述了看来只是被指出的东西，他综合了关于这个主题他在恩格斯的著作所能找到的所有东西，包括偶然提出的民主消亡的论点，并加以系统化，由于他的干预，马克思主义在这个问题上最终变得滑稽可笑。关于国家消亡和砸碎国家机器的必要性的理论，他是一位有创新的弟子；至少在一段短的时间里，他是一位激进的弟子，因为在 1917 年 10 月后不久，与布哈林的论战重新开始，当时，列宁常常会对考茨基说一些彬彬有礼的话。

与考茨基的反向努力相反，列宁系统地激进化和强化马克思和恩格斯思想的一个不容置疑的东西，以至于重新提出马克思主义和无政府主义之间关系的问题，并做出了彻底的创新。出于与"机会主义"论战的原因，列宁强调两种敌对学说和两个敌对党派之间的共同点。事情是这样的：20 世纪初，马克思主义者列宁认为在某些条件下和平过渡到社会主义的理论过时了，当时，他使暴力革命的必要性普遍化，他明确指出和阐述必须砸碎官僚国家机器的论点和国家消亡的论点。

我们将稍微深入地分析第一章的四节。

……

既然引起列宁注意的这一段实际上来自1884年第一版的《家庭、私有制和国家的起源》，我就在这里要给出同一时期的一篇文章，以便证明，当恩格斯在《家庭、私有制和国家的起源》的最后一章强调指出在欧洲某些国家的公共权力的增强时，他也重申了马克思关于在英国和平和合法过渡到社会主义的可能性的论点。这就是恩格斯在1886年11月5日为英文版《资本论》第一卷撰写的序言："毫无疑问，在这样的时刻，应当倾听这样一个人的声音，这个人的全部理论是他毕生研究英国的经济史和经济状况的结果，他从这种研究中得出这样的结论：至少在欧洲，英国是唯一可以完全通过和平的和合法的手段来实现不可避免的社会革命的国家。当然，他从来没有忘记附上一句话：他并不指望英国的统治阶级会不经过'维护奴隶制的叛乱'而屈服在这种和平的和合法的革命面前。"①

第四章　恩格斯、民主共和国和1884年普选（节选）

众所周知，最重要的是了解和解释恩格斯在1895年"导言"中所采取的最终立场，以便评价像《家庭、私有制和国家的起源》那样的一部著作，把它放回一个更广阔的整体中。为此，第一条件显然是不要隐匿"导言"。名著的"导言"可能只是强调恩格斯长期以来指出的某些方面。马克思和恩格斯自1850—1852年起不断地重申，和平和合法的过渡在某些国家是可能的。在"大陆"的其他一些国家（比如，俄国和德国），起义是必要的。在那些尚未争取到民主的国家，革命将是在争取（资产阶级？）民主的整个时期及其不同阶段中展开的一个过

---

① 卡·马克思：《资本论》第一卷，译自德文第四版，Jean-Pierre Lefebvre 负责翻译，Paris, Ed. scoiales, 1983, p. 28。（译文引自人民出版社第一版《马克思恩格斯全集》第23卷，第37页。——译者）

程。这个过程将涉及欧洲的主要国家。争取霸权在任何地方都起着一个决定性作用，只要暴力是可能的或必要的，就不排除诉诸暴力。关于这个多形式的社会革命过程在其中展开的政治形式，1891年将带来一个重要的革新：非官僚的民主共和国是无产阶级专政的特殊形式。这个革新偏离已经由马克思在1871年理论化的作为一个等同形式的公社共和国。关于政治形式的这个革新并没有对这种社会革命得以在不同国家发动的方式和手段（暴力的还是和平的，合法的还是非法的）做出任何预断。考茨基对1895年"导言"所做的解释证实了在马克思去世后的年代里恩格斯思想的这个总体观。伯恩施坦和他的政治上的朋友把1895年"导言"当做原则上排除运用暴力的一篇文章，并把恩格斯当做在所有国家走和平道路的理论家。事情并非如此，即使我们可能认为恩格斯思想的演变可能助长了以伯恩施坦为代表的政治思潮！然而，这不是恩格斯的思想，这也不是在恩格斯去世后的年代里。可以肯定，直到1909年，即列宁长期以来视为重要著作的《通向权力的道路》出版的年份为止的考茨基思想。这使我想起，直到1914年为止，列宁几乎把考茨基的所有立场当作他自己的立场。考茨基后来的立场使列宁重新检查他关于国家和与国家有关的革命任务的立场。当时，在1914年战争期间和在十月革命前夕，列宁发现，以回顾的观点看，可以把考茨基关于列宁本人在十几年的时间里没有研究过的国家问题的观点当作理论机会主义。事实上，我们可能认为，列宁在长时间里赞同考茨基关于国家的思想。面对第一次世界大战的社会民主党的破产，包括所谓的"正统"派的破产，是列宁重新检查马克思和恩格斯关于革命和国家理论的原因。这种重新检查从思想史的观点看不是令人满意的，列宁为了与机会主义作斗争不得不简化了基本的哲学材料，取消了某些文章（1895年"导言"），任意地解释其他文章（《爱尔福特纲领草案批判》），并且摒弃他认为已经过时的某些论点（在某些国家和平过渡到社会主义的可能性），这就是我要指出的东西。但是，即使列宁所做的重建是很值得怀疑的，也应该承认，除某些条件之外，这种重建也是可能的。

第五章 国家的消亡也是民主的消亡吗?（节选）

"实际上恩格斯在这里所讲的是以无产阶级革命来'消灭'资产阶级的国家，而他讲的自行消亡是指社会主义革命以后无产阶级国家制度残余。按恩格斯的看法，资产阶级国家不是'自行消亡'的，而是由无产阶级在革命中来'消灭'的。在这个革命以后，自行消亡的是无产阶级的国家或半国家。"①

不过，应该同意列宁正在做的事情。他重新编写恩格斯的文本，使之变得更深刻，他根据无产者革命和在无产者革命后也许有理由存在的，但与恩格斯在这里所说的无关的总体概念来重新编写恩格斯的文本。应该适应这种思想：列宁有时与这些文本有一种纯粹的工具性关系。这里的情况就是这样。当恩格斯说："这样一来它就消灭了作为无产阶级的自身，消灭了一切阶级差别和阶级对立，也消灭了作为国家的国家"② 时，他绝不是像列宁以为的那样谈论通过革命消灭资产阶级国家，以便仅仅后来才着手研究无产阶级的半国家和国家的消亡。他确实一般地、在文本的从头到尾谈论"作为国家的国家"的消亡问题。这是围绕着国家随着阶级而产生、随着阶级的消失而消失的这个思想的长篇思考。这就是关于列宁的"第一"。

我们现在来看"第二"。根据把我们在其他地方找到的，但没有出现在这里的一些概念引入这段文本的同样方法，列宁从他的第一个结论出发继续推理。这段话分为两个部分：第一部分论述旨在消灭资产阶级国家的无产阶级革命，第二部分论述真正与消亡有关的无产阶级国家。他说，消灭"作为国家的国家"，在于废除资产阶级专政的资产阶级国家，用无产阶级专政来代替资产阶级国家。用另一种实行镇压的特殊力量来代替一种实行镇压的特殊力量不可能以消亡的形式完成。

---

① 弗·列宁：*Oeuvres*, p. 429。（译文引自人民出版社《列宁全集》第31卷，第16页。——译者）

② 译文引自人民出版社《列宁全集》第31卷，第14页。——译者

我要再一次承认，列宁实际上有道理的，这是可能的：有一些马克思和恩格斯的著作能解释在这里提出的思想。但问题不在这里。问题在于弄清我们能在恩格斯的这段文本中找到什么。不过，我们在那里并没有找到诸如此类的东西。关于无产阶级取得国家政权，以便把生产资料变为国家财产的这段文本也许并不与无产阶级专政的思想相矛盾，但必须看到，恩格斯在这里没有提及无产阶级专政。最近，一位意大利研究者提醒人们注意，在《反杜林论》中，问题根本不在于无产阶级专政。这是一个事实，人们能注意到这个事实①。恩格斯在这里进行的是另一种推理方法，它旨在证明，无产阶级在利用国家权力，以便着手实施生产资料社会化的时候，消灭自身，消灭阶级和消灭"作为国家的国家"。这个观点一览无余地涵盖社会革命的整个时期，但不考虑这个整体过程的每一个特殊阶段。列宁的评价是错误的："消灭作为国家的国家"并不意味着消灭资产阶级国家和无产阶级国家来代替它，用另一种实行镇压的特殊力量来代替一种实行镇压的特殊力量，而是意味着消灭一切实行镇压的力量，因为"作为国家的国家"就是实行镇压的力量。无疑，在这里有一种完全不同于列宁概念的社会革命概念。我们看到，列宁发现这个概念不合他的胃口，因为从列宁的观点看，这个概念低估了镇压以前的统治阶级的必要性。至于我们，即使不重新编写恩格斯的文本，我们也要专心地阅读它。它描述了一种社会革命，在这个革命过程中，国家的镇压力量不可能在第二天就被废除，和可能进入消亡的过程。人们会说，这是空想！或者只是一种它的实现不仅仅取决于无产阶级的可能性？也许是。但可以肯定的是，存在着马克思和恩格斯的其他文章，在那里，他们考虑与资产阶级相比不那么残酷的一种社会革命。当然，在和平过渡到社会主义的情况下，事情可能是这样。但更一般地说，关于作为国家的国家，即实行镇压的力量趋向于消亡的这个总体看法也要求人们关于砸碎资产阶级国家机器的必要性做出解释。必须砸碎

---

① 这是安德烈·卡托恩（Andrea Cattone）在米兰关于恩格斯思想一个讨论会上所作的学术报告。它将发表在讨论会的会刊上。

资产阶级的国家机器,因为它是实行镇压的机器。但用什么来代替它呢?是列宁提出的另一种实行镇压的机器吗?还是其他东西?我们将在列宁的评论的后续部分知道这一点。

列宁的"第三"不再讨论无产阶级革命,而是讨论在无产阶级革命以后的时期,在这个时期,他认为能合理地谈论国家的消亡,无产阶级国家的自行消亡。我们原则上不会同他的解释(可以说,就文本的这个部分而言)有冲突。但列宁的方法是相同的,它在于把恩格斯可能在其他文章中详细阐述的,但没有出现在这里的概念引入这段文本。然而,列宁突发奇想,从恩格斯后来的一篇文章那里借用国家的消亡也是民主的消亡的思想,因为民主也是一种国家的形式。"第三"的说明是这样结尾的:"资产阶级的国家只有革命才能'消灭'。国家本身,就是说最完全的民主,只能'自行消亡'。"①

关于恩格斯实际上在他的一生中只有一次,并且完全以暗示的方式提到的"民主的消亡",我们会容易地想到人们可能在开玩笑②。列宁所建立的、列宁去世之后由斯大林领导的政体实际上不是已经实现了这种独一无二的消亡吗?我们希望恩格斯在民主问题上不要向我们展示辩证法的这种把戏,我们希望列宁不要把民主当成马克思主义国家理论的一部分。除了玩笑和虔诚的愿望,也应该探讨实质问题。

---

① 弗·列宁:*Oeuvres*,p. 430。(译文引自人民出版社《列宁全集》第 31 卷,第 17 页。——译者)
② 见恩格斯在 1894 年为《〈人民国家报〉国际问题论文集(1871—1875 年)》撰写的序言。据我所知,恩格斯的序言从来没有被译成法文。德文的原文见 MEW, XXII, p. 407。在列宁在第四章《续前——恩格斯的补充说明》的第六节《恩格斯论民主的消除》中专门阐述的这个重要问题上,列宁找到了民主消亡的思想,在第四章的第六节,在"续篇"中解释的东西是马克思在《法兰西内战》中的分析。整个第四章在我们看来是完全可争议的,其主要结果之一在于清除恩格斯的所有革新。我们要指出,在这篇序言中,恩格斯没有使用 Aufhebung 一词,而是使用 Uberwindung 一词来阐述他的国家消亡和民主消亡的理论。如果 Aufhebung 表示"消亡"和"扬弃",那么 Uberwindung 就表示"消除"和"战胜"。关于他所接受的德国"社会民主"党的名称,恩格斯提到国家消亡和民主消亡的问题,但同时提醒人们注意,对于经济纲领直接是共产主义,"对于政治上的最终目的是消除整个国家因而也消除民主"(参见弗·列宁:*Oeuvres*,p. 492;MEW, XXII, p. 418)(译文引自人民出版社《列宁全集》第 31 卷,第 77 页。——译者)

我们要问，民主消亡的这个理论是否就是国家消亡的一般理论的有毒果实，我们一定会做出肯定的回答。这个理论能以"弱的"方式来解释，就好像《反杜林论》的这段文本使我们有理由这样做，在那里，"作为国家的国家"，即国家的镇压职能，自行停止下来了。在阶级消失后，不再有阶级要镇压了，我们能推测恩格斯在那里所做的假设：在另一种社会氛围中，个人的偏激行为会逐渐消失。人们已经废除了死刑，为什么人们不能考虑不依靠任何镇压力量也可以使一种"秩序"存在下去的社会呢？暴力当然是一种永久的人类学可能性，但我们清楚地知道使这种可能性变为现实的所有因素。这些因素消失了，暴力的人类学可能性也许不会消失，但其社会存在的条件将消失。残存下来的东西能由类似于氏族社会机关的社会机关来处理。

这个说明使我们回到马克思和恩格斯在1870年代末研究的氏族社会，把我引向一个重要得多的评论。确实，恩格斯在他的一生中只有一次顺便提到民主的消亡。不过，既然列宁著作的第一章中的时间是在1878年和1884年，就必须指出，在恩格斯看来的民主无论如何不能归结为一种国家形式。恩格斯不断地对我们说，氏族社会的机关是以民主方式运作的。不过，这不是国家机关；氏族社会的机关不站在社会之上，它们没有像国家机关那样同社会相异化。它们也不可能像国家机关那样"自行消亡"。作为"实际民主"的机关，它们随着私有制、阶级和国家的消失而消失。因此，民主的概念在恩格斯看来绝对不能归结为一种特殊国家形式的概念。在"作为国家的国家"产生之前，民主已经存在了，我们因而也能认为，在"作为国家的国家"，即国家的镇压力量消失之前，民主仍将存在。

还有，我们不是非常清楚地知道可以代替"作为国家的国家"的东西，如果在社会生活内部得到充分发展的不是民主。这个思想没有在1878—1884年被恩格斯主题化，但我们能从恩格斯关于前国家社会的许多论述中合乎逻辑地推断出这个思想。至于马克思，当他撰写《法兰西内战》和研究公社制度的时候，他对我们说，问题在于真正的民主，他明确地向我们指出民主是由什么构成的：生产者的自治①。生产者在他们自己的，因而没有同他们相异化的机关内管理他们自己的事务。完全如同已经发生在氏族社会中的情况。只有彻底消灭一定数量的专门实行镇压的机关，只有把其他的所有机关放回社会，以及同样地对待必须要创建的那些机关，以便面对共产主义社会的新任务，共产主义才能是一个"没有国家"，也就是没有站在社会之上和最终统治社会的机关的社会。这不是别的，只能是民主在整个社会生活中，在社会生活内部的充分发展。共产主义是全面化的自治，因而不是民主的消亡，而是民主的充分发展。

在我看来，这就是基本上解释恩格斯关于国家消亡的论述的方式。恩格斯写道："国家政权对社会关系的干预将先后在各个领域中成为多余的事情而自行停止下来。"② 这种说法只能是针对从外面进行干预和用不是劳动者做出的决定来支配社会劳动者的政权。从此以后，在合适的机关内，是劳动者做出应该做出的决定，因为共产主义的社会生活服从我们不知为何物的"自然的"自动调节，是一件不可能的事。共产主义取消社会生活的一切自然性：这意味着人自己自觉地创造他们的历史，第一次引导历史的进程。不按照把暴力强加于事物本性的无限权力，而是——《反杜林论》第三编的第二章"理论"不断地强调的——服从人能够认识和最终要尊重的事物本性。这就是自觉的控制，它取消社会生活的"自然"性。

国家消亡理论的某些表述也许给人以含糊的口实。恩格斯在这里使用的表述之一就是这种情况，它直接来自圣西门："对人的统治将由对

---

① 准确地说，是恩格斯在1891年撰写的《法兰西内战》导言："这种炸毁旧的国家权力并以新的真正民主的国家权力来代替的情形，已经在《内战》第三章中作了详细的描述。"（参见《法兰西内战》，p. 30）（译文引自人民出版社第一版《马克思恩格斯全集》第22卷，第228页。——译者）至于马克思，他在谈到巴黎公社时，在第三章中写道："公社给共和国奠定了真正民主制度的基础。"（《法兰西内战》，p. 45）（译文引自人民出版社第一版《马克思恩格斯全集》第17卷，第361页。——译者）

② 译文引自人民出版社《列宁全集》第31卷，第15页。——译者

物的管理和对生产过程的领导所代替。"①

只有遵循我们所知道的共产主义的最明确定义，即人的自治的定义，这段文本才能被纳入和被吸收进共产主义的合理概念中。人对人的统治应该由人的自治，也就是全面化的民主来替代。生产过程的领导也是参与生产的人的活动的领导。领导者和被领导者的关系已经完全不同于统治者和被统治者的关系，但在那里，目的也只能是作为调节原则的人自己对自己的自行领导。在证实之后，我们能接受集体合作活动的思想，在那里，领导者和被领导者的关系没有被取消，领导人是根据他们在一个自治小组中的能力被选举出来的。在氏族组织中，存在着首领，他们拥有权威，但不拥有在国家意义上的强制权力。但是，恩格斯在这种情况下谈到的公众意见的力量并不是一个小的力量，而由居民的自动的武装组织行使的、不是由特殊的公共权力行使的惩罚也不失为一种有效的力量。

如果用物的管理来代替人的统治的恩格斯原则不是按照人的自治原则，即民主原则来解释，那么圣西门的概念看来注定要退化为一种专家政治的观点，在这个观点中，"人的统治"只能由专家的统治来代替，除非人自己完全被当作物来看待。正如人们所知，对恩格斯的文本的这种评论依据恩格斯在论述前国家的氏族组织时他自己对民主原则的运用。不过，这个评论不能掩饰国家消亡的某些解释向我们启示的批判。当我重新检查并像他那样阐述民主消亡理论的时候，我认为，列宁把一个外在的论点不仅引入这段文本，而且还引入恩格斯在那个时期的著作的整个背景，在这些著作中，民主没有归结为一种国家形式，因而不可能像一种国家形式那样自行消亡。

我将不停留在列宁的"第四"上。他在那里强调，恩格斯的文本的末尾部分既针对"自由的人民国家"这个拉萨尔原则的"机会主义"，也针对废除国家的"无政府主义"理论。他一心想表明，反对机会主义是第一位的，然后再反对无政府主义。如果我们在考察这个问题

---

① 译文引自人民出版社《列宁全集》第31卷，第15页。——译者

时同意按照列宁的思路，那么应该得出结论：列宁错了。恩格斯实际上首先写道："国家不是'被废除'的，它是自行消亡的。"①

国家消亡的理论是对无政府主义的一个答复，绝大多数读者因而记得这段文本的意义，这是完全合理的，尽管列宁会抗议。我们知道他的动机：与考茨基主义相反，列宁部分地为无政府主义恢复名誉，坚持在国家理论方面马克思主义和无政府主义之间存在着共同点。我们将在后面回到1871—1880年时期和其后若干年的这个独特观点。事实是，马克思和恩格斯受到巴枯宁并非徒劳的持续攻击的困扰。"自由的人民国家"的批判是马克思和巴枯宁之间论战的一个插曲。当然，马克思对可能在俾斯麦国家的财政援助下创建的拉萨尔合作社抱有深深的敌意。不过，之所以他被迫与"自由的人民国家"的用语拉开距离，对此，列宁提醒人们注意，这是在法律禁止民主共和国要求的政体下谈论民主共和国的一种婉转方式，是因为巴枯宁用马克思的德国政治朋友的这个用语来攻击马克思，并再次取得成功。因此，"自由的人民国家"的批判和废除国家的理论的批判是以一种唯一和同样的理论名义进行的，这个理论要求国家干预，以便通过生产资料的社会化来消灭阶级，并用国家的自行消亡来代替无政府主义的国家废除。1877—1878年发表的《反杜林论》的文本应该被放回反对无政府主义的殊死斗争的背景，以便能被正确地解释。在我看来，不想让德国社会民主党的"自由的人民国家"的批判化为乌有，并非像列宁所坚持的——列宁坚持认为，这个批判比无政府主义的批判更重要——是恩格斯的主要政治考虑，它基本上只不过是马克思和恩格斯在1871—1880年的十年间不停地进行的反无政府主义的大争论的一个插曲。也许，拉萨尔是"国家社会主义者"，按照马克思和恩格斯的看法，他准备与接受与俾斯麦的反动国家的联盟。关于威·李卜克内西和倍倍尔，列宁有理由提醒人们注意，他们以"自由的人民国家"的名义所要求的东西，就是马克思和恩格斯也要求的民主共和国的制度。在1877—1878年的"马克思派"看来，这是直

---

① 译文引自人民出版社《列宁全集》第31卷，第15页。——译者

接政治纲领的要求,他们当时认为,"公社的"制度是适合无产阶级专政的唯一形式。

第六章 恩格斯、列宁和暴力(节选)

第一章最后一节的"第五"把我们引向《反杜林论》的另一段文本,它是列宁最喜爱的引文的一部分。这是恩格斯批判杜林教授的暴力理论的整整三章的最后一段。这是一个必要的回顾,因为列宁向我们呈现的这一段是对暴力的颂扬,他依据这一段来证明暴力革命和"第五"所讨论的国家消亡之间的紧密联系。由于列宁没有说,我们提醒人们注意这一点并非不恰当:恩格斯的全部努力在于证明,暴力远不是历史的决定因素,暴力始终是其有效性和无效性完全取决于暴力所处的经济条件的第二位因素。我们甚至能认为,这些章节的思考可能对列宁,对列宁的党,因而对整个工人运动是有益的。我们知道,列宁曾经大力批判过经济主义,这是很有道理的。我们也知道,恩格斯想清除杜林的暴力理论的考虑有时使他采取过分的攻击手段,直至在某些表述中贴近经济主义。这三章的最后一段要恢复一种合理的平衡:否定杜林的"暴力理论"不应该导致不承认暴力在历史中起到的实际的、通常是解放的作用。提醒德国社会民主党注意,准备进行一场伟大的社会革命的党应该准备好恰如其分地利用暴力,这并不是没有用的——列宁在这个问题上是完全有道理的。我们不应该忘记,自由资产阶级、民主小资产阶级以及社会民主党的工人阶级,都不能战胜德意志帝国的专制和军事政体,这在20世纪经历的各种灾难中并非没有分量。马克思和恩格斯在1875年和1891年提醒他们的德国同志注意,他们应该废除这个政体的专制制度,是完全有道理的。从回顾的观点看,我们能断定这个基本问题的关键所在。

我们现在来看《国家与革命》第一章的最后这段引文和列宁给出的评论:"暴力在历史中还起着另一种作用(除作恶以外),革命的作用;暴力,用马克思的话说,是每一个孕育着新社会的旧社会的助产婆;它是社会运动借以为自己开辟道路并摧毁僵化的垂死的政治形式的工具——关于这些，杜林先生一个字也没有提到。他只是带着叹息和呻吟的口吻承认这样一种可能性：为了推翻进行剥削的经济，也许需要暴力，这很遗憾！因为暴力的任何应用都会使应用暴力的人道德堕落。尽管每一次革命的胜利都引起了道德上和精神上的巨大高涨，他还要这么说！而且这话是在德国说的，在那里，人民可能被迫进行的暴力冲突至少有一个好处，即扫除三十年战争的屈辱在民族意识中造成的奴才气。而这种枯燥的、干瘪的、软弱无力的传教士的思维方式，竟要强迫历史上最革命的政党来接受！"①

关于这段引文，列宁告诉我们，它是"对暴力革命的真正的颂扬"，这并非没有道理。他很好地解释了马克思和恩格斯的革命激情。更加可以确定的是，这种激情也寓于列宁的心中，但我们将看到，在马克思和恩格斯看来，必须引入某些细微修正。为什么列宁在这个时候要用这样的一段引文来说明马克思主义的国家和革命理论呢？这是因为他为了反对国家消亡的"机会主义"解释，想要证明这个理论与暴力革命不可避免的学说是完全一致的②。为了废除不可能自行消亡，但必须用暴力来消灭和用唯有它会自行消亡的无产阶级国家来代替的资产阶级国家，暴力革命是必要的。简言之，这差不多就是列宁的评论的要点。转了一圈以后，这段文本要"证明"列宁向我们所做的关于《反杜林论》在国家消亡问题上的论述的解释的充分根据，其实，这个解释倒不如说是任意的。

至于我，关于恩格斯的论述和关于列宁的评论，我有一些话要说。作为引导性想法，我能说的是，关于暴力革命，我的看法比 1877—1878 年的恩格斯更温和。当然，在涉及过去的问题上，我不顾那些向

---

① 弗·列宁：*Oeuvres*, p. 432。（着重号是本书作者增加的）（译文引自人民出版社《列宁全集》第 31 卷，第 18—19 页。——译者）

② 暴力革命不可避免的学说是一个列宁主义的论点。我们没有在马克思和恩格斯的著作中找到这个论点。也许应该坚持这个论点。至于暴力的不可避免性和国家消亡之间可能存在的一致，我们能通过布尔什维克主义的历史经验对这种一致性提出某些怀疑。布尔什维克延续群众的自发暴力，回击反革命的暴力，建立了实行镇压的特殊机器，在几十年的时间里，这个特殊机器不但没有自行消亡，而且还不断地发展。

我们解释革命无用的人的反对,继续认为,持续了一个世纪的法国大革命是民主的奠基者。美国的民主也是通过革命建立起来的,如果英国和它的议会制度在18世纪和19世纪受到赞美,那么议会制度也要归功于17世纪的两场革命,这两场革命起因于国王和议会之间的冲突,其中的第一场革命必须把查理一世送上断头台,以便建立议会政权。

  20世纪经历了一系列光荣的革命,最初是1917年的两场革命,二月革命和十月革命,接下来是取得胜利的许多其他革命。但是,关于十月革命、中国革命、越南革命、古巴革命和阿尔及利亚革命,我们在20世纪末应该看到,它们都没有能够建立可以正常运作的社会主义制度。因此,关于只有暴力革命能产生比资本主义更优越的社会制度,我们的革命激情即使没有消失,也带着一丝疑虑。在这段文本中,恩格斯引用《资本论》里的一个著名说法:暴力革命是每一个孕育着新社会的旧社会的助产婆。相对于以某种方式规定的社会主义目的而言的20世纪所有革命的失败,使我们即使不对马克思的主张发生怀疑,也告诉我们,也许在20世纪的这些革命中,旧社会都没有孕育它应该产生的社会主义新胚胎。助产不能代替孕育,最成功的革命产生它可以产生的东西。我们也找到了关于十分现实的暴力理论的恩格斯著作中的三章,即使有些表述可能被认为稍显"经济主义"。20世纪的革命也许不是无用的,但一场革命可能掩盖另一场革命,这些革命所拥有的各种各样的名称并没有告诉我们它们将产生的社会是什么。马克思主义者迷恋于列宁为十月革命制定的目标,以致他们仍然认为十月革命是"苏维埃"社会的本质。既然列宁热情颂扬恩格斯向我们论述的暴力革命,我就想以事后聪明的方式说,布尔什维克党一上来就不仅与封建和专制主义反动派为敌,而且也与自由资产阶级势力、以孟什维克党和社会革命党为代表的所有势力为敌,在一个像俄国那样的国家进行社会主义建设,是十分冒险的。无疑,应该坚信革命暴力的魔力。我们要再次强调指出,在巴黎公社后,以及在与无政府主义者进行激烈争论的时候,恩格斯驳斥杜林的暴力理论可能具有一种深刻的、在历史上确定的,但人们还没有深入思考的意义,指出这一点并非没有用处。由于这些关于暴力的论述，恩格斯在进行一种旨在确定暴力在历史中的有效和进步作用的条件的思索。在1887—1888年，这个主题仍将吸引着他，我已经说过，他撰写了《反杜林论》的三章的续篇，即《暴力在历史中的作用》。在他为这个续篇写的前言中，恩格斯写道：

"现在，让我们把我们的理论应用于今天的德国历史，应用于它的血和铁的暴力实践。从这里，我们将会清楚地看到，为什么血和铁的政策暂时必然得到成功，为什么它最终必然破产。"①

列宁把论述革命暴力的这一段从它的背景中分离出来的这种做法，应该被认为是件大事，在整个三章中，他没有向我们提起恩格斯的批判，也没有提起人们关于暴力在历史中的至高无上的作用可能产生的错觉。

我们现在顺便指出，为什么列宁在1917年要让恩格斯早一年，即在1894年去世，因为有一个看来能容易地猜到其原因的笔误。列宁在引文之后直接写道："怎样才能把恩格斯从1878年起至1894年即快到他逝世的时候为止，一再向德国社会民主党人提出的这一颂扬暴力革命的论点，同国家'自行消亡'的理论结合在一个学说里呢？"②

然而，恩格斯是在1895年，而不是在1894年去世的，在去世之前，他有时间来撰写著名的《法兰西阶级斗争》的导言，在《国家与革命》中，列宁没有提到在1895年3月6日完成的"导言"。在这篇"导言"中，恩格斯不仅没有颂扬暴力革命，而且还向德国人推荐和平策略。在恩格斯的一生中，他不是第一次推荐和平策略。但是，他第一次为德国推荐这样的策略。因此，列宁"让"恩格斯提前几个月去世，以便能坚持始终拥护暴力革命的恩格斯的论点，是完全有道理的。

确实，对1895年"导言"有各种不同的解释。向德国社会民主党推荐这种策略并不像威·李卜克内西希望人们相信的那样，使恩格斯成

---

① 弗·恩格斯：《暴力在历史中的作用》，Paris, Ed. sociales, 1971, p. 41。（译文引自人民出版社第一版《马克思恩格斯全集》第21卷，第463页。——译者）

② 着重号是本书作者增加的。译文引自人民出版社《列宁全集》第31卷，第19页。——译者

为一个不惜任何代价的和平道路的拥护者。但同样能肯定的是，这种做法也不会使恩格斯成为一个无条件的暴力革命的拥护者。这就是为什么列宁要"让"恩格斯在前一年去世，以便给恩格斯带上一顶与威·李卜克内西强加给恩格斯的帽子相反的帽子。第一章的末尾，列宁的论点是这样表述的："必须系统地教育群众这样来认识而且正是这样来认识暴力革命，这就是马克思和恩格斯全部学说的基础。"①

以这种方式表述的论点在我看来是不准确的。这就是我还要指出的东西，我甚至不用依据1895年"导言"。

当时是1877—1878年，即在俾斯麦准备制定反社会主义者法的时候。在我们能认为恩格斯斟酌了其中的所有表述的著作中，我们找到我已经在引文中强调过的下面这句话："而且这话是在德国说的，在那里，人民可能被迫进行的暴力冲突至少有一个好处，即扫除三十年战争的屈辱在民族意识中造成的奴才气。"②

存在着政变和镇压工人的威胁，恩格斯写的东西是既转达给党内同志，也转达给政府的一个信息。在这里，问题涉及使用武装暴力，因此，党应对使用武装暴力做好准备，但应该强调指出，在这里，使用武装暴力不是旨在进攻，而是旨在防御。我们今天拥有《反杜林论》的准备材料，我们因而能阅读关于列宁引用的定本的第一版，列宁显然不知道这个版本。下面的引文是在准备材料的第一部分："在研究生存斗争以及杜林反对斗争和武器的声明时，应该强调指出，一个革命的政党也必须懂得斗争：革命有朝一日或许就降临到它的面前；但不是反对目前的军事官僚国家，这在政治上或许就像巴贝夫企图从督政府立即跳到共产主义那样，是荒谬的，甚至还更加荒谬，因为督政府毕竟还是资产阶级的和农民的政府；而是反对接替目前的资产阶级国家。为了维护资产阶级本身所制定的法律，党可能不得不采取革命的措施来反对资产阶

---

① 译文引自人民出版社《列宁全集》第31卷，第20页。——译者
② 译文引自人民出版社《列宁全集》第31卷，第19页。——译者

级国家。"①

"目前的军事官僚国家"就是德意志帝国的国家，在那个时代，恩格斯想避免德国工人阶级遭到像1848年6月或1871年5月那样的屠杀，这是明显的。只有当这种国家形式被推翻并代之以资产阶级的政治制度，才能进行资产阶级和无产阶级之间的决战。在这种新形势下，工人阶级诉诸暴力的考虑仅仅是为了维护资产阶级的法律。这足以表明，在1877—1878年，恩格斯并非没有想到这一点，就像在1891—1892年的文章《德国的社会主义》和1895年的著名"导言"中，法律对工人阶级来说是有用的。如果领导阶级想违背法律来阻止工人阶级通向夺取政权的步伐，领导阶级就会感到法律的分量。在这种情况下诉诸暴力是防御性的。正如恩格斯在《德国的社会主义》中所说的："资产者老爷们，你们先开枪吧！"②

另一方面，在那个时代，由于德国政府的镇压威胁，马克思在一篇没有完成的文章的草稿中提到他们在1850—1852年和后来反复重申的关于在英国和美国和平过渡到社会主义的可能性的论点。由于社会主义民主党直接受到政府攻击的威胁，马克思尤其强调执政当局违背法律的可能性，下面就是马·鲁贝尔发表的这篇文章的草稿："我们的目的是工人阶级的解放和工人阶级的解放意味着的暴动。只有当历史的发展在其道路上没有遇到社会的掌握政权者的暴力抵抗，历史的发展才可能是'和平的'。如果英国或美国的工人阶级有一天掌握议会或国会的大多数，工人阶级就能通过合法途径废除法律和制度。不过，如果与旧事态有关的那些人奋起反抗，那么'和平的'运动就可能转变为暴力；如果他们是被武力制服的（比如在美国内战和法国大革命中），那么他们就是叛乱分子。"③

---

① 弗·恩格斯：《反杜林论》，p.384。（译文引自人民出版社第一版《马克思恩格斯全集》第20卷，第677页。——译者）

② 弗·恩格斯：《德国的社会主义》，MEW, XXII, p.247。列宁知道这句话，并在1910年11月16日的文章《两个世界》中对之作了评论（弗·列宁，Oeuvres, XVI, p.328）。

③ 卡·马克思：Oeuvres, I, p. CLXV（在马·鲁贝尔给出的引文中，就有这样的省略）。（本书译者的译文。——译者）

这段文本不是得到反复重申的关于在某些国家和平过渡到社会主义的可能性的论点的单纯重提，这是明显的。我们觉得，马克思在那里预感到一种总体的变化，这种变化要我们从工人阶级发动起义的一种局面转变到应该预计掌握政权的阶级实施预防性进攻的一种新局面。这篇文章的草稿和《反杜林论》准备材料的第一部分预示着恩格斯在1895年的看法。一个重要的变化正在酝酿之中，马克思和恩格斯从19世纪60年代末开始谈论这种变化：工人阶级要诉诸暴力，但只是为了强迫反叛分子遵守法律。

在结束《反杜林论》的最后这段文本的考查时，关于列宁在马克思、恩格斯的革命概念方面所坚持的论点，我对列宁的看法，就是在暴力或和平策略的问题上恩格斯在1895年4月3日的信中对威·李卜克内西的看法："可惜李卜克内西看到的只是白或黑，色调的差别对他来说是不存在的。"①

关于我对《国家与革命》的整个第一章的分析，如果我能使读者相信，列宁主义只是关于马克思主义的一种解释，并且它通常建立在一种完全可争议的与文本的关系上，那么我的目的就达到了。

三 〔法〕亨利·列菲弗尔：《列宁与列宁主义》（节选）②

在列宁看来，在他面前的是一个需要打倒的国家机器。他思考着这个国家机器为何不能巩固。他找到了答案：沙皇统治的国家是封建主义和资本主义的混血儿。反对有俄资产阶级，如果不挖掉它本身的基础，是不能保证由封建主义的生产方式过渡到资本主义的生产方式的。这个缺乏资本喂养的封建—军事国家是经不起战争考验的。而战争对它来说又是不可避免的，从日俄战争开始，它就陷入战乱之中。在列宁看

---

① 弗·恩格斯、保尔和罗拉·拉法格：《通信集》，III, Paris, Ed. sociales, 1959, p. 404。（译文引自人民出版社第一版《马克思恩格斯全集》第39卷，第436页。——译者）

② 本文节选自亨利·列菲弗尔：《论国家——从黑格尔到斯大林和毛泽东》，李青宜等译，重庆：重庆出版社1988年版，第192—215页。

来，在俄国，从开始起，经济问题和科学分析就服从于政治问题，也就是服从于国家问题。列宁在《怎么办？》一文中对问题的回答就已经是一种政治的回答。《俄国资本主义》一文中的分析也是一种政治分析，既指出了资本的渗透，又指出了通过唯一的经济途径，即通过市场和投资的途径是不可能改变俄国的生产关系的。使俄国进入资本主义只能通过一种国家的作用来实现，而这种国家本身需接受最先进的资本主义的影响，即英国式的资本主义和法国式的资本主义的影响。是否需要借用民主（资产阶级的）的名义？当然需要。

政治回答的本质在于提出行动的各种主张：组织、战斗、干预、激发起行动主义。当时的俄国的政治气候已经趋向于这种形势，因为无政府主义者们已经企图发动恐怖行动。因而，列宁能够确定他的反对沙皇政权的手段，这个手段介于"合法马克思主义者们"的抽象的科学主义和"正义者们"报复性的谋杀之间。

从《什么是"人民之友"以及他们是如何攻击社会民主主义者？》（1898年发表于日内瓦）一文开始，列宁恢复了思想——行动的作风，这个作风正是马克思和"马克思主义"初期的作风，而在后来由于经济主义和严格的概念的体系的束缚，又失去了行动的作风。列宁不只是把"民粹主义者"尼·米海洛夫斯基（Mikhailovski）的社会学当作改良的空想的缺陷加以抨击，而是把它当作缺乏科学性的缺陷加以抨击。他说：

"例如米海洛夫斯基先生说：'社会学的根本任务是阐述那些使人类天性的某些需要得到满足的社会条件'。你们看这位社会学家感兴趣的只是能够满足人类天性的社会，而完全不是什么社会形态，何况这些社会形态还可能是以少数奴役多数这种不合'人类天性'的现象为基础的。你们同样看见，在这位社会学家看来，谈不到把社会发展看做自然历史过程（'社会学家们既然认为某种东西合心愿或不合心愿，就应当找到实现这合心愿的东西或取消那不合心愿的东西的条件'，即'实现某种理想的条件'，——也是这个米海洛夫斯基先生说的。）不仅如此，甚至谈不到是什么发展，而只能谈到由于……由于人们不聪明，不善于真正懂得人类天性的要求不善于找到实现这种合理制度的条件而在历史上发生过的种种离开'心愿'的偏向和'缺陷'。显而易见,马克思关于社会经济形态发展的自然历史过程的基本思想,是在根本上摧毁这种妄想以社会学自命的幼稚道德的。马克思究竟怎样得出这个基本思想呢?他所用的方法就是从社会生活的各个领域中划分出经济领域来,从一切社会关系中划分出生产关系来,并把它当做决定其余一切关系的基本的原始的关系"①。

列宁恢复了经济现实和"基础"、即生产力和它们的水平具有首要的重要性的"马克思主义的"观点,但他在其中增加了对经济主义的一种批评。马克思的《资本论》指出了社会形态的发展,列宁补充说:"《资本论》的骨骼就是如此。可是全部问题在于马克思并不以这个骨骼为满足,并不以通常意义的'经济理论'为限;他专门以生产关系说明该社会形态的结构和发展,但又随时随地探究适合于这种生产关系的上层建筑,使骨骼有血有肉。《资本论》所以大受欢迎,是由于'德国经济学家'的这一著作把整个资本主义社会形态作为活生生的东西向读者表明出来,将它的生活习惯、将它的生产关系所固有的阶级对抗的具体社会表现,将维护资产阶级统治的资产阶级政治上层建筑,将资产阶级的自由平等之类的思想,将资产阶级的家庭关系和盘托出。"② 我们不能很肯定马克思完成了这个好的计划,对于涉及上层建筑的最重要的方面——国家,我们甚至可以肯定情况恰恰相反,马克思只是把它放到了第二位的重要性上。而重要的是,列宁在俄国把马克思当作一位直接的政治性的作者、当作一位行动家加以介绍。

至于列宁本身,他用他自己的方式在他的祖国俄国实现了这个纲领。在他所制定的理论中,把严格的概念体系放到了第二位,因为这种严格的概念体系只能服从政治目标,服从于政治的战术和战略。如果说,列宁把这些概念向前发展了一步,那么,主要表现在土地方面,在

---

① 《列宁选集》第1卷,第5—6页。
② 同上书,第9页。

这个方面,他用一种在其他国家(例如中国)能够直接被领会和使用的方式恢复、精确和发展了关于地租的理论。今天,如果重新阅读他写于1913年的短文《落后的欧洲和先进的亚洲》就再清楚不过了。

在这种情况下,列宁的《国家与革命》卷首的序言具有它很重要的价值。"国家问题,现在无论在理论方面或在政治实践方面,都具有特别重大的意义。帝国主义战争大大加速和加剧了垄断资本主义变为国家垄断资本主义的过程。国家同拥有莫大势力的资本家同盟日益密切地溶合在一起,它对劳动群众的骇人听闻的压迫,愈来愈骇人听闻了。各先进国家(我们在这里是指这些国家的'后方'而言)已经变成了囚禁工人的军事苦役监狱"。"连绵不断的战争造成的空前惨剧和灾难,使群众生活困苦不堪,使他们更加义愤填膺。国际无产阶级革命正在显著地发展。这个革命对国家的态度问题,已经具有实际的意义了"①。对于列宁来说,对待国家的态度问题已经变成了他的一个政治标准,他正是用这个标准严格地评价社会民主党人、第二国际的人物,无论是对"修正主义者"E.伯恩施坦,还是对"机会主义者"考茨基都是这样。如果说考茨基滑向机会主义,那么正是表现在涉及国家这个问题上。列宁不止一次地同那种把马克思主义贫困化、神圣化和简单化的做法进行斗争,即同那种抽掉马克思主义的革命的、政治的灵魂,把它归结为经济主义的做法进行斗争。列宁按照他的理解,概括了马克思主义的关于国家的学说。

他主要从恩格斯那里,即从恩格斯后期的著作中借用了一些术语:国家,不可调和的阶级对立的产物,是一个阶级对另一个阶级的统治和压迫的机构。正如恩格斯在《家庭、私有制和国家的起源》一文中所说,国家的存在表明这个社会本身已陷入一种难以调和的矛盾之中。这种对被压迫阶级的剥削工具并不总是存在的,也不会永远存在下去,随着阶级的消失,国家也将消亡。也正如恩格斯在《反杜林论》中所说:"国家真正作为整个社会的代表所采取的第一个行动,即以社会的名义

---

① 《列宁选集》第3卷,第171页。

占有生产资料,同时也是它作为国家所采取的最后一个独立行动。"①

当然,对恩格斯的这些文章我们已经熟悉了。这里,我们所关心的主要是列宁的立场。

列宁的立场可以说是再明确不过的了。他着重强调恩格斯和马克思的关于对国家(现时,俄国的具有资产阶级色彩的封建—军事国家,其他地方的资产阶级的和资本主义的国家)的革命的决裂的论点。革命要摧毁这样的国家,用另外一种国家,即"组织成为统治阶级的无产阶级"的国家来代替这样旧的国家。为了要达到这个目的,就要"集中一切破坏力量"去反对现存的国家机器。然而,按照列宁在《国家与革命》一文中的看法,如果说无产阶级需要国家,那么需要的只是正在消亡的国家。他说:

"无产阶级需要国家,——一切机会主义者,即社会沙文主义者和考茨基主义者都这样重复,硬说马克思的学说就是如此,但是'忘记'补充:马克思认为,第一,无产阶级所需要的只是逐渐消亡的国家,即组织得能立刻开始消亡而且不能不消亡的国家;第二,劳动者所需要的'国家',就是'组织成为统治阶级的无产阶级'。"②

同德国社会民主党相反,列宁赞成巴黎公社的传统。在评论马克思关于这个论题的态度时,列宁写道:"在马克思的著作中没有一粒空想主义的种子。"

列宁的这一坚定的立场,不正是列宁主义的主线吗?他的不少文章肯定了这种评价。在他看来,过渡,从资本主义到改造了的社会,包含了从国家到非国家的过渡。过渡的国家不再是本来意义上的国家,即使它保留半资产阶级的性质,也不能看作是本来意义上的国家。国家,就本来的意义来说,只存在于拥有权利(资产阶级的)的资本主义之中。"右倾机会主义者们"(如考茨基)和"无政府主义的左倾机会主义者们"这样或那样地忽视了这一理论的要点。尤其是,他们忘记了民主本

---

① 《列宁选集》第3卷,第184页。
② 同上书,第190页。

身同样是一种国家,因而也忘记了当国家消亡以后,政治民主也将随着国家的消亡而消失。只有革命能够废除资产阶级国家,自那以后,国家和政治民主才能够一起消亡。"从资产阶级民主到无产阶级民主,从无产阶级民主到没有民主"。总而言之,"只有承认阶级斗争又承认无产阶级专政的人才是马克思主义者",而这种无产阶级专政将伴随着国家的消亡、包括民主国家的消亡而消亡。

列宁在1919年7月11日在斯维尔德诺夫大学的著名的讲演,不是也为这些论点增加了某些东西吗?他说:"国家问题是一个最复杂、最困难的问题,可以说,也是一个被资产阶级的学者、作家和哲学家弄得最混乱的问题。"它是"关系全部政治的主要的和根本的问题"①。他重新提到了恩格斯的《家庭、私有制和国家的起源》一文,并且从起源开始回顾了有关国家演变的理论。他把整个国家理论都当作为特权辩护加以指责。这从字面上来理解,就好像把婴儿恩格斯同澡水黑格尔一起泼掉了。

列宁指出,什么是国家?这是一个通过暴力——从棍棒到大炮实行统治的人的集团。什么是国家?这是一种维持一个阶级对另一个阶级统治的机器,更确切地说,这是一种使某种社会中的其他所有阶级服从于一个阶级的机器。

列宁列举了奴隶制和农奴制来加以说明。

关于资本主义,列宁指出,"这个社会在自由的口号下反对旧时的农奴制度。但这只是拥有财产的人的自由。当农奴制在18世纪末到19世纪被废除时(俄国晚于其他国家,在1861年被废除),资本主义国家代替了农奴制国家,宣布它的口号是全民的自由,说它代表全体人民的意志,否认它是阶级的国家,于是为全体人民而奋斗的社会主义者和资本主义国家之间的斗争从此就展开了,现在这个斗争已经造成了苏维埃社会主义共和国,这个斗争正遍及全世界"②。

---

① 《列宁选集》第4卷,第41—42页。
② 同上书,第52页。

列宁的结论是:"不管一个共和国用什么形式掩饰起来,就算它是最民主的共和国吧,如果它是资产阶级共和国,如果它那里保存着土地和工厂的私有制,私人资本把全社会置于雇佣奴隶的地位,换句话说,如果它不实现我们党纲和苏维埃宪法所宣布的那些东西,那末这个国家还是一部分人压迫另一部分人的机器。我们要把这个机器拿到应该推翻资本权力的那个阶级手里。我们要抛弃一切关于国家是普遍平等的陈腐偏见,因为这是一种骗局,因为只要剥削存在,就不会有平等。地主不会与工人平等,吃饱的人不会与挨饿的人平等。人们迷信般地崇拜国家,相信国家是全民政权的陈腐童话;无产阶级要把叫做国家的这个机器摒弃,并且指出这是资产阶级的谎言。我们已经从资本家那里把这个机器夺过来,由自己来掌握。我们要用这个机器或棍棒去消灭一切剥削。只有到世界上再没有进行剥削的可能,再没有土地占有者和工厂占有者,再没有一部分人吃得很饱一部分人挨饿的现象,再没有发生这种情形的任何可能的时候,我们才会把这个机器毁掉。那时就不会有国家了,就不会有剥削了。"①

那时,只有那时……列宁在这里不再提及国家的"立即消亡"。而在两年前,即在夺取政权之前,他的思想曾是很强烈的也是很辩证的:"无产阶级所需要的只是逐渐消亡的国家,即组织得能立刻开始消亡而且不能不消亡的国家"②。

这里,我们陷入或重新陷入困惑之中,迫使我们重新阅读列宁的著作以便找到他的思想中的裂痕,因为在他的思想中的某个地方,肯定存在这种裂痕。总而言之,列宁首先的突然拐弯就像出现的一个曲折的通道一样,切断了原来的路线。或者是,1917年的列宁是有道理的,应该把列宁主义与他当时主张的论点联系起来,而那些人(国家的崇拜者和支持者)依仗列宁主义和马克思主义的声望的做法就变得更加可疑了;或者是,1917年的列宁搞错了,列宁主义破裂了,政治上的经验

---

① 《列宁选集》第4卷,第56—57页。
② 《列宁选集》第3卷,第190页。

主义在他的理论中占了上风，这样人们就可以并非完全是怀着一种坏意地而且也是司空见惯地宣称：《国家与革命》中的观点已经过时和陈旧了，继续讨论列宁主义有必要吗？

很显然，列宁只熟悉马克思和恩格斯关于国家问题的一部分著作，主要是一些针对黑格尔的著作。正像人们所看到的那样，马克思和恩格斯激烈地抨击国家，在他们看来，国家与市民社会毫不相干，它外在于市民社会，并且竖立在市民社会之上，它产生于这种社会内部的各种对立。因而，关于国家，只需记住它的这种由于同人民、特别是同工人阶级毫不相干而产生的镇压性的特征就足够了。因此，国家是寄生的，甚至它的官员们也感到自己居于人民之上。由于国家具有这种双重的特征（既与市民社会毫不相干又是镇压性的），就应该通过一种"人民革命"摧毁它，摧毁这种国家并调转过头来，摧毁"人民革命"本身的政治强力。

国家—民族，即民族国家又如何会变成与民族毫不相干并且完全寄生于民族的呢？黑格尔对这个问题有一种回答，因为他把国家—民族理论化了。他不承认这种纯粹的外在化的论点。无论是马克思，还是恩格斯，也无论是列宁都未曾考察过国家—民族的关系；反常的是，列宁从这种形势中得到启发：如果有一种国家，而这种国家又具有与人民毫不相干的国家的全部外表的话，这不正是沙皇制度吗？为什么呢？因为无论是俄国，甚至是社会民主党人的德国，在含意和称呼上都不是同法国一样的民族。同样反常的是，无论是列宁，还是马克思和恩格斯都没有澄清：正是在法国，国家产生于一种革命，这个国家被看作是民族的宠儿；也正是在法国，在波拿巴主义之后，人们又指责国家并通过巴黎公社把它打倒……

其次，国家"同社会毫不相干"这个论点不够明确。未能通过生产方式很好地说明其特征的这个"社会"是个什么样的社会？"社会"和"民族"之间是什么样的关系？外在于它自己的社会的国家又是如何能够在这个社会中进行实际地和有效地干预的？沙皇制度的国家本身在俄国人民之中不是也有比列宁所想象的更深刻的和更难以根除的基础吗？而列宁不正是以一种狭隘的政治方式来谈论民族问题和忽视国家—民族这样的现实吗？

正如斯大林所写的和所说的，我们要遵循列宁的教导！可是，今天我们再来读列宁的《国家与革命》这本书，就会发现其中又有多少明显反常的东西！革命摧毁现存的国家，建立一个正在消亡的国家，这种国家立即成为一种非政治的国家，但国家集中领导经济，成为经济的领导机构，"统计、检查是国家的根本职能，以便共产主义社会在第一阶段中开始进行和严格地运转。在这个阶段中，所有的公民都变成了由武装的工人组成的国家的领取薪金的公职人员。所有的公民变成了一个全民的'卡特尔'、即国家的公职人员和工人。"这里，列宁在1917年的革命的想象表现出一种令人吃惊的幼稚、一种使人无法生气的空想主义。所有的人都将在无产者手中的冲锋枪的监督下到学校和政府去登记，然后，所有的人（包括以前的游手好闲者）按照不同的类型返回车间、工厂、企业，上班去！这一切都进行得有条不紊，社会主义生产在全国范围内，在和谐和欢乐中自动地组织起来。对所有资本家的剥夺"将使生产力得到巨大的发展。从这时起，可以看到资本主义再也无法阻碍这种发展，由于已经获得的现代化的技术，人们将获得多少成就，我们有权相信，对资本家的剥夺将引起人类社会的生产力的惊人的发展。"

今天，1976年，当我们重读列宁的这篇著作时，感到这是何等奇特的话！这是何等的乐观主义！这又是一种何等便当的唯理论！强行的和狂热的政治化把整个经济概念都搞糊涂了，他对生产组织的整个思考使人感觉到好像用空话就可以解决的一件事，而在表现先进的上层建筑和落后的生产力之间的关系方面又是多么矛盾！

由此看来，列宁的《国家与革命》这篇著名的文章应该"去壳"（现代科学的意识形态的行话）；我们应该按照列宁对待黑格尔的著作的方法和程序来对待这篇文章。因此，对于《国家与革命》这篇文章和它的理论内容，评注者们只有在详细的区分这篇文章的内容的前提下，才能真正知道所应坚持的东西。其实，人们在这篇文章中可以区分出两部分内容：

a）从马克思那里得来的并加以深化了的完全的革命的定义。不同国家、国家机器、它的机构（官僚机关、军队、行政司法官员、圣职人员阶层）决裂就不能彻底改变社会。如果国家不被摧毁，仅有政府、政治人物和宪法的变化，或者发生一种"政变"，就不能算是革命。由于列宁把"政治决裂"变得既深刻又彻底，这就为革命确定了一个既是政治的、又是反政治的定义。他断定要么是完全的革命，要么就不是革命这一种革命的辩证运动。

b）在列宁所讲的这些具有一种不可逆转意义的内容片断中也掺杂了一些次要的内容。这些内容和空想没有什么两样，或者说接近于空想。难道列宁真的相信一个家庭妇女、一个厨娘不久可以领导国家吗？这种空话没有什么意义。或者是不再有厨娘，或者是不再有国家。但如果还有厨娘和一个国家，厨娘是不可能领导国家的。列宁认为，所有的人都在大注册簿上登记，既没有官僚主义者，也没有官僚主义作风，所有的人都参加劳动；每一个人都接受所有的人监督（但所有的人都没有武器）。不再有专家，不再有警察，也不再有军人。社会生产在飞速地增长，大家所享有的社会财富几乎没有差别。我们说，这是多么幼稚！或者说这是多么蛊惑人心的宣传！是的，可以这么认为，但又是什么力量驱使群众能投入战斗、投入对这种令人兴奋的新生活的想象之中的呢？是大家所享有的社会财富几乎没有差别，一切都是举手可得以及自由和欢乐……

然而，当列宁继马克思之后对资产阶级制度和权利进行批评时，在他的表达和论据中又具有多么可靠的严格性和辨证的力量！他的这种批判使人产生了资产阶级的制度和权利等于民主的空想的这种想法。

当说到民主（资产阶级的）时，有人说这就是平等占支配地位；当说到被称之为"社会主义"，即马克思称之为共产主义的第一阶段的这种社会秩序时，拉萨尔主张严格的经济平等，这就是说在劳动产品的分配问题上，每个人都有平等的权利。列宁，继马克思之后解释了拉萨尔为什么会搞错。平等的权利（作为整个权利的平等）是以不平等为前提的。而这种整个权利的平等的本质在于对于不同的人使用唯一的一种尺度。而按照这种尺度，这就等于破坏了事实上的平等，这就等于不公平。因而，在涉及消费物品的分配问题上，权利（资产阶级的）是以一种国家为前提的，因为如果没有一种能够强制遵守这种权利的工具，权利是毫无用处的。

由此看来，等价的规则会把不平等带进平等，即把不等值带进等值。让我们设想一下，在"社会主义"社会，由于每一个人都提供的一份平等的社会劳动，因此也就领取一份平等的社会产品。但是，所有的个人并非都是平等的，一个人比较强，另一个人比较弱，一个已经结婚，另一个还没有，等等。马克思在《哥达纲领批判》中对这一点作了较长的论述，他说：

所以，在这里平等的权利按照原则仍然是资产阶级的法权，虽然原则和实践在这里已不再互相矛盾，而在商品交换中，等价物的交换只存在于平均数中，并不是存在于每个个别场合。

虽然有这种进步，但这个平等的权利还仍然被限制在一个资产阶级的框框里。生产者的权利是和他们提供的劳动成比例的；平等就在于以同一的尺度——劳动——来计量。

马克思强调："这些弊病，在共产主义社会的第一阶段，在它经过长久的阵痛刚刚从资本主义社会里产生出来的形态中，是不可避免的。权利永远不会超出社会的经济结构以及由经济结构制约的社会的文化发展。""只有在共产主义社会的高级阶段，……才能完全超出资产阶级法权的狭隘眼界，社会才能在自己的旗帜上写上：各尽所能，按需分配！"[①]

那么，当有权利，又怎么对差别加以抽象呢？首先重要的，不是立即达到绝对的公平、完全的平等、按照需要来分配产品、消灭生产活动中的这些差别，（资产阶级的）权利正是很巧妙地运用生产活动中的这些差别来掩盖剥削；重要的是使剥削变为不可能、是使生产资料的私人占有变为不可能、是使使用生产资料来获得剩余价值变为不可能。毫无

---

① 见《马克思恩格斯选集》第3卷，第11—12页。

疑问，应该得出这样的结论，工资制在这个阶段将继续下去。而列宁没有讲到这一点，他甚至没有讲到理论问题的实质，例如，他没有提及用劳动时间来计量劳动，他也没有把质量的劳动包括进各种数量相等的庞大体系中。这就使他所想到的经济整体成了问题。此外，请注意，对平均主义的社会主义的批评为非平均主义的社会主义的到来作了很好的准备。

现在让我们从远处和高处看一看曾经发生过什么和是如何发生的。人们已经了解很多了：列宁毫不犹豫地发动了恐怖[①]。实际上，从政治方面来说，农民的介入——不同于马克思主义的设想——导致了列宁的决心。马克思只是很晚才在他的理论观念中重提农业问题——土地所有权和地租问题。列宁本身只把农民看作协作的力量。而这种力量半个多世纪以来，却表现为主要的力量，革命则正是由此发生了转折和改道。

在这个时期，所发生的一切表明工人阶级（被称之为发达国家的工人阶级）采取了一种防守的战略，他们把关心在全世界的范围内根除封建主义残余的任务留给了农民，把操心生产增长的任务留给了资产阶级和国家。当然，这是另外一回事……

关于农民问题，列宁一方面从考茨基的部分理论中吸取了一些观点（不可否认的是对关于土地的租金和收入的理论，他并非没有加以深化），另一方面又从左翼社会主义者那里吸取了一些观点，这些左翼社会主义者和农民有紧密的联系，尤其是，关于农业改革在政治方面的基本设想并非没有排除纳罗德尼基（Narodniki）的民粹主义的残余和对米尔（沙俄时代农村中的村舍组织）这样的传统的共同体的崇拜。

革命方向以未曾预见的方式出现了转折和改道，革命的车轮从此按照这种方向沿着西伯利亚的轨道出发，引出了列宁主义——接着是毛主义。当某些"马克思主义的"观念论者自夸能"代表"工人阶级时，他们忘记了历史的转折和1917年革命方向的改道。这些丝毫也不能妨

[①] 参见 J.贝纳克：《列宁领导的恐怖》，巴黎，1975年；M.莱布芒：《没有列宁的列宁主义》，巴黎，1975年，特别是该书的第二篇《权力的考验》的第一章《国家》。

碍评价各种事件的广度和评价各种误解的深度。恰恰相反，透过这些误解和模棱两可的话，想象与生活（实际的）才能衔接，只有这样认识才能更加丰富和获得巨大的结果。农民并不像工人为剩余价值的理论而斗争那样，为地租的理论而斗争。农民为土地而斗争，而工人反对的是屈辱和压迫。理论和实践的结合在这里是以一种理论家们未曾提及过的更加复杂的方式来完成的。

没有必要通过考察历史学家们和政治学的专家们的主张来了解：自1917年以后所发生的事件与列宁的理论前提几乎是不相符合的。这里，我们不能满足于认识这样的历史事实。这一系列的事件和事实是指：内战和外国的干涉；国家的破产；社会崩解到了这样的程度，以至于只剩下布尔什维克这样一股社会的和政治的力量，这就使得它能够收拾这个破烂摊子，并能够在废墟上建设；红军在通过波兰向德国的进攻中遭到失败，这就是说向工业化的欧洲进行革命扩张遭到失败；新经济政策，等等。一种被强烈染上马基雅维利主义的经验主义取代了具有科学性的分析，这种分析是同经济认识的经过试验的范畴相联系的。很快地，马基雅维利主义又通过斯大林取代了列宁后期的实用主义。

不只是革命向农业占统治地位的国家、向亚细亚的东方转折始于1917年，而且理论和实践的分离也始于这一年，这种分离立即反映到了实践中。这是否意味着理论将不再具有它的重要性和影响？这种理论是否已变成了纯粹的意识形态？这个问题已经得到了它的答复。理论对实践仍旧有激励作用，它带来实践的反映，至少可以说这种反映表现了理论的一种异乎寻常的灵验性。总之，意识形态和知识之间的完全分离只是一种抽象的空想。构想和实际之间的各种联系所具有一种复杂性完全不同于哲学家们抽象的图解。

"摧毁国家机器……砸烂国家工具……"这是不可能的！不止一个交谈者这样认为。国家并不缺少抵抗和镇压这种进攻的办法。但是，丝毫也不是说必然由这种进攻、由这种手握武器的进攻和反对国家的政变。这种大规模的行动有两次几乎达到它的"意想不到的"目的。这两次行动都发生在法国，法国曾经是一个被彻底引向阶级斗争的典型的国家。这种大规模的行动一次发生在1871年,另一次发生在1968年。我们用了"几乎"这个词,这是因为在"几乎"和"完成了的事实"之间有一个很大的距离。首先,最好的例证是,在这两次事件中,国家和它的机器以一种引人注目的速度重建起来。两次事件,两次失败。第一次,一位政治领袖是通过军事力量(第三等级)行动的;第二次,一位政治领袖是通过政治手段行动的,但并非没有以军事相威胁。在这两次事件中,政治领袖们都重新控制了局势并恢复了原来的秩序(在第二次事件中尤为典型)。不管怎样,在1968年5月,国家机器从内部开始分崩离析。在国家机构中,出现了对这种国家机器的厌烦和不信任感。这些历史篇章不止一次地使人回想起这样的经验,这种经验足以表明,即使不是整个列宁主义是有效的,至少是列宁主义对国家的分析是有效的。

1917年,列宁常思考一个宏伟的计划:摧毁现存的国家,建立一个正在消亡的国家。其结果是:恰恰相反,出现一个更加强有力的国家。更有甚者,国家的加强和世界化进入了一个主要阶段。在波拿巴的国家和俾斯麦的国家之后,沿着这条取胜的路线崛起的有斯大林的国家,和它相对立的有希特勒的国家,这是产生于同一风暴中的两股彼此相对立的波涛。

列宁在1917年发表的是否只是一篇应时的文章?在遭到失败以后,他是否停止和改变他的态度?在列宁主义中有某种因素未起作用?或者是"历史"抛弃了列宁和列宁主义?

这些假设中的任何一个都不能解释后来的一些事件和一系列事实。历史?它同样导致铁托掌握了政权,而"铁托主义"正是倚仗着列宁、马克思和国家消亡的理论的声望的。要对这些问题进行考察不是没有困难的。列宁主义?我们试图作出清点和总结。失败?我们讲革命方向的转折和改道就等于讲失败。

可以肯定的是,今天,在世界范围内,列宁是作为国家的一个伟人出现的,他曾奠定了世界上最强大的国家的基础,他开始奠定这个基础的时候不是没有畏惧、不是没有遗憾、不是没有忧伤。这正如他最后年代的著作所证明的那样。在他将逝世的时候，尽管自己很不情愿，还是把继续进行这项事业的方法留传给了斯大林。

列宁主义的内部矛盾中的一个可以这样概括：他设想了一个正在消亡中的国家，但同时又设想了一个革命的政党，以便更好地进行这项事业。他把这个党设想成为如同一个注定要变成国家机构、国家工具的党，即把这个党设想成为注定要像国家权力一样建立和构成的党。由于这个党可以从外部、从高处向工人阶级灌输知识，并且还为工人阶级提供其他东西，它当然被看作高于工人阶级。因此，只有它应该在变化着的各种形势中起组织和指明方向的作用，这样它就不可避免地把知识和权力结合起来。

今天，当重读罗莎·卢森堡和她的与列宁激烈论争的文章和重读托洛茨基的著作《被出卖了的革命》，就会明白，列宁主义的关于党的概念所要冒的各种风险并非未被人察觉到过。这个概念导致党——国家相等同。因此，国家的消亡是以政党的自我摧毁为前提的。而一个已经制度化了的庞大的社会政治组织又怎么会自我摧毁呢？罗莎·卢森堡和托洛茨基曾先后指出过这一点。由于政党也充当了国家机器（无论是在意识形态方面，还是在政治方面），因而也就大大加强了国家机器。那么，国家又怎么会自行消亡呢？

今天，当人们看到马克思、恩格斯和列宁都是用具有强制和镇压的能力来定义国家、而并没有企图对权力的构造和效能进行分析时，不是感到很吃惊吗？政权是如何在欧洲建立起来的？国家又是怎样建立起来的？除了突如其来的暴力之外，这些马克思主义的导师们未曾论及过还可能会有其他的斗争方式。让我们重申一下已经提请注意的问题：他们既没有意识到"权力的意志"和它的能力，也没有意识到政治之外的各种附属关系的错综复杂。更确切地说，他们没有看到（尼采曾经揭示过的）道德、它的力量和它的狡诈。马克思有时几乎预感不到道德在意识形态中所扮演的角色。他从这些"意识形态"和表现中获得的只是一种抽象的、哲学的幻觉。他没有想到，为了把西方的人民置于劳动之中，在各个方面都应该有一种纪律。而国家强制同样具有这种通过劳动的道德价值来压制的方面。"马克思主义者们"丝毫也没去考虑国家的压制的各种方法，尤其是这样的事实，由于压制对准了一个目标，却达到了另一个目的。例如，性压制的目的，（不管是有意识的或无意识的）是为了人能更好地在劳动中发挥作用。性压制只是一种方法，然而却是很有效的，这是因为在性欲与劳动之间存在着对立。这种对立对于一般动物来说，可以通过实际的阉割方法来解决，而对于人来说，只能用象征性的阉割（性压制）的方法来解决。

在列宁的思想中可能有一种道德内容，而这种道德内容被表面上的政治形式掩盖着，倚仗着这种政治形式的"社会主义"可能是最伟大的、最有力的道德化的事业（政治纪律、劳动纪律和道德，等等）。这种道德化难道不会掩盖普遍的、等价的原则（这种普遍的等价的原则已经扩大到在国家权力机关的严密监督下的所有的个人活动领域）吗？这只是一种假设。

当它触及到国家的具体问题：教育、知识、官僚主义、各种关系的再现与更新时，列宁主义的弱点就显得明显了。列宁忽视了马克思在涉及法国的两个波拿巴时所尝试的政治的分析原则：在一个分散成为各种生产单位的国度里是不可能不产生一个强大的国家和这个国家的全部恶习。列宁是否信奉由基层的工人阶级民主推动的党才有能力对经济、社会和政治进行重新组织呢？这是肯定的。"工人和农民的监督"的设想似乎就表明了这一点。这是何等的幻想！在 C.伯特兰（C.Bettelhein）的著作之前，在 A.索布尔（A.Soboul）的关于法国革命的研究中，得出了一些与伯特兰相似的结论：在内战中，一部分"先进的"因素消失了，政府部门和军队被"脱脂"，简言之，革命者几乎被革命所扼杀，"工人和农民的监督"又能如何进行？

对于国家问题，还可以从侧面进一步加以探讨，作出下列的描述：

对于列宁来说，他们的观点是有力的。这首先是他指出了不平衡发展的理论。这种不平衡发展的规律马克思已经预感到，而列宁作了概括。这种规律已经扩展到了整个现代世界，从经济发展和社会发展之间的不平衡性到认识、艺术和日常生活的所有的部门之间的不平衡性。可以说，到处都存在着差距、对比和失调。在技术和实际生活中差异变得令人吃惊。日常生活既是被剥削的、又是被摆布的，而且已被技术完全支配，变得乏味和平庸到了极点。

人们如果把今天（1976年）的英国同20世纪初的英国相比较，人们如果看到新的而且也变成积累、甚至帝国主义的权力（如巴西）中心的国家的崛起，人们就可以体会到不平衡规律的意义。只有这种不平衡的规律，可以保证列宁思想的持久性，但并非能保证"列宁主义"的牢固性。这种普遍的不平衡的规律性往往能出乎意料的说明各种政治现实。作为国家，也存在着各个国家之间的不平衡性的发展。我们将会有机会指出国家体制在世界范围内所表现的这种不平衡发展的特征。在这里，国家似乎已经达到了它的成熟阶段；在那里，国家刚刚诞生；在这里，国家即将诞生；在那里，它已经给人一种衰老的印象。

这种不平衡性的规律在"基础"和各种"上层建筑"之间的不平衡发展的情况中的表现更引人注目。可能存在着先进的上层建筑和落后的基础的情况，这正是涉及正在形成中的苏维埃俄国情况的"列宁主义的"论点。关于这个问题，列宁在《俄国革命的五年》一文中曾写道："我们继承了旧的国家机器，而这正是我们的不幸。"他又补充说："我们干了大量的蠢事。"列宁的话意味着，作为政治革命的产物的上层建筑将拉着经济基础向前走，使得经济基础能够跟上去，使基础和上层建筑能够协调。关于"基础"和"上层建筑"之间的差距的看法在某种程度上改变了马克思的原始理论。对于马克思来说，生产力发展的水平决定了人们的社会存在，因而也决定了人们的意识，而人们的意识可能会落后于生产力的发展水平。马克思在一篇文章中说过：在物质生产力发展的某一个阶段，物质生产力的发展同现存的生产关系发生矛盾。这些关系由生产力发展的形式变成了这些力量的桎梏。这时，社会革命的时代就将到来。正是由于生产力的发展和由这种发展所引起的社会斗争推动了社会。意识形态的、法律的和政治的上层建筑在这种动荡的时期重新获得与它们的'基础'的协调。这样，生产力和生产关系之间的冲突也就获得了解决。

在马克思的原始的论述中，马克思似乎很好地把"资本主义社会形态"的发展和运转置于一种客观的分析之中；他似乎从这种客观分析中找出了同一种自然规律相似的科学规律，社会过程被看作是一种自然历史的过程。这也是列宁本人在《什么是人民之友》一文中的论题。如果由于各种上层建筑走在基础的前面而出现了不平衡，这个过程、这个规律又将会怎么样呢？如果需要通过革命的手段获得协调的各种条件（在落后的国家，通过一种起义的手段），这个过程、这个规律又将会怎么样呢？政治与经济的一种松弛的联系会损害对经济基础和它同它的"上层建筑的反映"的科学认识。这种松弛的联系会使人隐约地看到另外一种可能性：即表面上似乎是客观分析（提出了自然规律），实际上提出了各种社会规则和一种道德（劳动的和生产的）。"上层建筑的"效能和性质首先被承认，接着被理论化。如果这样，简便的唯物主义将会破裂而不复存在。

"列宁主义"的关于各种"先进的上层建筑"的论点能够接受吗？在一种意外的形势下，"基础"会发生什么样的突然变化？它会以一种令人满意的方式发展吗？它是否会在改变自己的方向（一种意想不到的方向）的同时也改变了"上层建筑"？

这正是1920年—1925年俄国革命年代中的不可思议的创造性能力和紧接着的衰退所给予的启示。在创造性的年代里，各种艺术（电影、诗歌、建筑术、音乐等等）渗透各个领域。然而，革命的火山后来出生的并非是一个"少女"，而是一个"丑八怪"。"基础"究竟发生了什么变化呢？它又是为何发生这样的变化呢？原来，"先进的上层建筑"的论点后来遭到了斯大林的令人担忧的解释。列宁曾经号召："苏维埃加电气化"，斯大林是实现了电气化，但苏维埃却成了一句空话。

关于帝国主义的理论，同列宁主义相反，现在，我们必须阐明这个问题的某些薄弱的或者被扭曲了的地方。帝国主义的理论只能维持在一种典型的教条主义的价值上。

我们曾经强调指出过罗莎·卢森堡对列宁的批评多么正确。帝国主义应该有几个阶段，第一阶段同商业资本主义和它的扩张以及世界市场的建立是同时代的，西班牙人、葡萄牙人、荷兰人，接着英国人和法国人不是建立了它们的帝国吗？拉丁美洲不是也打上了帝国主义的印记吗？盎格鲁—撒克逊的美洲不是通过革命战争获得独立的吗？法国在现代金融资本主义和资本输出之前不就占领了阿尔及利亚了吗？像其他的理论家一样，列宁研究的只是一个阶段，肯定是欧洲帝国主义的一个很富有侵略性的阶段。但是，这个阶段本身不正是以前各个阶段所容许和导致的结果吗？过高地估计一个重要的现象，即资本输出，导致列宁得出了一些鲁莽的结论。各资本主义大国将会变成靠利益生活的寄生者，因而也就不可能发展它们自身的生产力。列宁在这种理论中找到一些能够解释世界战争的因素，但其结论超越了各种前提。即使像法国这样一个与列宁的描述和分析相适合（直至第二次世界大战结束）的国家，接着也获得了飞快的增长，即使不说是发展。

新帝国主义当然没有超出帝国主义的范围。美国这样的经济、金融和军事大国没有停止过剧烈的增长。但是中国人指责苏联为"社会——帝国主义"。这个概念和所谓"第三世界"的理论一样提出了一些新的问题。由此可知，列宁所描绘的帝国主义既不是资本主义的、也不是帝国主义的最后阶段。这种新帝国主义适应了各种称之为跨国公司的出现，它把赌注下在某些国家的快速发展上，下在某些非独立的、但实际上实行工业化的国家（例如巴西型）上。大公司在世界范围内活动，具有国际性或者是跨国性的，它们在很多国家设有子公司，如果有必要的话，就在这些国家投资。资本的大量外流和转让具有一种无法从外部观察到的复杂性。这些大公司不仅占领了一些已经确立了的部门，而且也占领了一些尖端部门：原子能、石油化工、信息、大的贸易与保险，等等。在这些部门，它们在经济上完全占支配地位。由于可能会出现政治干预的情况，它们也担忧各种政治措施。最后，资本主义大国通过大量征召所谓"发展中的"国家的外籍劳工的办法重新展开剩余价值的再生产。这就是说，现在，它们为了剩余价值而使用的各种方法和帝国主义的以前阶段已经不再符合。由各种"国家的体制"所占有的、也就是说由150多个国家、民族所占有的当代世界已经不同于1914年的世界（当时只有某些国家可以发号施令），它已经不再可能用野蛮争斗的方法来获得势力范围。

关于党的理论，主要的问题已经讲过。列宁的论点适合于工人阶级的一种不发达的状态，由于他们还没有获得任何政治经验，就不能够拿他们的缺陷同任何一个在民主制度下的工人阶级的优势相比。一种在自己的历史上经历过多次革命的工人阶级的有教养的自发性同列宁所批驳的野蛮的自发性之间毫无共同之处。政党的作用不应该被当作没有教养的群众的教师的作用，这种教师往往是自封的，它把它周围的在政治上对自己有用的一切制度化。

今天，在"发达的"国家，谈不上从外部和从高处向工人阶级灌输知识的问题（虽然这些国家的工人阶级并没有随着经济的增长而同步发展，虽然用马克思列宁主义的话来说，上层建筑极端地落后于经济基础，即落后于技术和在生产中所进行的投资）。人们甚至可以补充说，在这种条件下，"社会基础"应该有权发表意见，他们的"自发性的"主张具有一个含意：要使落后的上层建筑赶上生产力的发展。对于他们所表现出来的对于各种质量的要求和自治管理的愿望和倾向，是否就可以作这样的理解呢？而他们对质量的要求和对自治管理的愿望，确切地说，是在工会的、政治的机构之外展开的，而这些工会的、政治的机构总是企图从外部和高处向"社会基础"提供知识。

列宁的唯物主义？它是强有力的，也是很简练的。不少好的战士把列宁的《唯物主义和经验批判主义》一书当作圣经一样来阅读，他们祈祷自己能成为哲学家，因为他们相信：他们面前的这张桌子、这堵墙、这座房子都是"实际地"摆在他们面前。毫无疑问，他们同样相信资产阶级所不相信的外部世界的一切……

具有讽刺意义的一点是：读者可以把尼采的文章同列宁的文章相比较，尼采在他的文章中同样把认识当作反映和当作镜子，而列宁在他的文章中提出了同一种隐喻。尼采把认识当作一种隐喻并企图搞清为什么认识的行为要通过隐喻来表达。他发现了一些重要的原因，这些原因揭示了知识的各种重叠和多余的添加，这些原因也因此批驳了各种唯心主义的解释和各种赘瘤（正如列宁所说）。列宁，他本身是按照字面的意思来理解隐喻的：科学认识是一种复写，是一种照相术。在《辩证法的笔记》中，列宁走得更远，他寻求概念的一种辩证的理论，而这项工作在大部分列宁主义者的著作中从来也没有获得过好的声誉。这些列宁主义者们夸耀《唯物主义和经验批判主义》的好的含意，而并不考虑这个好的含意是否是按照他自己的方式的唯心主义。

重读列宁的著作，感到他似乎是一位天才的战术家和战略家，但是他的战术和战略并没有什么值得思考的地方，他所采用的概念都是从马克思那里借用来的，他表现为一个经验主义者和实用主义者。这也许正是他自己得出的是"生活"占了上风的缘故。当他写道，"只有当在低处的那些人不再想、而在高处的那些人不能够继续按照老的方式生活，只有在这个时候革命才能取胜"这段话的时候，他表现为一个政治的行家和对人民群众了解得很细致的观察家。"一般地说，历史，特别是各种革命的历史总是具有丰富的内容，这比所有的先驱者们所想的要更加丰富多彩、更加生动活泼。"他的这些话讲得多么好！然而，对于他所维护的"无产阶级专政"这个概念，列宁丝毫也没有补充什么，他严格地保存它，而各种付诸实行的决定都是通过政治的恐怖和镇压的手段来达到，以便达到维护人周围所建立起来的那种权力。这丝毫也不像葛兰西把"专政"解释成为"领导权"的那些论述。这样，渐渐地，苏维埃和苏维埃权力变成了被称之为"苏维埃的"国家政权。

今天，人们会想，列宁表面上是政治的看法是否包含着一种伦理的观念。资产阶级，从定义来看它是坏的，因为它是有闲者组成的，它只能够干坏事，它没有任何理性，没有生命力；最坏的人，尤其是心术不正的人，是一些妥协、调和的拥护者：社会民主党人；至于人民，他是好的，甚至其本质也是好的，因为人们的本性是好的，至少因为他有劳动的品质。人民是劳动者，无论从本体论的意义上来讲，还是从绝对意义上来讲，人民这个定义表明，他是通过生产劳动来塑造自己的，同时又是同创造性密不可分的。一种完美的道德支持完美的、绝对的政治并且作为这种政治的论据。对群众的完全的信任、可以看作是从伦理的角度考虑的信任，这难道不是列宁主义的本质吗？"共产主义将在社会生活的每一个方面都表现出来"，一般的劳动，尤其是工业劳动只能是一种历史的、相对的现象，这种现象是同"过了时的价值"相联系的，这些价值是自然和自动装置之间的媒介（中间物），它是不可能进入列宁的观念中的。工业劳动在西方曾经是通过艰巨的方式强迫接受的，从17世纪起是通过镇压和严格的纪律强迫接受的，它不是一种永恒的现象，但是是一种"政治的结果"，这都超出了列宁所使用的各种范畴。而这并不能阻止，列宁在实践—经验方面采取各种必要的措施，以便使俄国人民在"战时共产主义"之后重新投入或开始投入劳动之中。

附录Ⅱ 《国家与革命》中提到的文献目录

一 《国家与革命》中提到的文献

1. 恩格斯《家庭、私有制和国家的起源》（113、115—116、117、118—119、119、119—120、121、121—122）①

2. 恩格斯《家庭、私有制和国家的起源》一书德文第4版序言（118）

3. 恩格斯《反杜林论（欧根·杜林先生在科学中实行的变革）》（122—123、126—127、163）

4. 马克思《哲学的贫困》（127、128、129、168）

5. 马克思和恩格斯《共产党宣言》（127、128、129、132、133、134、142、145、168、188、209、219）

6. 马克思《哥达纲领批判》（128、167、168、185、186、187、188、193、193—194、194—195、195、197、205）

7. 德国社会主义工人党纲领（《哥达纲领》）（128、168）

8. 马克思《路易·波拿巴的雾月十八日》（132—133、143、208、212）

9. 恩格斯《卡·马克思〈路易·波拿巴的雾月十八日〉1885年第三版序言》（136—137）

---

① 括号中的数字，表示该文献的标题或内容在《国家与革命》（《列宁选集》人民出版社2012年版第3卷）中出现的页码，下同。

10. 马克思《致约瑟夫·魏德迈（1852年3月5日）》（138）

11. 列宁《国家与革命》（111、139、220、221）

12. 考茨基《无产阶级专政》（139）

13. 列宁《无产阶级革命和叛徒考茨基》（139）

14. 马克思《国际工人协会总委员会关于普法战争的第二篇宣言》（141、153）

15. 普列汉诺夫《我们的处境》（141）

16. 普列汉诺夫《再论我们的处境（致 X 同志的信）》（141、153）

17. 马克思《致路德维希·库格曼（1871年4月12日）》（141、143）

18. 马克思和恩格斯《〈共产党宣言〉1872年德文版序言》（142、207、209）

19. 马克思《法兰西内战》（142、146—147、149、149—150、155、158、159、177、181、190、207、211、216）

20. 列宁《卡·马克思致路·库格曼书信集俄译本序言（1907年2月5日［18日］）》（143）

21. 俄国社会革命党中央机关报《人民事业报》的一篇社论（151—152）

22. 伯恩施坦《社会主义的前提和社会民主党的任务》（155—156、207、217）

23. 恩格斯《论住宅问题》（160—163）

24. 马克思《政治冷淡主义》（163—164）

25. 恩格斯《论权威》（163、164—167）

26. 恩格斯《给奥·倍倍尔的信（1875年3月18—28日）》（167—170、186、190—191、197）

27. 倍倍尔《我的一生》（第2卷）（167、170）

28. 马克思《给威廉·白拉克的信（1875年5月5日）》（168、185—203）

29. 倍倍尔《给恩格斯的信（1875年9月21日）》（170）

30. 倍倍尔《我们的目的》（170）

31. 恩格斯《1891年社会民主党纲领草案批判》（170—177）

32. 德国社会民主党纲领（《爱尔福特纲领》）（170）

33. 《反社会民主党企图危害治安法》（即"反社会党人法""反社会党人非常法"，德国俾斯麦政府于1878年10月21日实行，1890年10月1日废除）（172）

34. 列宁《一个原则问题（关于民主制的一段"被忘记的言论"）》（176）

35. 恩格斯《卡·马克思〈法兰西内战〉1891年版导言》（177—182、207）

36. 伊·格·策列铁里《在1917年6月11日（24日）的演说》（178）

37. 恩格斯《〈《人民国家报》国际问题论文集（1871—1875）〉序》（183）

38. 列宁《四月提纲》（184）

39. 普列汉诺夫《无政府主义和社会主义》（204）

40. 恩格斯《卡·马克思〈哥达纲领批判〉1891年版序言》（205）

41. 考茨基《伯恩施坦与社会民主党的纲领》（206、208）

42. 考茨基《社会革命》（208、209、210）

43. 考茨基《取得政权的道路》（211）

44. 潘涅库克《群众行动与革命》（212）

45. 考茨基反驳潘涅库克的文章（212、214、215、216、218）

46. 马克思和恩格斯《共产主义者同盟中央委员会告同盟书》（214）

47. 悉·韦伯和比·韦伯《产业民主》（德文版和俄文版的书名译为《英国工联主义的理论和实践》）（217）

二 《未完成的〈关于国家的作用问题〉一文的材料》中提到的文献①

1. 列宁《读尼·伊·布哈林〈关于帝国主义国家理论〉一文的笔记》（117—119）②
2. 布哈林《关于帝国主义国家理论》（117—119）
3. 阿·洛里亚《社会制度的经济基础》（117）
4. 恩格斯《家庭、私有制和国家的起源》（118、121、122）
5. 恩格斯《论权威》（118、121、128）
6. 恩格斯《反杜林论（欧根·杜林先生在科学中实行的变革）》（118、121）
7. 列宁《对尼·伊·布哈林〈帝国主义强盗国家〉一文的评注》（120—126）
8. 布哈林《帝国主义强盗国家》（120）
9. 马克思《评一个普鲁士人的〈普鲁士国王和社会改革〉一文》（121、128）
10. 列宁《〈关于国家的作用问题〉一文提纲》（127—129）
11. 马克思《政治冷淡主义》（128）

三 《马克思主义论国家》中提到的文献③

1. 马克思和恩格斯《〈共产党宣言〉1872年德文版序言》（130、132、133）
2. 马克思《法兰西内战》（130、131、132、133、136、176—187、188、190、192—193、203—204、213、219）

---

① 按《列宁全集》人民出版社1985年版第31卷中提到的先后顺序排列。
② 括号中的数字，表示该文献的标题或内容在《列宁全集》人民出版社1985年版第31卷中出现的页码，下同。
③ 按1985年版《列宁全集》第31卷中提到的先后顺序排列。

3. 马克思《致路德维希·库格曼（1871年4月12日）》（130、131、134—137、139、149）

4. 马克思《致路德维希·库格曼（1870年12月13日）》（130、136）

5. 马克思《路易·波拿巴的雾月十八日》（130、134、137—139、149、185、193、213、219）

6. 马克思《致列·弗兰克尔和路·欧·瓦尔兰（1871年5月13日）》（130、139—140）

7. 恩格斯《1891年社会民主党纲领草案批判》（130、140—150、213、219）

8. 恩格斯《给〈萨克森工人报〉编辑部的答复》（130、147—148）

9. 恩格斯《给保·拉法格的信》（即"恩格斯论法国工人党"的5封信，信的日期按照在文中摘录的顺序依此是1894年3月6日、1895年2月3日、1894年6月2日、1894年11月22日、1890年8月27日①）（131、150—153）

10. 恩格斯《给奥·倍倍尔的信（1875年3月18—28日）》（131、149、154—157、158、165—167、168、192、204）

11. 麦·贝尔论帝国主义的著作：《论一个的衰落》《社会帝国主义》《工联主义的现状》，以及《帝国主义社会时代》（131、157）

12. 马克思《哥达纲领批判》（131、139、158—165）

13. 马克思《哲学的贫困》（131、154、168）

14. 马克思和恩格斯《共产党宣言》（131、132、149、154、168—171、174）

15. 恩格斯《波克罕〈共产党宣言纪念1806—1807年德意志极端爱国主义者〉一书引言》（131、171）

---

① 其中，后面两封信的日期在《社会主义者报》上发表时误为1887年11月22日和1890年10月27日，列宁在摘录时并不知道这两封信的日期有误。

16. 恩格斯《论住宅问题》（131、139、171—175）

17. 恩格斯《〈论住宅问题〉一书第二版序言（1887年1月10日）》（131、148、173）

18. 恩格斯《卡·马克思〈法兰西内战〉1891年版导言》（131、146、150、187—193）

19. 恩格斯《家庭、私有制和国家的起源》（131、193—197）

20. 恩格斯《德国的社会主义》（131、195）

21. 恩格斯《反杜林论（欧根·杜林先生在科学中实行的变革）》（131、197—199、210、220）

22. 恩格斯《〈《人民国家报》国际问题论文集（1871—1875）〉序》（131、199）

23. 恩格斯《论权威》（131、199—201）

24. 马克思《政治冷淡主义》（131、202—203）

25. 考茨基《〈共产党宣言〉1906年德文版序言》（132）

26. 恩格斯《〈共产党宣言〉1883年德文版序言》（132）

27. 恩格斯《〈共产党宣言〉1890年德文版序言》（132、133）

28. 马克思和恩格斯《〈共产党宣言〉1882年俄文版序言》（132、133）

29. 伯恩施坦《社会主义的前提和社会民主党的任务》（133、147—148、180、182—183、185、216、219）

30. 恩格斯《卡·马克思〈1848年至1850年的法兰西阶级斗争〉一书导言》（133、151、152、175、176、216）

31. 巴枯宁《给法国社会党人帕利克斯的信》（134）

32. 斯切克洛夫《米·亚·巴枯宁传》（134）

33. 马克思《致路德维希·库格曼（1869年3月3日）》（135—136）

34. 马克思《致路德维希·库格曼（1871年6月18日）》（136）

35. 恩格斯《卡·马克思〈路易·波拿巴的雾月十八日〉1885年第三版序言》（138—139）

36. 恩格斯《致卡尔·考茨基（1891 年 6 月 29 日）》（140）

37. 恩格斯《致伯恩施坦》（1881 年、1882 年和 1883 年反对盖得派）（150）

38. 考茨基《取得政权的道路》（152、176、208—212、216、219）

39. 恩格斯《致卡尔·考茨基（1895 年 4 月 1 日）》（152、176）

40. 马克思《论保护关税派、自由贸易派和工人阶级》（153）

41. 倍倍尔《我的一生》（第 2 卷）（167、170）

42. 列宁《致尼·伊·布哈林（1916 年 8 月—9 月初）》（157）

43. 布哈林《帝国主义强盗国家》（157、201）

44. 瓦尔特"论俄国帝国主义……"[①] 的文章（157）

45. 德国社会主义工人党纲领（《哥达纲领》）（165）

46. 巴枯宁《国家制度和无政府状态》（167）

47. 倍倍尔《给恩格斯的信（1875 年 9 月 21 日）》（167）

48. 倍倍尔《我们的目的》（167）

49. 《国际和革命。公社流亡者——前国际总委员会委员为海牙代表大会而作》（157）

50. 考茨基《没有性格的恩格斯》（175—176）

51. 考茨基与伯恩施坦的论战文章（《新时代》杂志第 17 年卷第 2 册）（175—176）

52. 恩格斯《致卡尔·考茨基（1895 年 1 月 3 日）》（176、211）

53. 恩格斯《致卡尔·考茨基（1895 年 3 月 25 日）》（176）

54. 考茨基和潘涅库克的论战文章（《新时代》杂志第 30 年卷第 2 册）（184—185、213、216—219）

55. 考茨基《伯恩施坦与社会民主党的纲领》（189、220—221）

56. 恩格斯《〈反杜林论〉1894 年第 3 版序言》（197）

57. 考茨基《社会革命》（204、205—207）

58. 考茨基《〈社会革命〉1907 年第 2 版序言》（204、205—207）

[①] 《列宁全集》第 31 卷，北京：人民出版社 1985 年版，第 157 页。

59. 考茨基《关于革命的杂论》（207）

60. 潘涅库克《群众行动与革命》（213—216）

61. 马克思《揭露科隆共产党人案件》（217）

62. 马克思和恩格斯《共产主义者同盟中央委员会告同盟书》（217）

63. 《国际局势和反对战争的统一行动宣言》（1912年11月第二国际第九次非常代表大会通过的巴塞尔宣言）（219）

64. 恩格斯①《德国的革命和反革命》（221—222）

四　《〈国家与革命〉一书的提纲和纲要》中提到的文献②

1. 普列汉诺夫《无政府主义和社会主义》（224）

2. 考茨基《强盗政策》（229）

3. 《提交俄国社会民主工党统一代表大会的策略纲领》（230、241）

4. 列宁《几个要点》（230）

5. 1917年4月和5月俄国社会民主工党的纲领草案（231）

6. 恩格斯《马克思和洛贝尔图斯（卡·马克思〈哲学的贫困〉一书德文第1版序言）》（232）

---

① 文中是："卡·马克思《德国的革命和反革命》"（《列宁全集》第31卷，北京：人民出版社1985年版，第221页）。

② 按1985年版《列宁全集》第31卷中提到的先后顺序排列；在《未完成的〈关于国家的作用问题〉一文的材料》和《马克思主义论国家》中已经提到的文献，不再重复列出。

附录Ⅲ　延伸阅读书目和参考文献

1. 《列宁选集》第1—4卷，北京：人民出版社2012年版。
2. 《列宁全集》第31卷，北京：人民出版社1985年版。
3. 《列宁全集》第25卷，北京：人民出版社1958年版。
4. 《列宁全集》第30卷，北京：人民出版社1985年版。
5. 《列宁专题文集》，北京：人民出版社2009年版。
6. 《马克思恩格斯选集》第1—4卷，北京：人民出版社2012年版。
7. 《马克思恩格斯文集》第1—10卷，北京：人民出版社2009年版。
8. 《斯大林选集》上卷，北京：人民出版社1979年版。
9. 《毛泽东选集》第4卷，北京：人民出版社1991年版。
10. 《毛泽东文集》第5卷，北京：人民出版社1996年版。
11. 《毛泽东书信选集》，北京：人民出版社1983年版。
12. 《邓小平文选》第3卷，北京：人民出版社1993年版。
13. 列宁：《国家与革命》，北京：人民出版社2001年版。
14. 马克思、恩格斯：《共产党宣言》，北京：人民出版社2014年版。
15. 马克思：《资本论》第1卷，北京：人民出版社2004年版。
16. 人民出版社马列著作编辑室编：《列宁的风格》，北京：人民出版社1985年版。
17. 人民出版社马列著作编辑室编：《马克思恩格斯列宁斯大林著作中文本书目、版本、简介（1950—1983）》，北京：人民出版社1985

年版。

18. 殷叙彝编：《伯恩施坦读本》，北京：中央编译出版社 2008 年版。

19. 王学东编：《考茨基文选》，北京：人民出版社 2008 年版。

20. 郑异凡编：《托洛茨基文选》，北京：人民出版社 2010 年版。

21. 王东、陈有进、贾向云：《马列著作在中国出版简史》，广州：广东人民出版社 1996 年版。

22. 张一兵：《回到列宁——关于"哲学笔记"的一种后文本学解读》，南京：江苏人民出版社 2008 年版。

23. 李惠斌：《马克思〈法兰西内战〉研究读本》，北京：中央编译出版社 2013 年版。

24. 姜海波：《马克思〈哲学的贫困〉研究读本》，北京：中央编译出版社 2013 年版。

25. 裴晓军：《马克思〈哥达纲领批判〉研究读本》，北京：中央编译出版社 2013 年版。

26. 白云真：《马克思〈路易·波拿巴的雾月十八日〉研究读本》，北京：中央编译出版社 2013 年版。

27. 庄福龄：《马克思主义史》第 1—4 卷，北京：人民出版社 1995 年版。

28. 郁建兴：《马克思国家理论与现时代》，上海：东方出版中心 2007 年版。

29. 吕世伦主编，李用兵、巩献田副主编：《列宁法律思想史》，北京：法律出版社 2000 年版。

30. 阿里夏诺夫：《论列宁著〈国家与革命〉》，明河译，北京：五十年代出版社 1952 年版。

31. 尼尔·哈丁：《列宁主义》，张传平译，南京：南京大学出版社 2014 年版。

32. 亨利·列菲弗尔：《论国家——从黑格尔到斯大林和毛泽东》，

李青宜等译，重庆：重庆出版社 1988 年版。

33. 埃德蒙·威尔逊：《到芬兰车站：历史写作及行动研究》，刘森尧译，桂林：广西师范大学出版社 2014 年版。

34. 杜娜叶夫斯卡娅：《马克思主义与自由》，傅小平译，沈阳：辽宁教育出版社 1998 年版。

35. 西达·斯考切波：《国家与社会革命——对法国、俄国和中国的比较分析》，何俊志、王学东译，上海：上海人民教育出版社 2013 年版。

36. 雅克·泰克西埃：《马克思恩格斯论革命与民主》，姜志辉译，北京：社会科学文献出版社 2012 年版。

37. 韦农·波格丹诺、邓正来：《布莱克维尔政治制度百科全书》，北京：中国政法大学出版社 2011 年版。

38. 戴维·米勒、邓正来：《布莱克维尔政治思想百科全书》，北京：中国政法大学出版社 2011 年版。

39. 塞缪尔·亨廷顿：《变化社会中的政治秩序》，王冠华、刘为等译，北京：生活·读书·新知三联书店 1996 年版。

40. 彼得·卡尔佛特：《革命与反革命》，张长东译，长春：吉林人民出版社 2005 年版。

41. 张效敏：《马克思的国家理论》，田毅松译，唐绍杰校，上海：上海三联书店 2013 年版。

42. 汉娜·阿伦特：《论革命》，陈周旺译，南京：译林出版社 2011 年版。

43. 石川祯浩：《中国共产党成立史》，袁广泉译，北京：中国社会科学出版社 2006 年版。

44. 张慕良：《列宁民主集中制奥秘初探》，北京：中央编译出版社 2012 年版。

45. 何萍：《在社会主义入口处——重读列宁〈国家与革命〉》，北京：人民出版社 2013 年版。

46. 曹浩瀚：《列宁革命思想研究》，北京：中央编译出版社 2012 年版。

47. 列宁：《国家与革命》，中央编译局编译，北京：人民出版社 2015 年版。

48. 叶卫平：《评西方"列宁学"的国家与革命研究》，载《社会主义研究》1991 年第 2 期。

49. 李晓光：《英国学者唐森评坡兰对列宁〈国家与革命〉的批评》，载《国外理论动态》2000 年第 4 期。

50. 诺曼·莱文：《列宁国家思想来源的探询》，贺翠香译，载《现代哲学》2012 年第 2 期。

51. 诺曼·莱文：《列宁〈国家与革命〉再讨论》，林浩超译，吴昕炜校，载《武汉大学学报（人文科学版）》2013 年第 6 期。

52. 曹天禄、殷向阳：《不破哲三：列宁对马克思恩格斯国家观的误读》，载《社会主义研究》2006 年第 5 期。

53. 曹天禄：《不破哲三对列宁与马恩思想的比较研究》，载《天津师范大学学报（社会科学版）》2009 年第 6 期。

54. 周朝民：《略论蔡和森的〈社会进化史〉》，载《上海师范大学学报（哲学社会科学版）》1985 年第 3 期。

55. 李光灿：《学习列宁的国家学说——介绍列宁著〈国家与革命〉一书》，载《法学研究》1955 年第 2 期。

56. 平林：《读列宁的〈国家与革命〉》，载《读书月报》1957 年第 10 期。

57. 裴家勤：《列宁〈国家与革命〉一书的写作提纲》，载《教学与研究》1964 年第 3 期。

58. 贾英凡：《从资本主义到共产主义的整个过渡时期始终需要无产阶级专政——学习〈国家与革命〉的笔记》，载《前线》1964 年第 15 期。

59. 何萍：《近 30 年来中国人眼中的〈国家与革命〉》，载《北大马克思主义研究》2013年总第3辑。

60. 邹积贵：《〈国家与革命〉若干问题试解》，载《湘潭大学学报（哲学社会科学版）》1980年第3期。

61. 胡敦伟：《〈国家与革命〉译文商榷》，载《东北师大学报》1991年第6期。

62. 黄亮宜：《现阶段国家的必要职能之一：保卫"资产阶级权利"——重读〈国家与革命〉有感》，载《马克思主义与现实》1993年第2期。

63. 陈方怡：《毛泽东与〈国家与革命〉》，载《上海党史研究》1997年第6期。

64. 许玲英：《列宁〈国家与革命〉对毛泽东国家政权理论的影响》，载《毛泽东思想研究》2002年第1期。

65. 吴雄丞：《马克思主义国家学说的经典之作——列宁著〈国家与革命〉研读笔记》，载《高校理论战线》2006年第7期。

66. 胡为雄：《〈国家与革命〉的现代解读》，载《新视野》2006年第6期。

67. 赵家祥：《解析"未来共产主义社会的国家制度"——重学〈哥达纲领批判〉和〈国家与革命〉》，载《理论新视野》2009年第2期。

68. 李惠斌：《走出苏联模式之后的中国道路——"中国模式"的文本学建构》，载《北京行政学院学报》2011年第3期。

69. 蒲国良：《俄国革命中列宁对苏维埃的发现与理论论证》，载《社会科学研究》2007年第1期。

70. 何平：《革命的模式、背景和结局》，载《史学理论研究》2013年第3期。

71. 轩传树、马丽雅、门小军：《当代西方左翼学者"列宁主义"研究中的几个问题》，载《当代世界与社会主义》2011年第2期。

72. 吴晶晶、贺瑞：《再论列宁民主集中制思想的基本内涵》，载

《内蒙古师范大学学报（哲学社会科学版）》2005年第9期。

73. 周玉：《逻辑和历史的统一：〈国家与革命〉的时代特色——兼论〈国家与革命〉的逻辑力量》，载《西南大学学报（社会科学版）》2009年第4期。

74. 何火萍：《批判与反思：雅克·泰克西埃视域中的〈国家与革命〉》，载《当代世界与社会主义》2014年第3期。

75. 何建华、高华梓：《沈雁冰和〈国家与革命〉的首次汉译》，载《马克思主义研究》2015年第9期。

76. 弗·列宁：《蓝皮笔记（马克思主义论国家）》，Bruxelles, Ed. complexe, 1977.

77. 不破哲三：『国家と革命』を歴史的によむ(Len in 'State and Revolution': A Critical Approach), ジャバンプシスサービス, 2001.

78. Etienne Balibar, *On the Dictatorship of the Proletariat*, by Fran & ccedilois Maspero, 1976.

79. Ralph Miliband R, "Lenin's The State and Revolution", in Jeremy Jennings(ed.), *Socialism, Critical Concepts in Political Science*, Vol.2, p.216, Abingdon: Routledge, 2003.

80. Gerard Chaliand, *Revolution in the Third World: Myths and Prospects*, trans. Diana Johnstone, New York: Viking Press, 1977.

81. Franz Neumann, *The Democratic and Authoritarian State*, Herbert Marcuse(ed.), New York: The Free Press of Glencoe, 1957.

82. R. R. Palmer, *77w Age of the Democratic Revolutions*, 2 vols, Princeton: Princeton University Press, 1970.

83. Krishan Kumar(ed.), *Revolution: The Theory and Practice of a European Idea*, London: Weidenfeld and Nicolson, 1971.

84. Slavoj Zizek, *A Plea for Leninist Intolerance*, in Critical Inquiry, Winter 2002.

85. Lars T. Lih, *Lenin Rediscovered: "What is to be Done" in Context*, Brill

Academic Publishers, Dec.2005.

86. August H. Nimtz, "A Return to Lenin-But Without Marx and Engels?", in *Science and Society*, Vol.73, No.4, Oct.2009.

87. Paul Kellogg, "Leninism: It's Not What You Think", in *Socialist Studies*, 5(2) Fall 2009.

88. Marcel Liebman, *Leninism under Lenin*, London: Merlin Press, 1975.

89. Sebastian Budgen, Stathis Kouvelakis and Slavoj Ziziek (eds.), *Lenin Reloaded: Towards a Politics of Truth*, Durham and London: Duke University Press, 2007.

90. Alex Levant, "Introduction: Rethinking Leninism", in *Socialist Studies*, 5(2) Fall 2009.

91. Robert Blackey (ed.), *Revolutions and Revolutionists / A Comprehensive Guide to the Literature*, Oxford and Santa Barbara: ClioPress, 1982.

92. Crane Brinton, *The Anatomy of Revolution*, New York: Vintage Books, 1965.

93. Theda Skocpol, *The States and Social Revolutions*, Cambridge: Cambridge University Press, 1979.

94. Theda Skocpol, *Social Revolutions in the Modern World*, Cambridge: Cambridge University Press, 1994.

95. Matthew Soberg Shugart, "Patterns of Revolution", in *Theory and Society*, Volume 18, Number 2, 1989.

96. Krishan Kumar (ed.), *Revolution: The Theory and Practice of a European Idea*, London: Weidenfeld and Nicolson, 1971.

97. Peter Calvert, *Revolution and Counter-Revolution*, Milton Keynes: Open University Press, 1990.

98. Hannah Arendt, *On Revolution*, London: Faber and Faber, 1963.

99. John Dunn, *Modern Revolutions / An Introduction to the Analysis of a Political Phenomenon*, Cambridge and New York: Cambridge University

Press, 1989.

100. Jack Goldstone (ed.), *Revolutions: Theoretical, Comparative, and Historical Studies*, Belmont: Wadsworth / Thomson Learning, 2003.

101. Alfred B. Evans, "Rereading Lenin's State and Revolution", *Slavic Review*, Vol.46, No.1, Spring 1987.

102. Rodney Barfield, "Lenin's Utopianism: State and Revolution", *Slavic Review*, 30, March 1971.

103. Marian Sawer, "The Genesis of State and Revolution", *Socialist Register*, 1977, Vol.14.

图书在版编目（CIP）数据

列宁《国家与革命》研究读本 / 胡兵编著. —北京：中央编译出版社，2016.11
（马克思主义经典著作研究读本 / 杨金海，李惠斌主编）

ISBN 978-7-5117-3137-1

Ⅰ. ①列⋯　Ⅱ. ①胡⋯　Ⅲ. ①《国家与革命》-列宁著作研究　Ⅳ. ①A821.25

中国版本图书馆 CIP 数据核字（2016）第 241293 号

列宁《国家与革命》研究读本

出 版 人：葛海彦
出版统筹：贾宇琰
责任编辑：李媛媛
责任印制：尹　珺
出版发行：中央编译出版社
地　　址：北京西城区车公庄大街乙 5 号鸿儒大厦 B 座（100044）
电　　话：（010）52612345（总编室）　　（010）52612335（编辑室）
　　　　　（010）52612316（发行部）　　（010）52612317（网络销售）
　　　　　（010）52612346（馆配部）　　（010）55626985（读者服务部）
传　　真：（010）66515838
经　　销：全国新华书店
印　　刷：北京汇林印务有限公司
开　　本：720 毫米×1020 毫米　1/16
字　　数：452 千字
印　　张：31.75
版　　次：2016 年 11 月第 1 版第 1 次印刷
定　　价：110.00 元

网　　址：www.cctphome.com　　邮　　箱：cctp@cctphome.com
新浪微博：@中央编译出版社　　　微　　信：中央编译出版社（ID：cctphome）
淘宝店铺：中央编译出版社直销店（http://shop108367160.taobao.com）　（010）52612349

本社常年法律顾问：北京嘉润律师事务所律师　李敬伟　问小牛
凡有印装质量问题，本社负责调换。电话：（010）55626985